Otto Borst
Mein Land hat kleine Städte

Otto Borst

Mein Land hat kleine Städte

Dreißig schwäbische
Städteporträts

Die Deutsche Bibliothek – CIP-Einheitsaufnahme

Ein Titelsatz für diese Publikation ist bei
Der Deutschen Bibliothek erhältlich.

Umschlaggestaltung: Jürgen Reichert, Stuttgart,
unter Verwendung einer Aufnahme
von Werner H. Müller, Stuttgart.

Die Vorlagen für die Abbildungen auf den Tafeln wurden
freundlicherweise zur Verfügung gestellt vom
Haus der Geschichte Baden-Württemberg, Stuttgart, Sammlung Metz.

2., unveränderte Auflage 2002
© Konrad Theiss Verlag GmbH & Co., Stuttgart 1994
Alle Rechte vorbehalten
Gesamtherstellung: Ebner Ulm
Printed in Germany
ISBN 3-8062-1668-1

GELEITWORT

Früher hat man sie in den württembergischen Schulen lernen
müssen, die württembergische Nationalhymne »Preisend mit
viel schönen Reden«.

Die deutschen Fürsten sitzen zusammen im Wormser Kai-
sersaal. Wer ist der reichste unter ihnen? Jeder trumpft mit
einem anderen Superlativ auf. Als die Reihe an den württembergischen Grafen Eberhard im Bart kommt, gesteht er:
»Mein Land hat kleine Städte / Trägt nicht Berge silber-
schwer / Doch *ein* Kleinod hält's verborgen / Daß in Wäldern
noch so groß / Ich mein Haupt kann kühnlich legen / Jedem
Untertan in Schoß.« / Nun ist in der Runde jedem klar: »Graf
im Bart! Ihr seid der reichste / Euer Land trägt Edelstein!«

Stimmt es, was Justinus Kerner 1818 in diesem Lied besingt?
Ist Württemberg das Land der Kleinstädte? Wer die Statistik
betrachtet, müßte Kerner zustimmen. Die Großstadt ist, das
freilich reichsstädtische Ulm einmal ausgenommen, Württembergs Sache nicht. Noch in den dreißiger Jahren, ja noch
nach 1945 haben in Zeitungen Leute gestritten über die
Frage, ob Stuttgart so recht eine Großstadt sei. Die Frage
nach dem Grad der Urbanität und was darunter zu verstehen
sei, ist damit eng verbunden.

Das Buch von Otto Borst scheint mir Antworten zu geben,
ohne in seiner Beschreibung tatsächlich quantitativ kleiner
Städte nach der »großen« Geschichte zu schielen, ohne auf
eilfertige und unhistorische Weise zu theoretisieren und zu sy-

stematisieren, ohne in irgendwelche Schablonen zu pressen. Es erzählt »einfach« aus der Geschichte von dreißig schwäbischen Städten und erschließt damit Neuland, das der Leser rasch liebgewinnen wird.

Otto Borst hat ältere Texte für dieses Buch neu bearbeitet oder überhaupt neue Texte geschrieben. Es sind meisterliche Essays, voller Leben und voller Anregungen.

Weit über dreißig Jahre fungierte Otto Borst als Generalsekretär der Arbeitsgemeinschaft »Die alte Stadt e. V.« und war stets in besonderem Maße um das Verstehen von Städten und Stadtlandschaften bemüht. Als Erster Vorsitzender dieser Arbeitsgemeinschaft habe ich ihr und ihren Mitgliedsstädten zu danken: Ohne ihre großzügige finanzielle Hilfe wäre dieser Band nicht zustande gekommen. So ist er auch ein Beleg für städtische Solidarität im allgemeinen und Ausdruck städtischer Identität im besonderen.

Der Titel eines jüngst erschienenen Bandes lautet »Rettet unsere Städte jetzt«. Und vor wenigen Wochen ist das Buch »Civitas Romana« eines erfahrenen Althistorikers erschienen – mit der knappen Anmerkung, die deutsche Stadt habe ihre Identität verloren. Es ist tröstlich, inmitten dieser Stadtkrise noch unübersehbaren Ausmaßes ein Buch wie dieses zu haben.

Oberbürgermeister Ulrich Bauer
Stadt Esslingen am Neckar

INHALT

STUTTGART
Hauptstadtglück, Hauptstadtsorgen

»Die Stadt, die *einem* Manne gehört, ist keine Stadt«, sagt Hai-
mon in Sophokles' Antigone. Man ist von diesem Satz, der
eine Kampfansage ist, in europäischer Tradition nie abge-
kommen. In klassizistischer Kühle hat Herder von der Stadt
als einem »Umschlagplatz von Gütern und Ideen« gesprochen. Das ältere Stuttgart ist alles andere als ein über weite Fläche bis zum Horizont hin gebietendes »Forum«. Man muß
Stuttgart, worüber sich die Eisenbahnreisenden noch um
1900 herum mokierten, »durch einen Tunnel hindurch« entdecken. Es habe den Anschein, meinte ein Anonymus damals,
als ob sich Stuttgart »vor den Augen der neugierigen Außen-
welt so gut als möglich habe abschließen wollen. Und in der
Tat hört man draußen wenig von dem, was in ihr vorgeht. Und
wenn's mit den Städten wäre wie mit den Frauen und diejenige die beste, von der man am wenigsten spricht, so hätte
Stuttgart alle Aussicht auf den ersten Preis.«
   Wir wissen, daß der Grund für diese Kritik schon in frühmit-
telalterlicher Zeit gelegt worden ist. Und wir fügen hinzu, daß
die Auswirkungen dieser Lage selbstverständlich nicht nur in
der Silhouette und der Architektur und in der räumlichen
Profilierung der Stadt hängengeblieben sind. Die Stadtland-
schaft hat im Stuttgarter Fall eine ganz spezifische Stadtatmo-
sphäre provoziert. Eingefangen in seiner eigenen Abgelegen-
heit hat Stuttgart, die Stadt ohne Straßen, lange, zu lange eine
eigentümlich abgestandene Atmosphäre hinzunehmen ge-

habt, etwas Dumpfes, Verhocktes, Ventilloses, eine Mentalität, der die kräftigeren oder sensibleren unter den großen Geistern alle entfliehen wollten: Hegel, der im Widerstand gegen die drückenden Profile der Vaterstadt zu erwachen beginnt und schon als junger Mann dem altwürttembergischen Ständestaat sein archaisches, mehr noch: sein scheinheiliges Fossiliendasein bescheinigt; Schiller, der auf dem Bopser, schon in halber Freiheit, den Karlsschulkameraden seine »Räuber«, seinen gestikulierenden Freiheitssang deklamiert; Friedrich Theodor Vischer, dem sich wie keinem in seiner Generation die Enge dieser Stadt auf die Seele legt und für den es zu spät ist, dem wiederholten Ruf nach München nachzukommen; Mörike, dessen »Stuttgarter Hutzelmännlein« unter diesem Signum gleichsam als Stuttgarter Stadtbuch durch die Weltliteratur kursiert, in Wirklichkeit nichts anderes als ein vergnügter, in höhere romantische Ironie getauchter Bericht über den Auszug aus dieser Stadt – vom dem er nur immer träumen kann, wenn er an seinem Fenster in der Calwer Straße steht. Die Reihe wäre fast beliebig fortzusetzen. Karl Vossler oder Max Horkheimer, geborene Stuttgarter, wiederholten in mehreren autobiographischen Geständnissen fast wörtlich das, was Friedrich Theodor Vischer, der daheimbleiben mußte, gallig und schließlich verbittert in seine Briefe nach draußen hineinzürnte.

In seinem genialen Panoptikum der schwäbischen Art, seinem Roman »Auch Einer«, notiert Vischer knapp und bündig: »Weltlosigkeit, Versessenheit, Stagnation. Hauptstadt im Kessel, können nicht oben hinausgucken.« Das Defizit an Welt hängt Stuttgart lange nach. Noch im 18. Jahrhundert, in dem die Stadt doch längst zur volkreichsten Innerschwabens geworden war, kann sie es mit dieser selbstverständlichen – einer der Stuttgarter Stundenleute hätte gesagt, dieser verdorbenen –, dieser urbanen Weltläufigkeit Ulms oder Heilbronns nicht aufnehmen. Selbst im 19. Jahrhundert macht Stuttgart neben Mannheim und Ludwigshafen einen immer noch kleingekammerten, provinziellen, separierten Eindruck.

Auch die Eisenbahn und die Maschinenindustrie haben daran zunächst nichts ändern können. Der Slogan, nein, das amtliche Signet »Stuttgart, Partner der Welt« hat nur für *den* einen unverständlichen und nichtssagenden Allerweltscharakter, der diese interne und intime Not Alt-Stuttgarts nicht kennt. Es ist da wie mit der Doppelbödigkeit psychischer Belastungsgrenzen. Der eine redet mit jedem und spürt nicht einmal die Spannungen, die mit Sozialisationen jeglicher Art einhergehen. Für den anderen ist selbst der vorsichtigste, leiseste Kontakt eine Tat und eine Überwindung, die an seinen Lebensnerv gehen. Für Köln oder Hamburg ist »Welt« keine Attraktion. Für Stuttgart war das Partner-Sein-Können und -Dürfen ein Geschenk und eine Selbst-Überwindung solchen Ausmaßes, daß wir in einem städtischen Werbeslogan die historisch exakteste Entsprechung eines durchlittenen Stadtschicksals vor uns haben.

Die Mittlerrolle Wiens für den Südosten, Straßburgs für Frankreich und Deutschland sind uns ebenso vertraut wie die Heidelbergs zwischen Neckar, Rheinland und Pfalz, Schwäbisch Halls zwischen Schwäbischem und Fränkischem, Ulms zwischen altwürttembergischem Neckarland und vorderösterreichischem Oberland; die Liste ließe sich noch verlängern. Städte in gewichtigerem Wortsinne erfüllen immer Mittlerfunktionen.

Stuttgart hat sie nie gehabt. Wir suchen Stuttgarts Präponderanz, das Signum, das sie »ihrem« Umland aufgedrückt hätte – man sieht sie nicht. Mit der Vokabel »Ulmer Land« ist eine geographisch zwar erstaunlich heterogene, historisch aber leicht erkennbare Einheit gemeint. Das »Ulmer Münster« ist wie ein Zeichen dafür, die »Ulmer Kunst«, nicht allein in der »Ulmer Schule« sichtbar, hat das ganze Land darum herum versorgt, »Ulmer Pflüge«, »Ulmer Schachteln«, »Ulmer Doggen« – ein einziges und bei näherem Zusehen schon beinahe unerschöpfliches Beispiel für die geschichtliche Prägekraft einer schwäbischen Stadt bis heute. Selbst im Vergleich zu württembergischen Amtsstädten, zu Calw oder dem jüngeren Urach, bleibt Stuttgart eine merkwürdig farblose Größe. Nichts, was den »Reutlinger Artikeln« oder der »Nürnberger Ware« gleichzustellen wäre. Der Stuttgarter Hof zeigte keine Neigungen, das platte Land draußen mit Planwagen und Kalendern und Taschenuhren zu erobern. Die Kaufmannsstadt Stuttgart hat sehr viel weniger, als das noch neuere Forschung meinte nachweisen zu sollen, von der Residenz profitiert.

Zugegebenermaßen sind die Ausstrahlungskräfte eines, modern gesagt, Oberzentrums mit den augenblicklich zur Verfügung stehenden Methoden der Geschichtswissenschaft immer noch schwer abzumessen. Hier begnügt man sich mit Kleinigkeiten, dort mit den tradierten Klischees der Gründerzeit. Aber es fällt doch auf, daß Stuttgart noch im 18. Jahrhundert Mühe hat, so etwas wie charakteristisches und spezifisches Eigengut in die Provinz zu bringen. Wer weiß, daß 1724 Ludwigsburg »alleinige und beständige Residenz« des Landes geworden ist und daß Carl Eugen das Spiel Eberhard Ludwigs mit impertinenter Genugtuung weitergespielt und nach einigem Hin und Her den Stuttgartern erst 1775 wieder den Gefallen der Rückkehr erwiesen hat, der erkennt, wie wenig Mitgift Stuttgart in dieser Beziehung mit auf den Weg bekam. Eine Residenz auf Abruf gibt nicht den Boden her für jenen souveränen Führungsstil, den man gegenüber den Amtsstädten und Dörfern draußen wohl gerne zelebriert hätte. Die tatsächlich bescheidene ökonomische Situation der Stadt – abhängig vom Hofe, ohne nennenswerte Manufakturgründungen, ohne wesentlichen oder gar inspirierenden Einfluß von Fremden – verweist immer noch zu sehr auf die eigene Problematik innerhalb der Mauern.

Erst in den achtziger und neunziger Jahren des 18. Jahrhunderts spürt man in Stuttgart etwas von einem eigenen

stadtbürgerlichen Ton, beginnt die Kommune ein deutlicheres und eigenständigeres Profil zu gewinnen. Jetzt gibt Stuttgart für mancherlei politische Aktionen den Hintergrund ab –
eine patriotische Gesellschaft, ganze Publikations- und Traktatsreihen oder unklare Agentengruppen glauben mit den republikanisch-revolutionären Bestrebungen in Frankreich etwas anfangen zu können. Das alte Formelwesen des württembergischen Kirchentums hat in dieser neuen Verbindung von
Kunst und Wissenschaft, wofür Institutionen und Namen wie
die Carlsschule, das Haus Gottlob Heinrich Rapps oder die ersten Unternehmungen Cottas stehen, eine ebenbürtige Gegenströmung.

Der Geist wird freier. Die Leute beginnen sich mehr nach
Stuttgart als nach Tübingen oder Ludwigsburg zu orientieren.
Stuttgarts Eigenheiten werden, zögernd zunächst und immer
noch auf eine sporadische Weise, zum Gegenstand von Notizen und Erzählungen und Anekdoten, zu brauchtümlichen
Akzenten und Vorbildern, nach denen man sich in den Filderdörfern und im Gäu zu richten beginnt. »Ich glaube kaum,
daß anderswo in Deutschland eine größere Freiheit zu reden
und alles, was geschrieben wird, zu lesen herrscht als in Stuttgart.« Das klingt wie perfide Schmeichelei oder maßlose Übertreibung. Aber Christoph Meiners, dem wir diesen Rapport
verdanken, war ein kluger, weitgereister Mann und Stuttgart
sonsthin nicht übertrieben zugetan – irgendwoher muß er
seine Gewähr gehabt haben. Goethe hat damals, bei Rapp
zum zweitenmal zu Gast, in dieser unverkennbaren Mischung
von Direktheit und Betulichkeit einem Briefe anvertraut:
»Nun habe ich Tage hier verlebt, wie ich sie in Rom lebte.«
Das ist ein Wort. Und Hölderlin schreibt seinem Freunde
Siegfried Schmid eine Stuttgart-Elegie, wo die Stadt nicht nur
»mit dem Rebenstab und der Tanne« apostrophiert wird, sondern auch, dies ein untrügliches Zeichen für die mittlerweile
gewonnene Umlandfunktion, mit dem Epitheton »o Fürstin
der Heimat«.

Wie hat das möglich sein können? Wer zeichnet verantwortlich für die Etablierung dieses Eigengewichts, für die Kommunalisierung und Demokratisierung dieser Stadt? Sie ist zunächst, für Generationen, für Jahrhunderte, Residenzstadt gewesen. Punktum. Sie ist es in einer erschöpfenden und apathischen Art. Unverständlich, nein, grotesk, wie die Stuttgarter am 11. Dezember 1516 offenbar in aller Seelenruhe dabeistehen können, als Sebastian Breuning auf dem Stuttgarter Marktplatz enthauptet und der achtzigjährige Konrad Vaut, auch er einer der Repräsentanten der Bürgerschaft, gevierteilt wird. Man überlegt sich, was an zynischem Justizmord durch Herzog Ulrich, diesen »roten Narren«, wie ihn die Leute nennen, *noch* hätte geboten werden müssen, um auch in die Bürgerschaft dieser Stadt den Funken des Aufruhrs zu bringen.

Aber der »rote Narr« darf fliehen. Man versichert ihm noch, als er in fremden Wäldern umherirrt, seine Treue. Einen Stuttgarter Bauernkrieg, wenn wir von dem einen, freilich recht umstrittenen Sonderfall Jörg Ratgeb absehen, gab es gar nicht. Der Fortgang der Stuttgarter Reformation entbehrt der radikalen, der fanatischen Züge völlig. Von Stuttgarter »Bürgerprozessen«, jenen sonsthin feststellbaren, nur mühsam kaschierten innerstädtischen Klassenkämpfen am Ausgang des 18. Jahrhunderts, hören wir nichts. Das Jahr 1848 endigt hier in der Stadt damit, daß die deutsche Nationalversammlung, Repräsentanz der Bürger und Demokraten, vor den Augen der Stuttgarter auseinandergetrieben wird. Unter den Residenzstädten der deutschen Bundesstaaten dürfte Stuttgart die einzige gewesen sein, in der im November 1918 *keine* »Revolution« stattgefunden, in der man unter den eingesessenen Arbeiterkreisen die Entgleisungen im Wilhelmpalais bedauert und eine Räterepublik schon gar nicht inszeniert hat. Es gibt allein altwürttembergische Gegenbeispiele, das aufmüpfige Tübingen, das selbstherrliche Calw, das unfolgsame Schorndorf.

In Köln ging die erste Stadtrevolution 1074 über die Bühne, als sich das Großbürgertum gegen den Erzbischof auflehnte. Das ging in den folgenden Jahrhunderten so regelmäßig weiter, daß man einen respektablen Ausstellungskatalog damit füllen konnte. In Frankfurt, wo der Oberbürgermeister ja noch heute ein Himmelfahrtskommando eigener Art auf sich nimmt, gab es vor und nach dem berühmten Fettmilchaufstand von 1735 immer wieder Revolten und Revolutionen. Und München? Man kennt die krakeelende »Hauptstadt der Bewegung«, Politik im Bürgerbräukeller. Im Ernst: In der weiten Gewandung der Stadt, schon der antiken Stadt, sitzt auch der Keim der Zwietracht und der Stachel der Opposition. Auch aus dieser Sicht wirkt Stuttgart seltsam monoton, seltsam unstädtisch.

Sind deshalb nur negative Entwicklungen zu konstatieren, ja *sind* überhaupt Entwicklungen festzustellen? Die große historische Leistung dieser Stadt liegt darin, daß sie sich nicht in einem Kraftakt, sondern im Windschatten des Hofes und durch die Hintertür, in einem lautlosen Sieg von der Residenzstadt zur Bürgerstadt emporarbeitete. Wann das geschehen ist, läßt sich schwer aufs Jahr genau sagen. Die Forschungen, zu lange vom konventionellen Glanz der königlichen Residenzstadt absorbiert, stecken da noch ganz in den Anfängen. Von 1350 bis 1450 erhält Stuttgart ein paar Vergünstigungen, die der kommunalen Eigenständigkeit doch bemerkenswerten Vorschub leisten. Stuttgart bekommt einen Stadtvogt und wird Münzstätte des Landes. Die Stuttgarter erhalten das – zivilrechtlich bedeutsame – Privileg, Kinder, die sich gegen den Willen ihrer Eltern verheiraten, enterben zu dürfen. 1451 wird ein Stadtschreiber, ein wichtiges Amt, installiert. Ein halbes Jahrzehnt später bekommt die Stadt ihr Rathaus und avanciert das Stuttgarter Stadtgericht zum Obergericht. Das sind Momente, die einer Kommunalisierung des Stuttgarter Stadtwesens kräftigen Vorschub leisten. Um 1460, als mit dem Bau der Stiftskirchentürme begonnen wird, sieht es so aus, als ob die genossenschaftliche und nicht die herrschaftliche Struktur in der Stadt zur Dominanz werden, als ob Stuttgart in seinem Privilegienstand in die Nähe des Reichsstädte-Status rücken sollte.

Aber das Bild ändert sich. Die Renaissance zeitigt einen neuen Typ des Landesherrn. Er entdeckt das große Ich nun auch im politischen Sinne. Das ist der Stadt, der Bürgerstadt, nicht gut bekommen. Innerhalb der feudalen Inszenierungen hat der kommunale Anspruch wenig Chancen. Eberhard im Bart war ein gebildeter und frommer Mann. Aber als Amts- und Staatschef war er ein autoritärer, ein gefürchteter Mann. Die Ordnungen und Satzungen, die er 1492 der Stadt Stuttgart erteilte, waren gewiß nicht nach Tyrannenmuster entworfen. Aber sie waren der Anfang einer in Generationen perfektionierten Apparatur von Dekreten und Erlassen und Verpflichtungen. Sie steckten Stuttgart mehr und mehr in die Zwangsjacke eines obrigkeitlichen Stadtstaates, einer Anti-Stadt, um es deutlicher zu sagen. Auf diesem Wege konnte keine Kommune im ursprünglichen Sinne des Wortes entstehen, schon deshalb nicht, weil Residenzstädte ihre scheinbare Vorzugsstellung allemal – als Städte – mit größten Nachteilen bezahlten. Wien und Berlin haben erst in der späten Bismarckzeit allmählich Verfügungsrechte über ihre Straßen und Plätze erhalten.

Die Gretchenfrage lautet also – im Grund schwingt das noch in den alten und jungen Stuttgarter Stadt-Umlanddiskussionen mit –, wie Stuttgart eine Kommune, eine eigenständige städtische Größe geworden ist. Natürlich hat hier die Industrialisierung viel geholfen. Ihre erste, frühe Phase gibt es in Stuttgart zunächst nur andeutungsweise. Die Einflüsse und Verbindungen der Calwer Häuser, die in die Stadt hineindrängen, sind noch sehr punktueller Natur. Stuttgart präsentiert sich noch in der Mitte des 19. Jahrhunderts als Residenz- und Beamtenstadt, in einer Zeit, da der Industriebesatz in Esslingen, Heidenheim oder Reutlingen schon die Hälfte des So-

zialvolumens dieser Städte erreicht hat. Die konservativen
Bindungen in Stuttgart lösten sich in toto erst, als der Hof zu
einer schon nicht mehr ernstgenommenen Arabeske wurde
und das bis 1870 allenfalls bedingt souveräne württembergische Königtum sich in einen unmündig gewordenen Bundes-
staat des Reiches verlief.

Der Funktion nach *war* Stuttgart gar keine Residenzstadt
mehr. Das politische Vakuum gab die Straßen und Tore und
Wiesen frei und erlaubte es, bis dicht an die königlichen Anlagen heran Bleichereien und Gießereien und Maschinenfabri-
ken anzulegen. Das Polytechnikum, die Technische Hochschule – Bosch und Daimler haben hier ein paar Semester
gehört – beschleunigte diesen Prozeß. Aber er wurde am ent-
scheidendsten durch die Aufwertung des Standorts vorwärts-
getrieben. Stuttgart wird, das ist noch ein Geschenk der Residenz, Eisenbahnknotenpunkt, der seinerseits potenziert wird
durch kostspielige Fernstraßen wie die Neue Weinsteige und
gleichsam über Nacht eine Fabrik nach der anderen etabliert.

Die alten Verkehrshemmungen sind jetzt, wenn auch unter
Aufzehrung wichtigster schöpferischer Kräfte, so gründlich
beseitigt, daß ein Fremder die alten Hypotheken wohl kaum
mehr erkennen könnte. Wie sehr sich, auf dem Weg von der
Konsumtionsstadt zur Produktionsstadt, die Dinge gewandelt
haben, verrät die Einweihung des neuen Rathauses von
»Groß-Stuttgart« am 1. April 1905: viele Männer in Gehrock
und Zylinder, ein paar Ehrenjungfrauen, Chöre, ein unüber-
sehbarer Ordenssegen; hier der lautstarke Oberbürgermeister von Gauß vor seinem Gemeinderat, wie der Schlachten-
lenker vor seiner Suite, ungeniert erklärend, dieser Bau sei
ein Zeichen »für Jahrhunderte«, drüben der König, ein lieber,
alter und schon leicht gekrümmter Herr, der nurmehr zu sagen weiß, in seiner Jugend habe Stuttgart 60 000 Einwohner
gehabt, jetzt habe es 260 000.

Jetzt ist die Bürger- und Arbeiterstadt tatsächlich innerhalb
einer Generation – eine phantastische und eigentlich ganz

unschwäbische Konzentration – der Residenzstadt davongelaufen. Das ist im besonderen das Werk zweier Stuttgarter
»Stände«, der Wengerter und der Ehrbarkeit. Jeder hat auf
seine Weise zur Originalität, zur Unverwechselbarkeit der
Stuttgarter Art beigetragen. Die Wengerter haben für ein unerschöpfliches Reservoir an Brauchtum gesorgt, für die Originale, für die Glossen und Anekdoten, für den Weinherbst und
das Bohnenviertel. Die Ehrbarkeit korrespondiert mit dieser
als spezifisch stuttgarterisch empfundenen Gesellungsform,
ohne daß die Verhaltensmuster der »Wengerter« zur Subkul-
tur degeneriert wären.

Es ist vielleicht einer der typischsten Züge Stuttgarts bis zum
Ausgang der dreißiger Jahre unseres Jahrhunderts, als man
sich zögernd entschloß, von der »Großstadt« Stuttgart zu reden, daß auch die Segmente der Bevölkerung aus den oberen
Schichten die Kultur- und Lebensformen der Handwerker-
und speziell der Weingärtnergruppe adaptiert haben. Der
Stuttgarter Herbst, die Weinlese, hat den Regierungsrat wie
den Gemischtwarenkaufmann zur Teilnahme verlockt. Die
Möglichkeit, auch als Stuttgarter Beamter oder Pfarrer seinen
Weinberg zu haben, ist fast so etwas wie eine unausgesprochene Verpflichtung geworden.

Die Leistung der Ehrbarkeit liegt darin, daß sie die Hauptstadt Stuttgart – im tieferen und einem vom Hof unabhängigen Sinne – erst so recht installiert hat. Es gehört zu einer der
unausrottbaren Legenden heimischer Geschichte, in den
durch die Ehrbarkeit repräsentierten württembergischen
Ständen die Mandatare des Volkes und die unerschrockenen
Kämpfer fürs »alte gute Recht« zu sehen. Fürs alte gute Recht
haben sie schon gekämpft, aber immer, wer mag's ihnen ver-
übeln, mit Blick auf die eigene Tasche. Hie Demokratenstaat,
hie Feudalstaat? Das wäre zu vereinfacht und zu modern gedacht. Die Georgii und Hochstetter, die Stockmayer und Bi-
dembach waren »Bürger«, aber anderen Schlags als die, die im
Bohnenviertel hausten. Sie waren vermögliche Leute mit er-

staunlichem Grundbesitz im Neckartal, im Filstal, im Remstal und so weiter. Es ging ihnen um die gleichen Macht- und Herrschaftsansprüche wie den württembergischen Herzögen und Königen auch. Hier stritt ein gekröntes Haupt um seinen Platz, dort ein kleiner, aber elitärer Familienklüngel. Der Kopf dieser Sippschaften und Seilschaften saß allemal in Stuttgart. Wenn es pressierte, im Ernst: wenn eine schwere, aber eilige Entscheidung zu fällen war, hat man die Ständemitglieder im Land draußen gar nicht erst in Bewegung gebracht: Der Stuttgarter Bürgermeister hat allein entschieden. Die Stuttgarter Rathausglocke war's, mit der man frühmorgens die Prälaten und Abgeordnete ins Landschaftshaus zusammenläutete. Der generationenalte Brauch könnte Symbolwert haben.

Es gibt viele Dutzende von Belegen für diesen latenten und ausnahmslos bürgerlichen Hauptstadtprozeß. Das Ende dieses listigen Liedes: Stuttgart als die administrative Konzentration des Landes. Die Stadt hat diese Funktion bis in die Umbrüche des Südweststaats und bis in unsere Gegenwart hinein zu halten und auszubauen gewußt. Als man 1952, im Gründungsjahr des neuen baden-württembergischen Staates, auch mit einer Landesausstellung aufwartete, stand neben mir vor einer der großen Karten ein Älbler mit seinem Anhang. Dem zeigte der Mann, wo »Schtuagart« liegt. »Do isch Schtuegart. Deene hat bis geschtere bloß Württeberg g'heert. Jetzt hen'se ganz Bade-Württeberg em Sack.«

ESSLINGEN
Zweierlei Bürger

Esslingen, die alte, von den Staufern geförderte Reichsstadt, beherbergte in ihren Mauern andere Bürgersleute als draußen in den unbewehrten Weilern auf den nördlich gelegenen Höhenrücken. In der Stadt hinter dem dicken Mauerwerk saßen die Patrizier, die »Studierten«, die großen Weinhändler, die ihren Wein bis nach Hamburg und bis ins Salzkammergut verhökerten, die Kaufleute, die Handwerker jeglichen Schlags, die Tagelöhner. An Bauernarbeit erinnerten allenfalls die Wengerter in den »Beuten«; dort standen ihre kleineren Weingärtnershäuser mit einer »Kammerz« über der Tür und mit großen, bauchigen Kellerhälsen. »Ackerbürger«, im Grunde Bauern, wohnten in den Weilern droben »über der Stadt«.

Auch die Patrizierschaft, in der »Stube« zu einer eigenen, der mit Abstand reichsten Zunft zusammengefaßt, lebte nicht in Saus und Braus. Nicht allein Feuerbrünste und Hagelschlag in den Weinbergen oder heraufziehende Türken- oder Franzosengefahr haben sie in Not gebracht, auch persönlichste Schicksalsschläge und Ängste. »Den 21. August 1602«, schreibt der Vater Georg Wagners in seinem Tagebuch, »ist mir durch den Schleifstein der linke Arm auseinandergerissen worden; hab grausame Schmerzen ausgestanden.« Ein andermal verfällt eine Mutter fast dem Wahnsinn über die Nachricht, daß ihr Bub »in einem leeren 20eimrigen Faß tot und übel zugerichtet aufgefunden worden sei«.

Stuttgart hat an wenigen Stellen die Großstadt gezeigt (Friedrichsbau 1910).

Backnang lebte vom Wasser, nämlich vom Gerben (1909).

Ludwigsburg, die Residenzstadt, hatte auch kleinbürgerliche Winkel (1928).

Das Öhringer Kirchtürmepaar ist ein Wahrzeichen für Hohenlohe (1908).

Zwei Zeugnisse von hunderten. Sie belegen, daß auch damals das Leben, wie im Schlußakkord von Bachs Matthäuspassion, keine volle, reine Harmonie erlaubte. Zumal immer wieder heidnisches Brauchtum aufflackerte, das ein paar Mitbürger in der Johannisnacht mit verzückten Sinnen auf die Gassen trieb, das die Zuchtherren auf das Vorhandensein geheimnisvoller Alraunwurzeln aufmerksam machte, das im Ratsprotokoll die Meldung von einem elfenbeinernen Köpflein mit einer Dornenkrone brachte, nach dem man sich in düsterer Weise das Horoskop stellen ließ. Überall, ob in den qualvollen Tagen der Pest oder den dunkel-gefährlichen Zeiten der Schatzgräber und Alchimisten, brachen die Abgründe eines von Dämonen geschüttelten Daseins auf. Es klingt ebenso trotzig wie beruhigend, wenn Georg Wagners Vater schreibt:»Auf den Martinstag 1617 ist mein Pflegsohn Hans Wilhelm Enßlin allhie in der Pfarrkirchen durch den Pfarrherrn Cellius getauft worden seines Alters im 8. Jahr, dieweil er zuvor zu Gmünd durch eines belials Pfaffen ins Teufels Namen getauft worden.«

Wir stehen heute beschämt vor der Frömmigkeit dieser Menschen, denen der Glaube Anfang und Ende alles Tuns war und die in ihrem Ausgeliefertsein den einzigen Halt in der Lehre Christi fanden.»Herzgeliebter Heinerle und David«, schreibt der Ratsherr Jost Williardts am Neujahr 1706 an sein Vetterlein Magirus in Ulm,»Gott woll Dir helfen, daß Du frömmer werdest. Hast Du keine Farben, die Du mir schicken kannst? Und wünsche Dir ein neues Jahr, daß Gott Dir Gnade gebe und wo du hingehest, daß Gott mit Dir ist und daß Dir kein Unglück an Leib und Seel gescheh.« Es ist derselbe Mann, der seinem einzigen, früh ums Leben gekommenen Sohn rührende, an Matthias Claudius erinnernde Lebensregeln mit auf den Weg gab, auf deren erster Seite in feiner Schrift steht:»Die Gottesfurcht ist der Weisheit Anfang.«

Man könnte diese persönlichen Zeugnisse beliebig multiplizieren. Wesentlich scheint, daß auch die Obrigkeit in ihren

vielen Ordnungen und Gesetzen von einer bewußt christlichen Lebensauffassung geleitet wird, daß es keine Phrase ist,
wenn Johann Conrad Kreidenmann, einer der führenden Po-
litiker dieser ganzen Zeit, die Verwandlung der ehemaligen in
Esslingen blühenden Klöster in Keltern, Scheunen und Wa-
genhütten mit Besorgnis sieht und meint: »Es will mich fast
bedenken, so lange dies nicht rückgängig gemacht wird, so
wird auch die Stadt den Segen Gottes nicht völlig empfangen
und nicht zu rechtem Fortschritt kommen.«

In der neu aufkeimenden gemütsbetonten Verinnerli-
chung der christlichen Lebensführung, die unsere Kirchengeschichte »Pietismus« nennt, hat diese angeblich alternde
Reichsstadt Esslingen eine über Württemberg hinausgehende
Rolle gespielt, durch vielerlei persönliche Beziehungen, die
hier aufzudecken nicht Raum ist. Philipp Jakob Spener, der
Stifter des deutschen Pietismus, schreibt in einem Brief aus
Berlin vom 15. März 1699: »Im übrigen wünsche ich der lieben Stadt Esslingen allen göttlichen Segen und habe mich verbunden, daß ordentlich täglich mit den Meinigen der Stadt
Namen in dem Gebet ausdrücke, und das auch nie abstellen
werde. Der Herr lasse sie allezeit eine Stadt sein, da seine Ehre
wohne, und versorge sie im Geistlichen und Leiblichen.«

Man darf jetzt freilich nicht nur süßliches, selbstquäleri-
sches, allzu vertrauliches Frommseinwollen sehen. Dieser,
wenn wir ihn einmal so nennen wollen, Esslinger Pietismus
hat niemals rigoros die unschuldigen Freuden der Welt abge-
lehnt, sondern immer auch die Verbindung mit dem huma-
nen Geist Luthers zu bewahren gewußt. Man hat sich immer
und in erster Linie als evangelischer Christ gefühlt. Was 1617
der einfache Tuchscherer Wagner in sein Tagebuch schrieb,
dachten ebenso selbstverständlich und einfach Hunderte vor
ihm und nach ihm in Esslingen: »1617 den 11. Oktober ist das
Jubel Jahr gehalten worden in allen Evangelischen Orten zum
Gedächtnis an D. Martin Luther welcher vor 100 Jahren das
helle Licht des Evangeliums wiederum aufgesteckt. Gott der

Allmächtige wölle uns bei solcher Erkenntnis uns und unsere Nachkommen dabei erhalten. Amen.« Wir sehen heute neidvoll auf diese Sicherheit und diese für alle, hoch und niedrig, arm und reich gleich gültige und verbindliche Lebensgrundlage. Gewiß, die reformatorische Kampfesstimmung und diese merkwürdige konfessionelle Intoleranz, die sich in der Reichsstadt bis zu ihrem Ende gehalten hat, liegen uns heute ferner. Aber man hat doch den Eindruck, als ob die Menschen damals noch gewußt hätten, was richtig und falsch, was Recht und Unrecht ist. Der Mut, mit dem man sich für die Wahrheit eingesetzt hat, die menschliche Gediegenheit und Lauterkeit, die auch im Irren und Fallen noch das Echte zeigt, zwingt uns Heutige insgeheim zur Bewunderung.

Noch 1798, als man einen Selbstmörder begraben mußte, meldet das Ratsprotokoll einen Volksauflauf. Wer gegen das göttliche Gebot verstößt, hat die weitere Teilnahme an der menschlichen Gemeinschaft verwirkt. Die Justiz, in allen ihren Urteilen ungleich härter als in unseren Zeiten, fühlt sich eben als Vollstreckerin dieses göttlichen Gesetzes. »Agnes Pfaff so ihr eigen Kind umgebracht, hat großer und kleiner Rat mit Urteil und recht erkannt, daß sie durch den Nachrichter vom Turm herab auf offenem Markt vor das Rathaus geführt, und nach Verlesung ihres Vergehens von drinnen zu dem Heilig-Kreutz-Gumpen (an der äußeren Pliensau-Brücke) hinaus geführt und daselbst mit dem Wasser von dem Leben zu dem Tod bestrafft werden soll.«

Derlei Berichte findet man immer wieder im Ratsprotokoll, selten allerdings in dieser eiskalten Form vom 31. März des Jahres 1713: »Christina Meyer. Erbärmliche Exekution durch den Scharfrichter Weidenkeller. 4 bis 5 Hiebe. Der erste traf ins Schulterbein, der zweite in die Achsel; die übrigen wurden auf die am Boden liegende geführt. Der Stuttgarter Henker nahm ihm das Schwert aus der Hand und hieb den Kopf vollends herunter.«

Auch, wie wir heute sagen würden, kleine und kleinste Vergehen bestrafte die grausame Justiz auf diese Weise. 1616 wird ein Dieb, wie es heißt, »mit Ruten ausgestrichen«. Als er in der darauffolgenden Nacht wieder in die Stadt kommt und einbricht, wird er »am hellichten Tag an den Galgen gehenkt«. Es muß betont werden, daß die Bürgerschaft, das Gemeinwesen, *hinter* dieser Rechtsprechung steht, ja, sich gemeinsam mitverantwortlich fühlt für die immer wieder notwendige Wiederherstellung von Recht und Ordnung. 1584 wird der Galgen erneuert und ausdrücklich betont, daß alle Zimmermeister und -gesellen den Galgen, »soviel das Holzwerk belangt, gezimmert und uffgelegt, gestern alle sailer die Strick gemacht, und alle schmid die Kettin gemacht, alle Wagner die Leiter gemacht«. Keiner schließt sich aus, die Rechtsgrundlage bindet alle. Jeder gehört diesem »CE« an, das heute noch im Esslinger Wappen steht, der »Civitas Esslingensis«, einer im genauen Sinne des Wortes auf Gedeih und Verderb zusammengehörigen Schicksalsgemeinschaft, einer großen Familie, in der alles wieder, genossenschaftlich gegliedert, seinen besonderen Platz und seine besondere Aufgabe hat.

Trotz der Zünfte und Gesellschaften, die in der zweiten Hälfte des 18. Jahrhunderts, in der klassischen Zeit des Freundschaftskultus, auch in Esslingen breitere und tiefere Bedeutung annahmen und vorübergehend gewisse Seiten des Familienlebens zu ersetzen schienen, war und blieb die Familie Ausgangs- und Endpunkt der privaten wie beruflichen Wirksamkeit, in einem Maße, wie wir das heute vielleicht erst wieder zu begreifen beginnen. Der genannte J. C. Kreidenmann, der nicht etwa auf Grund von Unterlagen, sondern nur nach den von Generation zu Generation weitergegebenen Mitteilungen und aus dem Gedächtnis die ehrwürdige Geschichte seiner Familie zu Papier bringt, schreibt zu Anfang seines Testaments: »Und weil demnach bei 350 Jahren diese Familie sich bekannt und beliebt gemacht zu Feind- und Kriegszeiten, so erinnere ich meine lieben Kinder und alle

Nachkommen, daß sie diese beobachten, in Ihrer Voreltern Fußstapfen treten, und mit Ehren und löblichem Leben und tapferer Haltung vermehren. Gott segne sie und halte sie unter seinem Schutz.«

Die zahllosen Kontrakte, Testamente und Heiratsverträge, die das Stadtarchiv aufbewahrt, reden eine deutliche Sprache, was die Hochschätzung, Geltung und Autorität des Familiengedankens angeht. Niemand wagt noch, an diesen altüberlieferten Herkommen zu rütteln. »Die andere Tochter Elisabeth«, erzählt uns Kreidenmann in der Schilderung seiner Familienverhältnisse, »ist ledigen Standes, hat sich aus Jugend und Unverstand verführen lassen, und durch ein Fehl mich und Ihre Eltern und ganze Freundschaft hoch beleidigt. Sie erkennt aber ihren Fehl und bereuet denselben, stellt sich unter der Eltern Gehorsam und will mit Zucht und Wohlverhalten diesen Flecken auslöschen. Dabei ichs lassen tue.«

Achtung vor dem Alter, unbedingter Respekt vor den mit »Sie« angeredeten Eltern, strenge, ebenso karge wie sparsame Einteilung des Tages und der Arbeit, bei seltenen festlichen Anlässen, an unseren heutigen Maßstäben gemessen, bescheidene Familienfeste – das ist der Unterton dieses festen bürgerlichen Lebensgefüges. Verglichen mit dem dekadenten und korrupten Lebensstil an den kleinen und großen Höfen, den Zuständen etwa in Ludwigsburg, die Schiller den Anlaß zu seinem Stück »Kabale und Liebe« gaben, ist dieses ehrenfeste, fromme, konservative Familienleben der Reichsstadt, das wir ja auch aus den Jugenderinnerungen Goethes oder Hermann Kurzens kennen, schon von erheblicher Bedeutung. Es war damals einer der ganz wenigen staatserhaltenden Mächte, die verhütete, daß die Gesellschaft in sittlicher Fäulnis auseinanderfiel. Der Begriff des Bürgerlichen und des Ehrbaren, vielfach sogar ein- und denselben Inhalt meinend, stammt aus diesen Jahrzehnten.

Freilich dürfen wir diese Biederkeit und Kleinheit auch in mancher Hinsicht belächeln. Während damals in der Stutt-

garter Residenz internationales Publikum verkehrt, ist für die
Esslinger jede Verbindung mit dem sogenannten Ausland
eine Art Sensation. Wenn 1748 ein Nashorn zu sehen ist, 1773
ein Elefant durch die reichsstädtischen Gassen tappt und am
6. November 1781 sogar eine ägyptische Mumie beguckt werden kann, dann sind das Höhepunkte des Daseins, die im
Ratsprotokoll festgehalten werden. Wenn auch im Geschäfts-
leben hier und da über Bestechung und Günstlingswirtschaft
geklagt wird, daheim und in der privaten Sphäre achtet man
auf die alte, gute Sitte. Gegen das Tabakrauchen beziehungsweise Tabaktrinken führt der Rat fast drei Jahrzehnte lang
einen erbitterten Kampf, immer wieder wird der Tabak be-
schlagnahmt bei den Esslinger Krämern und fremden Tabak-
händlern, immer wieder werden die Stadtknechte ermahnt,
ihre Nase in den Dienst der Sache zu stellen und die Tabak-
trinker zu melden: Die Hälfte der Strafe sei ihnen als Beloh-
nung sicher.

Wir wissen, daß diese Züge damals überall in denjenigen
Städten zu finden sind, von denen sich das große Leben zurückgezogen und in denen die politische Wirklichkeit keine
großen Aufgaben mehr gestellt hat. Auch das, was ein guter
Kenner 1791 über die Esslinger berichtet: »Nicht der Mann,
der sich gut und mit Geschmack kleidet, sondern jeder Bürger, wes Standes er sei, steht im Ansehen, wenn er nur Geld
hat«, auch diesem etwas fragwürdigen und uns heute wohlver-
trauten Grundsatz scheint man in den anderen Reichsstädten
gehuldigt zu haben. Jedenfalls schreibt noch Theodor Grie-
singer 1838 in einem köstlichen Essay über den Reichsstädter:
»Der alte Reichsstädter ist reich; und wer reich ist, der liebt die
Umwälzungen nicht, da er durch sie allein verlieren kann und
nichts gewinnen. Den Reichtum hat er übrigens nicht erworben, sondern vielmehr als Erbschaft von den glücklicheren
Tagen her angetreten, und somit weiß er ihn auch so wohl zu
bewahren, daß seine Tochter keinen heiraten darf, der nicht
wenigstens eben so viel hat als sie. Er ist aber nicht bloß reich;

er ist auch stolz auf seinen Reichtum, so stolz, daß man ihn leicht für hochmütig oder gar grob und barsch halten könnte. Wer nicht reich ist, den verachtet er, und wäre es auch der Oberamtmann oder der Oberamtsrichter.«

Hier ist gewiß auch unvergängliche Esslinger Eigenart aufgedeckt. Der Mangel an jeglicher Großzügigkeit, die Lust am Sparen und Zusammenhalten, selbst wenn man altmodisch und rückständig dabei wird, scheint ein ganz ausgesprochener Wesenszug der alten Esslinger gewesen zu sein. Ein Kaffeehaus gab es erst 1747, und dann nur mit der ausdrücklichen und bis zum Ende der Reichsstadt eingehaltenen Bedingungen, daß keine zweite derart lockere Anstalt in der Stadt zugelassen werde.

Daß die Esslinger Frauen- und Mädchenwelt in furchtbar altmodischer Kleidung daherkomme, betont schon Crusius gegen Ende des 16. Jahrhunderts; noch der weitgereiste Philipp Röder schüttelt 1791 sein Haupt darüber. Er berichtet, daß man in der Stadt außer beim Volksfest aus Anlaß des Schwörtags nur in den Spaziergängen in der Stadt und an den Ufern des Neckarkanals seine Vergnügungslust befriedige. »Allein auch hier«, schreibt er, »äußert sich die altreichsstädtische Art zu leben, in besonderer Weise. So schön in der Tat diese Spaziergänge sind, so verwaist bleiben sie doch, und niemand besucht sie. Selbst des Sonntags, wo doch die Geschäfte ruhen, trifft man selten Leute darin an. Die Ursache davon mag wohl diese sein, weil die meisten angesehen Familien Gärten haben, aus welchen sie nicht hinaus zu bringen sind. Diese selbst zu besorgen, macht ihr größtes Vergnügen aus, sie können daher ganze Nachmittage einsam und allein darin zubringen, und erst des Abends nach Hause gehen. Und dann des Abends der kühlen Luft und das schöne Mondlicht zu genießen – wie es in allen gesitteten Städten Mode ist –, ist in Esslingen ein großes Vergehen gegen die altreichsstädtischen Sitten, die hier noch auf das strengste beachtet werden müssen. Wehe dem Ruf eines hiesigen Fräuleins, das sich nach 9

Uhr des Abends noch einen Gedanken an dieses Vergnügen beigehen läßt, wenn auch ein halbes Dutzend alter Mütterchen sie begleiteten! Hundert Lästerzungen würde ein solcher Schritt in Bewegung setzen.«

In ihre »Gärten« also gingen sie des Sonntags, die »Angesehenen«, die »Großkopfeten« der innerstädtischen Esslinger Bürgerschaft. Noch heute sagen die Esslinger »Stückle« zu diesen Baumwiesen. Wer ein »Stückle« hat, ein Grundstück, ist ein angesehener Mann – den »grüßt man«, egal, ob er einen Titel hat oder nicht. Bis zu den Weilern, die man mit Ausgang des 18. Jahrhunderts »Filialen« nannte, ist von den Patriziern keiner gekommen. Dort saßen die Bauern. Wenn die etwas wollten, mußten sie sich schon selber in die Stadt bemühen. Von »der Stadt« aus wurden sie versorgt, in weltlichem und geistlichem Betracht. Man hat den Eindruck, als ob die politische Arbeit, die Einsetzung eines ehrenamtlichen Schultheißen und so weiter, die minder wichtige gewesen sei.

Varianten und Eigenheiten brachte die kirchliche Versorgung. Waren da Kaplane im Auftrag der Esslinger Kirche tätig, die ihre Schäflein in einer Wegkapelle zusammenführten, so erhielten die »Filialen« Sulzgries, Krummenacker, Hohenakker und Rüdern 1837 eine eigene Predigtkirche im Kameralamtsstil. Damals blieben die beiden Weiler im Osten des Vorortgebiets immer noch ohne eigene Kirchenorganisation: Liebersbronn war reichsstädtisch, Hegensberg war württembergisch und damit Außenseiter. Wenn in Liebersbronn einer starb, brachte man ihn nicht auf den 1892 errichteten Begräbnisplatz »im Hegensberg«, sondern auf den altesslingischen Friedhof des Filials St. Bernhardt. Im Württembergischen begraben zu sein, war ein ganz unerträglicher Gedanke. Das blieb bis 1927 so: Die Liebersbronner fuhren ihre Toten die Steige hinunter, die Mühlhalde entlang und die Steige des »Schönen Rains« nach St. Bernhardt hinauf.

Freilich nahmen auch die Hochzeitszüge diesen Weg, wahre Wallfahrten im Vorgeschmack des Hochzeitsschmauses

im Traube-Saal, beim »Mattes«. Die Verwandtschaft und Be-
kanntschaft war dabei im Sonntagsstaat, halb, ja ganz Liebersbronn, vornedraus der Büttel, die Kinder warteten an den Ek-
ken, »Se kommet, se kommet«. Sie sind dann hinterdreinge-
laufen, die Schulkinder. Wenn sich die Kirchentür von St.
Bernhardt nach der Trauung wieder öffnete und das Braut-
paar samt Anhang wieder heraustrat, mögen sie sich gewun-
dert haben, warum die älteren Frauen der Hochzeitsfamilie so
verweinte Augen hatten. Aber das ist wohl nicht typisch liebers-
bronnerisch, daß man bei Hochzeiten immer heulen muß.

Ja, man hat karg gelebt hier oben. Es war, obschon es nicht
mehr höher ging, nicht das Paradies. In jedem Haus standen
zwei, drei Stück Vieh im Stall. Gotthilf Weber, der Älteste unter den heute noch lebenden Alten, hat registriert, daß es
1911 hier 120 Kühe gab. Er hat den klassischen Satz hinzuge-
fügt: »Und von diesen 120 Kühen hat Liebersbronn gelebt.«
Für sich selbst gelebt, muß man erklärenderweise sagen. Die
wenige Milch, die von Milchverkäuferinnen abgeholt, nach
Esslingen gebracht und dort an Privatleute weiterverkauft
wurde, fiel wenig ins Gewicht. Einträglicher war das Obst, das
schon im 19. Jahrhundert den Weinbau zu verdrängen begann. Liebersbronn war ursprünglich auch Weinbauge-
meinde. Viele der Grundstücke laufen noch heute als »Weinberg«. Vielleicht macht man sich's zu leicht, wenn man eine
aus Amerika eingeschleppte Reblaus mit dem Rückzug und
schließlichen Untergang des Weinbaus hierzulande in Verbindung bringt und dann gar noch die Datierung »um 1910«
dafür parat hat. In Wirklichkeit war es einfach die um sich
greifende und in den Jahren vor 1914 am Mittleren Neckar
total einsetzende Industrialisierung, die einen leichten Herzens vom schweren und zeitraubenden Weinbau Abschied
nehmen ließ. Inwieweit die Qualität des Liebersbronners dabei auch eine Rolle spielte, vermag der Chronist nicht zu sagen. Die welchen getrunken haben – das ist nicht die Ursache
– leben nicht mehr.

Statt dem »Wengert«, dem Weinberg, gab es also mehr und mehr Obstkulturen. Man hat seine Luiken oder Renetten nach Esslingen hinunter auf den Wochenmarkt gebracht oder überhaupt zum Verkauf in die Läden, wobei der Transport, wo der Kuhwagen zu aufwendig und der Kleinwagen noch nicht da war, sich wohl am schwierigsten gestaltete. Wer brachte den Obstkorb in die Stadt? Schließlich machte das die Frau wie alle die Jahrzehnte zuvor auch. Sie ging, die »Zoine« auf dem Kopf, Kilometer für Kilometer. Das konnte auch, wenn es sein mußte, der Weg von Strümpfelbach nach Esslingen sein, sechs, acht Kilometer. Pausieren war an den »Gruahbänken« möglich. Man sieht sie als unverstandene Relikte heute noch auf dem Hirschland oder an der Pfauenbergsteige oder droben beim Jägerhaus. Nur das Mostobst kam auf den Kuhwagen und dann zum Güterbahnhof hinunter. Um die Zeit des Ersten Weltkriegs erhielt man fünf Mark für den Zentner, ein für damalige Verhältnisse vergleichsweise hoher Betrag.

War man arm? Ärmlich würde ich lieber sagen, nimmt man heutige Maßstäbe und Vorstellungen (die uns freilich, dies in Klammer, ohne daß wir's recht gemerkt haben, davongelaufen sind). Noch die »Schelfetse« von den Kartoffeln hat man verwendet, Lukeleskäs mit Schnitz am Abend war schon eine feine Sache. Erst wenn man konfirmiert war, das war noch in den frühen dreißiger Jahren so, bekam man das erste Paar Halbschuhe. Bis dahin kamen die Buben in Stiefeln daher, die um oder vor dem Ersten Weltkrieg Aufgewachsenen (und noch Älteren) trugen ohnehin nur Rohrstiefel. Sonntags hat man die Hosen über sie heruntergelassen, werktags trug man sie »in denselben«.

Im Grunde eine bäuerliche, eine agrarische Welt. Wenn man die im Dorf stehende »Villa« in einer soziologisch-politischen Perspektive deuten will, war es eine patriarchalische Dorfgemeinschaft, ein kleines Patronatsdorf. Ging einer drunten im Gymnasium zur Schule, dann mußte er das hin-

nehmen, »Ihr vom Land«, »Ihr Baurebüble«. Ein bißchen
Wald hatte man auch, bei den Mönchelen dahinten. Und natürlich ist auch ein bißchen Arbeitsteilung praktiziert worden.
Wir wissen ja längst, daß die marxistische Formel Dorf = Mo-
nokultur, Stadt = Arbeitsteilung, eine arg romantische Ver-
kennung der Lage ist. Im alten Dorf hat man selbstverständlich auch Spezialisten Arbeitsaufträge gegeben, das Geschirr
für die Tiere, das Arbeitszeug und so fort. In Alt-Liebersbronn
zog der Hoefer von Haus zu Haus, sich die Arbeiten zu holen,
ein Flickschneider, der von seiner speziellen Leistung leben
konnte. Und den Mattes mit seinem Gaul gab's auch; die
Schulbuben, die Saukerle, haben ihn zum Gotterbarmen geärgert. Entweder setzten sie die Wiese unten in Brand, dann
kam er unten atemlos mit seinem Gäule an, oder oben, dann
hastete er nach oben, aber zum Schwätzen mit den Hallodris
war er allemal bereit. »Wenn wir Älteren dann gesagt haben«,
so Gotthilf Weber, »ich werde einmal Schuster – und der war
ja Schuster –, dann hat er gesagt, nur das nicht, das ist das Lie-
derlichste, was dir passieren kann.« Vielleicht hat er recht gehabt, der Vielgeärgerte. Man hat ja häufig auf die Fertigstel-
lung seiner Arbeit warten können.
    Eine bäuerlich-eingezogene Welt, eine nüchterne, eine zu-
rückhaltende. »Nur keine Namen« – auch diese Warnung
stammt von Gotthilf Weber. Darin liegt natürlich eine berech-
tigte und notwendige Schutzfunktion. Wo jeder jeden kennt
und jedes Haus das andere kontrollieren kann, verzichtet
man auf allzu persönliche Nominierungen und Identifizie-
rungen: Die Gemeinschaft, das Kollektiv wird zur Hilfe und
zur (notwendigen) Entlastung. Natürlich haben Gruppen solchen Zusammenlebens auch ihre Entgleisungen und ihre
nicht mehr kontrollierbaren Mechanismen, Züge, die dem rä-
sonierenden und irgendwie emanzipierten Städter unverständlich, wo nicht unheimlich sind. Man hat früher in Liebersbronn ein Mädchen, das einen jungen Mann abgewiesen
hatte, in »den Farrenstall gesperrt«: Wenn man's bedenkt,

eine in ihrer Drastik ungemein rohe, ja erdrückende Sache. Aber es ist auch ein habhaftes Stück bäuerlicher Realistik dabei, nach dem Motto »So ist das Leben«, wir müssen sehen, daß wir durch den Winter kommen, oder: »Herr Pfarrer, da muaß Miescht na.«

Die nüchtern kalkulierende bäuerliche Welt hat in den Jahren vor dem Ersten Weltkrieg ihre letzten und größten Einbrüche hinnehmen müssen. Um 1910 beginnen die Buben aus der Handvoll alter Liebersbronner Familien, den Silberhorn, den Weber, Mangold, Witzig, Fischle, Schlienz, hinunter in die Stadt in die Lehre zu gehen, zu Deffner und Dick, Merkel & Kienlin, Duderstadt, Quist und so fort. Die Welt der »Fabrikler« ist eine andere als die hier oben im Vor-Stadt-Dorf. Der Takt der Maschinen diktiert den Rhythmus der Arbeit. Die unten in der Stadt gewonnene und mühsam-kämpferisch aufrechterhaltene Solidarität konkurriert mit der gewachsenen, gleichmäßig-jahreszeitlich hingenommenen Gemeinschaft hier oben. Die Fabrikler werden von den Weingärtnern zunächst über die Schulter angesehen und dürfen als die »roten Sozinaler« im Wirtshaus nicht mit ihnen an einem Tisch sitzen. Klassenkampf auf dem Dorf, möchte man sagen.

Den älteren und jüngeren Fabriklern von den »Berglen« haben die Frauen mittags im Eßgeschirr das Nötige gebracht. Manchmal hat man dieses Geschäft reihum verteilt, jedes Geschirr hatte ein anderes Schleifle. Und dann saßen sie unten, am Alicensteg oder bei der Pliensaubrücke – wir spüren, daß das, was man mit »Industrialisierung« umschreibt, die alten überkommenen Lebensformen und Rivalitäten über den Haufen warf. Schließlich hätte sich, sagt man, in vorindustrieller Zeit ein Liebersbronner in Hegensberg nicht sehen lassen können. Wer ein Fäßle Gülle in der Stadt holte, mußte die Mühlhalde hinauffahren und an der Kennenburg vorbei, weil die in Hegensberg den Durchlaß verwehrten. Über Hegensberg hat man bloß über die »Bandle« heraufkommen können.

Und man *mußte* ja manchmal nach Hegensberg; in Liebers-

bronn gab's keinen Metzger. In Form von Schülerkämpfen
hat sich dieser Zwist noch lange gehalten: Einer der Schulleh-
rerssöhne hat die Sache organisiert. An einem Sonntag hat
man Lehmbollen gemacht, am anderen darnach hat man sie
unter seinem Kommando verschossen, hinunter zu den Hegensbergern, angetreten am Schlößle beim Eugen Fischle. Sobald ein Hegensberger die Straße heraufkam, zog man ab.
Auch etliche von den Älteren gesellten sich zum Kampf. Und
dann gab's eine förmliche Straßenschlacht. Wenn einer sich
davonschlich aus der Front, wurde er hernach bestraft, ganz
wie im großen Krieg, »wegen Feigheit vor dem Feinde«.

Seltsam, diese Verbissenheit. Sie konkurriert mit einem
Zeit- und Raumgefühl, das von dem unserer Tage so weit entfernt ist, daß man ein bißchen mutlos wird bei der Frage, ob
man die Zeiten früher überhaupt noch verstehen kann. Man
verbiß sich in die nächste Ortschaft, weil man eine andere gar
nicht kannte. Noch im Turnverein Liebersbronn galt in den
dreißiger, vierziger Jahren, wenn Verbandsspiele zu bestrei-
ten waren: »Nie über den Neckar nieber.« Man blieb auf der
Sonnenseite, hier, auf dem Berg. Man ging nach Schnait und
nach Beutelsbach, aber nicht über den Neckar. Das war frem-
des, anderes, kaltes Land, beim Eisberg fing es an.

Die fast noch mittelalterliche Eingrenzung des Horizonts,
die am Ende einen Lebensraum von ein paar Kilometern ergibt, hat ihre Entsprechung in einem Zeitgefühl, das wir, mit
dem Telefon und dem Auto und der Boeing die Zeiten überspielend, kaum noch nachvollziehen können. Verweilen haben wir gänzlich verlernt, das langsame, das wortwörtlich genommen schrittweise Kennenlernen und Erkennen des Um-
feldes, die Ruhe, die unendliche Ruhe der nicht terminierten,
nichtprogrammierten Stunden. Es gibt keinen Fernseher, der
einen zur Abendschau – das sind ja längst »Termine« für uns –
hetzt. Die Welt ruht noch in sich. Man kommt im Schimmer
der Erdöllampe im Karz zusammen – »Kommet au übere. D'
Kathre soll ihr Konkel mitbringe ond d'Marie ihr Strickets« –

so hat die Einladung wohl gelautet. Man arrangiert sich einen Abend, da sind keine Automatismen drin, keine Techniken, keine Termine. Man muß den Abend wortwörtlich verbringen, verbrauchen, etwas machen aus ihm. Das ist ein ganz anderes Zeitgefühl. Und so lange ist's noch gar nicht her. Der alte Briefträger Weber hat zweimal am Tag drunten in der Stadt beim Postamt am Bahnhof die Post holen müssen. Und dann hat er, zweimal am Tag, von dort seinen Gang gemacht, zur Kennenburg, nach Hegensberg, Liebersbronn, zum Jägerhaus und nach Wiflingshausen, zweimal am Tag und zu Fuß! Weil er einen schlechten Magen hatte und keinen Moscht trinken durfte, haben ihm die Weiber immer ein Glas Milch hingestellt – was muß der Mann täglich Kilometer hinter sich gebracht und Milch getrunken haben!

In einer derart festgefügten Welt kommt man schwerlich aus altüberlieferten Erbfeindschaften, wie es die zwischen Hegensberg und Liebersbronn eine war, heraus. Erst die Kirche, die seit 1927 gemeinsame, hat hier geändert, und die Fabriken und die Umbrüche im Verlaufe des Dritten Reiches. Und sollten je alle Gründe für diesen Erbzwist genannt und alle Momente für seine schließliche Beendigung gesammelt worden sein, bliebe immer noch ein Rest von Unerklärlichem. Sollte nicht, unsere Jungen sagen heute das »Letzte« darin liegen, daß Liebersbronn *über* Hegensberg liegt? Gegen diese geographische und gottgewollte Provokation ist kein Kraut gewachsen. Es bleibt das ständige Ärgernis. Einer der Ältesten unter den alten Liebersbronnern erzählt: Auch wenn sie von den Hegensbergern dann den Frack voll gekriegt hätten und kaum mehr aus den Augen hätten sehen können, so hätten sie doch denen mit letzter Kraft nachgerufen: »Haltet doch eier Gosch! Mir send haicher drobe!«

STETTEN IM REMSTAL
Geschichte von oben, Geschichte von unten

»Die Ratlosen sind ein zahlreich Geschlecht und sitzen auf der ganzen Erde. In Friedenszeiten sieht man sie des Abends in den Wirtsstuben, wo viel getrunken und beraten wird. Sie dukken sich über ihr Viertele, horchen nach links und rechts, nach oben und unten, sagen ja und nicken, wenn die Gescheiten reden. Wenn eine Gefahr ist, kommen sie aus den Häusern, stehen zusammen, jammern und heben die Hände. Und da erst sieht man, wieviel Ratlose es gibt auf der Welt!

Als unser Gutedel aus dem Gefängnis entronnen war, das Kriegsgericht hatte es so wollen, fragten ihn die Ratlosen im Flecken, was es denn für ein Mittel gebe gegen den greulichen Krieg. Gutedel war nicht gesonnen, die Unfreundlichkeit zu vergessen, die ihm einige Tage zuvor die Herren Offiziere und die Leute des Orts erwiesen hatten, als sie ihn wegen einem Maß Wein ertränken wollten. Er gab ihnen zur Antwort: ›Gegen Läuse ist Pulver gut, gegen die Russen Schwefel und gegen die Franzosen, Pardon, hilft die Hitze!‹ Was gut gegen den Krieg ist, ja, das kann ich so schnell nicht sagen! Lasset mir Zeit, nachzudenken! Aber wie fällt mir doch das Denken schwer! Es ist mir, als dächte ich nur mit dem Gurgelknopf, seit die Granate über meinem Arresthaus geplatzt ist, das Dach abgehoben hat und ich aus dem Loch wieder herauskonnte. Nehmt es mir also nicht übel, wenn ich euch einen Rat gebe, der nicht aus meinem Kopf stammt, denn es ist mir gerade so, als hätte ich keinen.‹

Die Ratlosen wollten aber durchaus einen Rat von ihm haben und sagten, es sei doch vielleicht möglich, daß er mit der Gurgel besser dächte als andere mit dem Kopf. Hätte er doch auch gewußt, daß die Franzosen kommen würden, und darum den großen Ehefrieden im Flecken gestiftet. Weil genau diese Leute, die jetzt so sagten, ihn ins Gefängnis gebracht hatten, sagte er: ›Daß ich wieder Frieden ins Dorf brachte, dafür habt ihr euch schlecht bedankt.‹ Das tat ihnen allen leid. Und sie versprachen dem Gutedel, ihr Unrecht wiedergutzumachen, wenn er ihnen nur einen Rat geben würde in ihrer Not: Was hilft gegen den greulichen Krieg?

Da zuckte der Gutedel zusammen, als hätte ihn eine Ratte gebissen, und schrie: ›Jetzt ist mir eben ein guter Gedanke in die Gurgel gefahren! Dort drinnen, wo es am engsten ist, steckt er und will weder hinaus noch hinein, weder hinauf hoch hinunter. Wenn ihr nicht schnell bei der Hand seid wie die Hebammen, ist er für alle Zeiten verloren! Inzwischen will ich euch auf halbem Wege entgegenkommen und die Zunge herausstrecken, daß ihr ihn besser sehen und greifen könnt!‹ Und er stand mit heraushängender Zunge vor ihnen, sah, wie sie sich verzappelten, seinen guten Rat mit Händen zu greifen, und merkten nicht, daß er einen Spott mit ihnen hatte.«

Wer hinter diesem »Gutedel« versteckt ist? Der »Pfeffer von Stetten«, der alle Chance hat, die berühmten Söhne Stettens von ihren Plätzen zu verdrängen. Der Pfeffer ist dabei, so etwas wie ein – noch nicht errichtetes – Denkmal für Stetten und die Stettener zu werden, »hehlinge« ein Abzeichen, das man in Stetten gar nicht weiter erklären muß, sobald man es nur sieht oder hört. Der Pfeffer, das ist einer, der sich zwischen die da oben und die drunten dazwischenschob, einer, der niemand verletzte und verletzen wollte, und doch den Wahrheiten höchst unverblümt auf den Leib rückte, einer, der so recht schwäbisch war, weil er Dinge sagte, die unsereiner – »denke isch besser als sage« – sich erst überlegen muß. Es kann nachts sein, daß wir einen Pfeffer-Spaß erst recht begriffen haben.

Wir wachen auf, hören den Pfeffer, begreifen ihn und lächeln wie ein satter Säugling.

Aber wenn der Tag aufgezogen ist und sich die Wirklichkeit eingestellt hat, sehen wir auf ein geschundenes Dorf, das für Generationen, für Jahrhunderte härteste »Geschichte von oben« hinnehmen mußte. Die Strafjustiz war grausam auf eine unvorstellbare Weise. Der Galgen stand im »Lehen«, der vorüberführende Weg heißt nicht erst heute die Galgenstraße. Er stand da, ein »Zeugnis der Gerechtsame«. Er faulte langsam vor sich hin, die unheimliche Drohung indessen blieb bestehen. Im Stettener Rat und Gericht, also im Bürgerausschuß und im Gemeinderat, wurde am 28. Mai 1756 beschlossen, ein neues Hofgericht aufrichten zu lassen, der anno 1725 aufgestellte Galgen wolle einfallen. Seine Etablierung war ein Schauspiel für sich. Gericht und Rat versammelten sich um 7 Uhr morgens auf dem Rathaus. Um 6 Uhr schon waren die Trommeln gerührt worden, Bürger und ledige Mannschaft hatten sich auf dem Kirchplatz versammelt, sämtlich mit Ober- und Untergewehr versehen. Dann begaben sich alle zum Schloßhof, die Burgerschaft, also hier die Weiber, Kinder und Greise, wurden bei der Reitschule in Ordnung aufgestellt und alsdann auch in den Schloßhof geführt. Von da ging es auf den Platz neben dem Hochgericht, der Löwenwirt und Christoph Enßlin zu Pferd, der Barbier als Feldscher, die Zimmerleute Paar und Paar mit Äxten, die Maurer Paar und Paar mit ihrem Handwerkszeug, die Schmiede. Hierauf folgte der Beamte zu Pferd, der Stabsamtmann, sodann alle die Herren Magistratspersonen. Nah diesem der Leutnant Knaupp und etliche besonders zu Korporals ernannte Soldaten, der Tambour und Pfeiffer, etliche auswärtige Bürger und wieder ein Tambour und zwei Pfeiffer, die »das Spiel rühren« mußten.

Ein Obrigkeitsstaat, dem die Stettener mit Haut und Haar verdingt waren, in einem gnadenlosen System. Im Juli 1775 hatten spielende Kinder in der Grävenitz'schen Gruft ein in

Zeitungspapier eingewickeltes Paketchen entdeckt. Als man
es heraufzog, fand man darin die Leiche eines vier Wochen
alten Kindes weiblichen Geschlechts. Die Leiche wurde von
dem Amtsarzt, dem Physicus Dr. Hölder aus Waiblingen, in-
spiziert und seziert und vom Totengräber »in locum separa-
tum«, außerhalb der sonstigen Gräberreihen also, begraben.
Das Geschöpf, möchte man sagen, hatte noch Glück gehabt.
Man hat sich in den Jahrhunderten vor 1800 erbitterte Gefechte geliefert, ob Getötete und Selbstmörder überhaupt in
Friedhofsnähe begraben und nicht auf dem Schindanger ver-
scharrt werden sollten – was eigentlich dann immer geschah.
Der Stettener Pfarrer Eckardt, dem dieser immer noch huma-
nere Ausweg zu danken war, schreibt, es »seie nachgeforscht,
aber nichts eruiert worden«. Erst vier Tage darnach kann er
melden, daß die ledige Regina Katharina Fischer, Tochter des
Hofbäcken Fischer, gestanden habe, das Kind heimlich geboren und umgebracht zu haben. Ihr Vater war Hofbäcker im
Schloß – wir nehmen diese Ortsauskunft wörtlich, die wilde-
sten Vermutungen im Sinn. In Stetten hatte man sie damals
nicht. Die Regina wurde in Stetten »examiniert«, nach Waiblingen »abgegeben, daselbst peinlich verhört, man fügt ausdrücklich hinzu, »torquiert« (gefoltert) und in das Zuchthaus
nach Ludwigsburg abgeführt.

Geschichte von oben: ein einziges Geflecht von Regelun-
gen und Bestimmungen. Wann mit der Ernte begonnen
wurde, setzte der Stabsamtmann fest. Die Weinleseordnung
hatte vorgeschrieben, daß niemand mehr sich unterstehen
solle, an einem Sonntag Obst aufzulesen und nach Hause zu
tragen. Jedem Schützen indessen wurde zur Pflicht gemacht,
alles Obst, das sonntags auf eine Straße oder den Weg fallen
sollte, aufzulesen und dem Eigentümer unter seinen Baum zu
legen. Zu jeder Kelter gehörte ein Weinbergschütz, und jeder
Schütz hatte das Einzugsgebiet seiner Kelter zu hüten, die Alte
Hardt hatten die Häder, für die Hohe Kelter waren es die
Mönchberge, für die Lindhaldenkelter die Lindhalden, für

die Glockenkelter die Wüstenberge bis zu den Bergen und für die Kleine Hardt die Hardtweinberge.

Alles war geregelt, bis zu den Mausfängern; der Titel dieses Gemeindedieners wurde auf die Ehefrau ausgedehnt: 1774 wird eine Frau als »Mausfängerswittib« bezeichnet. Und natürlich, dies und eigentlich allein dies das Kennzeichen des Leibeigenen: eine strenge Jahresreihe von Abgaben. Einmal jährlich am Stephanustag hatte jeder Leibeigene, jeder »Stettemer«, bei dem Leibherrn im Schloß zu erscheinen und ihm einen kleinen Betrag, den Leibzins, zu entrichten. Der Leibherr hingegen mußte alle erschienenen Leibeigenen reichlich bewirten, so daß der Herr Baron an diesem Tag draufzahlte. Die Frauen hatten alljährlich eine Henne zu geben, die sogenannte Leibhenne. Sie wurde vom Hühnervogt, auch Hühnerfaut genannt, im jeweiligen Hause abgeholt. Lag eine Frau im Wochenbett, so drehte der Beamte der Henne den Kopf ab und überließ sie der Frau, damit sie sich eine gute Hühnerbrühe machen konnte. Den Kopf der Henne lieferte er im Schloß ab, als Zeugnis, wie es in Erlassen hieß, der »Gerechtsame«. Es gab den Weinzehnt, der wichtigste und für die Schloßherrschaft, die Zehntherrschaft, der einträglichste Zehnt, es gab für den Ortspfarrer den Heuzehnt und den Kleinen Zehnt, es gab das Rauchhuhn, das der Dorfherr erhielt, also eine Art Grund- oder Wohnsteuer – die Liste ist fast unendlich.

Wenn man's genau bedenkt, war diese Zehnt- und Abgabenwelt aber nicht ganz so barbarisch, wie man heutzutage denken möchte. Wir haben ja auch unsere Steuertermine und unsere Bußgeldbescheide, und ein gescheiter Historiker hat ausgerechnet, daß diese Abgaben damals – in einer Welt, die eben weniger vom Geld als von der Naturalwirtschaft lebte – die Steuerabgaben von heute bei weitem nicht erreichten. Viel vom Gestrüpp der Ordnungen und Verordnungen, die Hand von oben ist geblieben; viel von der Wesensart des Stettemers hat sich wohl in den letzten zwei Jahrhunderten verän-

dert. Da war die Abwendung von der Landwirtschaft beispielsweise und die größere Hinwendung zum Weinbau, andererseits das Auftreten der »Fabrikler«, die in den zwanziger Jahren morgens um fünfe oder sechse in dunklen
Scharen Cannstatt oder Untertürkheim zu marschierten –
ein heute ganz ungewohntes Bild des Pendlers; wir haben
dafür morgens und spätnachmittags Autoschlangen und
einen Hohngesang auf das alte Rechtswort, wonach Stadtluft
frei mache.

Geblieben ist ein Bündel von Grundzügen der Stettener
Mentalität. Sie kam so recht zum Vorschein, als man 1975
meinte, aus Stetten und Rommelshausen eine Einheitsge-
meinde machen zu müssen und ihr 1978 den Namen »Kernen« gab. Da stand so mancher Stettemer vor seinem Haus
und vor der Kammerz und murmelte, »mir sen doch anders
wie die in Rommelshause«.

Was war, was ist anders? Mag sein, daß Rommelshausen immer weniger Weinberge hatte und mehr bäuerlich struktu-
riert war als Stetten. So furchtbar extrem gehen die Zahlen
nicht auseinander. Aber: Rommelshausen hatte das Schloß
nicht! Als eigener und in Stetten vergleichsweise nachdrückli-
cher Lebenskreis, hat es aus den Stettemern eigene Leute gemacht, kluge Leute, solche, die im Verlaufe von Generationen
mit dem »Hof« umzugehen und eine Vorform von Städteart,
von Urbanität zu entwickeln wußten. Schlitzohrigkeit gehörte
dazu, ach Gott, unser Pfeffer ist ein unsterbliches Musterbeispiel dafür. Im Dezember 1914, beim Vormarsch in Polen,
hatte der Stuttgarter Bataillonskommandeur seinen Pferde-
burschen verloren. Der Major, ein begeisterter Jäger, hatte
vor dem Krieg im Schurwald um den Kappelberg und den
Kernen herum gejagt. Während eines Halts in einem kleinen
Nest meldete sich der neue Pferdebursche. Als er, ein Kerl wie
ein Schrank, seine Spörnlein zusammengeklopft und sein
Sprüchlein gesagt hatte, entspann sich folgender Dialog: »Mo
bisch du her?« »Vo Stetta, Herr Major.« »Hoscht au scho gwil-

dert?«»Jawoll, Herr Major.« Wobei auffällt, wie breit und sprachlebendig sich dieses »Gespräch« ausnimmt. Zumindest damals hat man nicht viel geredet hierzulande. Man hat eher zugehört. Man denkt an die zwei Stettemer, die nach Tübingen in die Klinik mit der Eisenbahn fahren. Kurz vor Metzingen sagt der eine:»D'r Weize schtoht gut.« Auf der Rückfahrt, bei Wendlingen, Stunden danach, sagt der andere:»D'r Haber au.«

Manchmal, meine ich, hätten die Stettemer diese eigene Art von Unbedarftheit gebrochen und sich anders gegeben als die eingezogenen Altwürttemberger. Im »Herbst« auf alle Fälle. Ob die Weingüte eindeutig war oder nicht: Den Lesern und Leserinnen stand es selbstverständlich frei, sich nach Herzenslust gütlich zu tun. Waren die Trauben recht süß, so waren die Finger rasch klebrig, ein Beweis für die Güte des Jahrgangs. Freilich, es war kein rheinischer oder pfälzischer »Herbst«, kein »fröhlicher Weinberg«, zumindest nicht in der Zuckmayerschen Version. Aber bei allem Verständnis für die Befriedigung des Eigenbedarfs hatte es der »Vetter« im Stettener Weinberg nicht ungern, wenn seine Mitarbeiter schwatzten, sangen oder pfiffen. »Senget und pfeifet au a bißle!« Man sollte drunten im Tal merken, daß es auch bei der Stettener Weinlese »a bißle« lustig zuging. Einer der alten Stetter hat jüngst erzählt, man habe zu Herbstbeginn mit großen Böllern geschossen. »Da hat man die ganze Nacht unruhig geschlafen, damit man das ja nicht versäumt.« Und am Ende: »Zum Herbstschluß ist man dann mit der ganzen Erntemannschaft oben im Häusle gesessen und hat gesungen und hat Ziehharmonika gespielt. Solche Erinngerungen wiegen bei mir auch das Schlechte der Jugendzeit auf.«

Das Schloß in seiner ursprünglichen Funktion, als Trägerin einer Geschichte von oben, gab es damals längst nicht mehr. Im Februar 1822 ist in Stetten zum letzten Mal eine Schloßherrin zu Grabe getragen worden, die Tochter des Herzogs von Leuchtenberg, des Sohns der Kaiserin Josephine, Napoleons erster Frau. Der am 10. Juli um drei Uhr morgens eingetroffene Sarg wurde vom Stettener Gemeinderat und Pfarrer unter Glockengeläut und Gesang in die Kirche geleitet. In der Nacht hielten Stettener Bürger die Ehrenwache. Am folgenden Tag trugen vierzehn Geistliche aus der Umgebung den Sarg in die – heute wieder prächtig strahlende – Schloßkapelle.

Herzog Wilhelm von Württemberg, der Schwiegervater der Toten, hat das Schloß dann einem Internat übergeben, übrigens kostenlos. Es öffnete 1831 seine Pforten. In seinem Programm, das Humanismus und Realismus vereinte, war es so etwas wie ein Gegenstück zu den altwürttembergischen theologischen Seminaren. Es brachte so bedeutende Männer hervor wie den späteren württembergischen Ministerpräsidenten Freiherrn von Mittnacht oder den Theologieprofessor und Rektor der Universität Berlin, Otto Pfleiderer. Aus dieser, wie es amtlich hieß, »Erziehungsanstalt für gesunde Knaben« wuchs »die Stettener Anstalt für Schwachsinnige und Epileptische« heraus, die nach manchen Umwegen – sie ist 1849 entstanden – 1864 in Schloß Stetten sich niederließ. König Wilhelm I. von Württemberg hatte sein Schloß um 49 000 Gulden der Anstaltsleitung überlassen, nachdem er ein wesentlich höheres Angebot aus der Schweiz ausgeschlagen hatte. Was in der »Anstalt«, in aller Welt sagt man »in Stetten«, geholfen und gepflegt und geleistet worden ist, weiß man hier im Flecken, zumal man selber in vielfacher Weise mit den Veränderungen und Versuchen des Instituts auf ganz persönliche Weise verflochten ist. Es gibt unter den alten Stettemern noch heute solche, die die feldgrauen kleinen Autobusse mit ihren Milchglasscheiben gesehen haben, mit denen man die »Lebensunwerten« aus der Anstalt nach Grafeneck gefahren hat, in den Tod.

Hermann Hesse gehört heute zu den meistgelesenen Autoren vor allem der westlichen und ibero-amerikanischen und vor allem der jugendlichen Leser. In Amerika, allein dort,

kennt ihn jedes Schulkind. Vor bald hundert Jahren, zu Ausgang des Jahres 1892, war Hesse in der Stettener Anstalt. Am
1. September schickte er seinen Eltern von Stetten diesen
Brief: »Ein unseliges Jahr, 1892! Düster hat es im Seminar begonnen, dann selige Wochen in Boll, getäuschte Liebe, jäher
Abschluß! Und jetzt – alles habe ich verloren: Heimat, Eltern,
Liebe, Glaube, Hoffnung und mich selbst. Offen gestanden,
ich sehe und bewundere Eure Opfer, aber eigentlich Liebe?
Nein! Stetten ist mir die Hölle. Wenn das Leben des Wegwer-
fens überhaupt wert wäre, wäre das ganze Leben nicht bald
ein heiterer, bald schwarzer Wahn – ich möchte mir den Schädel an diesen Mauern einrennen, die mich von mir selber
trennen. Und dazu dieser trübe Herbst und der nahe
schwarze Winter. Ja, ja, es ist Herbst, Herbst in der Natur und
im Herzen. Die Blüten fallen ab, das Schöne flieht, und eisige
Kälte bleibt zurück. Und ich bin der einzige unter einigen
Hunderten von entmenschten Irren, der dies fühlt. Fast wünsche ich mir den Irrsinn, es muß unendlich süß sein, alles,
alles verschlafen, vergessen zu können, Lust und Leid, Leben
und Schmerz, Liebe und Haß!«

Hesses Brief mag ein kleines und gleichsam stellvertreten-
des Zeugnis sein für die unendliche Schwere und für alle Problematik der Arbeit in der Stettener Anstalt. Es ist freilich
auch ein herzzerreißendes Beispiel für diese nun ganz nahe
Geschichte von unten. Ihr konnte das neuere und jetzige Stetten gar nicht mehr entrinnen. Stetten hat wirtschaftliche, ver-
kehrsmäßige, infrastrukturelle Aufgaben, natürlich. Aber seinen geschichtlichen Sinn hat es heute im Blick auf die
»Anstalt«, in der Zuwendung zu jenen hilflosen Menschen,
die in das Wohlstandskonzept unserer Tage nicht so recht hin-
einpassen. Wir können uns unsere Lebensaufgabe, auch die
im Kollektiv, nicht aussuchen, nicht auswählen wie im Selbst-
bedienungsladen. Wir haben keinen Anspruch auf Glück,
schon deshalb nicht, weil in diesem Anspruch eine Anma-
ßung, eine Hybris ohnegleichen läge. »Unser Leben«, wir ken-

nen den 90. Psalm, »währet siebzig Jahre, und wenn's hoch
kommt, so sind's achtzig Jahre, und was daran köstlich
scheint, ist doch nur vergebliche Mühe, denn es fährt schnell
dahin, als flögen wir davon.«

BEUTELSBACH

Wo die Revolution herkam

Wäre Beutelsbach die Grablege der Württemberger geblieben, wäre es, allen mittel- und westeuropäischen Erfahrungen zufolge, Residenzstadt des allmählich wachsenden Territoriums Württemberg geworden. Ulrich hat seinen Beinamen »Stifter« wegen der Erneuerung oder Erweiterung des weltlichen Chorherrenstiftes Zum hl. Kreuz in Beutelsbach erhalten. Die Beutelsbacher Grablege hatte also auch ein standesgemäßes, würdiges Fürsorge-Institut. Aber wie das so ist: Zunächst schob sich die Zweitburg Württemberg nach vorne, dann, ein strategischer Salto mortale, das von den Württembergern im dritten Akt bezogene Stuttgart, ganz hinten im Tal, aber offenbar deshalb besonders geschützt. Stuttgart wird Städtlein und Stadt, und den Chorherren zu Beutelsbach beginnt das Fäßleinzählen und das Gänsegeschnatter langweilig zu werden. Ja, die Pfründen, die Fäßlein, die wollen sie schon. Aber davon leben – das doch am besten in Stuttgart.

Tatsächlich war die Verlegung des Beutelsbacher Stifts nach Stuttgart am 24. Juni 1321 nicht nur ein landespolitischer Organisationsakt des Grafen, sondern auch eine Anpassung an die Allüren der Zeit, von denen die hochadligen Chorherren nicht ausgeschlossen sein wollten. Ohne die Verlegung, noch knapper, ohne Beutelsbach wäre Württemberg nicht das geworden, was es geworden ist. Die junge und bald darauf tatsächliche Residenzstadt erhielt erst dadurch eine eigene Stadtkirche mit beachtlichen Einkünften: Die Stuttgarter Stiftskirche war und blieb die erste im Lande.

Aber der Stiftungsgrundbesitz in Beutelsbach blieb natürlich da, die Stiftspflegerei, die Stiftskellerei und so fort, ein eigener und stattlicher Baukomplex mit Ringmauer. Man kennt wichtige Teile davon heute noch. Es war ein Wirtschaftsunternehmen und gleichsam eine erste Remstalkellerei von erstaunlichem Gewicht, unter der Leitung eines Stiftspflegers, der 1688 ein eigenes großes Haus erhielt, Dem Pfleger unterstand die Außenstelle. Die Zentrale saß in Stuttgart. Der eigentliche Reichtum, und nebenbei bemerkt die Arbeit dafür, verblieb Beutelsbach. In Stuttgart waren nur die Drohnen, die davon lebten.

Revolutionen entstehen nicht dann, wenn die Leute Hunger haben, dann hätten wir das ganze Mittelalter hindurch Revolutionen haben müssen. Sie erwachsen aus Deprivationen, zu deutsch aus der Möglichkeit, das eigene Los an einer Bezugsgruppe zu messen, an Leuten, denen es eigentlich gar nicht bessergehen dürfte als mir, weil ich auch arbeite, ja weil sie von mir leben, denen es aber tatsächlich bessergeht. Die Stuttgarter Chorherrschaft und Patrizierschaft, die »Ehrbarkeit« lebte von den Gütern draußen, speziell von denen zu Beutelsbach. Der Beutelsbacher Pfleger aber und die Handvoll anderer, begüterter, reicher Leute, die Beutelsbacher Dorfaristokratie, die mußten nur liefern und durften nur zusehen, sie fühlten sich benachteiligt, geschädigt, beraubt.

Fehlte also nur noch ein Funken, der in die aufgebrachte Spannung den Kurzschluß brachte. Das besorgte der Gaißpeter, ein schwäbischer Till Eulenspiegel, der nichts zu verlieren und nichts zu gewinnen hatte. Am 2. Mai 1514 inszeniert er den bekannten legendären Zug: Der Gaißpeter hat die eben neu eingeführten – und nachgewiesenermaßen unredlichen – Maße und Gewichte in der Tasche, wirft, die Volksmenge ist unübersehbar groß, eines davon in die Rems und

ruft: »Hat der Herzog recht, so schwimmt es oben, hat der gemeine Mann recht, so schwimmt es unten.«

Die Menge johlt. Aber die revolutionierte Masse dieses »Ar-
men Konrad« braucht einen Führer. Das ist Hans Volmar. Ein
Kondrad Volmar hat 1495 in Tübingen studiert. In der ältesten Beutelsbacher Steuerliste von 1380 erscheint der »groß
Volmar« und »Volmar unser Pfleger«. Die Volmar stellen den
Beutelsbacher Pfleger. Sie sind reiche Leute und mit ihnen
versippt und verschwägert eine ganze Reihe anderer Reicher.
Der Name »Armer Konrad«, was soviel heißt wie »Der Arme
Mann«, ist ein Tarnname für eine Revolution von längst europäischer Bedeutung. Es geht nicht um das Gezeter und Gebel-
fer von Hungerleidern, um das auch, aber im Hintergrund
und im eigentlichen Sinne um die Rivalität von Reichgewor-
denen und von Intellektuellen. Sie wollen die gleichen Privilegien haben und vor allem – das ist schon Bauernkriegsthema –
nicht im Untertanenverbund nach Römischem Recht unter-
gebuttert werden. Der geistige Kopf auf dem Kappelberg, dieser Utz Entenmayer, Schüler der Schorndorfer Lateinschule
einst und jetzt der Leiter des Schreibbüros und der Formulie-
rer der Programmpunkte: auch er einer von der Beutelsbacher Ehrbarkeit. Revolutionen sind Elitenkämpfe und der Ab-
fall der Intellektuellen vom Staat – was bei dem kranken, völlig
aus den Fugen geratenen Herzog Ulrich nicht schwerfiel.

Wir wissen, daß der Arme Konrad in die denkbar schlechteste Konstellation hineingeriet und unterging in schrecklicher
Rache, in grauenhafter Abrechnung. Einen der Köpfe der
Enthaupteten steckte man auf den mittleren Turm am
Schorndorfer Marktplatz, »biß zu seyner Verwesung anderen
zum Abscheu«. Als die Mutter eines anderen Enthaupteten
um den Kopf ihres Sohnes bat und man ihr den verweigerte,
erhängte sie sich am Kruzifix im Ilgenzwinger. Man schleppte
sie heraus, verscharrte sie neben ihrem Sohn, ihr Häuschen
wurde niedergerissen.

Spätestens hier wird uns klar, daß die Rede von der guten

alten Zeit eine idyllisch-nostalgische Torheit ist. Zusammen mit dem Bauernkrieg ist der Arme Konrad, von bestimmten städtischen Revolutionsansätzen abgesehen, die einzige originäre deutsche Revolution gewesen, keine Rebellion, sondern eine tiefgreifende Auseinandersetzung in prinzipiellen politischen Fragen. Sie hat in Beutelsbach ihren Ausgang genommen. Und sie kann, in der Geschichte geht nichts verloren, im Stifts- und Pflegedorf Beutelsbach nicht ohne Folgen geblieben sein. Ist der Gemeinde nicht zur Strafe das Marktrecht genommen und sage und schreibe erst 1767 wieder zurückgegeben worden?

Daß Beutelsbach im Bauernkrieg nicht mehr dabei war, wundert uns nicht. Die führenden Familien waren dezimiert. Eine Elite gab es nicht mehr. Aber wenn im 18. Jahrhundert einer der Beutelsbacher Pfarrer mehr zum Saufen als zum Predigen neigte, nahmen die Leute des Dorfes, so der Bericht, mehrfach »drohende« Haltung ein. 1848 zog der Beutelsbacher Gemeinderat geschlossen zum Landrat nach Schorndorf und verlangte einen neuen, verläßlichen und arbeitssamen Gemeinderat (was der Landrat genehmigte). Und ein paar Wochen später forderten die Beutelsbacher ein demokratisches Grundrecht: die Beratung des Haushaltsplans solle öffentlich sein. »Der Arme Konrad«, schreibt der Beutelsbacher Pfarrer zu Ausgang dieses Revolutionsjahrs: »Der Arme Konrad hat hier immer noch Samen und glimmt von Zeit zu Zeit aus der Asche hervor.« Aus dem, wenn auch harten, unbeugsamen Erproben der politischen Möglichkeiten ist in Beutelsbach ein sehr wacher Sinn für das politisch Notwendige und für das politisch Mögliche geworden. Es gab in den zwanziger Jahren – auch wenn der Arbeiter-Turnverein, die Internationale singend, vom Bahnhöfle und einer Großveranstaltung heimkommen konnte – keine politischen Krawalle. Das Dritte Reich hat sich in Beutelsbach nicht mit Radikalismen festgefressen. Politik gehört nicht aufs Rathaus, lautet heute noch die Devise, gemeint ist Parteipolitik. Das ist nicht die schlechteste Art, und nebenbei bemerkt eine Erfahrung, um die manches große Parlament hierzulande die Beutelsbacher beneiden könnte.

Wenn man's bedenkt, ist nicht viel passiert zwischen Mittelalter und Neuzeit im Flecken. Die Klammer der Gemeinde waren Kirche und Pfarrer und kirchliches Brauchtum. Im Kirchenkonvent stand seit Beginn des 16. Jahrhunderts ein Instrument zur totalen sittlichen Kontrolle zur Verfügung. Ein Haus, in dem die Dochte bis um Mitternacht brannten, war verdächtig. Der Mann, der länger ausblieb, die Frau, die unüberlegt daherredete, auch.

Die einzige Aufregung und Abwechslung bringt die Kriegsfurie: die Marodeure, die Schnapphähne, die sich in die Keller hocken und sich vollaufen lassen, die um sich schlagen und die Weiber auf die Bänke ziehen und die goldenen Gefäße aus der Sakristei in ihre Lederbeutel stecken. Beutelsbach ist merkwürdig glimpflich davongekommen. Das alte, das mittelalterliche Ortsbild kann man noch heute erkennen. Und wenn man's recht bedenkt, brachte die Soldateska, so im Bericht des Beutelsbacher Schultheißen von 1796, auch was Gutes: »Liederliche Jauner und Vaganten wurden durch den Kriegsdurchzug vertrieben, und so fielen keine Streifen an.« Damals hat man sich übrigens gegen Plünderungen eine französische Schutzgarde mit der französischen Bezeichnung »Sauve-Garde« erbeten. Die Beutelsbacher haben sie herrlich treffend »Sauf-Garde« genannt.

Wie die Leute in Beutelsbach so gelebt haben, wollen wir wissen, ob sie arm waren oder reich, ob sie gut waren oder schlecht. Für das erste hat man heute die feierliche Formel »Sozialsituation«. Sie war eher gut, wenn wir gesamt-altwürttembergische Verhältnisse zum Maßstab nehmen wollen. Natürlich war, seit der Reformation, eine Armenfürsorge notwendig. Da ist ein »krankes Weib«, das, wie es im Zusatz heißt, bei der »gegenwärtigen harten Saison« nicht imstande ist, sich selber zu ernähren. Da erhält eine Witwe seit dreißig Jahren

Unterstützung wegen ihrer »närrischen Tochter«. Da hinter-
läßt ein frühverstorbener Vater, wie es heißt, »drei Simpele«,
die auf verschiedene Familien verteilt werden und Kostgeld
bekommen.

Ein kleines Häuslein ist am Bach errichtet worden, das »Armenhaus«, da werden die wohnungslosen Armen untergebracht. Auf alle Fälle: den Lebensstandard, den wir heutzutage so großartig für selbstverständlich halten, gab es nicht.
Die Alten wissen noch, daß man 1922 oder 1923 zur Konfirma-
tion zwar ein »Anzügle« kriegte. Aber man durfte es nur zwei-,
dreimal tragen. Dann ging es an die Brüder weiter. Die
Schuhe waren aus Rohleder und fast geschenkt aus alten Hee-
resbeständen. Und einen Hut mußte man auch haben, den
holte man beim Kapphahn, bei Hut-Häfner, der, das war noch
eine Werbung, daheim immer mit dem Hut auf dem Kopf
zum Fenster hinausguckte. Noch bis in unser Jahrhundert
hinein waren Lederschuhe in kinderreichen Familien eine
rare Sache. Außerhalb der Schule gingen die Kinder barfuß.
Da konnte es vorkommen, das ist aktenkundlich, daß eines
der Kleinen zu spät zur Schule kam, weil es auf die Schuhe des
Älteren warten mußte. Einer der Kerle hat auf den Vorwurf
des Lehrers geantwortet: »Hättest du mei Mariele bälder
hoemgschickt, wär i au bälder komma!«.

Freilich, auch Bettler gab's. Bärentreiber waren dabei und
Trompetenbläser und solche, die mit Kränzen anrückten, sie
hatten angeblich das Geld nicht mehr zur Beerdigungsreise:
die Not, die dahintersteckte, soll nicht romantisiert werden.
In Beutelsbach holten sich die Armen im 17. und 18. Jahrhundert ihre Marken, »Heiligs Blechle« genannt, für die man in
einer Wirtschaft eine Mahlzeit bekam. 1742 hat sich der Beutelsbacher Pfarrer 90 neue »heilige Blechle« zugelegt. Man
hat die Bettler versorgen können. Die Gemeinde selbst ging
keinesfalls am Stock, auch wenn ihr die Marktgerechtigkeit
entzogen war. Die Häuser aus der nachreformatorischen Zeit,
die wir in Beutelsbach noch vor uns haben, sind keine Armen-

häuslein, sondern teilweise in respektablen Dekor gehüllt, kein Vergleich mit der schmucklosen Öde unserer Albdörfer. 1721 hat ein Beutelsbacher namens Diener einen goldenen Kelch in die Kirche gestiftet, 1732 ist wörtlich die Rede von den »Reichen« in Beutelsbach, welche die Wach- und Fronpflichten umgehen. Drei Jahre später wird darüber geklagt, daß im Flecken »so viele Leute frey« seien, also sich von bestimmten Lasten der Leibeigenschaft längst freigekauft hatten, so daß sie auch von Frondiensten befreit waren. Als 1919, eine Linie zur Schwelle der Gegenwart, beim Verkauf der Grundstücke der Ankerwirtswitwe Karoline Schweizer für den Quadratmeter 11,33 Mark erzielt werden, kann sich der Beutelsbacher Schultheiß die schriftliche Bemerkung nicht verkneifen, das sei nicht nur ein Beweis für die gegenwärtige Geldentwertung und das Streben nach Geldanlage, »sondern auch dafür, daß in unserer Gemeinde, besonders bei den Weingärtnern und Landwirten, erfreulicherweise noch ziemlich viel flüssiges Geld ist«.

Verständlich, warum Beutelsbach auch eine kleine, schwäbisch verhaltene und kaschierte chronique scandaleuse besitzt. 1560 sagt ein Beutelsbacher in einem pfarramtlichen Verhör aus: »Ain jeder, der zum fenster ussieht, der kan sehen, wie man sich bessert . . . Nach der predig facht man glich an hochfertig sin, tanzen, springen, spilen, saufen, fressen.« 1762 stirbt der Beutelsbacher Schulmeister, ein noch verhältnismäßig junger Mann; der Sterbeeintrag vermerkt, er habe den sechziger Wein »gar zu sehr« geliebt. »Obgleich vom Pastor gewarnt worden, zog er sich eine Peripneumonium zu, daran er am 9. Februar 1762 gestorben.« Feine Gesellschaft, können wir sagen. Ausgang des letzten Jahrhunderts muß ein elf Jahre alter Schüler mit Strafe belegt werden, weil er sich in der »Rose« betrunken hat.

Man könnte darin historische Ergötzlichkeiten sehen und tut es wohl auch, wenn man des unvergessenen Bezirksnotars Seybold gedenkt, der bis 1930 in Beutelsbach (und Umgebung) zu Hause war. Der war ein Könner nicht nur der Feder, sondern auch des Glases. Einmal hat man ihn gefragt, ob es wahr sei, daß er auf einen Sitz zwanzig Viertele trinken könne. Unser Seybold: »Ha, wisset' se, d'Leut schwätzet viel, aber zeah Schoppa könnet's scho sei« (für Ausländer: Zehn Schoppen *sind* zwanzig Viertele).

Aber es sind nicht nur Curiosa, sondern auch Zeichen einer besonderen sozialen Anfechtung und gleichsam die Spitze eines Eisbergs. Als 1879 ein Schultheiß zu wählen war – gewählt wurde nach erbittertem Wahlkampf zwischen Schaufler und Schlör der Adelberger Schultheiß Schlör –, kam es im nachhinein zu üblen Raufereien und sogar Schießereien, in die auch Wilhelm Kuhnle, der Nachbar des »Tatortes«, des Gasthofs zum »Anker«, verwickelt wurde. Die Polizei hat damals Kuhnles Haustüre eingeschlagen und ihn an den Füßen aus dem Haus herausgezogen. Der Arme schlug dann, wörtlich und im übertragenen Sinne, nur noch um sich. Man brachte ihn ins Kirchtortürmchen, das Arrestlokal. Er hielt auch dort »das Maul nicht«. Schließlich brachte man ihn ins Irrenhaus, wo der Mann vier Jahre unschuldig festgehalten wurde: Der Fall Kuhnle hat damals gar den Landtag und das ganze Land beschäftigt.

Es geht nicht ums Moralisieren, sondern um das Begreifen einer Mentalität. Das Helldunkel gehörte zum Wesen dieser Leute. Als Pfarrer Gustav Ludwig in den fünfziger Jahren des letzten Jahrhunderts unter allen Umständen, wie er sich unfein ausdrückte, die »Leichensaufereien« in Beutelsbach abschaffen wollte, als er sich fort und fort über die Umgangsformen im Dorf beklagte, meinte er, man habe ihm immer wieder abweisend entgegnet: »Groß und grad send mir Beutelsbacher.« Ludwig verdankt man die sehr präzise Diagnose der Beutelsbacher Frauen: Es seien unter dem Weibervolk, schreibt er, »viele Stellfallen« – so der ortsübliche Ausdruck für geschwätzige Weiber.

Mit einem Schlag taucht die Kehrseite der Medaille auf,

nicht mehr die läßliche Kontrolle im Kollektiv, in der Gemeinde, sondern deren Umschlagen in das Aufspüren und das Knechten-Wollen der anderen, der Minderheiten, das Schattendasein im Zusammenleben, die Kollektivneurose, die ebenso verdeckten wie modernen Formen der Hexenjagd. Auch das kann noch Schmunzelformen haben. Wir denken an den Ettle, ein halbes Original Ausgang der zwanziger Jahre, der zum wievieltenmal zum Schultheiß Fuchs aufs Rathaus geht, eine Unterstützung für sich zu erbetteln, ein arbeitsloser und wohl auch arbeitsscheuer Mann. Was er arbeite, fragt ihn der Bürgermeister. »Em Ettle helfe«, kommt als Antwort. »Wa tut der?« Antwort: »Nex.« Dann könne man ihn nicht unterstützen. Dann erschieße er sich, wenn er kein Geld bekomme, endgültig. Darauf der Bürgermeister: »Was du tu'st, das tue bald.«

Wie gesagt, man könnte noch ein bißchen schmunzeln. Aber hinter diesen Perversionen gemeindlichen Zusammenlebens stecken ebenso wesentliche Ursachen wie Wirkungen. Zu den Ursachen gehören die enormen soziologischen Verschiebungen und Verwerfungen, die Pfarrer Völter 1908 vielleicht als erster registriert:»Durch die Fehljahre der letzten Zeit, den chronischen Rückgang des Weinbergertrags ist eine Änderung eingetreten. Wer irgend kann, sucht Verdienst in Stuttgart und Umgebung. Das brachte eine tiefgreifende Änderung der ganzen sozialen Stellung und Haltung. Der alte, ehrenhafte, noble Weingärtner- und Bauernstand schwindet. Der moderne Arbeiter tritt auf.« Die Wirkungen: daß man sich auf die »anderen«, auf die Minderheiten konzentriert und in diesem imaginären Raum eigene Hemmnisse und Unzulänglichkeiten ablädt. Zigeunerweiber kommen immer zu zweit – für den Beutelsbacher ist das ohne Frage so. Die eine geht ins Haus rauf und babbelt dem Teufel die Ohren weg, während die andere unten am Hühnerstall ein Huhn schnappt und ihm den Kragen umdreht. Im Dritten Reich, das glimpflich abzugehen schien für Beutelsbach – einer der

Honoratioren hat plötzlich entdeckt und erklärt, Christus ist
wie jeder andere Mensch auch, aber er sei ein Jude –, im Dritten Reich hat man von Beutelsbach aus dem Kreisleiter auch
fünfzehn Namen gemeldet, bei denen wäre Umerziehung in
einem Lager nötig. Der Kreisleiter, der silcherbegeisterte, soll
gedonnert haben: »Meint ihr, mir sollet *der* Kreis sei, wo die
meischte nach Dachau schickt. Na!«

Freilich haben wir auch zu bedenken, daß hier in diesen
Zeiten diktatorischer Bedrängnis breites Denunziantentum
oder gar ideologischer brauner Fanatismus nicht zu Hause
war. Man hat die Kirche im Dorf (Beutelsbach) gelassen, man
hat, mit einigem nüchternen Sinn und nicht nur in diesen Tagen, das Mögliche, nicht das Unmögliche zu verwirklichen gesucht. Es ist keine Frage, daß diese Haltung, diese beutelsba-
chische, stellvertretend stehen darf für größere Zusammenhänge: deshalb wohl auch das Wort vom »Staate Beutelsbach«,
das nicht ganz untergegangene. Wann es zum ersten Mal gebraucht worden ist, vermag ich nicht zu sagen. Hermann Kurz
läßt in einer seiner historischen Novellen vor mehr als hundert Jahren die württembergischen Landsknechte als »die
Beutelsbacher« auftreten. In den zwanziger Jahren unseres
Jahrhunderts war es jedenfalls üblich, gleichnishaft vom
»Staate Beutelsbach« zu reden.

Der Humor war und ist in Beutelsbach zu Hause, auf eine
köstliche, auf eine hundertfältige Art. Wenn ich nur das Stichwort »Wein« gebe, schnalzt und kracht es gleich in allen Ek-
ken. Es ist wahr, daß der Schultheiß Fuchs, als er in der Zei-
tung von der großen Spende des deutschen Volkes für den
Grafen Zeppelin las, dem Zeppelin einen ordentlichen Tropfen Beutelsbacher schickte, »zur höheren Wohlfahrt des Luft-
schiffs«, wie im Brief stand. Die Kiste Beutelsbacher für die
Jungfernfahrt, das wurmte den Kollegen in Schnait, denn dort
wächst bekanntlich ein besserer, obwohl auf Beutelsbacher
Markung. Und also posaunt der Schnaiter Schultes in der Gegend herum, wie's dem Beutelsbacher Wein auf der Jungfern-

fahrt des »Zeppelin« ergangen sei: »Bereits über dem Bodensee haben sie ihn ausgespuckt!« Worauf der Bürgermeister Fuchs aus Beutelsbach meinte: »Wenn's au so wär, no hättet se en dem Luftschiff emmerhee Beutelsbacher Wein gschpuckt ond koin Schnoiter.«

Man hat in diesem Staate Beutelsbach zu seinen Leuten gehalten, in einer sehr fairen, sehr persönlichen, sehr menschlichen Weise. Kommt im Februar 1908 im Schüle in Beutelsbach die Lehrerin auf die Idee, ihre Kinder für den morgigen Geburtstag des Königs einen Brief an den König schreiben zu lassen, Briefmarke brauche man keine, die bezahle der König. Einer der Buben will ihn daheim vollends zu Ende schreiben, die Mutter meint dazu: »Du kannst ja auch schreiben, daß du in acht Tagen Geburtstag hast. Du hättest keinen Vater mehr und ob der König nicht von seinen Buben ein Anzügle übrig hätte.« Der Brief ging ab. Es wurde ein Staatsakt daraus, großer Brief vom Hofmarschallamt an den Beutelsbacher Schultheißen, in dem nach den sozialen Verhältnissen des Buben und der Mutter gefragt wird. Der Beutelsbacher Bub muß bei seinem Schultes anrücken, zum Empfang ein paar saftige Schläge auf die Backe, wieso er sich erlaubt habe, einen solchen Bettelbrief zu schreiben. Und dies wörtlich: »Wenn jeder Bua im Staat Beutelsbach, der kein Vatter mehr hat, dem König schreibe tät, er soll em a Anzügle schenke, ha nar, was glaubsch denn, da hätt' der König ball selber koi Hos mai am Arsch!«

SCHORNDORF
Fleiß, nicht ohne Schöpferkraft

»Der Mensch ist nur selten mit dem zufrieden, was er hat. Die ebene Straße um den Marktplatz herum war uns Buben und Mädchen bald zu ›langsam‹. So sammelten wir uns am ›Bebbelesbaum‹, den unverständige Menschen späterer Zeit leider umgelegt haben. Unser Startplatz war also am oberen Ende des Ochsenbergs. Wunderbar, wenn man von dort bergab ›reifelte‹! Doch zuweilen machte sich der Reif selbständig, so etwa, wenn sein Besitzer unterwegs auf die Nase fiel. Meistens lief dann der Reif irgendwohin zur Seite und blieb liegen. Manchmal aber raste er mit steigender Geschwindigkeit stur geradeaus am ›Waldhorn‹ vorbei auf die Hauptstraße und sprang ohne jedes Schamgefühl irgendeine Person männlichen oder weiblichen Geschlechtes an. Diese wartete dann voll finsteren Grolls auf den kleinen Besitzer des Eisenreifs, um ihm eine an ›d'Gosch‹ zu hauen. Mancher ließ deshalb seinen Reif im Stich. Da ich indessen zur Sparsamkeit erzogen war, steckte ich lieber ein paar deftige Ohrfeigen ein.«

Der so erzählt, ist der Oberförsterssohn Robert Kieser in seinen Jugenderinnerungen. Und die Stadt, die unwiderbringliche Szenerie seiner Jugenderinnerungen, ist keine andere als Schorndorf. Mit dem Reifen dieses Bürschleins sind wir mitten in diese Stadt gelangt, genauer gesagt in das Schorndorf um 1900, in dem es noch Backstuben gab und die große Ziegelei am Stadtrand, wo das frisch geschnittene Schurwaldholz in den Sägewerken lag und wo in den Scheiben des ebenerdigen

Elektrizitätswerkes die Schulkinder ihre Nasen plattdrückten. Wo Sonnenwirts Liesele die einzige war, die bei den Bubenspielen zugelassen war, und wo man beim Uhrmacher Müller sich verstohlen auf einen Hocker drückte, mit dem bittenden Vermerken: »Derf i a Weile zugucka?«

Daß die Schorndorfer Burg älter war als die Maueranlage der Stadt, ja daß die Oberstadt und ihr Befestigungsring schon längst bestand, als die Württemberger kamen, haben Keramik und Mauerreste gelegentlich der Zufallsgrabungen unzweifelhaft zutage gebracht. Auch Schorndorf ist, als Stadt, nicht gegründet worden, gleichsam aus dem Nichts entstanden, sondern als eine recht bedeutsame, übrigens 1235 erstmals genannte Siedlung in den Rechtsstatus einer Stadt erhoben worden. Wann das war, wissen wir nicht. Aber die verkehrstechnische, die politische, die strategische Funktion hat der Punkt Schorndorf in der Stauferepoche erhalten.

Natürlich hätte das so etwas wie ein Trauma für die Schorndorfer werden können, nicht ausdrücklich mit einem erlauchten Tropfen staufischen Öls gesalbt zu sein, wie das Schwäbisch Gmünd, von der Laune der Urkundenüberlieferung sehr viel liebevoller bedacht, für sich in Anspruch nehmen kann. Auch wenn Schorndorf, noch vor 1250 an den württembergischen Grafen gekommen und von ihm schon 1262 zur Amtsstadt gemacht, allmählich in den Ruhm hineinwuchs, das östliche Remstalbollwerk der Grafschaft und des Herzogtums Württemberg zu sein, so blieb doch gegenüber der Freien Reichsstadt Gmünd ein Stachel. Noch auf den Fußballspielen zwischen beiden Städten in unserem Jahrhundert lastete etwas von diesen ungleichen Gewichten, die Historie da verteilt hatte. Absolute Fairneß, versichert uns ein kundiger Gewährsmann für die Zeit vor 1914, sei nur dann schwierig gewesen, wenn »die Gmünder Fußballspieler kamen«. Das war die Zeit, in der Fußballfans noch mit englischen Ausdrücken um sich warfen, in der man das Tor »Goal« nannte, den Mittelstürmer »Center«, in der man »Back« statt Verteidiger sagte

und »Out« statt Aus. Für Schorndorf war ein derartiges Sonn-
tagsmatch zusätzlich farbiger, wenn Metzger Lauppe mit seinem Dackel Hanno dabei war, Hanno blieb meistens bei Fuß,
während sein Herr die Spieler ermunterte: »Fritz, deen
ha'sch«, oder »Karle, den nemmm'sch!«, »Ernschtle, jetzt
sau'sch aber«.

Als einmal das Spiel zwischen den Gmündern und Schorn-
dorfern einen Schicksalsschlag heraufzuführen drohte, entschloß sich Meister Lauppe als echter Schorndorfer, das
Schicksal auf seine Weise zu korrigieren. Er stand gerade neben dem Schorndorfer Tor, als der Gmünder Mittelstürmer
gewandt zwischen den Schorndorfer Verteidigern durch-
brach und dem Schorndorfer Tor zustrebte. Das war zuviel.
Das durfte nicht sein! Herr Lauppe deutete auf den heran-
brausenden Gmünder und machte: »Hanno, ksch, ksch!« Da
aber die Hunde (nur die Hunde?) die Angewohnheit haben,
auf Befehl urplötzlich in Wut zu geraten, preschte Hanno mit
fliegenden Ohrwascheln los und fuhr dem bösen Feind mit
lautem Gebell zwischen die Beine. Das gab viel Aufregung hin
und her, bis der anfangs ratlose Schiedsrichter schließlich den
Gmündern einen Freistoß zubilligte, den Torwart Kieß mit ge-
wandtem Hechtsprung meisterte.

Die Württemberger haben übrigens, sparsam wie sie sind,
oder vielmehr: sein können, die alte, überkommene Siedlung
einfach zu ihrer Neugründung hinzugenommen, das heißt
den älteren Teil vor 1360 in den Mauergürtel einbezogen. So
war man auch der unguten Entwicklung ausgewichen, zwei
Siedlungen vor sich zu haben, eine militärische, mit fester
Mauer umgeben und mit einer Burg in der südöstlichen Ecke,
und eine bürgerliche, unbewehrte, die aber eine Pfarrkirche
hatte. Beide Teile, heute im städtebaulichen Duktus der Stadt
noch gut zu erkennen, aber auch in ihrer Atmosphäre von
einander noch einigermaßen abweichend, hat die territorialpolitische, die württembergische Funktion zusammengefügt.
Die »Stadt-Festung Schorndorf«, wie man in der Barockzeit

sagte, hat daraus für Jahrhunderte ihre erste geschichtliche
Aufgabe bezogen.

Die große historische Leistung Schorndorfs liegt freilich
darin, daß die Stadt nicht in ein ödes Soldaten und Garnisons-
dasein versackte, in die geistlose und antistädtische Luft von
Wachstube und Rapport, sondern sich rasch zu einer Bürgerstadt besten Ausmaßes mauserte. Man könnte dafür Erlasse
und Dekrete der württembergischen Regierung verantwortlich machen. Es war Schuld der zuständigen Stuttgarter Behörden, daß Schorndorf unter den Städten des alten Württemberg nach Stuttgart, Tübingen und Urach, also nach den
vornehmsten Residenzstädten, den vierten Platz einnahm.
Das Schorndorfer Amt hatte immer die größte Bevölkerungs-
zahl unter den württembergischen Ämtern, wir würden heute
sagen, Kreisen. Der Verwaltungsbezirk ging bis zu den einzelnen Höfen des Welzheimer Waldes, talabwärts bis Großhepp-
ach, Endersbach und Strümpfelbach, und umfaßte auf dem
Schurwald noch die gegen Esslingen und Plochingen gelegenen Orte Schanbach, Aichschieß und Baltmannsweiler. In der
nachreformatorischen Zeit waren dem in Schorndorf residie-
renden Obervogt auch die benachbarten Ämter Waiblingen,
Winnenden, Adelberg und Lorch unterstellt, und wer in diesen Außenämtern wegen irgendwelcher schwerer Delikte an-
geklagt war, mußte nach Schorndorf eingeliefert werden. Es
gab im nordöstlichen Landesteil kein deutlicheres Oberzen-
trum als diese Stadt. Und es ist allein aus dieser Sicht schwer
verständlich, warum man am 1. Oktober 1938 auch das
Schorndorfer Oberamt wie die lange fälligen Zwergoberäm-
ter aufgelöst hat.

Aber die äußere, vor allem aber die bürgerlich-innere, die
geistige Bedeutung dieser Stadt ist nicht das Ergebnis von ein
paar herzoglichen Dekreten. Gerade in diesem Betracht war
die Festungsfunktion ein Danaergeschenk, weil sie die Stadt
im wörtlichen Sinne nur einengte. Weil man keinen Stein ver-
setzen durfte, ohne mit dem Festungskommandanten in

kriegsgerichtsnahe Auseinandersetzungen zu geraten, weil
man die kommunalen Aufgaben mit List und sozusagen
durch die Hintertüre angehen mußte, während man das anderswo kurz und bündig durch einen Gemeinderatsbeschluß
erledigte.

Schorndorf hat seine Eigenart und seine geschichtlich-ge-
genwärtige Vorzugsstellung einer geographisch-ökonomi-
schen Gegebenheit zu verdanken, seinem Weinbau, den freilich die Menschen hier in einer verblüffenden Konsequenz
zum Aufstieg der Stadt auszunutzen wußten. Das eine, das offenbar gute und in genügender Größe vorhandene Weinbau-
land, korrespondiert mit dem anderen, mit der Tüchtigkeit
der Einwohner. Wer mehr aus seinem Wingert holen wollte
als nur die Deckung des Eigenbedarfs wie irgendwo in den
kleinen Weindörfern der Gegend, der mußte Kapital haben
zum Aufkaufen und Einlagern. Den Sprung zum Weinhandel
hat im ausgehenden Mittelalter nur das städtische Patriziat geschafft: Schorndorf ist in dieser Beziehung alles andere als
eine Festungsstadt, viel eher eine der mit Esslingen oder Heilbronn konkurrierenden Bürgerstädte. Schon unter dem württembergischen Grafen stand Schorndorf durch seinen Weinhandel und seinem Steueraufkommen nach an dritter Stelle
des Landes. Um die Mitte des Reformationsjahrhunderts
übertraf unter den 54 weltlichen Ämtern des Herzogtums nur
noch Stuttgart das Schorndorfer Amt an Steuerkraft.

Daß Schorndorf mit und wegen dieser wirtschaftlichen
Möglichkeiten ein beachtenswertes Stadtpatriziat, um es mit
dem württembergischen Wort zu sagen, eine eigene städtische Ehrbarkeit gehabt hat, geht schon aus der Türkenliste
von 1545 hervor, die noch heute im Schorndorfer Stadtarchiv
aufbewahrt wird. Damals hat die Stadt mit ihren 3000 Einwohnern sieben Millionäre in ihren Mauern gehabt und zwölf
Bürger, die über ein Vermögen von mehr als umgerechnet
500000 Mark verfügen konnten. An erster Stelle unter den
Reichsten stand mit einem Vermögen von 4,5 Millionen die

Witwe Magdalena des 1541 verstorbenen Bürgermeisters Max Schmidlapp. Sie war die Tochter des in der Zeit des »Armen Konrad« 1514 volkstümlich gewordenen Vogts Georg Gaisberg. Er war, Schorndorfer und Fürsprecher der Bauern, gleichfalls ein begüterter Mann; seine Witwe hatte ein Vermögen von umgerechnet 684 000 Mark. Mit einem Besitzstand von 2,7 Millionen folgt in der obersten Reihe die Witwe Apollonia des Bürgermeisters Hans Hirschmann, während Jakob Hirschmann, Bürgermeister und zeitweilig auch Mitglied des Stuttgarter Landtags, mit nahezu gleich hohem Vermögen ausgewiesen ist. Der Metzger Michael Hirschmann, ebenfalls Bürgermeister und Mitglied des Stuttgarter Landtags, besaß 1,6 Millionen. Über 1,8 Millionen verfügte Hanns Fickeler, der einem alten, schon 1424 erwähnten Schorndorfer Geschlecht angehörte. An letzter Stelle, mit etwas über einer Million, steht der Schorndorfer Bürger Sebastian Aichmann, Repräsentant einer gleichfalls alteingesesssenen Familie. Er war der Vater des unter Herzog Christoph hochangesehenen Kanzlers Martin Aichmann, auf den übrigens der Bau des Großheppacher Schlosses zurückgeführt wird.

Dieser Reichtum und diese erstaunliche, auch in den Mittel- und Unterschichten der Stadt noch vergleichsweise faßbare wirtschaftliche Unabhängigkeit schlägt sich in der Schorndorfer Stadtgeschichte auf dreierlei Weise nieder. Erstens hat man die sich daraus ergebenden Möglichkeiten für einen anspruchsvolleren, künstlerischen Ausbau der Stadt genutzt, zweitens ist damit der Boden bereitet worden für eine ganz bestimmte, bis in die Gegenwart hinein wirksame öffentlich-politische Tradition, und drittens wurde es der Nährboden für die erstaunlich dichte Reihe von großen Köpfen, die Schorndorf hervorgebracht hat.

Was den Ausbau des Stadtbildes und der Stadtsilhouette betrifft, so ging Schorndorf gerade in der zweiten Hälfte des 15. Jahrhunderts, in der die Schorndorfer Fuhrleute mit ihren Weinfässern auf den Planwagen nach Oberschwaben und

nach Bayern fuhren, an den Bau eines Rathauses. Der Bau
stand an der Stelle des heutigen. Es muß ein wuchtiges, mit
gutproportioniertem, aber nicht weiter geschöntem Fachwerk versehenes Haus gewesen sein, so recht der bürgerliche,
der weltliche Ausdruck eines Gemeinwesens, das ohne viel Fe-
derlesens an seine realen Tagesaufgaben ging. Ganz anders
die Stadtkirche, die auf ihrer Terrasse, dem ehemaligen Friedhof, noch heute die Dominante ist für die Stadt und für ihr
Umland. Ihr Schiff ist 1477, eine Generation nach dem Rat-
hausbau, fertig geworden, der Turm 1488, der Chor 1501. Ur-
heber des ersten Entwurfs ist wahrscheinlich Aberlin Jörg aus
Stuttgart. Nach seinem Tode wurde sein Schüler und Gehilfe
Hans von Urach Bauleiter, der auch in Schwäbisch Hall und
in Gmünd, in Reichsstädten also, gebaut hat.

Das Langhaus der Schorndorfer Pfarrkirche war ursprünglich ein Hallenbau mit Kapellennischen, wie ihn die reichs-
freien Städte auch bevorzugt hatten; das war sicher der besondere Wunsch der Schorndorfer Gemeinde gewesen. Sie wollte
auch eine Kirche haben, in der man nicht unter architektonischen Zwängen getrennt wurde nach Schichten und Ständen,
sondern wie ein Gemeinwesen beieinandersaß, in *einer* Halle
und unter *einem* Himmel. Und was die schon aufgenommene
Rivalität mit Gmünd anlangte, so ließ man sich hier was Besonderes einfallen: Der Chor, der glücklicherweise alle Stadt-
brände überdauerte, ist nichts anderes als die rein malerisch
gedachte Vereinfachung desjenigen der Heiligkreuzkirche zu
Schwäbisch Gmünd, freilich eines Bauwerkes von europäi-
schem Rang. Die Gmünder haben sich einen Chorumgang geleistet: Die Schorndorfer ahmten ihn in Blindkonstruktion
nach, sozusagen in Reliefprojektion.

Daß die Schorndorfer Kirche keine – ohnehin nur für den
Fachmann erkennbare – Imitation geworden ist, ist vielleicht
das kostbarste Zeugnis für die Originalität dieses Stadtwesens.
Das Kircheninnere, ein saalartiges Gebilde, das nach 1945 wieder von mancherlei Einbauten befreit wurde, wie überhaupt

die nach dem größten Brand von 1634 aufgeführten neuen Teile, betonen Schorndorfs Reichtum am Ausgang des 15. Jahrhunderts; sie können in ihrer Einfachheit die damalige Wachheit und Kultur der Stadt nicht verdecken. Man muß nur einmal zur Plastik am Brauttörle der Stadtkirche hinaufgeschaut haben, um ganz zu verstehen, wieviel gepflegter, urbaner Geist damals Einzug in die Remstalstadt gehalten haben muß. Hier spürt man noch deutlich, was die Amtsstadt Schorndorf dem spartanisch einfachen, ganz auf Erwerben und Größerwerden angelegten württembergischen Flächenstaat gewesen sein muß.

An die Nordseite des Stadtkirchenchors legt sich ein Nebenchörlein mit einem gewagten, runden Schluß, den man sonst im Württembergischen nur noch in den Hauptstädten findet. Noch heute stößt man, mitten in einer schaffigen Industriestadt, hier auf ein zierliches Netzgewölbe, dessen Rippen sich in ihrem Astwerk in großen und in kleinen Bögen winden, sich frei loslösen und sich dann wie in einem Spiel verlieren. An den Schnittpunkten ist dieses steinerne Geflecht mit feinem Bildwerk geschmückt. Es sind die Halbfigürchen alttestamentlicher Personen, die aus Blätterkelchen hervorwachsen und aus dem Rippennetz einen Stammbaum Christi, eine Wurzel Jesse machen.

Das Geld, von dem sich Schorndorf diese bürgerstolze Kirche leisten konnte, hat auch politische Unabhängigkeit möglich gemacht. Sie ist eine spezifisch Schorndorfer Sache geblieben, bis heute. Die Schorndorfer Ehrbarkeit hat gegenüber der Stuttgarter Ehrbarkeit den einen Vorzug gehabt, daß sie weit vom Schuß, das heißt weit vom Hof weg lag. In Stuttgart war die Ehrbarkeit gleichsam ein Gegenstaat gegen den Herzog; der eine konnte ohne den anderen nicht leben, und in dieser Haßliebe hat man sich fortwährend Gefechte darüber geliefert, wer den Ton im Hause anzugeben habe. Drohte darüber der Staat überhaupt auseinanderzubrechen, hat man allemal zusammengehalten: Wenn es wirklich ernst

wurde, war es mit dem Männerstolz vor Königsthronen nicht
so weit her.

Anders in Schorndorf. Die Grenzsituation der Festung
brauchte entschlossene Männer und keine Höflinge, und die
eigenen Vermögen ermächtigten einen doppelt dazu, auch
ein eigenes Wort zu wagen. Der Witz und die Klugheit des
Menschenschlages, der in einer Weingegend zu Hause ist und
sich von den Einzelgehöften der großen Waldgegenden so
sehr unterscheidet, taten das Ihrige dazu. Es ist kein Zufall,
daß der Arme Konrad vom Remstal aus seinen gefährlichen,
seinen revolutionären Gang nahm. Nicht um arme Wichte hat
es sich da gehandelt, sondern um Leute, die schon so viel
Sachverstand und so viel an Gespartem zur Seite gelegt hatten, daß ihnen die geplante Verbrauchssteuer des Herzogs als
eine unzumutbare Schikane erschien. Es ist auch kein Zufall,
daß Männer wie Georg Gaisberg sich auf die Seite dieser radikalen Minderheit schlugen und der Ehrbarkeit, die natürlich
in diesem Augenblick hinter dem Landesherrn stand, offen
Widerpart leistete.

Die feudalen Privilegien, die Fürstendiener und die aalglat-
ten Ministerialräte hat man in Schorndorf nie geliebt, auch in
den späteren Jahrhunderten nicht. Der junge schwäbische
Leutnant, der auf einem der Stuttgarter Hofbälle nach 1871
dem »foin« daherredenden Kammerherrn vor allen Umste-
henden lauthals die Lektion erteilt: »No net so dick do! Adlig
bin i au, und dumm g'nug zum Kammerherr wär i au noch!« –,
dieser junge Mann soll in Schorndorf aufgewachsen sein. Robert Kieser erzählt von seinem Vater, daß ihm die »Palmblät-
ter« des Stuttgarter Hofpredigers Gerok immer zu süßlich gewesen seien. Und er berichtet von seinem Großvater, dem
Pfarrer, daß der sich immer geärgert habe, daß Kaiser und König in das Schlußgebet nach der Predigt aufgenommen werden mußten. Als der alte Kaiser nach einer Eingabe an das Königliche Konsistorium, die oberste Kirchenbehörde in Stuttgart, darauf hinwies, daß vor Gott alle Menschen gleich seien,

bekam er zur Antwort, daß solche Gedanken abwegig seien. Pfarrer Kieser möge gefälligst und so weiter und so weiter. Daß aber auch der Kronprinz im Schlußgebet erscheinen sollte, ging dem Herrn Pfarrer eines Tages doch über die Hutschnur. »Und da er viel Humor besaß, leistete er sich auf der Kanzel einen Lapsus linguae. Er betete also für den ›Kronpronz‹. In schwäbischen Ohren klingt das ganz abscheulich.«

Man ist fast erschrocken über die Kraft dieses ehemals kleinen Schorndorf, mit der es große Menschen versehen und aufgezogen hat. Da ist dieser Sebastian Schertlin, der am 12. Februar 1496 in Schorndorf geboren ist, ein Landsknecht zunächst, aber auch der Schüler des großen, ersten deutschen Infanterieführers der Zeit, Frundsberg. Im Feldzug gegen Frankreich erreicht Schertlin den Höhepunkt seiner Laufbahn; er wird Großmarschall und Generalquartiermeister. In schwäbisch-römischer Nüchternheit notiert er in seinem Tagebuch: »In Summa bin ich gehalten worden als ein Fürst.« Schon 1532 hatte er sich die Herrschaft Burtenbach gekauft, und einem zwei Jahre später ausgestellten Adelsbrief Karls V. »Schertlin von Burtenbach« nennen dürfen. Aber noch in seinen Altersjahren kämpft er, jetzt mit seinen altadeligen Nachbarn, den Herren von Stein zu Jettingen und vor allem den Grafen zu Öttingen. Er läßt ihnen, wie er sagt, »auch kein Gras unter den Füßen wachsen«. Und sorgt sich im übrigen um die wachsende Enkelschar. Bei einem der Kinder vermerkt er liebevoll, es habe »sein erstes Mus im neuen Schloß« gegessen, »das ich erbaut hab«. Für uns fast unverständlich, daß der gleiche Mann über seinen flandrischen Feldzug von 1532 schreiben konnte: »Wir haben alle Dörfer und Häuser geplündert, totgeschlagen und verbrannt.«

Und da ist Karl Friedrich Reinhard, bei dessen Geburt am 2. Oktober 1761 der Stadtsinkenist Dambach mit seinen drei Gesellen auf dem Kranzumgang des Schorndorfer Kirchturms besonders laut geblasen haben muß: In der Frühe des Morgens war in Pfarrers Pfarrhaus unmittelbar hinter der Kirche das Knäblein geboren, das zu den höchsten französischen Staatsämtern, ja zum Pair von Frankreich aufsteigen sollte. Man wird im Profil dieses Mannes vergeblich nach einer politischen Konzeption von eigener Kraft suchen. Er war sozusagen der geborene »zweite Mann«, fleißig und loyal als Ratgeber, zuverlässig und geschickt als Ausführender. Reinhard stand mit den Großen seiner Zeit in Verbindung, nicht zuletzt mit Goethe, der ihn der eifrigsten, der pünktlichsten Korrespondenz für würdig hielt. Und Tayllerand hat in seiner großen Gedächtnisrede auf Reinhard in der Französischen Akademie besonders hervorgehoben, wie reich und geistvoll sein geschriebenes Wort gewesen sei. »Von allen diplomatischen Korrespondenzen meiner Zeit«, so Tayllerand, »war keine, der Kaiser Napoleon, der schwer zu befriedigen war, nicht diejenige des Grafen Reinhard vorzog«.

Und da ist schließlich Gottlieb Daimler, der der Motorisierung der Erde entscheidende Impulse gab. Er ist in der »Höllgasse« geboren, jenem köstlich lebendig erhaltenen Winkel. Irgendeine geistvolle Schreiberseele muß aus der »hellen Gasse«, wie sie in den alten Akten heißt, geradewegs das Gegenteil gemacht haben. Daimlers Lebensweg war ein Gang in die Helle, in die Erforschbarkeit des technisch Möglichen und Praktizierbaren, in die Bändigung dessen, was Generationen, was Jahrhunderte für unmöglich gehalten hatten. Man wäre versucht, in diesem Schorndorfer Bäckerssohnbuben, der eine doppelläufige Taschenpistole als Gesellenstück fabrizierte, sozusagen ein genealogisches Zufallsprodukt zu erkennen. Aber schon sein Onkel, der Gottlieb Heinrich Daimler, wechselte vom Bäcker zum Feldmesser und Oberamts-Mühlbeschauer; auch er muß etwas vom technischen Ingenium und Ehrgeiz der Familie gehabt haben. Und wenn wir von der Genialität, von der Unwiederholbarkeit des Gottlieb absehen, so ist doch auch in ihm viel, sehr viel von der Schorndorfer Hartnäckigkeit und Selbständigkeit. Wenn man den wenigen vorhandenen Bildern Daimlers trauen darf, diesem sehr

schwäbischen Gesicht mit dem großen, runden Schädel, dem
man das Denken und Rechnen und wieder das Denken able-
sen kann, dann war dieser Daimler ein Dickschädel, gar nicht
das, was man eine brillante, eine hof- und salonfähige Erscheinung nennt. Die preußischen Gesandten der neunziger Jahre
berichten denn auch nach Berlin von neuesten Hofaffären
und den Querelen zwischen den Regierungsbehörden, aber
nichts von dem Mann, der den ersten schnellaufenden Auto-
motor gebaut und das erste Auto wie ein originärer schwäbischer Zunftmann immer wieder weiterentwickelt und verbessert hat. Der Mann mit den prüfenden Augen, die etwas
Selbstbewußtes und doch Mißtrauisches verraten, mit diesem
Zug zum schmerzhaft Kämpferischen, hat sich behauptet, vor
sich selber behauptet. Daimler hat mehr geschaffen als einen
leichten Benzinmotor, der die Welt und die Straßen und die
Städte verändert hat: ein unverwechselbares Maß an Unabhängigkeit, an Konzentration und Verläßlichkeit. Diese
Wende ist zugleich für die ganze schwäbische Geistesgeschichte eine Zäsur: Aus den Biblizisten und Kritizisten werden jetzt die gar nicht mehr genierten Männer der industrialistischen Führung, die tonangebend werden weit über ihre
Heimat hinaus.

BACKNANG
Für Schicksal selber gesorgt

Backnangs Stadtszenerie ist voller architektonischer Einfälle und Schönheiten. Sie machen klar, daß das alte Backnang zu den bemerkenswerten Konzeptionen schwäbischen Städtebaus gezählt werden darf. Niemand, der am Rathaus angelangt ist, wird dort seinen Rundgang beenden wollen. Man *muß* die Kirchenstaffel zum Stiftshof hinauf. An ein paar Häusern, die den Aufgang säumen, strotzt im Frühsommer Geranienpracht. Und wenn sich dichter Novembernebel über das dreifach geschwungene Murrtal legt, treibt es von den alten Baumkronen dort oben die letzten Blätter in die Mitteletage der Stadt hinunter. Aber Romantik paßt eigentlich gar nicht in diese Stadt, auch in den alten, kirchlich-herrschaftlichen Sonderbezirk hier oben nicht. Schulkinder quirlen wie eh und je die Stufen hinunter. Für den Fremden ist nichts, aber auch gar nichts zurechtgemacht. Man wohnt hier oben oder nicht. Punktum.

Der Michaelsturm verlangt eine Schnaufpause. Den Grundstein zu Sankt Michael hat man am 17. Februar des Jahres 1122 gelegt. Das damalige Dorf Backnang mußte auch seine Pfarrkirche haben. Aber das Schicksal meinte es nicht gut mit dem Bau. 1519 stürzte der hölzerne Turm über dem Chor zusammen. Der ließe in seinem quadratischen Grundriß und seinem kuppelartigen Gewölbe fast an einen Zentralbau denken. Die erhaltenen Eber-Kapitelle erinnern, wie mit Recht betont wird, an die Kathedrale zu Reims. Das Backnang des

Hochmittelalters war ein Punkt mit weitgreifenden geistlich-politischen Beziehungen. Als ein Aufbau des Turms nach Schickhardts Plänen vollendet war, ging auch der unter im prasselnden Flammenmeer des Jahres 1693. 1699 hat man ihn wieder aufgeführt, nach den Rissen von Johann Ulrich Heim, dem Erbauer des Haller Rathauses, einem Werkmeister von genialem Zuschnitt. Er hat es fertiggebracht, die Bergterrasse mit diesem zwischen ländlicher Redlichkeit und städtischer Eleganz vermittelnden Turmhelm zu krönen.

Noch ein paar Stufen. Und dann stehen wir vor der Stiftskirche. Man sieht deutlich, wo der altehrwürdige romanische und der neue spätgotische Bau ineinandergeschoben sind. Backnang, die Industriestadt, hat eine Kirche, die in ihrem Kern fast ein Jahrtausend alt ist. Die beiden spätromanischen Türme der Stiftskirche, mit Apsidenresten in der Mauer aus dem frühen 12. Jahrhundert, standen einst am Ostende einer Basilika. Der Chor übertrifft die Höhe des Schiffes bei weitem. Dem Äußeren entspricht der Eindruck des Innenraums; er hat noch einen Hauch geistlich-ritterlicher Weihe. Die ganze Atmosphäre dieser Kirche ist von der Frühzeit geprägt, einer ungeniert gezeigten Schwere, in der wir, ohne daß wir es wollen, ein karges, ein steinernes Spiegelbild großartiger Würde erkennen. Die Backnanger Stiftskirche ist nicht reich im Innern. Aber schon in seinen Profilen und Umrissen hat der Bau so gar nichts von der späterhin gewohnten schwäbischen Provinzialität. Und in der Krypta der romanischen Kirche, die man, wie eine Inschrift sagt, 1929 »aus Schutt und Vergessenheit« herausgeholt hat, findet man Inschriften des Jahres 1515 für die beiden ersten Markgrafen Hermann von Baden und andere Namen des markgräflichen Hauses, für Jacob Wygt von Winnenden, Stiftsprobst in Backnang, für den Ritter Schamberg.

Die Frage, was in einer württembergischen Stadt die badischen Markgrafen zu suchen haben, drängt sich auf. Backnang ist Burgsiedlung. Der »Burgberg« hat wohl schon eine merowingische Befestigung und eine frühchristliche Kirche getragen; der Murrübergang ist von Anfang an eine militärisch wichtige Stelle. Ursprünglich Königsgut, Lehen der Sülchgaugrafen im 11. Jahrhundert, kommt die Siedlung durch Heirat um 1100 an die Markgrafen von Baden. Sie verwandeln vor 1116 die bestehende Pankratiuskirche in ein Augustinerchorherrenstift. Für 125 Jahre dient es als markgräfliche Grablege. Aus Grablegen sind damals häufig Residenzen herangewachsen. Backnang hätte Residenz werden können. Es ließen sich Vergleiche mit Ellwangen ziehen. Wie Ellwangen wurde Backnang 1477 in ein weltliches Kollegialstift verwandelt. Wie Ellwangen hatte das Backnanger Stift reiche Besitzungen in über hundert Orten, die weit über das heutige Kreisgebiet hinausreichen. Noch einmal, mitten im Dreißigjährigen Krieg, nehmen die Jesuiten in Backnang das Konzept zur Errichtung eines eigenen, stiftischen Territoriums auf.

Aber das bleibt ein Intermezzo, ein Nachhutgefecht der Geschichte. Als 1288 das Markgrafenhaus in mehrere Linien gespalten wird und Backnang 1304 durch Erbschaft an Württemberg kommt, drängt die Markgrafschaft in die Oberrheinebene. Aus der badischen West-Ost-Linie von Seltz im Elsaß bis Backnang wird eine Nord-Süd-Linie. Jetzt liegt Backnang am Rande. Für den württembergischen Grafen und Herzog spielt es nicht einmal mehr die Rolle wie die Stadtfestungen Schorndorf oder Kirchheim unter Teck, die den Remstalzugang oder den Albaufstieg in Schach halten müssen. Vom verkehrsarmen Mainhardter Wald her droht dem Herzog keine Gefahr. Wohl hat Herzog Friedrich I., ein einfallsreicher, ein gründungsfreudiger Mann, 1605 durch Schickhardt auf dem Backnanger Burgberg ein Schloß beginnen lassen. Aber mehr als der »Neue Bau«, der schon damals mit seinen gotischen Nachklängen trotz seines Namens einen ältlichen Eindruck gemacht haben muß, kam nicht zustande. Backnang blieb württembergische Amtsstadt, ohne besondere, ohne originelle Funktion, ein Handwerker- und Bauernstädtchen mitten in einem armen Land.

Für »Schicksal« hat die Stadt selbst gesorgt. Die Reformation hatte die Auflösung des Stifts, einen neuen Gottesdienst und die Einrichtung des Schulwesens gebracht. Auch der Dreißigjährige Krieg brachte keine Katastrophen in die Stadt. Die Nachspiele des Kurpfälzischen Krieges indessen, diese fragwürdigen Aktionen, die man früher unter dem Stichwort »Franzoseneinfälle« zusammenfaßte, setzten den Nullpunkt in Backnangs Geschichte. Wie das alles kam, weiß man heute ebenso wenig genau, wie man das Schicksal kennt, das manche unserer Dörfer und Städte im April 1945 mitgemacht haben. Es muß ein kleineres französisches Streifkorps gewesen sein, das marodierend und brennend und plündernd vom Neckar- und Bottwartal herkam. Niemand hat den Marodeuren und Schnapphähnen Widerstand geleistet. Auch in Backnang verlor man die Nerven. Man wird annehmen dürfen, daß am 18. Juli 1693, dem Tag des Einmarsches der französischen Abteilung, die Flucht der Stadtbevölkerung schon abgeschlossen war. Die Franzosen haben die Stadt ohne Kampf eingenommen, das Vieh aus den Ställen gezogen, die Kornspeicher geleert und schließlich dann ihr Brandzeug in die Häuser und Höfe geworfen.

»Ganz ohnvermutet«, notiert der Backnanger Stadtschreiber am 14. März 1697, »ist ein großer Haufe Feinde, dem doch die geringste resistenz nicht geschehen, mit Gewalt zum Stättlen eingedrungen, welche anfangs viel unschuldige Leut elendiglich ermordet, nachgehends das Stättlen und Vorstätt gänzlich ausgeplündert, endlich gar an unterschiedlichen Orten in Brand gesteckt, welches denn auch völlig in wenigen Stunden abgebrannt. Dazu ist noch kommen, daß nach der Franzosen Abzug die Hilfsvölker unsere Felder gänzlich leergemacht, so daß auch die Hoffnung zu einem künftigen Stücklen Brot uns vor dem Maul abgeschnitten worden.« Aus Kleie und Erbsen habe man Brot gebacken und Disteln und

Nesseln ausgerupft und gegessen. Wer den Morgen nach einem Großangriff des Luftkrieges 1944/45 auch nur in den flüchtigsten Konturen in Erinnerung hat, wird erahnen können, wie Backnang am Morgen nach diesem 18. Juli ausgesehen hat. Man hat seinen Schmerz damals in ein Bibelwort gefaßt: »Die Straßen gegen Zion liegen wüst, so daß wir klagen müssen.« Aus liebevoll gefügten mittelalterlichen Gassen waren verkohlte Löcher geworden, aus denen bare Sinnlosigkeit glotzte.

Backnang hat sich von diesem Schlag bemerkenswert rasch erholt. 210 Gebäude waren im Flammenmeer zusammengebrochen, darunter das feine, kaum hundertjährige und im Renaissancestil gehaltene Rathaus. Fast 200 Menschen mußten ihr Leben lassen. Eine Stadt wie Wimpfen hat noch im 19. Jahrhundert offene Brandwunden des Dreißigjährigen Krieges gezeigt. Backnang hat nur zwei Jahrzehnte gebraucht, um die Lücken wieder zu schließen. Freilich hat die Stadt von dieser Stunde Null an ganz von vorne begonnen. Daß sich die Einwohner nicht, wie es versucht wurde, auf die Märkte anderer Städte ziehen ließen, sondern damit zufrieden waren, mitten zwischen den Trümmern ihre Waren feilzuhalten, empfand man in Backnang als eine Wohltat. Damals hat sich, vielleicht zum ersten Mal im modernen Sinne des Wortes, die Mittelpunktsfunktion der Stadt unangefochten bewährt. Kirche war keine da. Zum Gottesdienst mußte, wie ein zeitgenössischer Bericht sagt, ein entlehntes, vom Mesner durch die »Stadt – was sage ich Stadt: durch die Steinhaufen – geläutetes Handglöcklein das Zeichen geben, und bei diesem elenden Geläute sind auch viel ehrliche Personen zur Erde bestattet worden«.

Mittlerweile zogen, durch ein herzogliches Handschreiben vor aller Welt feierlich ausgewiesen, Backnanger Abgeordnete als Stadtbettler nach Leipzig und Eisenach, nach Lübeck und Halle und Berlin, um aus den dortigen Stadtsäckeln nach bewegter und in gutem Schwäbisch vorgebrachter Schilderung der Backnanger Not ein paar Gulden zu entlocken. Zu diesen Kollektegeldern kamen Stiftungen aus der Stadt, aus dem Nachfolgeinstitut des Stifts, aus der herzoglichen Kasse, aus den Truhen der württembergischen Landstände und des Kirchenrates. Wollte man alles zusammenzählen, dürfte diese Großbaustelle »Stadt Backnang« einen Millionenbetrag verschlungen haben. Droben im Stiftsbereich fing man an, weil die schweren, massiven Gebäude dort auch am meisten Widerstand gezeigt hatten. Die Stiftskellerei und die Scheuern erstanden wieder, die Pfarrhäuser bekamen neue Dachstühle, die Stiftskirche ihr Langhaus, ihre Orgel und, nicht zuletzt, ihre Uhr, die man ihrer ebenso wankelmütigen wie aufgeregten Gangart wegen bis in die Gegenwart die »Gansere« genannt hat. Und schließlich kam das Rathaus an die Reihe, Schmuckstück dieser aus der Asche geborenen neuen Stadt, aus 380 Eichenholzstämmen und zu einem Gesamtbaupreis von umgerechnet nahezu 500 000 Mark.

Jetzt konnte Backnang, das der Herzog schon 1695 zur Obervogtei avancieren ließ, wieder mitreden. Allmählich scheint man auch in Stuttgart seine Freude an der munteren, fleißigen Handwerkerstadt gefunden zu haben. Sie war jetzt eine moderne Stadt und so recht geschaffen dazu, der großen barocken Spielerei, den Soldaten, für ein paar Tage oder Wochen liebenswürdiges Quartier zu sein. Denn mittlerweile muß sogar wieder Wohlstand in die Stadt gekommen sein. Das heutige Backnanger Heimatmuseum, im Helferhaus mit viel Liebe und Verständnis eingerichtet, zeigt jedenfalls ein paar prachtvolle Stücke der Backnanger Zunfttradition. Und wer sich aus kundigem Mund die Dinge dort im einzelnen erklären läßt, erfährt auch, daß die Stadt einst ein eigenes Maßgewicht gehabt hat, was sicher nicht ohne Bedeutung für das wirtschaftlich vom Backnanger Markt lebende Umland war.

Übrigens verdankt man dem beliebten Backnanger Soldatenquartier den Umstand, daß Ende Oktober 1759 der Marbacher Löwenwirt Kodweiß mit Frau und Tochter, der jungen

Frau Schillerin, mit der Chaise in Backnang einfuhr, um vor
der Post auszuspannen. Nicht ohne Aufregung fragte er sich
nach seinem Schwiegersohn Johann Caspar Schiller durch,
dem Leutnant im Regiment v. Romann, das in Backnang kurz
vor dem Ausmarsch gegen Preußen ein Übungslager bezogen
hatte. Gern war der alte Kodweiß mit seinem Dorle nicht auf
die Reise gegangen. Aber die wollte durchaus ihren Mann
noch einmal sehen, schon deshalb, weil sie in Bälde ihr zwei-
tes Kind erwartete. Bald steht man vor dem jungen Vater, der
ein wenig verlegen und brummig den Leichtsinn seiner Frau
quittiert. Der Oberst und Regimentskommandeur wird zufäl-
lig Zeuge dieses liebenswürdigen Bürgerbesuchs. Und weil er
ein derber Feldsoldat ist, schlägt er mit dröhnendem Lachen
vor, die Geburt des zweiten doch in Backnang abzuwarten.
Dann könne gleich das ganze Regiment Pate stehen. Aber da
wird's dem Vater Schiller himmelangst zumute. Mit großen
Augen verfrachtet er die Marbacher wieder in die Chaise.
»Fort aus Backnang! Nix als Marbach zu!« Daß aus einem launigen Einfall des Obersten ein Befehl hätte werden können,
wäre nicht das erste Mal gewesen. So wäre der am 10. November 1759 in Marbach geborene Friedrich Schiller um ein Haar
in Backnang geboren und die süddeutsche Gerberstadt welt-
berühmt geworden.

Zwar liebt jeder Backnanger heute seine Stadt. Aber er ärgert sich auch »hehlinge« über die seinerzeit verpaßte, übrigens in aller Glaubwürdigkeit verbriefte Chance. Auch das
»Backnanger Lied«, die Backnanger Nationalhymne, nimmt
Bezug auf dieses knapp am Weltruhm vorbeiführende Mißge-
schick:

> En de Lacha patschet d' Krotta,
> Mucka krabblet an der Wand,
> Bakena, du bist 's schönste Städtle
> Weit ond breit em Schwobaland!

Stuagert, Ulm und sonst so Hefter
Hent mei Herz no nia verlockt,
s'ischt und bleibt halt 's allerbeste,
Wenn der Mensch en Backena hockt.

Andere mögat d' Welt bereisa,
I für mi han oft scho denkt,
Mir däts sicher nirgends gfalla,
Wo's net recht nach Wildhäut stenkt!

Wenn der Zink mit seine Gsella
Blost vom Turm om d'Mittagsstond,
Plärrt vor Freud em ganze Städtle
Gans ond Gockel, Katz ond Hond.

Ja, dia bloset grad wie d'Engel,
Standet no nets' bhäb drana,
d'Hosaschnalle wernt sonst roschtig,
So greift dui Musik oin a!

Onser großer Dichter Schiller
Wird net schlecht verwondert sei,
Daß mer em hot 's Denkmal gsetzet
Mitta en da Kiahdreck nei!

Mit dem Marbach, do am Neckar,
Hot ers au net gschickt verwischt,
Deen wirds manchmal elend g'reit han,
Daß er net von Backena ischt!

Deshalb freut mis donderschlechtich,
Daß i selber hiasich be,
Z' Backena leb i, z' Backena sterb i,
Z' Backena isch halt wondersche!

Statt Schiller sind also heute die »Wildhäut« Backnangs Güte-
zeichen. Backnang ist noch gar nicht so lange Gerberstadt.
Noch in der Zeit des Dreißigjährigen Krieges gibt es hier ge-

nauso viel oder wenig Männer der Gerberzunft wie anderswo. Erst ein Jahrhundert später, um 1750, haben die Rot- und Weißgerber mit rund 40 Betrieben die bisher stärksten Zünfte, die Metzger, Bäcker und Schuhmacher überflügelt. 1871 heißt es: »Unter den Gewerbetreibenden herrschen bei weitem die Gerber vor, es sind deren über 100 Meister, die jährlich eine Summe von über 2 Millionen Gulden umsetzen. Auf den beiden hiesigen Ledermärkten zusammen werden gegen 300 000 Gulden umgesetzt, außerdem geht ein bedeutender Verkauf nach Frankfurt, Worms, Speier, Karlsruhe, in die Schweiz, nach Bayern und Österreich und viel auch in das eigene Land. Es wird vorzugsweise ein sehr gutes Oberleder hergestellt, zu dessen Bereitung sich das Murrwasser besonders eignet.«

Aber nicht nur die Männer und das Murrwasser haben Anteil am Aufstieg der Stadt, auch die Backnangerinnen. Es gibt nicht nur die »Weiber von Schorndorf«, sondern auch die von Backnang. Die ganze Geschichte begann damit, daß der Backnanger Magistrat 1606 in der Stadt das Gänsehalten verbot. Bis dahin hatte niemand Anstoß daran genommen, daß die Frauen, wenn ihre Männer die Morgensuppe gelöffelt und sich in der Werkstatt zur Arbeit hingesetzt hatten, die Gänseställe öffneten und das Geflügel mit großartigem Geschnatter zur Murr hinunterwatschelte. Schließlich schlief man des Nachts in prall gepolsterten Betten! Aber jetzt wollte der Magistrat den morgendlichen Gänseausmarsch nicht mehr, denn die Klagen der Gartenbesitzer, denen die Gänse zusetzten, waren immer häufiger geworden.

Die Backnanger Weiber rührten sich zunächst nicht. Sie warteten auf eine Gelegenheit. Und die bot sich, als Herzog Johann Friedrich I. von Württemberg zur Jagd nach Backnang kam. Droben im Stiftshof nahm er Wohnung mit seinem Troß. Die vielen notwendigen Betten hatten die Frauen von Backnang zu stellen. Sie taten's, nicht ohne den liebenswürdigen Hinweis, daß dies wohl das letzte Mal sei, denn heute gebe

es in Backnang keine Gänse mehr, und morgen auch keine
Betten. Der Herzog, der eine Schwäche fürs weibliche Geschlecht hatte, setzte sich am anderen Morgen an den frisch-
geputzten Backnanger Schreibtisch und setzte einen Brief an
seinen Vogt auf, der das Verbot des Backnanger Magistrats mit
seiner Autorität unterstreichen zu müssen gemeint hatte:
»Lieber Getreuer! Wir haben deinen und der Frauen unterta-
nigen Bericht, der abgeschafften Gäns halben, vernommen.
Ob nun wohl etwas Ungleiches und Nachteils darunter fürge-
loffen sein mag, so kann jedoch dasselbig mit Anstellung guter Ordnung verbessert und dieser Beschwerde abgeholfen
werden. Ist demnach unser Befehl, du wollest mit Bürgermei-
stern und Gericht allhie auf ein gewisses Maß und Ordnung,
welcher Gestalt und wohin die Gänse ohne Schaden getrieben
und gehalten werden könnten, bedacht seyn, selbiges auch
gleich in das Werk richten und zu weiteren Klagen keine Ur-
sach geben, denn man kann solch Gevögel nicht abschaffen.
Hierauf besteht Unsere zuverlässige Meinung. Datum Backnang, den 21. August 1610.«
Man hätte annehmen können, die leidige Geschichte hätte
damit ihr Ende gefunden. Aber auch die unteren Behörden
haben ihren Stolz, damals wie heute. Der Magistrat machte
geltend, daß das Verbot nur deshalb ausgesprochen worden
sei, weil die Frauen Gänsefedern als Modeschmuck haben
wollten. Der Herzog, selbst Tag für Tag gepudert, hatte dagegen nichts einzuwenden. Aber auf dem Backnanger Rathaus
blieb man fromm und einfach. Das brachte schließlich die
Backnanger Weiber auf die Palme. Sie wiegelten ihre Ehe-
männer auf und brachten Zusammenrottungen auf der
Straße zustande. Der Magistrat, der auf ungesetzliche Schritte
wohl nur gewartet hatte, ließ die Rädelsführerinnen in Haft
nehmen.
Jetzt war aus den Gänsebriefen ein Gänsekrieg geworden.
Er hat, vor allem mit feierlichen Notenwechseln zwischen den
Regierungsperücken, noch zwei Jahre gedauert. Dann kam es

zum Friedensschluß, in einer auf dem Rathaus am 11. Februar 1612 unterzeichneten Ordnung. Mit ihr wurden die Backnanger Weiber für ihr jahrelanges Martyrium dadurch entschädigt, daß die Gänsehaltung ab sofort wieder erlaubt war. Allerdings haben sich auch die Herren Beamten ihren Sieg gesichert: Die Zahl der Gänse richtete sich nach dem Steuersatz des Gänsehalters. Wie mag sich das Schreiberherz dabei gefreut haben! Und der klügste Schachzug des Herrn Bürgermeisters: Von jetzt an waren nicht mehr die Frauen, sondern die Männer für die Einhaltung der Gänseordnung haftbar. Man wird sich denken können, welchem Thema man sich in Backnang im abendlich-trauten Familienbetrieb in den nächsten Wochen und Monaten gewidmet hat.

Aus der originellen Gerberstadt ist indessen auf dem Wege zum 20. Jahrhundert eine hart arbeitende Industriestadt geworden. In den siebziger Jahren des 19. Jahrhunderts nähert sich die Backnanger Lederindustrie der Großindustrie, während andere Gewerbezweige wie Tuchmacherei und Weberei nahezu verschwinden. Schließlich werden andere Branchen in der Stadt heimisch, mit Eugen Adolff, der 1925 gestorben ist, eine der größten Spinnereien Deutschlands, mit Carl Kaelble im Jahre 1884 eine in aller Welt bekannte Motoren- und Maschinenfabrik.

Die Fabriken sind in dieser Stadt, wie vielleicht die ganze Industrie, noch nichts Bedrohliches und nicht die alles verschlingenden Sonderbezirke wie irgendwo in Boston oder Rotterdam. Sie sind noch eingebettet in eine Landschaft, die immer noch blüht und atmet, in eine Stadt, die heute, trotz aller Neubaugebiete, noch eine überschaubare, immer noch vom Mittelpunkt, vom Rathaus und vom Stiftshof geprägte Größe geblieben ist.

LUDWIGSBURG
Vom immerwährenden Abschiednehmen

Als ich Ludwigsburg zum ersten Mal bewußt begegnete, als elfjähriger Bub, das war genau vor 59 Jahren, gab es die Rennbahn Stuttgarter Straße noch nicht. Man fuhr nach Stuttgart
gewissermaßen allein auf der Landstraße. *Hinter* dem Ortsschild begann die damals vierjährige Stadt Kornwestheim,
nicht *davor,* woran wir uns, an den allgemeinen Siedlungsund Städtebrei, allmählich gewöhnt haben. Das Sträßle zur
Lochkaserne hinunter – wir fuhren zum Walckertag, zum Familientag – war so morastig und schlammig, geteerte Straßen
waren damals noch die Ausnahme, daß mein Vater das Autofenster herunterkurbelte und den empfangenden Meister der
Orgelbauanstalt mit dem Spruch begrüßte: »Sott' m'r do net
besser Trainage anlege?«

Dann versammelte sich die weitverzweigte Familie in
»ihrem« Orgelbau, die »gotischen« Fabrik-Fenster sah man
noch lange bis in die letzten Jahre hinein. In der großen
Prüfungs- und Vorführhalle lag über allem ein Hauch von
feinstem Holzstaub und Sägemehl. Schließlich griff einer in
die Tasten einer provisorisch aufgestellten Orgel; die Holzpartien am Gehäuse machten einen mir unvergeßlichen,
merkwürdig weichen und bleichen Eindruck. Dann ging's
ins Nebenzimmer des Ratskellers. Unser Familienchef Oskar
Walcker zeigte Dias zur Weltgeschichte der Orgel – ich weiß
nicht, was mich mehr bewegte: die vielen strahlenden Hefekränze auf den Tischen, die Orgeln, die schon die Ägypter

schlugen, oder der komplizierte und technikstrotzende Bild-
werfer, der die merkwürdigsten Orgeln in die Familiendun-
kelheit hineinprojizierte – so was gab's damals in einem Pfarrhaus noch nicht.

Ludwigsburg, schien mir, war eine große Stadt. Durch die
Kastanien hindurch sah ich für einen Augenblick auf ein anscheinend kein Ende nehmendes Schloß, das freilich im ebenen Schloßgarten vor dem alten Corps de Logis in eine Allee
von – sage und schreibe – Obstbäumen mündete. Wilhelm I.,
der eigentliche Schöpfer des württembergischen Obstreich-
tums, hatte angeordnet, daß alle Straßen des Landes ihre Ap-
fel- und Birnbaumreihen erhalten sollten. Irgendwie muß ich
geahnt haben, daß es ein arger stilistischer Fehlgriff war, wenn
er diese pausbäckige Agronomie ausgerechnet auf der galan-
ten Fläche des Schloßgartens ausprobieren ließ.

Daß Ludwigsburg, als Gemeinwesen, als Schloßstadt, etwas
anderes war als die übrigen württembergischen Städte,
könnte ich damals gespürt haben. Heute, nach allen späteren,
persönlichen und schreibenden Begegnungen mit der Stadt,
weiß ich es: Ludwigsburg *ist* anders. Es hat zwei, drei, vier
Fachwerkhäuser, gewiß. Aber das Mittelalter, sonsthin das
selbstverständliche Fundament aller besseren Städte Württembergs, ist ausgefallen für Ludwigsburg. Es ist eine Stadt
more geometrico auf dem barocken Reißbrett erschaffen,
nach barocker Art im Schnellverfahren: Häuser wie Soldaten,
wie das Spalierobst droben auf der Solitude gereiht und aufgestellt. Die Architekten und Denkmalpfleger wissen ein Lied-
chen davon zu singen von diesem – kaum zur Hälfte realisier-
ten – Ludwigsburger Stadtbauplan. Er hat dem Herzog
gegolten und nicht den Leuten. Der Herzog wollte ein paar
Straßen und etliche Palazzi nur zum Vorzeigen. Das mußte
rasch erledigt sein. Ein paar Mauern hochgezogenn, den Verputz darüber und ein bißchen Dekor aus den fortwährend
produzierenden Bauhütten in Stuttgart und hier: fertig war
die Laube. Und ab dato mußte man verputzen und wieder ver-

putzen, und immer wieder bröckelte die barocke Herrlichkeit aufs neue ab. Ein endloses Lied, diese Uniformität der Ludwigsburger Häuser-Kompanien und -Bataillone, gegen die sich »Alt-Ludwigsburg« immer wieder gewehrt hat. Man hat sich alle Mühe gegeben, das Konzept zu verdecken. Nicht weit vom Grävenitzpalais steht das Schätzle-Palais, ein bißchen größer, ein Unglück ohnegleichen; das Landratsamt und seine baulichen Trabanten sind zurückhaltender: Überspielen wollten die Ludwigsburger den diktierten architektonischen Marschtritt allemal.

Auch dieser latente Krieg ist eine Besonderheit. Die Menschen in Ludwigsburg waren ebenfalls eine Sache für sich, auch hierin unterscheidet sich die Stadt von den alten Reichsstädten vom Schlage Heilbronns oder Esslingens oder auch Ulms. Es gab einmal eine Landesbeschreibung »Das Königreich Württemberg«, vom Kgl. Statistischen Landesamt 1904 herausgegeben; darin eine Liste von berühmten Ludwigsburgern und Ludwigsburgerinnen. Wo sonst, selbst im Abschnitt Stuttgart, vielleicht zwanzig oder dreißig Berühmtheiten figurieren, zeigt Ludwigsburg fünfzig oder hundert her. Zugegebenermaßen sind da auch die Senatspräsidenten dabei und die Abgeordneten und natürlich die Generäle, die Exzellenzen, die Obersten und noch etliche muntere, schreibfreudige Majore. Gleichviel: Eine Stadt von einmaliger geistiger Lebendigkeit. Es gibt keine andere Stadt in Württemberg, Ulm eingeschlossen, die in ihren drei Jahrhunderten Lebenszeit so viele wache und kritische Geister geboren hat wie Ludwigsburg, so viele schöpferische Köpfe. Das geht von Justinus Kerner, der auch ein forschender Arzt war, bis zum Nobelpreisträger Helmut Michel, der nachdrücklich darauf hingewiesen hat, daß und wie er sein physikalisch-forschendes Rüstzeug hier am Friedrich-Schiller-Gymnasium erhalten haben. »In der Schule«, schreibt er, »war besonders der Physik- und Mathematikunterricht und der Chemieunterricht ausgesprochen gut. Ich glaube, daß mein Verständnis für Physik eher an der Schule durch unseren Physiklehrer Dr. Bader geweckt wurde als an der Universität.«

In der Ludwigsburger Geniestatistik überwiegen die pragmatischen, die analysierenden, die kritischen Köpfe. Ich weiß nicht, ob einem das in einer deutschen Stadt dieser Größe noch einmal passieren kann, am Marktplatz zu stehen und auf die Geburtshäuser eines Strauß oder Vischer, Mörike oder Kerner (fast) mit Fingern zeigen zu können. Einer allein würde schon genügen, David Friedrich Strauß etwa, dem Bonatz im Auftrag der Stadt einen würdigen Erinnerungsstempel gesetzt hat. Strauß, der Zertrümmerer des alten Glaubens, den Nietzsche hat angreifen müssen, weil er ein bißchen unsicher vor dem schonungslos aufdeckenden Schwaben geworden war: Er würde genügen. Aber nun hat Ludwigsburg auch Mörike, lyrisches Urgestein von bleibender Form, der mehr und mehr zu einem »Longseller« wird, mitten in einer Zeit, der das Fabulieren und das christliche Bescheiden und das Freundlich-Behagliche abhanden gekommen ist: Mörike, ein erst jetzt so recht aufsteigender Stern.

Theodor Heuss hat einmal – der Zweite Weltkrieg hatte schon begonnen – in der »Frankfurter« eine kleine Synopse »Potsdam und Ludwigsburg« gebracht und dabei Potsdam, was die Gartenkunst und die Parkpflege angeht, den Preis gegeben. »Doch es gibt«, fügte er an, »eine andere Sphäre, in der Ludwigsburg Potsdam gewachsen bleibt... Solche Fülle von Begabungen, deren Geburtstage gedrängt zwischen 1786 und 1808 liegen, macht kein anderer Ort dieser Beamtenstadt nach. Das ›richtige‹ Potsdam hat Wilhelm von Humboldt und Helmholtz, hat seine Generäle geboren, das schwäbische den Poeten, den Träumer und die Soldaten des kritischen Geistes.«

Heussens Analyse wäre der pauschale Verweis auf die Wachheit dieser Stadt hinzuzufügen. »Draußen« im württembergischen Land haftet den Städten immer auch ein Schuß behäbigen Überlebens und Überdauerns an. Ludwigsburg, ohne Mittelalter und in diesem Betracht auch ohne Tradition, ja ohne Geschichte, hat fortwährend von der Hand in den Mund leben müssen, ganz abhängig von den Launen und Allüren des Schloßherrn, und deshalb in der unruhigen Dialektik zwischen Feudalität und Bürgertum, zwischen spontanem Provisorium »von oben« und Sehnsucht nach Kontinuität »von unten«, zwischen himmelhoch jauchzendem Jubilieren und Abschied. Ludwigsburg hat von Anfang an Abschied nehmen müssen. Kaum ist der eine Herzog hier so recht zu Hause, greift der Tod nach ihm, und man ist allein. Das Spiel hat sich viermal, sechsmal wiederholt. Eine Stadt, die auf Abruf angelegt ist, auf Provisorien, auf Zwischenakte, Gründung auf Raten, Gründung zur Entschädigung, aber doch nur, jedermann weiß das, Intermezzi.

In Ludwigsburg hat man das Abschiednehmenmüssen gelernt, nicht nur in den Amtsstuben, in den Fabrikkontors, sondern auch in den Wachstuben und Casinos der Soldaten. Da hocken sie, im Wachhaus neben dem Kasernentor, und legen in der knappen Pause den Handkäs auf den Tisch und einen Riebel Brot und warten auf den Abschied. Soldatsein ist hartes und sentimentales, rührendes und jedenfalls dauerndes Abschiednehmen, »Auf, auf, Ihr Brüder, / und seid stark« – Schubart, der ein halber Ludwigsburger war und auf alle Fälle ein erfahrener Hohenasperger, Schubart war der Verfasser des Kapliedes. Man hat es gesungen im ganzen württembergischen 19. Jahrhundert. Wir sehen sie vor uns, die grauen Reihen der Kompagnien und Regimenter, im Schloßhof oder auf dem Marktplatz, wo der Kommandeur, selber nur schwer die Tränen zurückhaltend, die Leute verabschiedet. Und dann geht's zum Bahnhof oder zur großen Kornwestheimer Güterzugsanlage, an die Somme oder nach Verdun, auf die Krim oder nach Narvik.

Mit dem Terminus »Garnisonsstadt« meint man Statistiken und Mobilmachungsaufstellungen, ein anonymes Transito-

rium, Gestellungsbefehl und Versetzungsverfügung, Marschbefehl und Urlaubsschein – wir kennen das. Aber »Garnisonsstadt« meint auch eine emotionale Bindung, ein schicksalhaf-
tes Ineinander. Die Soldaten gehören dazu. Wie oft saßen sie
im Beitzle bei der Kaserne, wie sehr haben die Rekruten, waren sie nur einmal vom Capo ausgeführt, ihr Herz an die nest-
warme Bürgerlichkeit zwischen Osterholzallee und Salon verloren. Und dann *kam* der Marschbefehl, und man wartete in
El Alamein auf den Angriff der Engländer oder hockte bei
Minsk im Unterstand und dachte noch einmal an Ludwigsburg, an den Kaffeebuckel und den allzeit kühlen Obelisken
auf dem Holzmarkt, an den Spaziergang nach Monrepos, wo
man die Gisela oder die Sabine auf dem See'le herumfuhr wie
weiland die Venezianer seiner Durchlaucht, des Herzogs. Garnisonsstadt ist nicht nur militärisches Arsenal und Waffen-
kammer, wie Ludwigsburg das im besonderen war, und nicht
nur hochoffizieller Zapfenstreich oder Heldengedenktagspa-
rade, sondern ein unabsehbares Investment von Gefühlen,
von nachdrücklichen Liebesschwüren, von Bündnissen für
die Ewigkeit, von heißen Minuten hinter der Remise oder
durch den Zaun.

Ludwigsburg hat lange gebangt. Wenn die Garnisonsstadt
in Frage gestellt schien, sah man sich um seine Stadtaufgabe
gebracht. Immer witterte man Verlust – und hat doch Drein-
gaben bekommen, um die jede Chemiestadt oder Motorrad-
stadt hätte neidisch sein können. Keine Rede davon, daß die
schweigende Front der Kasernen in Ludwigsburg eine Atmosphäre von Kaltherzigkeit oder Fremdheit erzeugt hätte. Ganz
im Gegenteil, wer bei den weißen Dragonern in »Grasbourg«
oder »Lumpeburg« war, blieb das sein Leben lang. Die Identifi-
kation der Männer im Lande war vollzogen, wenn man einge-
rückt war. Die Regimentsnamen und die Uniformen blieben
Erkennungszeichen ein Leben lang. »Ludwigsburg war und
bleibt unsere Heimat«, versicherte der scheidende – wieder
ein Abschied! – Kommandeur Dias für das 4. amerikanische

Transportbataillon am 20. November 1991 in der Flak-Kaserne in Oßweil. Bevor Generalmajor William Formen die Flagge verhüllte, nahm ein Sprecher der Offiziersgemeinschaft des ehemaligen Flak-Regiments 125 das Wort: Man war in einer echten Freundschaft zusammengewachsen. Und zum Schluß der amerikanische Oberst: »Ich hoffe, daß die Kaserne nach dem Verlassen der letzten amerikanischen Soldaten auch im Sinne der Stadt Ludwigsburg verwendet werden kann. Wie ich die Situation im Augenblick aber einschätze, werden die Nachbarn dieser Kaserne den amerikanischen Soldaten nachtrauern.«

Die Symbiose zwischen Soldaten und Bürgern war eine ausgemachte Sache. Wilhelm Groener, geborener Ludwigsburger, im Ersten Weltkrieg General und nach 1918 eine Zeitlang Reichswehrminister, erzählt in seinen Erinnnerungen auch von einem Oberst von Fischer, einem allgemein gefürchteten Mann. Er war der »Granatenfischer«, denn sein Steckenpferd war es, die Übungen seines Kompagniechefs im Gelände mit dem Ausruf »Herr Hauptmann, Granaten« zu unterbrechen. So testete er die Reaktionsfähigkeit von Führer und Truppe.

Mußten die Bataillone geschlossen zu einem Manöver ausrücken, wurde Antreten auf der Wilhelmstraße in aller Herrgottsfrühe befohlen. Vom linken Flügel aus prüfte Oberst von Fischer die Aufstellung und Richtung, dann ritt er von Kompanie zu Kompanie, jede mit einem strammen »Guten Morgen« begrüßend, worauf aus leicht angerosteten Männerkehlen das eingedrillte »Morgen, Herr Oberst« ertönte. Diese zur Zeit des Hahnenschreis dargebrachte Kundgebung scheuchte jedesmal die Bürger aus dem Schlaf, bis sich einmal im ersten Stock des Hauses Wilhelmsstraße 10 ein Fenster öffnete. In blühendweißem Nachthemd, vor Wut bebend, begrüßte der Kaufmann Ruoff seinen Peiniger unten: »Guten Morgen, Herr Fischer!« Dieser Gruß wurde in ganz Württemberg zum geflügelten Wort. Wer nicht gerade den Götz von Berlichin-

gen persönlich zitierte, der sagte halt: »Guten Morgen, Herr
Fischer.«

Im Mechanismus »Garnisonsstadt« konnte auch Allzu-
menschliches mit im Spiel sein. Die Annalen der Stadt sind
voll davon. Allein aus der zuverlässigen Quelle des Generals
Groener erfahren wir von diesem Oberleutnant Fetzer, einem
Bruder des Leibarztes des Königs. »Er war nicht dumm«,
schreibt Groener über Fetzer, »aber faul wie die Sünde.« Häufig entzog er sich dem Dienst durch Krankmeldung. Bei einer,
wie Fetzer sagte, »hundsfaden« Felddienstübung rief er beim
Herannahen des Bataillonskommandeurs dem jungen Groener zu: »Fähnrich, übernehmen Sie die Kompanie!« Rief's,
gab seinem Gaul die Sporen und ward an diesem Vormittag
nicht mehr gesehen. War Fetzer mehr vom Bauernadel, so war
der Oberleutnant Auwärter, der es dann im Ersten Weltkrieg
bis zum General brachte, mehr einer vom Geniekorps. Er
hielt es mit den Frommen, wie der Oberst von Alberti. Der
hatte einmal einer Rekrutenkompanie klarzumachen, wie das
mit dem sonntäglichen Kirchgang vor sich ginge und wie man
sich da zu verhalten habe, in der heutigen Friedenskirche. Das
Ende von Albertis Instruktion: »Und wenn ihr dann auf euren
Bänken sitzt und schon nicht mehr wißt, was ihr tun sollt,
dann schätzt wenigstens die Entfernung von eurem Platz zur
Kanzel und zurück!«

Von den Soldaten hat sich Ludwigsburg nur schwer getrennt – auch gerade in jüngster Zeit –, von der Residenzstadt
aber auch. »Herzogliche Haupt- und Residenzstadt«, das war
eine Sache, und alle Handwerker und Bäcker und Metzger waren dem Hof zugetan. Von dort her schien die Sonne, und wo
sie nicht mehr schien, zerfiel die pompös arrangierte Stadt in
ein klägliches Häuflein. Wohlgemerkt noch zu Lebzeiten Carl
Eugens, der mit der Stadt immerin einiges am Hut hatte, berichtet Friedrich Nicolai in seiner großangelegten »Reise
durch Deutschland«: »Ludwigsburg liegt in einer etwas sump-
figen, aber fruchtbaren Niederung. Es ist eine Stadt, schön

und öde, prächtig und unfertig, hat eine herrliche Allee von
sechsfach gesetzten hohen Bäumen, auf der man wie in den
Straßen keine Menschen sieht, zwei herzogliche Schlösser,
die niemand bewohnt, und ein Opernhaus, obgleich nur aus
Holz, so doch vielleicht größer als irgendeines in Deutschland, worin seit langer Zeit keine Oper gespielt worden ist
und vermutlich lange Zeit keine mehr gespielt werden wird.«

Wieder einmal hatte man Abschied zu nehmen gehabt,
diesmal, weil Serenissimus sechs Jahre zuvor wieder nach
Stuttgart zurückzog. Einmal, im Herbst 1833, mitten in den
bleiernen Jahren des Metternichschen »Wintermärchens«,
des liebenswürdigst kontrollierten Polizeistaats, sickert in
Ludwigsburg die Kunde durch, König Wilhelm beabsichtige,
seine Hofhaltung nach Ludwigsburg zu verlegen. Im Gemeinderat entwirft man schnell eine Eingabe an den König:
»Die von Eurer Königlichen Majestät empfangenen Wohlta-
ten teilweise zu bezeichnen, versuchen wir um so weniger,
als unsere Herzen beredter denn unsere Zungen sind, und
hauptsächlich dem Untertanen von seinem beschränkten
Standpunkte aus gewöhnlich die höchsten Leistungen seines
erlauchten Herrschers unbekannt bleiben. Wenn aber die
Geschichte, die Richterin der Fürsten, gerechter als die
durch Leidenschaften bewegte Gegenwart, Eurer Königlichen Majestät den schönsten Lohn Ihres wahrhaft königlichen Strebens zusichert, so mußte die frohe Kunde, daß
Eure Königliche Majestät künftig in unserer Mitte weilen
werden, in Ludwigsburg einen wahren Freudentaumel er-
zeugen.«

Seine Majestät hat nicht geweilt. Getaumelt worden ist
auch nicht. Einige vom Gemeinderat meinten statt dessen,
sie hätten ja immer schon gesagt, daß solche Sprache zu »un-
terthänig« sei und im übrigen von niemandem verstanden
werde. Sprache hin oder her: Die Ludwigsburger verließen
sich allmählich doch auf die eigenen Hände, auf gute Schulen, das geht bis zur heutigen Pädagogischen Hochschule

Ludwigsburg, und auf Fabriken. Deshalb ist Ludwigsburg keine Industriestadt von der Stange geworden, ohne die Monotonie oder gar die Dominanz eines Konzerns – das Gesellschaftliche, das Ästhetische, das Musische ist geblieben und wurde zur Begleitmusik aller unvermeidlichen industrialistischen Ausgriffe.

Francks Zichorienfabrik war nicht Schwerindustrie, man hat das Gerüchle um den Bahnhof herum noch in der Nase, sondern eine behagliche und obendrein billige Beisteuer zum Leben aller gründerzeitlichen Kleinverbraucher. In Ludwigsburg machte man verfeinerte künstliche Blumen, die an Schönheit mit den Pariser Erzeugnissen wetteifern konnten, man lieferte Korsetts und Litzenschuhe, Flechtarbeiten aus Holz und Eisen, Vogelkäfige, Kinderspielwaren, Kupfer-, Zinn- und Eisenblechgeschirre und Glocken und dergleichen mehr: Industrie als Kunsthandwerk, die mit dem Unifranck ihren ersten Höhepunkt erreichte.

Ihm, dem Geheimen Kommerzienrat Hermann Franck, hat Ludwigsburg eine Musikhalle zu verdanken, den Saalbau des Bahnhotels: seiner Generation das, was uns allen heute dies wunderschön geglückte »Forum« ist; Boden für eine gründerzeitliche Gesellschaftsschicht, die im Ludwigsburger »Museum« bzw. der Museumsgesellschaft einen weithin »tonangebenden« Mittelpunkt erhielt. Viele haben diese Ludwigsburger Gesellschaftlichkeit, eigentlich immer mit dem Anstrich des Großbürgerlichen, geschildert und gezeichnet. Sie hat sich gehalten durch alle Fährnisse hindurch, wie diese Parkwelt und wenigstens die wichtigsten der Ludwigsburger Alleen auch. Die Schumacher hat schwelgen können, wenn sie auf die Ludwigsburger Alleen zu sprechen kam, in dem Buch »Was ich als Kind erlebt« zumal: »Alleen aller Art führten überhaupt nach allen Windrichtungen, und es gibt wohl keinen Ort der Welt, wo man im Sommer so stundenweit immer im schönsten Schatten gehen kann, wie in Ludwigsburg. Das Träumen, freilich, das lernt man ein bißchen unter diesem grünen Dämmerlicht, in der großen Stille, und wenn ein Ludwigsburger Kind in das Getriebe einer Großstadt kommt, so wird es längerer Zeit vielleicht bedürfen als bei andern, bis seine Sinne auch aufwachen und sich daran gewöhnen.«

UNTERRIEXINGEN
Zwischen Behaglichkeit und Grauen

Ich saß einmal in Beuren bei Nürtingen am Albtrauf mit einem Dreiundneunzigjährigen zusammen. Wir kamen ins Gespräch über damals und heute, über Gott und die Welt. Schließlich fragte ich ihn: »Was ist heute, im Vergleich zu Ihrer Kindheit und Jugend vor 1914, vor dem Ersten Weltkrieg, anders?« Der Mann hat sich das lange und ernsthaft überlegt. Dann kam die Antwort: »I moi, mir seiet nemme so aadächtig.«

Die Auskunft beschäftigt mich heute noch. Der eine oder andere mag lächeln über sie. Aber daß einer von den ganz Alten – er hat wenig später das Gespräch beendet, meinte, sei »Jonger« täte ihn abholen, und der »Jonge« kam dann und war achtundsechzig –, daß einer von den ganz Alten also bei uns die Andacht vermißt, ist doch ein sehr, sehr ernstzunehmender Fingerzeig. Mit dem Wort »Andacht« ist das Wort »denken« verbunden, in diesem Falle das Nachdenken, das An-etwas-Hindenken. Dies nachdenkliche Innehalten kennen wir kaum mehr. Von morgens früh bis tief in die Nacht werden wir mit Wort und Schrift und Ton und Klang bedacht, wir brauchen nur auf eine Taste zu drücken, dann läuft das schon, das weiße Rauschen, das weltumspannende Mediengeschäft. Warten, Geduld, Sehnsucht sind sowieso Vokabeln von anno dazumal. Wir kriegen Erdbeeren auch am 9. November und am 30. Januar. Daß Krankheit und Liebe und Gemeinsamkeit Geduld benötigen, ja kennzeichnen, will uns nimmer in den Sinn. Gegen Krankheit ist Chemie da. Und wenn das nach drei, vier Tagen nicht hilft, wechseln wir den Arzt. Der Urlaub, der uns dieser lauthalsen Leere entziehen könnte, haut noch einmal zusätzlich auf die Pauke, möglichst mit »action« und Abwechslung, möglichst auf der Piste, nicht neben dran, es muß was los sein, wir wollen Attraktionen »live«, wir wollen Stars. Von »Andacht« keine Spur. Der Chefredakteur der meistaufgelegten deutschen Tageszeitung hat vor Jahren einmal vor Fachgenossen erklärt, Information sei das Grundbedürfnis des Menschen von heute. Mag sein. Aber Information ist nicht alles. Natürlich müssen wir wissen, und zwar unabhängig und nicht gekauft. Aber das Grundbedürfnis ist nicht Wissen, sondern Glaube. Die elementaren Entscheidungen kommen, auch heute noch und auch morgen, aus der Summe des Wissens, aber zuletzt aus den stillen Bezirken des Glaubens, der Liebe, der Hoffnung.

Ich bin sicher, daß die Riexinger von damals mehr Andacht hatten als wir heute. Vielleicht hatten sie sogar mehr Boden unter den Füßen und eine im Inneren angesiedelte Sicherheit, um die wir, Hand aufs Herz, unsere Altvorderen beneiden. Eine der künstlerisch feinsten Grabplatten droben in der geheimnisvoll-schönen Frauenkirche gehört der Anna von Remchingen, einer geborenen Schenkin von Winterstetten. Sie hat auf ihren Stein unbeholfene, aber doch eigentümlich direkte und ehrliche Worte hauen lassen, keine ästhetisch hochfahrende Dichtung, aber dafür ein ungeniert persönliches Bekenntnis:

> Ich Anna Schenkin von Winterstett
> Lieg da in meiner Mutter Bett
> Von Remchingen mein Junker hieß
> Starb lang zuvor, mich Wittwe ließ.
> Mein Leib hie fault, die Seel dort ruht
> Biß jüngster Tag sich nahen thut.

Eingebunden in derlei Gewißheit, hat die Geschichte von Riexingen nicht viel Weiteres und nicht viel Neues gebracht. Wir suchen nach kräftigen, nach sensationellen Akzenten. Wir wollen Schlagzeilen haben. Die Notzeiten im Flecken könnten dafür herhalten: im ausgehenden Mittelalter die Heuschreckenschwärme, die kein Blatt mehr am Zweig ließen und in den Hunger trieben; bitterster Frost, der den Weinherbst hat völlig ausfallen lassen; die Rotten des Bauernkriegs; die mordenden und sengenden Schnapphähne des Jahres 1634, die den Dreißigjährigen Krieg mit unsagbaren Schrecknissen auch ins Glemstal brachten; das Jahr 1693 im Reichskrieg gegen Ludwig XIV., der Jahre zuvor – durch Mélac – Hirsau und vieles mehr dem Erdboden hatte gleichmachen lassen. Schon standen die Kirchen von Enzweihingen und Oberriexingen in Flammen. Eine Einheit der Franzosen hatte sich auf dem Kirchhof der Frauenkirche festgesetzt. Daß der Punkt von strategischer Bedeutung sein konnte, war wohl auch den jüngsten Soldaten klar und greifbar. Gegenüber, auf dem Hochstämmer, lagen die Kaiserlichen. Sie wollten die Franzosen vertreiben. Aber ihre Geschütze schossen nur die Dächer unseres Dorfes in Brand und natürlich den Turm der Frauenkirche. Die Franzosen blieben plündernd in der Gegend. Zum Abschied holten sie die drei Glocken der Frauenkirche vom Turm und nahmen sie mit über den Rhein.

Der Siebzigerkrieg hat die unselige Franzosenfeindschaft wiederaufgenommen – soll da vom Ersten Weltkrieg die Rede sein? Oder von Unterriexingen als dem liebenswürdigen Beispiel für geschichtliche Behaglichkeit? Bei näherem Zusehen ist das eher eine pausbäckige Zeichnung.

Lebten Reiche im Dorf? Es gibt kein Wortpaar, dessen Sinn so relativ ist wie »arm« und »reich«. Was wir heute als »objektiv arm« bezeichnen, war einst in subjektivem Sinne eher zufriedenstellend oder doch gerade noch ausreichend. Daß alles von viel größerer Einfachheit war, ist ohne Zweifel. Man fuhr nicht nach Markgröningen oder gar in ein »Breuningerland« oder nach Ludwigsburg, um sich wieder »mal was Neues« zu kaufen. Vor allem für die Kinder hat man die Sachen selber genäht. Das Konfirmationsanzügle und die dazugehörigen genagelten Stiefel sind auch hier von einem Konfirmanden zum anderen weitervererbt worden. Auf einer von Maulbronn stammenden Postkarte des Jahres 1891 lese ich: »Liebe Eltern, den Mantel kann ich jetzt im Februar gut gebrauchen, und danke ich Richard, daß er mir ihn gebracht hat« – die beiden Buben hatten *einen* Wintermantel und waren immerhin die Söhne eines wohletablierten Stuttgarter Stadtpfarrers; der Sohn, der da schrieb, war damals Seminarist in Maulbronn.

Bei Bauersleuten ging es noch weit karger her. »Ärmer als arm« sei man gewesen, meinte einer der hochbetagten Zeitzeugen, die ich für meinen Bericht befragte. Unterriexingen gehört ja zu den Dörfern, die eigentlich zu klein waren, um zwei oder gar drei Sozialklassen stellen zu können. Das erste Auto fuhr hier zu Ausgang der zwanziger Jahre der Lehrer Fritz Rugart und nicht, wie in großen Dörfern und natürlich Kleinstädten, der Arzt oder der »Fabrikant«, einfach deshalb, weil es einen Fabrikanten in Riexingen nicht gab und einen Ortsarzt schon gar nicht. Fritz Rugart, so etwas wie ein Original in den kargen, dann trostlosen zwanziger Jahren, brachte dem Riexinger Pfarrer einmal einen selbstgefangenen Hecht. Als der Pfarrer Bedenken anmeldete wegen der Größe des Exemplars, erklärte Rugart: »Den könnetse ruhig fresse, der Kaltschmidt frißt no viel größere« – und der Herr Kaltschmidt war Fabrikant in Oberriexingen.

In Unterriexingen ging es, wenn wir es so nennen wollen, »gesellschaftspolitisch« ruhig und vergleichsweise einhellig zu. Das Schloß war die exponierte *eine* Seite, aber nicht der Ort, in dem Luxus zu Hause war und die Peitsche, mit der man die Untertanen notfalls zur Räson brachte – nie und nimmer. Das Schloß war schon die »Herrschaft«, auch noch im 19. Jahrhundert, als die personalen politischen Bindungen fielen und ein durchgebildeter, aber anonymer werdender Großstaat an die freigewordene Stelle trat. Daß der Riexinger

Schultheiß meist auch Schloß- und Rentbeamter war, blieb bis
in unser Jahrhundert hinein geltende Regel. Mit der Herrschaft indessen war die selbstverständliche Gegengabe der
Verantwortlichkeit des Schlosses für das Dorf verbunden,
sprich: die Fürsorge der Familie von Leutrum für die Leute.
Als die Schloßgüter längst an die Riexinger verpachtet oder
verkauft waren, in den frühen zwanziger Jahren, war und blieb
der Brauch, daß jemand vom Schloß, meistens die Frau Gräfin
selber, die Wöchnerinnen besuchte oder den ganz Alten etwas zum Essen brachte. Leutselig nannte man so etwas. Das
Wort ist uns, bei uns ist ja mittlerweile alles gleich, verlorenge-
gangen. Den Ältesten von heute ist noch unvergessen, wie der
Herr Graf sie als kleines Mädle ansprach: »Na, du Mops.« Die
Herrschaften sprachen, obwohl hier geboren und aufgewachsen und lebend, kaum Dialekt, eine milde Art Stuttgarter
Hochdeutsch. Auch der letzte württembergische König, der
korpulente Herr mit den zwei weißen Spitzen, die ihm immer
voran die Weinsteige hinaufrannten, bediente sich – fast – des
Schriftdeutschen. Die Jugendschar hat sich gefreut, wenn sie
vom »Graf Bonbon«, von Seiner Erlaucht persönlich, Bombole kriegte unter dem lächelnden Anruf »Ihr Hosenträger
und Spatzenfresser«. Der Herr Graf trug einen Lodenkittel
mit eingesetztem Flicken. Man wagte es im Dorf kaum weiter-
zusagen.

Keine naßforsche Obrigkeit also, alle die Jahrhunderte
nicht. Riexingen gehörte ja, in politischer und rechtlicher
Hinsicht, immer einer so großen Vielzahl von Herren und Le-
henstragern an, daß das Haus Württemberg erst verhältnismäßig spät in den Gesamtbesitz kam. Das Schloß, man höre und
staune, mit sieben Zweiunddreißigsteln des Ortes blieb ritter-
schaftlich. Wie man auf solch eine Aufteilung »$7/_{32}$« kommen
und sie vor allem praktizieren konnte, ist mir schleierhaft. Ich
vermute nur, daß man heute für diese sieben Zweiunddreißig-
stel des Ortes ein eigenes Verwaltungshochhaus hätte bauen
müssen, mit Seitentrakt versteht sich, so, wie diese Verwal-

tungsbetonkästen heute eben aussehen, mit Ministerialräten
und leitenden Ministerialräten die Menge, zwei Dirigenten
wären auch dabei und vielleicht sogar ein Staatssekretär –
»bürgernah« nennt man das heute und »effizient«.

Die Riexinger haben es den bürokratischen Schildhaltern
der Macht nie schwergemacht. Sie sind bei ihren Leisten geblieben. Das ist auch ganz wörtlich zu verstehen. Erst als der
Bangerter, der hier einen Gasthof hatte, sich einen Omnibus
zulegte und die Leute nach Gröningen fuhr und zurück, erst
dann kam ein Stück Mobilität ins Dorf, die uns mittlerweile
alle am Ärmel gepackt hat – alle wollen wir fahren und möglichst weit weg –, und spätestens bei Feuerbach oder Rastatt
stehen wir im Stau. Noch um 1930 war keiner der Riexinger
von dieser Seuche befallen. Bauern waren sie und Wengerter.
Nur ein paar von den Männern und Frauen pendelten nach
Gröningen oder nach Kornwestheim, in den ersten Jahren
der Weimarer Zeit noch, graue Gruppen in der zarten Morgendämmerung, die zu Fuß zur Arbeit gingen und spät
abends wieder zurückkamen. Man fragt sich, wer daheim war,
das Haus umtrieb und die Kinder erzog.

Bauer und Wengerter: Noch heute ist der Wein für Unterriexingen eine Erwerbsquelle, wenn man mir auch berichtet,
daß der meiste selber getrunken wird. Es ist auf alle Fälle so,
daß es vom Riexinger Wein keine säuerlichen Anekdoten gibt
wie etwa in Esslingen, wo die Ehefrauen ihre Männer nächt-
lings alle zwei Stunden auf die andere Seite drehen müssen,
damit der Wein keine Löcher in die Magenwände frißt (eine
übrigens wunderschöne eheliche Aufgabe). Es ist auch die
Meldung aus Reutlingen nicht am Platz, wo die Trauben am
Fuß der Alb, ganz im Gegensatz zu den lieblich-weichen
Träublein in Riexingen, von Natur aus so hart seien, daß sie
bequem in alle Lande verschickt werden können. Einer der
Reutlinger Wengerter fuhr mit seinem Kastenwagen voller
Traubensäcke über das Pflaster der Kaiserstraße. Plötzlich lö-
ste sich ein Sack und stürzte zu Boden. Unser Reutlinger war

zu Tode erschrocken, sprang vom Bock, löste die Schnur, riß den Sack auf und rief:»Gottlob, koi oinzigs Träuble isch verdruckt.«

Wo derlei Humor zu Hause ist, da ist gut sein. Saure Tage, frohe Feste, Wirtschaften an jedem Eck, die Pizzeria von heute ist ein weniger als schwacher Abglanz. Mundharmonika hat man gespielt, auch im Wengert. Man konnte stundenlang Lieder singen:»Ade nun zur guten Nacht«,»Im schönsten Wiesengrunde« und wie sie alle hießen. Keine gemachte Freizeitkultur, keine wissenschaftlich begleitete, keine ausgebildeten Kindergärtnerinnen und keine akademisch geschulten Sozialarbeiter. Im Frühjahr und Sommer vergnügten sich die Buben damit, Pfeifen aus frischem Weidenholz zu schneiden oder – ein paar Mädle waren auch dabei – mit dem Fangen von schönen Raupen und Schmetterlingen oder von Grundeln und Krebsen, mit Blumenpflücken. Ist es blauäugige Nostalgie, wenn wir nach den blumenstrotzenden Wiesen von damals suchen und statt dessen meist vor riesigen, makellos gedüngten Grünflächen stehen? Ist es späte Romantik, wenn wir statt der Großgruppen bei der hochsommerlichen Ernte oder im Herbst und Winter, wenn im ganzen Dorf der Gleichtakt der Dreschflegel zu hören war, einen einsam tuckernden Traktor auf weiten Feldern sehen?

Es sei längst keine solche Kameradschaft mehr wie vor dem Ersten Weltkrieg, sagt mir einer der ältesten Einwohner Unterriexingens, will heißen: Das »Gemeinschaftsgefühl« ist nicht mehr von so geruhsamem Gewicht wie damals. Die Medien, das Fernsehen nicht zuletzt, angeblich Mittel der Kommunikation, haben eher getrennt und vereinzelt und der Wirklichkeit entzogen als ihr geholfen. Wendelgard von Staden, geborene von Neurath, in Kleingladbach konstatiert in ihrem Buch »Nacht über dem Tal«, im April 45, im Angesicht der einrückenden Franzosen, sei das ganze Dorf *eine* Schicksalsgemeinschaft gewesen, alt und jung, Schloß und Dorf, Alteingesessener und Flüchtling.

Das ist heute nicht mehr so. Mancherlei Sonderwege haben sich aufgetan. Ganz gewiß war die heillose Gleichschaltung des Dritten Reiches der brutalste Stoß in dieser Entwicklung. Zunächst ließ sich die Hitlerdiktatur in Unterriexingen erstaunlich freundlich an. Wir sind noch einmal versucht zu sagen: Riexingen, das liebenswürdige Beispiel für geschichtliche Behaglichkeit. Pfarrer Kayser, der Riexinger Ortspfarrer, hielt kurz nach Kriegsausgang fest, daß von Kampf und Übergriffen der Partei in der Gemeinde nie die Rede war im Dritten Reich. Zwar habe der amtierende Ortsgruppenleiter Mayer, seines Zeichens Straßenwart, ihm, den Ortspfarrer, einmal bei der Gestapo angezeigt wegen eines harmlosen Aufsatzes in den »Heimatklängen«. Aber das sei Episode geblieben. Allenfalls der damalige Hauptlehrer Henssler habe die Kinder antichristlich beeinflussen wollen. Aber er hat sie bis zum Kriegsende nicht vom Besuch des evangelischen Religionsunterrichts abhalten können. Die Funktion der Leiterin der Frauenschaft in Riexingen lag immer in Händen von Frauen, die treu zur Kirche und zum Gottesdienst standen. Und der stellvertretende Ortsgruppenleiter Friedrich Sauer entschuldigte sich immer, wenn einer der von auswärts kommenden Naziredner die Gemeinde durcheinanderbringen wollte.

Aber dann griff doch das Grauen ins Dorf. Der eine oder andere hat wohl geahnt, vielleicht sogar gewußt, wieviel Unmenschlichkeit hinter den knatternden Fahnen stand. Ernst Bayha war irgendwie ein »besonderer Heiliger«. Der murmelte immer: »Ka sei, daß se g'winne, aber i weiß, sie g'winnet net.« Sie haben nicht nur nicht gewonnen, sondern das Gute im Menschen und in den Menschen zerstört für lange Zeit, bis zu den Kindern und Kindeskindern. Was Wendelgard von Staden für das Vaihinger Lager berichtet, gilt sinngemäß auch für das KZ Unterriexingen. »Vom Steinbruch aus« konnte sie sehen, »wie im ›Täle‹ Baracken entstanden, ähnlich wie die auf der Wiese vor dem Wasserhaus, wie Lastwagen von der anderen Seite über den Hügel gefahren kamen und Baumaterial entladen wurde. Roher Drahtverhau und Wachtürme wurden auf den Feldern um die Wiese herum errichtet. Der Verhau war doppelt. Dazwischen lagen Rollen mit Stacheldraht. Alle hundert Meter stand ein Wachturm, viereckig, auf einem Holzgerüst mit einem kleinen Dach darauf. ›Das ist das Sonderlager‹, meinte meine Mutter, ›und mit militärischen Zwecken hat das nichts zu tun.‹«

Das Unterriexinger Lager bestand nur aus *einer* Baracke. In ihr waren alle 250 Gefangenen untergebracht. Daneben lag eine kleine Unterkunft, die als Lagerküche eingerichtet war. Das Lager bestand vom Juli 1944 bis in den April 1945, also bis in die letzten Kriegstage, errichtet im Fischlehen an der Straße nach Oberriexingen. Angelegt wurde es, um kriegswichtige Industrien aus den von alliierten Bomben heimgesuchten Gebieten auszulagern und die Produktion aufrechtzuerhalten. Von der OT, der »Organisation Todt«, geschaffen von dem in Pforzheim geborenen Reichsminister für Bewaffnung und Munition Fritz Todt, wurden zu diesem Zweck Stollen in den Hochstämmer getrieben. Dort hinein sollten Teile der Flugzeugwerke Messerschmitt. Belegt war das Unterriexinger KZ vor allem mit polnischen Juden, die als Zwangsarbeiter eingesetzt wurden.

Die Tatsache, daß die Riexinger Juden in drei Kolonnen eingeteilt wurden – 1. Kolonne arbeitsfähig, 2. weniger kräftige, 3. kaum noch des Gehens mächtige Männer –, macht alle weiteren Kommentare überflüssig. Wendelgard von Staden hat aufgezeichnet, wie sie und ihre Mutter durch ein eigentümliches Schlurfen vom Frühstück aufgeschreckt wurden: »Was ich durch das kleine Wohnzimmerfenster sah, war ein Zug schwankender, dürrer Gestalten, kahlgeschoren und mit grünlichen Gesichtern. Gestreifte Jacken und Hosen hingen lose um ihre Körper. Ihre dünnen Beine steckten in Holzstiefeln, die über den Boden schlurften. SS-Wachen in grauer Kriegsuniform, mit Maschinenpistolen über den Schultern, den Kinnriemen der Mützen heruntergelassen, gingen nebenher.«

Irgendwelche Beschönigungen sind im Blick auf das Unterriexinger Lager gänzlich fehl am Platze. Der erste Nachkriegs-
bürgermeister, der gräfliche Förster Ferdinand Reitter, hat
am 2. April 1947 schriftlich festgehalten, daß man ihm nach
der Flucht dreier Gefangener den Auftrag erteilt habe, bei seinen Gängen durchs Gelände ein wachsames Auge zu haben.
Am nächsten Tag fragte er in der Wachbaracke an, ob die
Leute vielleicht zurück seien.»Da wurde mir von einem dem
Namen nach nicht bekannten SS-Mann gesagt, ich solle zum
Blockwart gehen, der würde mir die zurückgekommenen Gefangenen zeigen. Ich möchte bemerken, daß dieser Blockwart
kein SS-Mann war, sondern ein Kamerad der Gefangenen in
gleicher Kleidung, aber mit einer Armbinde. Dieser zeigte mir
im hintersten Raum des Gefangenenblocks drei nackte, frie-
rende und zitternde Menschen. Ich konnte bei diesem Anblick nichts mehr sagen.«

Nach dem Zeugnis eines früheren Unterriexinger Gefangenen holten Angehörige der SS-Wachkompanie bei Nacht in
betrunkenem Zustand Häftlinge aus ihren Unterkünften und
prügelten sie zu Tode. Die Erschlagenen mußten dann am folgenden Morgen aus dem sogenannten »Todeszimmer« her-
ausgeschafft werden. Wegen einer entwendeten Rübe hat der
Chef der Riexinger Häftlingsküche namens Krug einen Gefangenen mit einer Eisenstange erschlagen. Vom Vaihinger
Lager schrieb ein französischer Kriegsberichterstatter unmittelbar nach Öffnung der Tore, der Bericht erschien am
18. April 1945 in der französischen Soldatenzeitung »Patrie«:
»Hier in diesem Lager gibt es keine Verbrennungsöfen, keine
Gaskammmern. Hier gibt es ganz einfach nur den Tod, den
Tod durch Unterernährung zum Beispiel, durch Tuberkulose
oder Fleckfieber.«

Die Haltung der im Dorf verbliebenen Riexingerinnen und
Riexinger ist vielfach bezeugt worden, durch Berichte frühe-
rer Gefangener, durch Feststellungen verschiedener Ge-
richte.

WIMPFEN
Groß im Lieben wie im Hassen

Man kommt von Heilbronn, von Heidelberg oder von Mosbach her und hat plötzlich eine Phalanx von Türmen und scharfkantigen Häusergiebeln vor sich, die, wenn sich ein blauer Himmel dahinter breitet, wie ein Scherenschnitt des 19. Jahrhunderts wirkt: Wimpfen, eine der Kostbarkeiten des Landes. Wer sich der Silhouette genähert hat und die Untere Hauptstraße heraufkommt, auf eigenwilligem, kopfsteinbepflastertem Weg, hat eher eine Burg als eine Stadt im Auge. Zur Rechten schaut, in distanzierter, in abweisender Geste, ein fester Mauerbering von der Höhe, an dem ein paar Häuser, nein, ein paar Häuslein kleben. Den Ton, den stolzen, geben die Mauerzüge an, die Quadern, die feinen, kaum merklichen Überschneidungen, die wehrenden Fronten, aus kalkigweißem, aus tonbraunem, aus grauem Haustein gefügt. Gleichnis einer Ritterburg, von Kindern im Spiele aufgestellt. Wie eine Idealkulisse. Und dennoch so ernsthaft, wie nur die ganze Wirklichkeit es zu sein vermag.

Die aristokratische Linie überwiegt. Man hat nicht eigentlich die Bilder bürgerlich-städtischen Lebens vor sich. Und man erwartet das auch nicht, ein großes, mittelalterliches Kaufhaus mit offenen Arkaden, durch die sich Gevatter Schneider und Handschuhmacher an die Stände drängen, Zunftglück und mühsam aufpolierter Patrizierstolz, bürgerliche Bravheit, gesichert durch des Nachtwächters Hornruf, der nächtens durch die Gassen tönt. In Wimpfen hat sich das Bürgerlich-Behäbige nur eingenistet, in den Seitengassen und am Rand.

Nicht in der eigentlichen Burgstadt. Die Herrschergebärde schwingt noch nach in dieser Architektur. Sie ist adlig in Gestalt und Haltung. Was heute noch von der staufischen Pfalz in Wimpfen zu sehen ist – übrigens genug, um sich einen klaren und plastischen Eindruck zu machen –, trotzt den Zeiten wie Schwert und Schild. Nirgends in Südwestdeutschland wird so klar wie hier an diesem Platz, daß wir die Könige und Kaiser aus dem Stauferhaus nicht mit den mühsam hochgepäppelten und gestützten Monarchen der Gründerzeit und nicht mit Abziehbildchen verwechseln dürfen. Das staufische Kaisertum, elitärer Anspruch bis zum Letzten, gründete sich in der Gewißheit, daß Gott zur Herrschaft in der Welt die Macht gegeben hat. Sie haben diese Macht praktiziert, die Staufer, klug oder auch in gewinnender Geste, und wo es sein mußte in gnadenloser Härte. Wer vor den Mauerwänden Wimpfens steht, vor diesen rohen, klotzigen, gefährlichen Quadersteinen, spürt die Unerbittlichkeit heute noch.

Wenn Friedrich in Deutschland war, hat er Wimpfen als seinen Wohnplatz bevorzugt. Sein Sohn Heinrich, das einzige Kind, das aus der Ehe mit Konstanze von Aragon hervorging, 1222 zum deutschen König gekrönt, war in Wimpfen, darf man sagen, zu Hause. Und schließlich: Der Großvater Friedrichs II., Barbarossa, hat die Wimpfener Kaiserburg vom Roten Turm bis zum Blauen Turm erbauen lassen. Im Schutz der kaiserlichen Pfalz hat sich das Bürgerstädtlein entwickelt, heute in seiner Behaglichkeit und Kleinheit ein seltsamer Kontrast zu dem, was zwei, drei Staufergenerationen hier gelebt haben. Auf einer der Fensterbänke, von Geranien eingerahmt, blinzelt eine Katze in die herbstliche Sonne. Und ein paar kleine Mädchen spielen »Königin« mit ihren »Doggelich«, wie man drüben im Hohenlohischen sagen würde. Sie spielen das, pausbäckig genug, was vor siebenhundert Jahren in Wimpfen Wirklichkeit war.

Heinrich (VII.), Friedrichs II. Sohn, verbringt Herbsttage und Frühlingsnächte auf dem Wimpfener Berg, ein junger Mann, dessen menschlich-charakterliches Profil die Chronistik früh verdunkelt hat. Er hatte herrscherlichen Ehrgeiz wie sein Vater. Und er hat von Frauenliebe, wie sein Vater, nicht nur in Versen etwas wissen wollen. Vielleicht hat er tatsächlich mit seinen Freunden, in Wimpfen und anderswo, die Nächte hindurchgetrunken. Und vielleicht war ihm tatsächlich, dem nach Deutschland Verschlagenen, die deutsche Krone zu schwer.

Ein paar erschütternde Verse über den Undank der Krone und die Liebe »zu Lône« haben sich erhalten. Heinrich ist kein Glückskind, aber der verbitterte Sproß des großen, universal denkenden Vaters. Persönliche Rivalitäten machen die politischen Zwänge zum Verhängnis. Von einer Handvoll hochadliger Freunde angetrieben, scheut Heinrich nicht mehr den Aufruhr. Nicht nur das Stauferhaus, auch das Reich ist in Gefahr. Heinrich hat Bischöfe und Äbte, Städte und Leute vom Adel zu Verbündeten. Er hat alle Brücken der Versöhnung abgebrochen.

In der Wimpfener Pfalz, wo Friedrich in geradezu aufreizender Ruhe Wohnung genommen hat, kommt es zur Begegnung – das Wort bleibt einem im Halse stecken. Die beiden begegnen sich nicht, sondern der Vater fällt den Spruch. Friedrich brauchte nur das Netz zuzuziehen. Der sich da im Palas zu Wimpfen dem kaiserlichen Vater nähert, an einem Vorfrühlingsmorgen, kurz nachdem der Kaiser den Ritus des Morgengebets hinter sich hatte, war ein erbärmlich Verlassener. Keiner von den Freunden war mehr zu sehen. Es gab nur wenige Worte. Und einen, wie Ohrenzeugen übereinstimmend zu sagen wußten, schneidenden Schrei des Vaters. Nichts von familiärer Wärme, von Vergebung, von Humanität. Der Kaiser glaube an gar nichts, meinte einer der Zeitgenossen. Er interessiere sich nur für unterirdische Vulkanausbrüche oder für die Entstehung salzigen Wassers.

Der Sohn ist, was er ist: ein Rebell. Nach den paar Worten, die der Vater ausstieß, legten ihm die Hauswachen des Palas zu Wimpfen Lederstricke um den Leib. Heinrich wanderte von Gefängnis zu Gefängnis, bis er irgendwo in Kalabrien elend verreckte, wie ein geschlagenes Tier. Der Vater machte sich von Wimpfen noch in derselben Stunde nach Köln auf, die neue Gemahlin, die bildschöne Isabella von England, zu empfangen. Verdammnis und Sinnenlust einer heißen Stunde wechseln wie Sonne und Mond. Dieses Jahrhundert ist groß im Lieben wie im Hassen.

Die schönste, die wichtigste Hälfte des Wimpfener Palas steht heute noch. Und die Pfalzkapelle, die Hauskapelle Friedrichs II., ist in ihren Umfassungsmauern ganz erhalten, ein paar Schritte vom Roten Turm entfernt und so unmittelbar an den Palas anschließend, daß sie vom Kaiser sozusagen über den Flur zur Empore hin erreichbar war. Sie ist ein einfaches Steinhaus und im Grunde ein schmuckloses Ding, wie wenn der naturwissenschaftlich-moderne Geist Friedrichs II. das so gewollt hätte. Zum Neckar hin besteht sie sogar nur aus Bruchsteinen – das kleine Gotteshaus mußte zugleich Wehrmauer sein. Nur die Südseite ist behauen, mit drei gerahmten Feldern und einem kaiserlichen Adler auf der einen Giebelspitze, freilich einer Zutat wohlgemeinter Restaurierung. Zur Erinnerung an eine der Schicksalsstunden deutscher Geschichte.

Die Stiftskirche in Wimpfen im Tal: Welch ein Bau! Welch ein Niveau! Die Talstadt, nicht größer als ein ostelbischer Gutshof, ist heute noch von dem gesäumt, was man leichtfertig genug in der Vokabel »Stadtmauer« zusammenfaßt: einem niedrigen Mäuerchen, das dieses Straßendorf, für Strecken hin römisches Fundament benützend, abgrenzt, abriegelt, wie vor einem halben Jahrtausend. Ein Freilichtmuseum sozusagen, in dem ein mittelalterliches Gemeinwesen gezeigt wird, das einen Weg ging, um den es moderne Hauptstädte beneiden müßten: vom römischen Kastell zur römischen Stadt, vom Marktort zum Oppidum des Bischofs von Worms. Wieviel Un-

verwechselbarkeit hat diese Handvoll Häuser, mit ihrer hilf-
reichen Apostelfischerzunft, mit ihrem in prachtvollen Porta-
len gefaßten Cornelienkirchlein bis heute bewahrt! Der uralte
Talmarkt Peter und Paul, noch heute der bedeutendste Jahrmarkt des Unterlandes, hat nicht nur die hochmittelalterliche
Stadterhebung bedingt, sondern auch das städtebauliche Aussehen des Ortes geformt: Die ganze Talstadt lebt nur aus dieser einen breiten Marktstraße.

Über die Kastanien, die diese vortrefflich gegliederte barocke Bautengruppe der Stiftsherren beschattet, ragt das mas-
sive Mauerviereck des Westbaus der Stiftskirche Sankt Peter
und Paul, trutzig geschlossenes Quaderwerk, das erst langsam
den Blick hinüberführt zur gotischen Langhauswand, zur
Querschiffstirn als einer ungemein imposanten Schaufront,
Giebel des südlichen Kreuzarmes, der behangen ist mit Spitzbo-
gen und Baldachinen und Wimpergen, mit einem wunderbar
rein und metrisch wirkenden, frühgotischen Zaubergewand.
In dieser Kirchenfront wohnt, wie in der Flucht im Inneren der
Kirche, edelste Latinität, Geist und Gestalt der französischen
Kathedrale, in einem Maße, wie man das sonst im Neckarland
vergeblich sucht. Gelassenheit ist überall in der Westfassade.
Sie ist schwer, sicher, standfest – nicht locker, wie Gotik es sein
kann, nicht leicht, nicht geflügelt. Das Tympanon hier am Süd-
portal lebt aus einer fast schon barocken Bewegung, aus dem
munteren Gegenspiel von Baldachinen und Kapitellchen, aus
gekräuselten Locken und drapierten Gewändern, hochgotisch
und himmelan treibend wie in Straßburg oder Amiens oder
Reims, aber auch ins Drastisch-Einfache gebracht, in eine zuweilen unbeholfen-bäuerliche Freude am Figurenleben der
Skulpturen und an der zeitlosen Sprache der Steinbildnerei.

Die Frühgeschichte der Ritterstiftskirche hat Burkhard von
Hall, der Chronist, erzählt. Der berichtet von dem vor oder
um 800 errichteten Wimpfener Münster, das in seinem
Grundriß dem Dom zu Ravenna und dem zu Aachen nahege-
standen haben muß. Es sei im Jahre 905 von den Hunnen zer-

stört, dann aber wieder aufgebaut worden. 1269 habe man
dann unter dem Dekan Richard von Deidesheim den gotischen Neubau begonnen: »Richard aus dem überrheinischen
Orte Ditensheim brach das alte einsturzgefährdete Münster
ab, berief einen in der Baukunst sehr erfahrenen Steinmetz,
der neu aus Paris in Frankreich gekommen war, und befahl,
eine Basilika aus nach französischer Art gehauenen Steinen zu
errichten. Dieser Künstler hat eine Kirche von wundervoller
Bauart mit Heiligenstatuen innen und außen reich geschmückt, mit Fenstern und ausgemeißelten Säulen und mit
vielem Schweiß und großen Kosten so geschaffen, wie sie sich
heute dem Blick darbietet. Das von allen Seiten herkom-
mende Volk bewundert dieses hervorragende Werk, lobt den
Künstler, verehrt den Diener Gottes Richard, freut sich, ihn
gesehen zu haben, und verbreitet weithin seinen Namen.«
    Höchst eigenartig ist der Grundriß des Bauwerks. Sei es,
daß die Baufreude, sei es, daß die Finanzkraft nachließ: Die
vorhandenen Westtürme wurden in den Neubau miteinbezo-
gen, was dann zu einer seltsam brüsken Brechung der Mittelachse führte. Einmalig ist aber auch die Ausstattung, die aus-
gedehnten Plastikzyklen des 13. Jahrhunderts im Chor, mit
denen sich die Stiftskirche, weniger in der Qualität als im Alter und der ikonographischen Gesamtheit, an die Seite von
Naumburg oder Meißen, von Mainz oder (das für die Kirche
wesentlich inspirierende) Straßburg stellt. Gleich, ob ich zum
Hochaltar oder zum Westwerk mit seiner einst als separate Kapelle dienenden Empore blicke: Überall eröffnet der Bau den
Zugang zur kathedralisch-verlässigen Kraft des Gefüges.
Wenn auch die Triforia fehlen und manches in den Proportionen des Langhauses nicht eigentlich französisch sein mag,
so erinnert doch die Grundstruktur dieser frühlingshaft at-
menden Gotik, von den Kopien der Glasmedaillons in den
Chorfenstern bis zu den blendendweißen Mörtelfiguren, an
Frankreich. Auch die Grüssauer Mönche, die liebenswerten
Hausherren heute, haben die Kirche nicht »geschmückt«:

Alles wirkt fabelhaft echt, klar, gewichtig, bis hin zum mooreichenen Chorgestühl.

Die Gassen Alt-Wimpfens haben mich wieder. Der »Verkehr« will auch hier seine Dominanz. Aber die Hauptstraße, die sie noch im genauen Sinne des Wortes ist, ist nicht für heute gebaut. Und Häuser sind da, in schwäbisch-fränkischem Fachwerk modelliert, die das Geschwinde, das Fiebernde der modernen Zeit mit keinem Stein, mit keinem Eichenbalken anzunehmen gewilligt sind. Ach, es sind wunderschöne, prachtvolle Häuser darunter, das »Riesenhaus« in der Langgasse, das »Ehrenberghaus« in der allerliebsten Klostergasse, auch jenes schmalbrüstige Häuslein zwischen Kirch- und Badergasse, das kaum mehr als ein übergroßes Bügeleisen ist. Nichts von der springenden Beweglichkeit der »großen« Stadt. Vor den Wimpfener Häusern stehen noch Holzbeigen, große und kleine, eichene und buchene Wellen und Scheiter.

Manchmal feiern die Wimpfener. Oder sitzen auf der Hausbank oder auf ausgetretenen, ausgelaugten Treppenstufen. Und erzählen sich von gestern und vorgestern; wie Mörike drüben in Cleversulzbach reimte: »vom Tage, vom heute gewesenen Tage«. Ganze Skalen von Gerüchen ziehen die Gassen herauf und herunter. Ja, Autos sind da. Und es kreischt wohl auch eine Säge auf. Aber schon um die Mittagszeit siehst du wenig Leute. Und wenn der Mond über der Stadt heraufzieht, ist es leer, menschenleer geworden. Wen würde es wundern, wenn ein Nachtwächter hier ins Horn bliese?

ÖHRINGEN
Dr alt Gaascht leewt noch

Im allgemeinen, sagt die Öhringer Oberamtsbeschreibung von 1865, entfalte der Bezirk seine schöneren Partien im südlichen Teil des Oberamts, bei Adolzfurt, auf dem Weg von Untersteinbach nach Obersteinbach oder überhaupt am Trauf entlang der Waldenburger Berge, »während der übrige, obgleich viel fruchtbarere Theil, wegen seiner Einförmigkeit weniger anspricht«. Man ist damals, als das Königreich Württemberg noch eine selbständige Größe war und sich noch keiner so recht ein geschlossenes Deutsches Reich vorstellen konnte, verwöhnt gewesen in Dingen der Landschaft und Natur. Auch dort, wo viele Menschen beieinander waren und Großstädte sich ankündigten, gab es noch keine Sheddächer und Autobahnauffahrten und Betonmonotonie.

Wer heute von den Zentren Würzburg oder Nürnberg, von den an Manhattan gemahnenden Häuserfeldern um Mannheim oder Stuttgart nach Öhringen kommt – man fährt von jedem dieser vier Knotenpunkte aus rund eine Stunde –, empfindet das Land zwischen Mainhardt und Forchtenberg wie eine Labsal. Die Überlandleitungen fehlen, und die großen Industriegassen und Autobahnkreuze auch. Die Waldstücke, die Fluren, die schweren Ackerbreiten scheinen noch unberührt; im Frühjahr, wenn Blütenwolken durch die ausgefahrenen Hohlwege bei Neuenstein oder Hirschbach treiben, im Herbst, wenn sich Silberfäden durch die Klarheit der letzten Sonnentage ziehen und die

Buschgruppen und Hecken sich in wundersames Gelb und
Braun und Rot verfärben.

Es ist ein köstliches Land, das Hohenlohische um Öhringen herum, noch ohne die Steinriegel und ohne die weitaus-
holenden Schwünge der beiden Flußläufe drüben im Ko-
cher- und Jagstgebiet, ohne die Kleinkammerungen dort
und die sozusagen urdeutsche Idylle, die sich bei Morstein
oder Unterregenach auftut. Im Öhringer Land herrschte
Weite vor und große Fläche. Von Winkeln und Unterbrechungen spürt man nicht viel. Kräftiges Bauernland ist das,
hier von einer Pappelallee durchzogen, dort von einer
schmalen, mit kräftigen Buchen oder Eichen bestückten
Waldpartie, wo dann plötzlich so liebenswürdig-feine Schlöß-
lein auftauchen können wie in Friedrichsruhe oder Her-
mersberg. Die Dörfer sind alle noch eine bauliche, eine
menschliche Welt für sich, Westernbach oder Maßholder-
bach, Obersöllbach oder Kesselfeld. Natürlich tuckert auch
hier der Traktor herum, hat man, seit Jahren, die Fernsehan-
tennen oder die »Schüssel« aufs Dach montiert. Aber der
Zugriff der Moderne hat sich im Bestand der Häuser und
Verkehrsanlagen noch kaum bemerkbar gemacht. Noch immer schieben sich, wenn man auf einer der kleinen Kuppen
oder hinter dem Schilfwäldchen eines Gewässers auftaucht,
die beiden Türme der Öhringer Stiftskirche vor, Wegweiser
und Zeichen dieses Wiesen- und Waldlands wie vor einem
halben Jahrtausend.

Freilich, auch Weinberge gibt's. Im alten Öhringer Bezirk
standen sich die Bauersleute und die Weingärtner so gegenüber wie heute noch die Muschelkalkebene bis zum Ernsba-
cher Kocher und das Keuperbergland zwischen Maienfels
und Beltersrot. »Drunten« sagen die Leute in Geißelhardt
oder Sailach, und meinen zunächst einmal die, die es zu den
Öhringer Stiftskirchentürmen näher haben als sie und nicht
Waldbauern sind wie sie selbst, sondern an den roten,
manchmal von Schieferschichten durchsetzten Hängen al-

ten, berühmten Wein aufziehen, in Verrenberg, in Heuholz, in Michelbach am Wald.

Man muß diese Landschaft in der Dämmerung erleben, von Waldenburg, der dreitürmigen Bergstadt aus, die einem einen meilenweiten Ausblick gönnt, bis hinüber zum oden-wäldischen Katzenbuckel, bis zur Frankenhöhe im Bayeri-schen. Da steht man, im Haagweg und angelehnt an den Lach-nersturm, einen friedfertigen, aber wetterfesten Koloß, und schaut und schaut, kleine Seen vor sich, wie mit Händen zu greifen, Baumreihen mit ein paar Häuschen darin, ein Land wie bei Dürer oder auf den Silberstiftzeichnungen Hans Bal-dung Griens. Langsam zieht der Abend herauf, langsam ver-schwimmt der Hintergrund, der Horizont, langsam beginnt das Grün in der Weite flächiger zu werden; nur noch die schwarzen Streifen der Wäldchen stehen für sich. Bis schließ-lich alles, auch die paar flackernden Autolichter, in einen lei-sen, dunstigen Schleier gehüllt ist. Was vor Augenblicken noch altdeutsch und kernig sich zeigte, ist jetzt wie ein Mee-resgrund, der Schlieren von Algen und Gräsern mit sich führt, und eine weiche, verlockende Schwärze. Dann fallen, vom Waldenburger Haagweg aus, Himmel und Erde zusammen. Dann ist es Nacht geworden.

Man muß die Schönheit dieses Landes einmal geschmeckt haben, man muß seine Leute einmal sprechen gehört und einen »Verrenberger Schloßkeller« gekostet haben, um er-messen zu können, wie die vielen, jahrhundertealten und ge-genwärtigen Fäden zusammenlaufen auf dem Öhringer Marktplatz. Dort steht man, guckt am vierröhrigen Markt-brunnen hinauf, auf die Brunnensäule, auf der ein gehar-nischter Ritter steht, in der Rechten ein Szepter, in der Linken einen Schild mit dem hohenlohischen Wappen. Und dann reckt man vollends den Hals nach hinten und schaut zum Schieferdach des Blaserturms hinauf, auf dem Sonntag für Sonntag, nach dem Gottesdienst, Männer der Stadtkapelle ihre Choräle spielen. Die Stiftskirche ist der Mittelpunkt der

Stadt und des Landes. Sie *ist* die Stadt. Und sie ist ihre Geschichte.

Freilich, die Römer waren vorher da. In der Mitte der 81 Kilometer langen Strecke des Rheinischen Limes, der äußersten Begrenzung des Römischen Imperiums, entstand »Römisch Öhringen«, genauer gesagt zwei Kastelle, das Bürgkastell, in dessen Mitte heute das Krankenhaus steht, und das östliche Rendelkastell, das nach 1945 ganz überbaut worden ist. Von der unmittelbaren Nachgeschichte der römischen Ära ist nichts mehr übriggeblieben. Nur die »Natur«, die einmal ausgewiesene Lage der Siedlung am Fuße der verkehrshemmenden Keuperberge im Süden und doch noch außerhalb der in den Muschelkalk steil und tief eingeschnittenen Zuflüsse zum Kocher im Norden. Das war ein Punkt, der wie von selbst den Osten mit dem Westen verband und zentraler Verwaltungssitz sein konnte, war nur der nötige territorialpolitische Hintergrund gegeben. Und der kam früher, als man neckarschwäbischen Vorstellungen nach erwarten darf, kaum nach der Jahrtausendwende. Die Mutter des Kaisers Konrad II., eine Adelheid aus dem fränkischen Raum jenseits des Rheins, heiratete in zweiter Ehe einen Grafen, dessen Besitz sich um Öhringen herum konzentrierte, von der Keuperhochstraße im Norden bis zum Kocher, von Schwäbisch Hall bis Weinsberg. Adelheit und ihr Sohn, der Bischof Gebhard von Regensburg, haben diesen Grundbesitz dazu verwendet, im Jahre 1037 die Öhringer Pfarrkirche in eine Stiftskirche umzuwandeln.

Das Stift zu Öhringen, das war ein halbes, aber von weltlichen Herren bewohntes Kloster, das über Jahrhunderte hin nicht nur ein kirchlich-kultureller, sondern auch ein wirtschaftlicher Faktor ersten Ranges blieb. In den Traditionsbüchern dieses Öhringer Stifts wird die Stiftskirche als die Lieblingskirche der Kaisermutter Adelheid bezeichnet. Sie hat in die Krypta der heutigen Kirche Reliquien gestiftet, die im Mittelalter von Hunderten, Tausenden von Wallfahrern besucht wurden. Im Westteil dieser Krypta ist Adelheid auch beigesetzt

worden. 1241 hat man ihre Gebeine in einen Sarkophag um-
gebettet, der nur ornamentalen Schmuck trägt, aber von jener staufisch-klassischen Eindruckskraft, der wir uns auch
heute kaum entziehen können. Es ist nicht unwahrscheinlich,
daß Kaiser Friedrich II., der letzte große Hohenstaufer, die
Weisungen zur Anlage dieser Tumba – und damit zur Ehrer-
weisung vor der Stammutter seines Kaisergeschlechts – selbst
gegeben hat.

Öhringen war keine arme Stadt und keine Untertanen-
stadt. Es gibt das Öhringer Weistum von 1253, also noch aus
spätstaufischer Frühzeit. Jakob Grimm meinte, es sei das älteste ihm bekannte deutsche Weistum. Es handelt sich dabei um
eine Rechtsaufzeichnung, in der Einzelheiten der städtischen
Verfassung festgestellt oder bestätigt werden. Wer die Artikel
liest, stellt erstaunt fest, wieviel Selbständigkeit eine deutsche
Stadtgemeinde zur Stauferzeit haben konnte. Die kaiserlichen Rechte nimmt der Öhringer Vogt wahr, auch in Stellver-
tretung für die Chorherren des Stifts. Aber die Öhringer Bürgerschaft ist ebenfalls an der Stadtregierung beteiligt, in einer
Direktheit, die weit über das hinausgeht, was man von den
württembergischen Städten am Ausgang des Mittelalters gewohnt ist.

War – und ist – der Hohenloher, im speziellen der Öhringer, einer von denen, die auch ohne die neckarschwäbisch-
pietistische Schafferei leben können? Daß man etwas anderes
ist und sein will als »die Württemberger«, bescheinigt schon
die amtliche Auskunft aus der Mitte des letzten Jahrhunderts:
Heiraten »zwischen den Angehörigen der hohenlohischen
Orte und solchen von altwürttembergischen Orten« seien
»ziemlich selten«. Noch heute hört man in Öhringen, wenn
man zu grundsätzlichen Dingen kommt: »M'r sin doch keine
Schwoba.« Um noch einmal unsere amtliche Nachricht von
1865 zu Rate zu ziehen: Die Bewohner des Öhringer Bezirks
seien gegenüber den Altwürttembergern »lebhafter, gewand-
ter und höflicher im Umgang, aufmerksamer gegen Fremde;

dagegen gehören zu den Schattenseiten einige Verschmitzt-
heit im ganzen Wesen, sonderlich in Handel und Wandel, welche gern die Form der hingebenden Offenherzigkeit an-
nimmt«. Und schließlich, um der Arbeit unserer modernen
Sozial- und Moralgeschichtler ein letztes Schnippchen zu
schlagen: »Die Lebensweise ist verglichen mit anderen Gegenden des Landes gut zu nennen; es wird neben Kartoffeln, Ge-
müsen und Mehlspeisen viel selbst geschlachtetes, gesalzenes
und geräuchertes Fleisch verzehrt . . . Die Trunkliebe ist eine
wohl seit alten Zeiten herrschende Untugend; sie wird als ein
unüberwindlicher Naturfehler angesehen. Auch Fleischesver-
gehen, die nicht selten vorkommen, werden milde beurtheilt
und bald wieder vergessen . . . Neben dem auch in anderen
Gegenden üblichen Schießen bei Kindtaufen, Hochzeiten
und in der Neujahrsnacht sind zur Zeit der Kirchweih noch
mehrere Volksspiele üblich.«

Man bucht heute unter den Passiva, daß es sie in Öhringen,
in dem man sich noch kennt und in ein paar Schritten vom
Marktplatz auf dem Bahnhof ist – daß es sie nicht mehr gibt,
das Rentnerwirtschäftle vom Baiers-Beck, wo man lange beieinander saß, mit Gesang und mit ein paar »Niestaanern« dabei, den Brettlesbeck, die Metzger Mägerle und Bordt, die je
auch eine kleine Weinwirtschaft dabei führten, die Frühschoppen beim Gsellersbeck, wo der Dachdecker Müller das
Wort und die Stimmung führte. Diese Inseln der Seligkeit,
auch des nachdenklichen Gesprächs, gibt es heute nicht
mehr. Den Frühschoppen des Herrn Handwerksmeisters
kann man sich auch in Öhringen, in Hohenlohes heimlicher
Hauptstadt, nicht mehr leisten. Die Weinstubengemütlichkeit
ist seltener geworden, diese echt hohenlohische Gegenwart
und Wirklichkeit, in ein paar Quadratmetern Raum, mit zwei
oder drei Tischen darin und ovalen, dunkelgerahmten Bildern an der Wand. Im Handumdrehen ist man in ein deftiges
Gespräch verwickelt, das einem – je länger, desto drängender
– bedeutet, daß die Dinge der Welt vertrackt geworden sind.

Aber »der alt Gaascht leewt noch«. So lese ich gestern an einem der großen Schaufenster, in säuberlicher Schrift. Wir spüren deutlich, daß es sich da weniger um raffinierte Werbung als um ein leises, liebevolles Bekenntnis handelt: Öhringen, die Stadt, ist immer noch lebendiges, prägendes, originäres Formelement, in dem die Menschen und die Häuser und die Straßen noch zu einer unverwechselbaren Einheit zusammengehen.

Drüben im Schloß, das vor ein paar Jahren Rathaus geworden ist, zeigt man noch immer das zweite, das eingekellerte Wahrzeichen der Stadt: das Öhringer Faß und die kaum noch leserliche Tafel, auf der Lenaus berühmtes Faßgedicht geschrieben steht. In einem Brief vom 8. Juni 1832 hat Lenau dieses romantische Öhringen in ein paar Worten zusammengefaßt, die Lebensluft einer Stadt, die den Garten vor dem Haus hat und ein Stück Musik dazu: »Den 30ten Mai waren ich und Mattuszinski in Öhringen. Der dortige Fürst hält eine vortreffliche Capelle. Die Herren Musiker waren so gefällig, uns ein Quintett von Blasinstrumenten zu geben. Es war Abend, nach einem leichten Gewitter, die Luft äußerst rein und durchsichtig, wie das Menschenherz nach einem Gewitter auch rein ist, daß man bis auf den Grund sehen kann. Die Musik spielte in einem Gartenzimmer bei offenen Fenstern, wir Zuhörer waren im Garten zerstreut. Ich wählte meinen Platz unter einem Fliederstrauch.«

Der Kern der Stadt steckt immer noch voller Schönheiten. Nur ein paar Schritte von der Hirschgasse entfernt schaut das alte, bestens renovierte Rathaus hervor, mit spitzbogigen Eingängen und gepaarten Fenstern, von denen eines an der nordöstlichen Ecke in einem Winkel wie ein Erker aus der Wand hervortritt. An der gleichen Ecke, auf einer mit dem hohenlohischen Wappen geschmückten Konsole, empfängt einen Kraft VI. von Hohenlohe, der eigentliche Erbauer des Hauses. Erst 1835 hat man die steinerne Außentreppe abgebrochen, die, nach gut hohenlohischer Art, nicht zur Amts-

stube und zu den Sitzungssälen, sondern zunächst einmal
zum Tanzstubenboden führte. Wurde einer in Öhringen zum
Stadtrat gewählt, so hatte er sämtlichen Kollegen und deren
Frauen ein festliches, drei Tage dauerndes Mahl zu geben,
»welches«, wie der Chronist verständlicherweise meint, »dann
gar beschwerlich und auch manchmal dem Erwählten ver-
derblich gefallen«.

Die Markststraße ist ein wahres Kleinod fränkischer Stadtbaukunst, mit Fachwerkfronten, aus denen der Witz und der
Einfallsreichtum, die Formfreude des Hohenlohers spricht –
nichts von der flächenhaften Schwere und Derbheit des
schwäbischen Stadtensembles – hier ist noch alles aufgedrö-
selt und mit einer Fülle liebenswerter Kleinkunst angerei-
chert. Allein das heutige Kaufhaus Burckhardt neben dem
Gasthof Krone lädt zum Anschauen und Verweilen ein, ein
wahrer Teppich von gedrehten Säulen und Köpfen und Va-
sen, von Pflanzenornamenten und Rosetten und Säulchen
und Pfeilerchen, der da heruntergelassen ist – meilenweit entfernt von Häusern als Wohnmaschinen und jener Betonmonotonie, in denen ganze Häuserfronten zu Werbeträgern de-
gradiert worden sind. Auch die alte Hofapotheke ist ein Ding
für sich, mit einem eigenständigen Gesicht, mit Schmuckfor-
men aus der Renaissance, die hier fast an niederländische Eindrücke erinnern.

Und natürlich der Marktplatz. Er ist nicht Öhringens archi-
tektonisch großartigstes Stück – das hätten wir im Blick von
der Allmand, einem Teil des heutigen Hofgartens, auf die
Bürgerhäuser im Vordergrund, das Schloß in der Mitte und
die Kirche im Hintergrund zu suchen: aus aller Kleinheit, die
Öhringen, die Bürgerstadt, nicht verleugnen kann, steht hier
im Anblick der Stiftsstadt etwas ganz Einmaliges auf, der großartige Dreiklang eines halben Jahrtausends, aufgefächert in
die ungemein lebendige Sprache dieses schwingenden, wuchtigen Prospekts.

Der Marktplatz bringt die Verbindung zur Bürgerstadt.

Hier der Chorturm und der Blasturm der Kirche, die breitere
Front des Schlosses, dort das Traulich-Familiäre der Bürgerhäuser, Pflastersteine, Pfosten, steinerne Untergeschosse, ein
ganzes Panoptikum altfränkischer Handwerkskunst, Haustü-
ren und Fenstereinfassungen, die den Ehrgeiz haben, mit
dem Modischen Schritt zu halten, Türschlußsteine und Haus-
zeichen, Wetterfahnen und Fensterkörbe und Wirtshausschil-
der. Eines der Marktplatzhäuser, die heutige Handelsbank,
präsentiert vier massige, demonstrative Konsolköpfe, Allegorien der vier Jahreszeiten: Es war und ist hier allemal Markt,
und wenn auch der »Saimarkt« und »Gailmarkt«, wahre Volks-
feste, heute drunten auf dem Turnhallenplatz abgehalten
werden, so hat hier doch der Wochenmarkt am Mittwoch und
Samstag sein Zuhause, ein Hin und Her von Einkäufern und
Verkäufern, ein Ineinander von Salatsetzlingen und Monats-
rettichen und Geranientöpfen. Die Marktgänger sind mit
ihren Wagen von den Keuperbergen herunter oder von Sind-
ringen heraufgefahren, um das zu holen oder zu prüfen, was
Öhringen stellvertretend für alles andere gibt, im Frühsommer Spinat und »Kohlräble« und gelbe Rüben, im frühen
Herbst armdicke Gurken, Rettiche in Prachtexemplaren,
mächtig lange, schlohweiße, rosig-kugelrunde, zu apettitli-
chen Bündeln verschnürt, und Äpfel, Äpfel wie zum Spielen
aufgereiht.

Nur ein paar Schritte sind's zur Kirche. Und wir stehen im
Kreuzgang des alt-uralten Öhringer Stifts, den Lärm und den
Allerweltsalltag hinter uns, wie abgeschnitten, wie aufge-
schluckt. Ein Brunnen, der plätschert. Die ungewöhnlich hohen Hallen des Ganges, das spürt man, sind von einer anderen Welt: Noch das Fragmentarische der Anlage ist von
geheimnisvoll-adliger Haltung und strahlt eine wunderbare
Ruhe aus.

Und dann empfängt einen der Innenraum. Man mag in der
Stadt Kleinliches oder zu sehr der Vergangenheit Verhaftetes
oder auch arg Modernes, arg Oberflächliches gesehen haben:

Dieser Raum macht alles wieder wett, hebt alles wieder auf.
Das hat Niveau. Sie ist nicht eigentlich hoch, die Innenhalle,
hält sich eher in vernünftigen Maßen. Aber man hätte einen
derart in Phantasie getränkten, spannungsgeladenen Raum
hinter den glatten, niederen Außenmauern nicht gesucht.
Das Netzgewölbe bedingt die Formung des Raumbildes,
nichts sonst. Die Pfeiler sind kaum mehr die Schrittmacher
zum Chor; die Jocheinteilung spielt schon keine große Rolle
mehr. Aber das vielmaschige Rippennetz, das bis zum Quer-
schiff hin gesponnen ist, das ist Nobilität in spätmittelalterlicher, religiös verhafteter Form, überall hindrängend zum Abschluß und zur großartigen Einheit des Gemeinderaums.

Die Ausstattung des Chors darf mit europäischen Maßen gemessen werden. Vom Hochaltar, der einen sogleich an fränkische Reminiszenzen gemahnt, sind nur die fünf Mittelschrein-
figuren erhalten: die Himmelskönigin mit dem Kinde, Petrus
mit der Papstkrone, wie ihn auch das prachtvolle Öhringer
Obleibuch malt, Paulus, nicht Kirchenfürst, sondern Theologe, Hieronymus in fast humorvoller Nähe sub specie aeter-
nitatis, Sankt Veit in schwärmerisch-tanzendem Schritt, in heiliger Leidenschaft. Sicher gab die dynamische Kunst Veit
Stoßens hier ihren Impuls. Was dort freilich Grenzen spren-
gende Ausdruckskunst wird, ist hier zurückgehalten und ge-
dämpft in Empfindsamkeit.

Und dann die Wandgräber des Chors, die mit zum Besten
gehören, was der Südwesten für das Säkulum der Monumente
und Epitaphien und Sarkophage zu bieten hat. An der Nord-
wand ist das Grabmal Ludwig Casimirs, des ersten evangelischen Landesfürsten, Urbild des neuen, des fromm gewordenen Patriarchen. Gegenüber kniet Graf Eberhard, der bei der
legendenüberwucherten »Waldenburger Fastnacht« die tod-
bringende Wunde erhielt, mit Frau und Kindern: ein peinlich genau behandeltes Familienporträt im Zeichen des Kreu-
zes, bei der Johannes von Trarbachs unermüdliche Kunst
vielleicht zu sehr geschwelgt hat. Beides, dozierende Humani-

stenart und protestantische Kirchlichkeit, fließen hier unbekümmert ineinander. Ein paar Jahrzehnte später hat der Heilbronner Melchior Schmidt diese Kunst noch zu übertrumpfen gesucht durch Farbe und Vergoldung, durch modische Elemente und unbedenkliche Eleganz. Was die Komposition der Figuren vermissen läßt, will das Sinnenfrohe der Allegorien und das phrasierte, theaterhafte Auswechseln der Perspektiven wettmachen: ein recht weltlicher Ton, den man da achtzehn Jahre vor Ausbruch des Dreißigjährigen Krieges in die Kirche gebracht hat. Anders Michael Kerns »ehrliches Epitaphium« für den Grafen Philipp und dessen Gemahlin, den »Lieutenant General über Holland und Seeland«, Schwiegersohn Wilhelms von Oranien. Ursprünglich stand es als doppeltes Hochgrab in der Mitte des Kirchenschiffes. Das Gewaltsame der Umordnung bemerkt man erst nach und nach, in der steifen und eben zum Liegen bestimmten Haltung der beiden. Aber es ist große Kunst, kühn ausgebreitete Renaissance, die unmittelbar an die kolossalischen Vorbilder südlich der Alpen erinnert, steife spanische Tracht, aber hundertfach gelockert in den Wappentieren und den mythologisch-ornamentalen Verflechtungen auf dem Harnisch des Grafen. Ein Stück adliger Klarheit schaut aus dem Antlitz dieses Kriegsmannes, eines hohenloheschen Gesichts, wie wir es bei diesen in Reichsdiensten sich erschöpfenden Grafen und Fürsten Hohenlohes immer finden, im Grabmal des Bischofs Friedrich von Hohenlohe im Dom zu Bamberg in hoher gotischer Zeit ebenso wie in Laszlos feinnervigem Porträt des Fürsten Chlodwig, des Kanzlers, der immer Standesherr geblieben war.

WALDENBURG
Monument der Erinnerung

Man muß bedenken, daß zur Burg- und Residenzstadt Waldenburg auch immer die Bauern gehört haben. Noch als Bub hatte ich vom Pfarrhaus nur ein paar Schritte in den Stall bei Nägeles, dort standen die Kühe im Halbdunkel, ihr gleichmäßig-dumpfes Malmen habe ich noch heute im Ohr, das Futter wurde geschnitten, unterdessen sich die Milchkanne füllte: Bäuerliches in einer Stadt.

Man wundert sich, daß man in Waldenburg oben auch ohne Hammerwerke, ohne Spital, ohne Strumpfwirker gut durch den Winter gekommen ist. Nicht, daß die Geschichte nicht gezaust hätte an der Burg- und Bergstadt. 1631, mitten im Dreißigjährigen Krieg, verliert der Gemeindepfarrer seine Frau und seine beiden Kinder. Die Flüchtlinge sterben auf den Waldenburger Gassen, in den Scheuern, in denen sie wie Tiere Zuflucht suchten. Um die Kranken und die Sterbenden nicht zu ängstigen, wurden die Räder der Wagen, in denen man nachts die Toten zur Stadt hinausführte, mit Lumpen umwickelt. Ein paar Tage später rückte ein Kosakentrupp, ein Reitersbub und eine italienische Soldatendirne von Kupferzell her vor das Stadttor. Graf Philipp Heinrich ließ Sturm läuten, auch in Kupferzell drunten, in Döttingen und Steinkirchen wurden die Bauern alarmiert. Während die Kosaken entkamen, wurde dem Reitersjungen mit dem Karst der Schädel eingeschlagen. Der Dirne versetzte ein Kupferzeller einen Streich gegen den Kopf. Man brachte sie sterbend nach Rüblingen, wo man sie, ausgeplündert, vor dem Haus des alten, ehrbaren Goggenbauern nackt auf den Misthaufen legte.

Die gute alte Zeit ist ein Märlein, vom Vergessen und Vergessenwollen gedichtet. Tatsächlich ist das Leben hier oben in Waldenburg auch – auch – eine Schinderei, durchzogen von mancherlei Heiterkeit und Humor, durchtränkt aber auch von der Gewißheit des Bibelworts, daß das Leben, wenn es köstlich war, Mühe und Arbeit war. Natürlich hat die Tatsache, daß man im Windschatten des Hofes, des Schlosses sein Leben verbrachte, auch die Menschen und die Generationen geformt. Man hat sich zu erziehen verstanden, man hat nie das Gesicht verloren, man hat Formen zu respektieren gelernt, im öffentlichen, im kirchlichen Leben. Als es nach 1848 wegen Grundstücksdingen einen Zwist zwischen – mittlerweile unabhängiger gewordener – Stadtgemeinde und Fürstenhaus hätte absetzen können, hat die bürgerliche Gemeinde schleunigst wieder eingelenkt und öffentlich erklärt, sie wolle auf keinen Fall Meinungsverschiedenheiten zwischen sich und der Standesherrschaft. Wir Buben sind, wenn der Fürst mit seinem Auto durch die Hauptstraße fuhr, schleunigst auf die Kandel zurückgesprungen und haben unseren »Diener gemacht«. Das war eine ganz selbstverständliche Sache. Ein Alters- und ein Zeitgenosse aus Mannheim oder Gelsenkirchen hätte das nicht verstehen können und wird es wohl auch nie verstehen.

Freilich haben diese Rückwirkungen des Höfischen, diese Reverenzen vor der Form – man denke nur an die Antrittsbesuche der neuen Lehrer und so weiter, Übungen, die bis zum Kriegsende '45 und darüber hinaus lebendig waren – nicht nur Lebensart mit sich gebracht, sondern auch Lebenslust. Die pietistisch-verhockte Atmosphäre des Altwürttembergischen, im alten Sindelfingen ebenso greifbar wie in einem Albdorf, fehlt hier ganz. Wenn die Maadlich und die Buawe sich hier, neugeboren, kaum aus ihrem Bettlein aufrichten können, sehen sie schon auf die weite Ebene hinaus: Hori-

zont und Weitblick bekommt der neugeborene Waldenburger schon in der Wiege mit. »Die Einwohner sind durch die
Lage«, so die Oberamtsbeschreibung von 1865 über die Waldenburger, »ihrer Güter auf körperliche Anstrengungen und
durch die Schwierigkeit, ihr Brot zu verdienen, zur Arbeitsamkeit und Mäßigkeit hingewiesen; diese ungünstigen Verhältnisse haben eine günstige Entwicklung der geistigen Fähigkeiten zur Folge, indessen auch den Drang, sich nach auswärts zu
wenden, hervorgerufen.« Die Waldenburger sind nicht nur
helle, sondern auch muntere Leute, keine Kopfhänger, keine
Sparsamkeitsfanatiker und auch keine Arbeitsfanatiker wie im
Neckarschwäbischen, wo eine Frau, eine wohlangesehene,
mir vor nicht allzu langer Zeit gestand, daß sie am liebsten
zum Frühstück Honig essen tät', »wenn m'r nur net den ganzen Tag bäppige Finger hätt'«: Man hat weder Zeit noch Geld,
sich während des Arbeitstags die Hände zu waschen.

Nicht so der Waldenburger. Er kann schon auf den Butzen
hauen, und manches Lichtlein hat hier oben noch gebrannt,
als die Leute drunten längst auf der Stange saßen. Die Waldenburger Bürgerordnung von 1687 berichtet mit Entsetzen,
man habe neuerdings des öfteren gesehen, »daß die Hoch-
zeitsgäste bei einer Waldenburger Hochzeit alle Übermaß ge-
brauchet, des Morgens bei der Morgensuppen sich bereits toll
und voll getrunken, hernach in der Kirchen, anstatt daß sie
die Predigten göttlichen Worts anhören sollen, die Zeit mit
Schlafen zugebracht«. Man solle das »ohnnützige Geschwätz
und schändliche Afterreden« auf »hießiger Bronnenstaffel«
(hinunter zur Hohenau) endlich lassen, man solle auch auf-
hören, sich gegenseitig das Gesinde »durch viele Verheißun-
gen, Geschenk oder andere listige Wege« abzufangen (abzu-
werben), man solle sich auch nicht mehr finden lassen »in
Spielplätzen, Wirtshäusern, Zechen oder heimlichen Winkeln«, während des Gottesdienstes.

Solche Verordnungen haben ihre aufklärerischen Stereoty-
pen. Aber wer sich ausmalt, was an Wirklichkeit hinter den

Das weltweit bekannte Ulmer Münster in gründerzeitlicher Pracht (1908).

Der Biberacher Markt, ein Anziehungspunkt für die Umgebung (1905).

Schwäbisch Halls getreppte Stadtanlage hat sich bis heute erhalten (ca. 1929).

Aalen und Wasseralfingen waren lange getrennte Siedlungen (1905).

einzelnen Wörtern steckt – Spielecken, heimliche Winkel, Tanzen, Übermaß an Speisen und so weiter –, der möchte eigentlich den Eingang Waldenburgs ins neunzehnte, ins industrialistische Jahrhundert nicht gerade als traurig oder weinerlich bezeichnen. Gleich zu Beginn des letzten Säkulums, als man sich häufig über den Zinkenisten Lachner und dessen Liederlichkeit beschwert – er muß, der unsterblich gewordene Turmwächter, mehr getrunken als gewacht haben –, gleich zu Beginn setzt es mit Paukenschlägen ein. Am 13. Oktober 1806 nimmt der Königlich württembergische Landeskommissär Graf von Wintzigerode hier im Schloß die Huldigung vor, Hochderselbe hält eine kurze, »passende Anrede«, Waldenburg ist württembergisch. 1862 kommt die Eisenbahn, nachdem zuvor, 1848, wie es in einem Waldenburger Bericht heißt, die »Fesseln gefallen« sind und die »Zeit der Bevormundung aufgehört« hat. Die Eisenbahn bringt den Anschluß, wie ihn angeblich auch die Autobahn jetzt bringen soll, sie brachte damals vor allem die Straße zum Bahnhof, während bis dahin noch die alte Fernstraße und der Eingang am Mainzer Tor wie alle Jahrhunderte zuvor ihre Dienste getan hatte.

Langsam, das ist bezeichnend, wird aus der Geschichte und aus dem Profil der Stadt etwas Vorzeigenswertes und heimlicherweise auch etwas (aus wirtschaftlichen Gründen) Erhaltenswertes. Was vorgestern Zweck und gestern Gerümpel war, ist heute Schönheit. Daß der Lachnersturm verschwinden sollte, ist so lange gar nicht her. 1897 soll er »bis auf höchste Firsthöhe der Nachbargebäude abgebrochen werden«. Liebenswürdigst hat die Oberamtspflege, die Kreiskämmerei das im Blättle ausgeschrieben. Der Domänenpächter von Hohebuch hat sich denn auch gemeldet. Er könne die Steine brauchen, und nur weil ihm die Stadtgemeinde Waldenburg nicht die Erlaubnis gab, sie auf städtischem Boden zu lagern, unterblieb der Handel: Der Lachnersturm hat überdauert, auch die Behördeneinfälle und die seltsamen Mehrheitsbeschlüsse: als ob die Gestalt und die Silhouette einer Stadt wie Waldenburg das Ergebnis von Mehrheitsbeschlüssen sei oder irgendwann einmal sein könne. 1911 wird ein Verschönerungsverein gegründet; »Hebung des Fremdenverkehrs« verzeichnet die Chronik, ohne freilich darüber hinwegtäuschen zu können, daß »Waldaberch« in der Fremdenverkehrsbranche noch lange, sehr lange – bis heute, fragen wir uns? – ein Geheimtip geblieben ist.

Ein ruhiges, ein gemächliches Städtchen, noch in den zwanziger Jahren, von einer merkwürdigen Distanz den großen Zeitläuften gegenüber. Der Erste Weltkrieg streift die Stadtgeschichte nur auf indirekte, mittelbare Weise. Sonja Senden, die Waldenburgerin, dichtete 1914 den ausmarschierenden Söhnen der Stadt nach:

>»Es ist so still geworden
>Auf Waldenburger Höhn!
>Wir denken an das Scheiden.
>Gibt's wohl ein Wiedersehn?«

Es sind viele draußen geblieben, mehr übrigens als im Zweiten Weltkrieg, was zugleich auch ein Grund sein mag für die erstaunliche Kontinuität der Einwohnerzahl. Waldenburg ist bis in die fünfziger Jahre hinein, eigentlich bis heute, so groß – oder so klein – geblieben wie vor einem halben Jahrtausend. Auch heute hat der Kern, das alte Waldenburg, nicht einmal tausend Leute. Man kennt sich nicht nur, sondern man kennt sich aus in den Lebensfalten des anderen, der seinerseits keine Dutzendware zu sein braucht, sondern ein unverwechselbares Gesicht haben darf wie die mittelalterliche Statur dieser Stadt. Ich sehe ihn noch vor mir, den alten Hornung, den Briefträger, mit seiner massigen, ausblühenden Nase, einem wahren »Gesichtserker«, unter welchem Signum die barocken Verdeutscher die »Nase« einheimisch machen wollten. Man erinnert sich noch an sie, an den alten Weygang, den Bruder des Öhringer Zinngießers, der neben dem Pfarrhaus seinen Laden hatte. Draußen, zwischen Ladentür und Kandel, schwam-

men die Stockfische in einer Blechgelte. Wir Kinder steckten
die Finger hinein und brachten die geheimnisvoll toten Lebe-
wesen in Fahrt, bis der Weygang hinter dem Ladentisch her-
vorfuhr und unchristlich wurde:»Ihr Saubuawe!« Er hatte viel
da, der Hundsfürzleskrämer, und er ersetzte sogar die Apotheke, immerhin war Baldrian zu haben, und wo man etwas
wollte, das nicht da war, gestikulierte er:»Grod kummt's Sten-
geberchele ruf.« Und da war der alte Johann Weidel, für Jahrzehnte einer der Treuesten im Gesangverein, der immer vor
sich hin maulte:»I wär d'r ältescht Waldeberscher, wenn d'r
liederlich Weygang net wär, un der isch a Ähringer.« Und da
war der Totengräber Schlipf, den der Stadtpfarrer Borst,
Seelenführer und Stahlhelmer, Pfarrer und Jäger, fragte, ob
es denn wahr sei, daß die Leute sagen, der Stadtpfarrer ver-
diene zuviel, worauf der Schlipf antwortete:»Net z'viel, viel
z'viel.«

Hat man damals noch mehr »gelebt«? Hat man mehr Mut
(oder gar keine andere Möglichkeit) gehabt, man selbst zu
sein? Die Antwort ist wohl schwer zu geben, wiewohl wir heute
die nivellierenden Apparaturen doch sehr stark empfinden.
Was war das für eine köstliche und letztlich herzerfrischende
Persönlichkeit, die Tante Katharine, die ein Leben lang hinten im Haag die Kinder hütete, ohne je einen Tag Ausbildung
gehabt zu haben, bevor sie uns entließ zum »Zwölfelaite«, hat
sie jedem von ihren Rautzkniedeln – in Reih' und Glied standen wir – mit ein und demselben Waschlappen, manchmal
war's auch ein Kastanienblatt, die Nase gewischt – heute führe
das Blaulicht. Dafür haben wir Kindergartenkinder zu Weih-
nachten ein Krippenspiel aufgeführt. Ich hatte auch ein Sätz-
lein zu sagen, bloß gab es das Wort »dankbar« für mich noch
nicht, um so mehr war mir mein Kindergartenfreund namens
Dambach ein Begriff, und als ich an die Reihe kam, machte
ich meine Knie krumm mit den feierlichen Worten:»Dambach knie ich aufs Stroh darnieder.«

Man hat das alles im wesentlichen so gemacht, wie die Väter

und Vorväter es auch gemacht haben. Am zweiten Weihnachtsfeiertag zogen die Mädchen mit dem Pfarrer von Haus
zu Haus und sangen den alten Leuten. Das Christfest wurde
nicht am Heiligen Abend gefeiert, das heißt, die Bescherung
fand nicht am 24. Dezember, sondern am Christfestmorgen
statt, in aller Frühe. Die Kinder konnten sich gar nicht mehr
halten mit dem Aufstehen. Und dann gab's vielleicht ein paar
Socken, eine gestrickte Mütze, wenn's hoch herging eine Garnitur Gamaschen. Etliche Tage vorher sang man noch das Auklöpferle: »Fraa Göller (Leidig und so fort), du hascht de
schönschte Mau.« Das kenne ich noch, und ich weiß auch, daß
ich mit meiner Gruppe, es kam uns ja sehr auf die Weihnachtsgutsle an, in Ermangelung anderen einschlägigen Liedmaterials kräftig und entschlossen »Tirol, Tirol« angestimmt habe.
Irgendwie kam mir das auch weihnachtlich vor: »Derrr
Mensch lebt nur einmal, und dann nicht mehr.«

Wir sind weit entfernt davon, diese Vorkriegsjahrzehnte zu
idyllisieren. Die Selbstmorde haben wir Kinder mit fassungslosem Schauder registriert, und wenn der alte Hackert immerzu
meinte, »keine Frau hat einen Wert« – seine Mutter nahm er
aus, aber nicht seine Gesprächspartnerin, gleichgültig, wer es
war: »Du bisch aa nix« –, wenn solche Rede ging, dann steht
sie nicht gerade für das, was man seelische Geradheit und Gesundheit nennen möchte. Man war arm, in der Schaafgasse
wohnten die Ärmsten, die Bauern, die Handwerker, die
»Hautevolaute«, das war eine klare und anscheinend nicht
weiter in Frage gestellte Klassentrennung. Im Hinterzimmer
des »Adler« saßen die Beamten, der ewig aufgeregte, der ewig
kurzatmige Fritsch war einer ihrer letzten Repräsentanten,
und kein anderer kam in die heiligen Hallen, sprich das Hinterzimmer des »Adler«, es sei denn, man hätte einen Dapp-
Bruder gebraucht.

Schule und Kirche waren wie Ringe, die dieses Gemeinwesen zusammenhielten, das eine so selbstsicher und streng wie
das andere. Der Oberlehrer Weidner, er hat es bis zum Ehren-

bürger gebracht, war von drakonischer Strenge. Und doch liefen ihm die Tränen über die Backen, wenn er unten an der Schultüre die Entlaßschüler zu verabschieden hatte, hinter sich das Schulhäusle; wenn man in der Schulstube stand, konnte man im Fußboden durch die Ritzen auf den Haag gukken, was den einen und anderen Schüler, heute würde man sagen, arg verunsicherte. Die Kirche war die Korrespondentin dieser Zucht, eine brauchtümlich gewordene Folie des eigenen, des ganzen Lebens, von Lichtmeß bis zu den Zwölf Nächten. Immer wieder hat man auch in Kindersprüchlein versichert, daß man sich fügen wolle in diese Ordnung:

> »Hos, Hos, leich ei!
> Leich mr a recht schös Gaggele ei!
> Morche will i brav sei!«

Die Abende, zumal die langen Winterabende hat man noch wörtlich verbrauchen müssen, wenn's gutging mit Most und Gsälzbrot, mit »Schwarzer Peter« und »Mühle«. Abwechslung, Unterhaltung, das waren Dinge, die kleingeschrieben wurden. Wenn eines schönen Tags ein »Bäretraiwer« kam, das war eine Sensation, machnmal war's auch der Nigri-Kaminfeger auf riesigen Stelzen oder, wie er sich nannte, der Weltkriegssoldat, der, zum Steinerweichen, auf seiner Trompete blies.

Auch das Politische, die politische Atmosphäre, scheint mir nicht harmlos gewesen zu sein. Kein Eiland der Idylle. Natürlich kann man als Gegenargument mit dem Frohmeier kommen, dem Reichstagsabgeordneten, der auch für Waldenburg zuständig war, der in Berlin entsetzt feststellte, daß ihm seine künstliche Hemdenbrust fehlte, ins nächste Geschäft eilte und rief: »Fräulein, zeiget se mir ihre Brüschtle«, womit er eine hoffentlich große Kollektion künstlicher Hemdenbrüste meinte. Aber das ist nur die eine Seite. Die andere zeigt sich in den Sprechchören bestimmter politischer Gruppen vor dem Pfarrhaus um 1930, an die ich mich noch gut erinnern kann.

Keine Rede von unpolitischer Romantik oder gar Harmonie. Es gibt, entlang des Belzhagerschlags, heute noch einen Gewannamen »Spartakistenweg«, die Roten haben bei Hohebuch ein Gefecht inszeniert, einer ist im Straßengraben liegengeblieben. Das Dritte Reich in Waldenburg, ja, es hatte wohl seine Durchlässigkeiten. Aber als die Schwester Luise Kühner in den Dienst der NSV übertreten und die Kinderschule zu einer Parteisache werden sollte, blieb die Kühnerin standhaft. Auch der alte Hackert, SPD-Mitglied, war einer von denen, die während des Dritten Reiches deutlich dagegen waren und es zeigten. Als er einmal beim Vorbeimarschieren der SA die Hakenkreuzfahnen nicht grüßte, hat man ihm ins Gesicht geschlagen.

Die laute braune Herrlichkeit ist nirgendwo so jämmerlich, so total zusammengebrochen wie hier in Waldenburg. Aus dem amerikanischen Kriegsgefangenenlager habe ich mich nach Waldenburg entlassen lassen. Für mich war Waldenburg im Juli 45, als die Leute aus den Kellern hervorkrochen und die Soldaten ihre Uniformen in den Bach warfen, das Traumwort der Unversehrtheit, sozusagen die personifizierte Dauer. Als ich, bis Gnadental per Anhalter gekommen, mit meinem Wäschebeutel am Streithof vorbeikam, Richtung stadteinwärts – ich hatte keinerlei Verbindung mehr mit Waldenburg gehabt in den letzten Wochen –, ging ich langsamer und langsamer. Und als ich bei der Tante Rose anklopfte, kam mir nicht, wovon ich ausging, womit ich rechnete, eine muntere und bewegliche Frohnatur entgegen, nicht diese erheiternde Goggenbacherin, die der Gräfin (»Punktroller« hieß das Gerät, das die Gräfin sich gerade zugelegt hatte) die arg bekenntnisheischende Frage vorlegte: »Wo wollen Erlaucht denn hinrollen?« – eine alte, zusammengefallene, geschlagene Frau stand unter der Türe. Sie wußte nur zu sagen: »Ja, Otto, waa'sch denn net?«

Was Waldenburg in diesen fünf Tagen zwischen dem 13. und 17. April 1945 hat erleiden müssen, kann man nicht sa-

gen. Wandel in einem barbarischen, in einem banalen Aus-
maß. Mehr als ein halbes Jahrtausend Geschichte wurden weg-
gebrannt, in ein paar Stunden. Alles, was man Vernunft oder
»Kultur« nennen konnte, fiel zusammen und wurde auf mittelalterliches Anfangs- und Frühstadium reduziert: Tatsächlich kamen einem die Weiber und Kinder in Tücher, in Lumpen gehüllt, wie Gestalten der mittelalterlich-zeichnerischen
Visionen vor, und mittelalterlich mutet es auch an, wenn man
erfährt, daß die amerikanisch-polnischen Erstürmer der Waldenburg über die Leitern in die Stadt kamen, die zur Rettung
der Bevölkerung bei Brandfällen an die Mauer gelehnt worden waren.

»Von diesen Städten wird bleiben«, reimte Bertolt Brecht,
»der durch sie hindurchging, der Wind! / Fröhlich macht das
Haus den Esser: er leert es. / Wir wissen, daß wir vorläufig
sind, / Und nach uns wird kommen: nichts Nennenswertes.«
Und doch sehen wir am Horizont ein Licht des Dauernden,
des Immerwährenden, wenn wir hinuntersehen am Morgen,
wenn der Nebel sich zurückgezogen und hier ein paar Waldstücke, dort weite Fluren freigegeben hat, wenn die Mittags-
hitze sich auf die Hauswände gelegt oder der Schein der rot-
braunen Abendsonne sich an den Schloßfenstern gefangen
hat. Wenn wir dieses geheimnisvoll-einmalige Ineinander von
seliger Weite und beschützender Heimatlichkeit aufs neue erleben, dann spüren wir den Finger des Ewigen. Und wir sind
dankbar, wir können gar nicht ausdrücken, wie sehr, daß wir
dieses Stück Erde haben dürfen, daß wir es treulich weiter treiben dürfen, morgen, übermorgen.

SCHWÄBISCH HALL

Vom Zauber eines Platzes

»Was die Privatgebäuden anbelangt, so sein sie wohl mehrenteils von Stein. Wenigstens habe ich auf meinem Umgang durch die Hauptstraßen etlich und zwanzig Häuser an verschiedenen Stellen mit der Zunge betast und probiert, aber auch nicht den mindsten Salzgehalt vermerken können. Hingegen sonst ist dieser Gottesgabe ein unerschöpflicher Reichtum in dem Erdboden hier herum niedergelegt. Es werden – wenn du mir noch diese kleinliche statistische Anmerkung vergönnen willst – alljährlich ich weiß nicht wie viele Zentner Salzes ausgegraben!!! Da lernt man sich recht beugen vor den Wundern der Schöpfung.«

Mörike saß der Schalk hinter seiner Biedermeier-Brille. Schreibt seinen »ersten Salzbrief« (»Hall, den 10. Januar 1844«) und hängt ein paar humorige Schleiflein dran. Er lebt, nachdem er die Cleversulzbacher Pfarre aufgegeben, in der Salzstadt so behaglich für sich hin, in seiner weltverlorenen und sich bewahrenden Stille, ist »viel im Altertum« zu Hause, bis ihm das Klima immer verdächtiger wird und er sich endlich gezwungen sieht, »Hall zu quittieren«. Und das »Altertum« in Hall – heute?

Sankt Michael thront über dem Platz. Du hast das Land noch im Sinn. Von Mainhardt und Bubenorbis her war, auf der Fahrt nach Michelfeld hinunter, der körpernah begleitende Wald plötzlich gewichen und hatte herrliche Weitsicht freigegeben: auf eine schier endlose Ebene unter dir, auf Dör-

fer und Waldgruppen, auf die Limpurger und Ellwangener
Berge, auf den Virngrund in der Mitte dieses Kolossalgemäl-
des, auf die Frankenhöhe, die den Horizont mit zarten, kaum
andeutenden Strichen beschließt. Oder du sahst breite, nicht
ohne Stolz sich gebende Höfe auf deinem Weg, fränkische
Höfe, die den ganz in Nützlichkeit und Überschaubarkeit
(freilich auch in Kleinheit) zusammengepackten Höfen
schwäbischen Stils das »Vornehme« voraus haben.

Du hast das alles noch im Sinn. Denn Landschaftlichkeit gehört zu dieser Stadt wie die Blume zum Garten. Aber nun wan-
derst du vom hohen Holzmarkt oder von der Kocherniede-
rung, von der Neuen Straße oder von der Haalstraße her. Und
mit einem Male ist vor diesem Platz und dieser Architektur,
vor diesem einzigartigen Hof der Vorhang weggezogen, den
kein Straßenzug je aufzureißen vermag. Noch immer thront
Sankt Michael. Noch immer wacht der Erzengel in der Vor-
halle des schier übermächtigen Turmes, mit hochaufgeschla-
genen Flügeln, heiter und ruhig, über den Geschlechtern,
über den Gezeiten.

Das Ensemble der Häuser rund um diesen Platz, den man
amtlich »Am Markt« zu nennen hat, ist von unglaublicher Ab-
gestimmtheit. Ich zähle siebzehn Häuser, im Süden, im Norden und im Westen. Aber diese siebzehn Bauten ergeben eine
Geschlossenheit und zugleich: eine Rhythmik, die im Lande
schlechthin nichts Vergleichbares hat. Ja, man könnte sie alle
beschreiben, interpretieren. Jedes Haus ein Individuum, das
seine Geschichte, seinen Schatten, seine tiefgreifende Existenz hat. Da steht drüben an der Abzweigung dieser von
Schmuck überhäuften, durch Hans Beuschers eigenwilligen
Marktbrunnen (1509) in klarer Vertikale akzentuierten Ecke
das Haus des Geheimrats Stier, ein barockes Palais mit großer
Pilasterordnung und dem Spruchband: »Den Bau, den Gottes
Zorn durch Feuers Wut verzehrt 1728. Hat seine reiche Lieb
aufs neue mir beschert 1738.« Damals, in der Morgenfrühe
des 31. August 1728, riefen Sturmglocken und Kanonen-

schüsse hinaus ins Land. Am Abend des bis heute unvergessenen Tages war nur noch das obere Drittel der Altstadt mit
Sankt Michael vom Flammenmeer verschont. Die Brand-
grenze lief quer über den Markt. Hier am Brunnen hatte die
Brandmauer Einhalt geboten. Und sie trennt, wie heute noch
zu sehen, das Stadtschlößlein vom Gasthaus »Zum Goldenen
Adler«. Übrigens hat der Geheimrat über den vier Fenstern
vier goldglitzernde Embleme anbringen lassen, die Porträtbü-
sten des Augustus und Konstantins, Karls des Großen und
Karls des Fünften. Das möchte im Stil der Herrenhäuser draußen sein. Aber es kommt auch spezifisch Reichsstädtisches
darin zum Ausdruck, das Bekenntnis zu einer über alle Zeiten
greifenden Reichsidee, zur Translatio imperii in einem hällischen Sinne. Die Gewährsmänner der Antike locken eine innere Verwandtschaft heraus, eine Linienführung, in der mehr
als nur humanistisch gebildete Gespreiztheit lag.

Und da sind die beiden 1732 aufgeführten Barockgebäude
zur Linken des Rathauses, das Wibelhaus und die Bürgertrink-
stube, generöse Schöpfungen, aber von aufschwingender, de-
korativ-repräsentierender Natur. Und dann, rechts vom Rathaus, das Widmann-Haus, das 1561 einem eleganten, in der
gelösten Fülle der Renaissance schwelgenden Giebel bekommen hat. Er ist, in seiner Höhe und seiner Artung, zum Cantus
firmus für diese ganze Platzwand geworden. Das Rathaus und
die beiden eben genannten Häuser halten sich an ihm; und
alles findet sich zu geschmeidiger Noblesse zusammen und
gerät nirgendwo ins Dunkle, Düstere. Dabei stammen die ältesten Bauteile vom Hause der Widmänner – bedeutende Leute
waren darunter, Musici und Hommes de lettres – aus der
Mitte des 11. Jahrhunderts, als das Gebäude noch im Besitz
des Grafen von Comburg war. Mit dem Jahr 1326 begann man
dann, es als Dormitorium und Refektorium des Franziskaner-
klosters Sankt Jakob einzurichten.

Die Verbindung zur Klosterstraße schafft nicht eigentlich
das Stellwaghaus (das gleichfalls zum alten Klosterkomplex

gehört hat), sondern die Löwenapotheke von 1811, ein straff gegliedertes, gleichwohl fein empfundenes Bauwerk, das im Grunde die gleiche Aufgabe erfüllt wie die schon im Biedermeier sich zu Hause fühlende, ja es ganz repräsentierende Engelapotheke von 1817 an der anderen Ecke (zur Markt- und Neuen Straße drüben): Beide sind Schlußsteine und Mittlerinnen zugleich, ohne den bewundernswerten Rahmen des Ganzen zu sprengen. Auf die Länge fühlt man sehr, daß das Fachwerkhaus, das erste der Klosterstraße (und alle seine Nachfolger, die den Berg hinaufsteigen, dazu), vielleicht in diese bewegliche und gesprächig sich überfangende Häuserreihe ein wenig Holzschnittmanier hineinbringt – Stücke von mittelalterlicher Ursprünglichkeit. Aber das Bürgerhaus, das sich hier aufgestellt hat, im Erdgeschoß die Tenne mit Wagentoren und Stiegen, im Obergeschoß die Wohnung, im Dachgeschoß die Vorratsräume, ist nicht nur in Gesetz und Typik gehalten, sondern auch: in der köstlichen Spannung seiner Kopf- und Fußbänder, seiner Unterzüge und Stützpfosten. Altbürgerliches, handfeste Zimmermannskunst und Eichengebälk und also auch, möchte man hinzufügen, solide Zeichen von bürgerlicher Festigkeit: Das bringen die Häuser der südlichen Wand dem Marktplatz zu.

Aber das wäre alles noch eine lose Montage, wenn nicht die Pole Kirche–Rathaus es zusammenhielten. Sie geben den Bezug, der über den ganzen Raum entscheidet. Im architektonischen Sinne fürs erste: Hier korrespondieren die beiden augenfälligsten Bauelemente. Aber es liegt auch eine bemerkenswert kirchlich-politische Divergenz zwischen beidem. Da oben findet sich die Gemeinde zu Chor und Gebet. Hier unten bietet der Markt (noch heute), wessen die Bürger zu Hause bedürfen. Kirche und Welt stehen sich gegenüber wie Zeit und Ewigkeit. Aber sie fallen nicht ineinander, und die Grenzen verwischen nicht: Der Platz ist mitteninne. Das Herz der Stadt.

Wunder genug, daß das Rathaus, Schöpfung jener barocken, bedrohlich spannungsgeladenen Schaustellungen, jener dosierten Farben, jener spielerischen Kompositionen, die sich ein paar Generationen hernach als dreckige, triefende Fassaden zeigen müssen: daß dieses Haus der majestätischen Kirche standgehalten hat. Daß es gewogen und nicht zu leicht befunden worden ist. Es hat diesen Stand allein um seiner Qualität willen. Der Magistrat, der für sein neues Rathaus kurzerhand die dem Brand von 1728 auch zum Opfer gefallene Kirche Sankt Jakob hat abreißen lassen, hatte sich im Architektenwettbewerb für den jungen Stuttgarter Johann Ulrich Heim entschieden. Nach seinem Plan wird am 21. August 1732 der Grundstein gelegt. Was daraus wurde, war ein Bau mit deutlich vertikalen Tendenzen, ohne daß er nun ins Maßlose, ins Unrecht-Ornamentale verfallen wäre. Von vielerlei, nicht zuletzt aus Hall kommenden Bauleuten und Künstlern unterstützt, hat Heim in beidem unverwechselbar Gutes geleistet, vom Sauber-Herkömmlichen bis zur prickelnden Rokoko-Eleganz, in der Gliederung des Ganzen, in der er alles zu einer köstlichen, »klassischen« Einheit zu fügen weiß. Was soll man mehr bewundern, den Baukörper, den vorschwingenden Mittelteil, das Kuppeldach, das den Zug nach oben ebenso aufnimmt, wie es ihn in horizontalen Bewegungen verteilt, oder die Laterne, die wie von feinem Golddraht gebogen scheint?

»Sieh, wie ein Phönix hier aus dem Moder steigt ...« So auf einer Münze zur Einweihung des Gebäudes am 18. Juli 1735. Man hätte das Wort auch zur Wiedereinweihung nehmen können: Am 16. April 1945 ist dieses Kleinod unter den deutschen Rathäusern, von amerikanischen Stabbrandbomben übersät, ausgebrannt. Heute schlägt das helle Rathausglöckchen wieder. Ein liebenswürdig-feiner Ton, der sich in der verträumt lagernden Feierlichkeit (oder ist es Gemütlichkeit?) dieses Platzes verliert. Ja, man *hört* diesen Platz auch. Wer einmal die Orgel von Sankt Michael (deren Bässe, wie ich meine, von besonderer Mächtigkeit und Tiefe sind) über den

Haller Marktplatz hat dröhnen hören, wird vielleicht den Begriff »Kirche« und wohl auch »Bürgertum« neu verstehen lernen, sich ganz gewiß aber in Bachs fröhlich-festen Akkorden wie in einer Burg geborgen fühlen. Als kleiner Bub – ich glaube, es war das erste Mal, daß ich in die Stadt kam – stand ich hier vor einer Militärkapelle mit Blech und Schellenbaum. Und überwältigt von diesen knatternden, zackigen Stößen, fing ich – zu weinen an, was meinem Vater, dem alten, frontbewährten Krieger, dem man mich brachte, damals gewiß ernste Zweifel am gedeihlichen Fortkommen seines Bübleins hat aufkommen lassen. In der Tat: Die Akustik dieses, zu Recht sagt man: Raumes ist von erstaunlicher, immer wieder aufs neue überraschender Wirkung.

Aber die Optik, die Berglage streitet mit diesem Eindruck. Sonst hat man Marktplätze, die irgendwo in die Ebene und das Weichbild der Stadt gebettet sind, mit ein paar Blicken durchmessen. Der hier bietet fast mit jedem Schritt eine neue Perspektive. Der Gang von »oben« nach »unten« (hier in des Wortes genauer Bedeutung) oder von der einen zur anderen Seite kommt fast einem Vexierspiel gleich. Wie Variationen zu einem Thema. Das Plastische, das Szenische zwingt zum Gedanken an das Theater, auch den wohl, der diesen »Schauplatz« nicht als den Ort des geistlichen Spieles, des »Jedermann« kennt (den Hofmannsthal, in dieser Haller Aufführung, im besonderen geschätzt hat). Man erinnert sich des bürgerlichen Laienspiels, das im anhebenden Spätmittelalter auf den Marktplatz kam. Man erinnert sich der dekorationslosen Bühnen der Meistersinger, an den Balkon oder die Stadtmauer der Bühne zu Shakespeares Zeit: Das hier ist eine Schaubühne und eine Agora von allererstem Rang.

Man ist skeptisch, freilich, ob das alles so »gewollt« ist. Ist es ein Glücksfall der Architektur? Ist es bauliche Wärme in einem vollkommenen, deutschen Sinn, diametral dem kunsthaften, fiebernden Pathos jener Plätze entgegengesetzt, die uns bis heute an der urbanen Tradition der Mittelmeerländer zu bestechen pflegen? Der Marktplatz zu Hall »besticht« nicht. Er bezaubert.

Und ich möchte meinen, daß diesem Zauber auf eine sehr bewußte Weise nachgeholfen worden ist. Hat man nicht den Turm auf einem Fundament errichtet, das fast bis zur Sohle des Marktplatzes gemauert ist? Diese Bühne ist künstlich geschaffen. Die architektonische Formierung, die gefestigte Eingliederung von Platz und Treppengassen: ein ungewöhnliches Beispiel raumformender Kraft. Hat nicht Konrad Schaller im Jahre 1507 die Freitreppe gebaut, in der die repräsentative Fülle des Barocken angelegt ist, das Spiel mit der unbegrenzten Planimetrie, mit der Faszination der weiten Fläche? Als der große Brand eine neue Grundrißkonzeption der Stadt wohl erfordert hätte, war man sich in Hall ja längst der außerordentlich optischen Bedeutung von Sankt Michael bewußt geworden ist und spielte mit dem Gedanken, die »Neue Straße« (die heute, robust hineingeschnitten, oben ein recht stumpfes Ende hat) als neue, große Mittelachse just auf Sankt Michael zulaufen zu lassen. Denn: Der Sinn für Form, ja für rhetorische Eleganz eignet dem Franken in besonderem Maße. Die Empfänglichkeit für den ästhetischen Reiz und die Freude am guten Stil, auch dann in jenem philologisch-humanistischen Sinne, war bei ihm immer zu Hause. Unter solchem Betracht ist der Haller Marktplatz (dem freilich die Gunst der Lage aufs schönste zugewachsen ist) nichts weniger als eine der zeitlosen Ausdrucksformen fränkischer (bürgerlich gefaßter) Festlichkeit und Feierlichkeit.

Das Feiern (das die Hohenloher bis heute auf unnachahmliche Weise verstehen) bedingt Gemeinschaft. Sankt Michael ist nicht die ausblühende Einzelheit dieser Stadt. Nicht vom Kirchplatz, sondern vom Marktplatzz reden die Haller. Unterhalb des Rathauses, im heikelsten Stadtbezirk also, hat man jüngst ein »Glashaus« gesetzt. Vom Bauhaus hat es gelernt und von der »Postmoderne« wohl auch. Als Einzelstück trotz seiner merkwürdig-riesigen Blende wäre es gewiß der Diskussion wert. Der einzige Vorwurf: daß es seine bauliche Umgebung übersieht; daß es nicht vom Haller Holz ist. Auch die außerordentlichsten baulichen Größen Halls, auch die Michaelskirche und der »Neue Bau«, bleiben dem baulichen Verein des Gesamten zugeordnet. Dieser Concentus, wie der Städter Cicero seine Respublica einmal definiert hat, hätte gar nicht eingerichtet werden können, wenn Sankt Michael, die Hauptkirche, so aristokratisch wie sie dasteht, aus den Verhältnissen der Stadt getreten wäre. Dies eben tat sie nicht. Wie überhaupt alle Größe innerhalb der Stadt es vermeidet, die einmal angelegte Maßstäblichkeit zu verlassen und die Proportionen zu zerreißen.

Was das übergroße Dach dieser, auf eine 1165 geweihte Basilika zurückgehenden, seit 1427 neu erbauten Kirche birgt, ist der überaus lebendige Eindruck einer Halle. Die reichsstädtischen Verbindungslinien liegen auf der Hand. Schwäbisch Gmünd kann als Vorbild kaum ausgeschlossen werden. Nikolaus Esseler von Alzey, der das Langhaus vollendete, hat drüben an den großen Hallenkirchen der Schwesterreichsstädte Nördlingen und Dinkelsbühl bestimmend mitgewirkt. Freilich, deren durchsichtige Raumstruktur hat Hall nicht zu bieten: Die Dynamik des Inneren von Sankt Michael kommt eher aus der Hemmnis, irgendwo »das Ganze« überblicken zu können. Wenn du in der südlichen Ecke stehst, wird dir das Braungrau der Säulen fast zu einem Säulenwald, mit vielerlei Überschneidungen. Und wenn du zum Chor hinsiehst, nimmt dir der Wechsel der Höhenproportionen den Eindruck des Geraden. Sankt Michael wirkt hier (und im Äußeren verstärkt sich das) wie das Ergebnis zweier ineinandergeschobener Kirchen.

An die Wände, an die Kapellennischen hat sich der Verehrungssinn ganzer Jahrhunderte gehängt. Wo andernorts der Bildersturm unbarmherzig ausgeräumt oder nur der ganz »Große« sein Epitaph bekommen hat, tritt hier alles auf: auch der Metzger Michael Schmidt mit seiner Familie, die 1633 ver-

storbene Atra Firnhaberin, eine fromme, würdige Patrizier-
frau, die Maria Magdalena geborene Bonhoeffer, die der
schon ins Klassizistische hinüberspielende Maler in verführe-
rische Schönheit gehoben hat, der zweiundzwanzigjährige
Theologiestudent Johann Michael Bretter, dem man mitten
in den Schrecknissen des Dreißigjährigen Krieges auch sein
Gedenktäfelchen und sein Porträt gegeben hat. Fast meint
man, hier sei zuviel des Guten und der Schritt ins Nur-Konser-
vierende, ins Nur-Museale getan.

Aber es sind großartige Stücke darunter. Da ist die um 1510
entstandene Grablegung an der Südwand, packend in ihrer
rigorosen Realistik. In der Sakristei steht der ein Jahrzehnt
später geschaffene Michaelsaltar. Gleißende Sonne fällt auf
ihn, wie auf eine aufgebrachte, in Rosa und Rauchgrau, in
bläuliches Grün und strahlendes Rot und Gold getauchte Palette. Sankt Michael tritt hervor, männlich und stark, das
Schwert wie einen Flammenstrahl über sich schwingend.

Es sind erstaunliche hällische Arbeiten unter den Altären
der Seitenkapellen: der Altar der heiligen Sippe von 1509, der
Schrein für Bonifatius, Erasmus und Neodartus von 1521. In
gleicher Weise spürt man aber auch die Ausstrahlungen des
nürnbergisch-würzburgischen Kunstzentrums in jenem Dreikönigsaltar, den der Würzburger Vikar Kempffennagel 1520
gestiftet hat, im Heiliggeistaltar aus der Schule Riemenschnei-
ders, der trotz aller Weichheit und Wärme seines Materials
wuchtig-selbstsichere Figuren zeigt. Es ist eine überaus klare,
subtile Formenwelt, die im gleichen Jahr entstand, in dem der
Mönch Martinus Luther seine Thesen an die Wittenberger
Schloßkirchenpforte schlug.

Acht Jahre später, im Bauernkriegsjahr 1525, hat der Haller
Reformator Johannes Brenz vor dem Dreikönigsaltar zum erstenmal das Abendmahl in beiderlei Gestalt ausgeteilt. »Du
bist«, schreibt Luther ihm von der Veste Coburg aus, »durch
Gottes Gnade in allen Dingen größer als ich.« Aber im evangelisch gewordenen Hall hat sich auch jetzt nichts von bilder-

feindlichem Geist und Zuchtherren-Atmosphäre festgesetzt. Brenz, den »bewahrenden Erneuerer«, hat man jüngst unter dem Stichwort der Summa humanitas gefeiert. Johann Ludwig Seyferhelds Grabmal von 1725, in barocken Pomp gehüllt, versichert sich und uns im Ernste des Memento mori. Das Grabmal des Stättmeisters Johann Lorenz Drechsler aus dem gleichen Jahre tritt in überschwenglicher Kühnheit auf, in üppig-prunkender Dynastengebärde. Die Denkmäler für Johann Lorenz Sanwald und Johann Friedrich Bonhoeffer haben sich zu einem Nonplusultra des »hällischen« Barocks gesteigert, zu einem einzigen Beweis reichsstädtischer Herrlichkeit. Bonhoeffers Denkmal ist eine Arbeit Danneckers aus seiner Karlsschulzeit. Im Grabmal des Reichsschultheißen und Stättmeisters Nicolaus Friedrich Haspel von Palmenburg von 1790 hat sich schon aufrichtiger Klassizismus angemeldet, ein Stück jener menschlichen und philosophischen Fülle, die jetzt auch in einem Stadtwesen wie Hall schöne, aber mehr in der Stille sich entfaltende Blüten treibt.

Es ist unendlicher Reichtum in diesen Gassen. Alle Spielarten von Hauseingängen siehst du, alle Bauformen, kleine und höchst originelle, puppenhaft dreinschauende Häuschen, wahre Stadtschlösser, solche, die wie Festungen drohen, andere, in denen fränkische Generosität leichte Hülle fand. Die Jahre und Jahrhunderte sind Stein und Bild geworden, mittelalterliche Wehrhaftigkeit im Großen Büchsenhaus, das man noch immer den »Neubau« nennt und das wie ein Fels über die Stadt gebietet, schwelgerisch-schwingendes, aber immerzu in protestantischer Würde gezähmtes Barock in der ehemaligen Spitalkirche, von antikischer Stimmung und Redlichkeit getragenes Biedermeier in der Hauptwache am Säumarkt. Alles hat diese Stadt. Sie ist wie ein Panoptikum von Geschichte und Kunst.

AALEN
Kraft von innen, Zierde von außen

Die Kontinuität zwischen römischem vicus und späterer Stadt ist nirgendwo gesichert. Wir sagen das nicht, um dem Aalener Limes-Museum, 1964 als Zweigmuseum des Württembergischen Landesmuseums Stuttgart eröffnet und längst zu einer wichtigen Institution in unserem Lande und darüber hinaus angewachsen, etwa noch nachträglich das Wasser abzugraben. Was dieses Haus zeigt und wozu es dienen soll, ist längst evident: Es vermittelt aufs beste die Eindrücke von der Präsenz und Bedeutung des Grenzheeres, des römischen Kaiserreiches für unser Land. Es geht hier nicht um diese längst unbestrittene württembergisch-schwäbische Kostbarkeit, sondern um das, was man in unserer großen süddeutschen oder mitteleuropäischen Bischofsstelle gerne mit dem »Adel des Römertums« markiert hat.

Aalen hat trotz dieser großartigen römischen Vorgängergeschichte nirgends in seinem städtisch-reichsstädtischen Generationen etwas vom Zusammenhang mit der antikisch-römischen Atmosphäre gezeigt. Während in Augsburg, dessen Lager ganz sicher nicht an die Bedeutung des Aalener Kastells herangereicht hat, in allen Jahrhunderten bis weit in das achtzehnte hinein etwas vom mittelmeerischen, vom römischen Geist lebendig geblieben ist, während sich dort die Architektur immer wieder aufs neue in einer seltsam südlich gestimmten Schwere und Großartigkeit ergeht, bleibt, nein: wird Aalen eine kleine, eine bäuerliche, eine gänzlich binnenterritorial gestimmte Stadt. Man mag das mit dem Bruch zwischen römischer Epoche und deutscher Epoche noch erklärlich finden. Tatsächlich gibt es ja viele Punkte in unserem Lande, die sehr große, sehr eindrucksvolle Belege aus der römischen Besatzungszeit zu bieten vermögen und hernach doch kleine Bauerndörfer oder Kleinststädte geblieben sind, Punkte, die von Ursprung bis Ladenburg reichen.

Was Aalen anlangt, so ist der Fall nur deshalb einigermaßen seltsam, weil immerhin die Verkehrslage hier einen gewichtigeren historischen Zusammenhang hätte knüpfen können. Hier hätte ja die Stadt tatsächlich mit Augsburg konkurrieren können, mit Schwäbisch Hall, wo die Straße für den Heller erst nachträglich herangeholt wurde, mit Nürnberg, dem man erst späterhin sozusagen das Straßennetz noch übergestülpt hat. Das merkartorische Element ist Aalen fremd geblieben, zumindest in jenem überragenden Maße, wie wir das von den oberschwäbischen Handelsmetropolen schon vom Schlage Leutkirchs oder Isnys oder Ravensburgs gewöhnt sind.

Gewiß war die Stadt vom 14. bis zum 17. Jahrhundert einträglichste Zollstätte der Grafen von Öttingen. Ganz sicher waren hier auch für den Weinhandel zahlreiche Lager stationiert. Es fiele einem nicht schwer, Handelsverbindungen Aalens nach Frankfurt und Holland, nach der Schweiz und Österreich festzustellen, wo Wollwaren geholt wurden, nach Triest und Venedig und Hamburg, woher man Baumwolle bezog. Aber das sind Daten und Fakten, die wir ohne Mühe auch für württembergische Amtsstädte festlegen können, sogar für Plätze wie etwa Kirchheim, das als Festungsstadt der württembergischen Herzöge ganz gewiß nicht in ein weiterräumiges Handels- und Wirtschaftskonzept eingefügt war. Im Grunde hat das ackerbürgerliche Element in Aalen überwogen, zumal seit der Mitte des 17. Jahrhunderts, in dem der Dreißigjährige Krieg hier in gleich hohem Maße seine Wunden hinterließ wie etwa in Wimpfen. Dort sind die baulichen Schäden aus dem

Dreißigjährigen Krieg erst im Verlaufe des 19. Jahrhunderts behoben worden. Große Handelsleute, große, von Patrizierstolz durchzogene Kompanien kennt die Aalener Geschichte nicht. Die Landwirtschaft, die von Handwerkern im Nebenerwerb betrieben wurde, markierte die letzten Jahrhunderte der Reichstadt und illustrierte die Zeit des 19. Jahrhunderts. Man kennt hier über viele Jahrhunderte hin eine bedeutende Vieh-, besonders Schafzucht: Das will nicht unbedingt zu einem urbanen Leben passen, zu einer Stadt, die an großen Handelswegen liegt. Sie *lag* an Handelsstraßen, ja geradewegs an ihrem Schnittpunkt. Aber sie blieb Durchgangsplatz, ohne daß die eigene Wirtschaftsstruktur dadurch nachhaltig, wesensmäßig bedingt worden wäre.

Die städtische Entwicklung Aalens in der hoch- und spätmittelalterlichen Zeit hat denn auch nicht den Anstrich eines Platzes, der letzten Endes auf Grund seiner Kapitalkraft, seiner wirtschaftlichen Möglichkeiten Politik auf eigene Faust zu machen in der Lage war. Wir sind da für diese ersten Jahrhunderte der Stadt ohnehin im wesentlichen auf Hypothesen angewiesen. Daß 839 der Ortsteil Hammerstadt des heutigen Stadtgebietes, damals dem Kloster Fulda gehörend, urkundlich erscheint, bringt uns, so beachtenswert dieses Faktum ist, nicht wesentlich weiter. Um 1136 tritt erstmals der Name »Alon« auf, in einem Schriftstück, in dem gleichzeitig ein Angehöriger des Ortsadels, ein Conradus de Alon, auftritt.

Man hat immer wieder darauf aufmerksam gemacht, daß die damals genannten Stadtfarben Weiß-Rot mit größter Wahrscheinlichkeit auf die Staufer als die eigentlichen Gründer der Stadt hinweisen. Wir wollen diesen Hinweis nicht in Zweifel ziehen, obwohl natürlich Dutzende von staufischen Ministerialen gleichfalls diese Farbe geführt haben. Aber es ist dann tatsächlich nicht unbedingt einzusehen, warum nicht auch Aalen in jenen Städtekonnex gehört haben soll, den die Staufer nach einem wohldurchdachten und auch einigermaßen rekonstruierbaren System zwischen Neckar und Fils,

Rems und Enz errichtet haben. Freilich muß Aalen, wenn es
in diese Gruppierungen und Systeme der staufischen Stadter-
hebungen hineingehören soll, in die zeitlich letzte Reihe gehören. Zur Zeit Friedrichs II., des großen Stauferkaisers, erscheinen im östlichen Schwaben Feuchtwangen, Kaufbeuren,
Wangen, Lindau, Kempten und Füssen im Besitz des Stadt-
rechts. Noch 1241 ist im sogenannten Reichssteuerverzeichnis
unter den Städten zwar Gmünd und Bopfingen, Giengen und
selbst Esslingen genannt, Aalen nicht. Wir gehen also wohl sicher richtig, wenn wir die Erhebung Aalens zur Stadt unmittelbar in die Jahre nach 1241 verlegen.

Sehr viel klarer sind wir umgekehrt darüber unterrichtet,
wann Aalen zur Reichsstadt geworden ist. Diese Zahlen enthalten uns selbst so große Reichsstädte wie Straßburg oder
Köln vor. Aalen hat sie uns auf eine ganz einwandfreie Art und
Weise zu bieten, als eine von den spätesten Reichsstädten, die
dafür dann auch mit exaktem Datenmaterial aufzuwarten vermögen.

Die Charakterisierung, daß eine solche Reichsstadt niemand als den Kaiser über sich hatte, daß sie im wesentlichen
die hohe Gerichtsbarkeit in den eigenen Händen hielt, daß
sie – was im Mittelalter und in der frühen Neuzeit eine wichtige Sache war – über ein eigenes Siegel und ein eigenes Ar-
chiv verfügte, daß sie schließlich sogar im 17. Jahrhundert of-
fiziell zur Reichsstandschaft empor gestiegen ist: Alle diese
Fakten besagen relativ wenig über den eigentlichen geschichtlichen Stellenwert einer derartigen Reichsstadt. Der Unterschied zwischen einer Kapitale vom Schlage Nürnbergs oder
Kölns, Bopfingens oder Buchaus ist evident. Was diese Städte
zusammenfaßt, ist ihre reichsrechtliche Situation; was sie
trennt, ist ihre praktische, politische Bedeutung und Wirksamkeit. Farbig wird die Illustration und die jeweilige Individualität einer derartigen Stadt erst dann, wenn ihre territorial-
geschichtliche Funktion sichtbar werden will. Was Aalen
anlangt, so ist die Lage zwischen den Territorien, zwischen

den Fronten zunächst einmal für Jahrhunderte wohl eher ein Vor- als ein Nachteil. Aalen bleibt zwischen diesen politischen Kraftfeldern in einer einigermaßen glücklichen Lage. Es ist eines der munteren Mitglieder der verschiedenen Neufassungen des Schwäbischen Städtebundes im 14. und 15. Jahrhundert. Als es noch 1377 so weit kommen sollte, daß man Aalen doch der einen oder anderen territorialen, herrschaftlichen Lösung zuschanzen wollte, griffen die übrigen schwäbischen Reichsstädte zu und lösten Aalen aus der Pfandschaft. Die Stadt manövrierte mit Geschick zwischen den einzelnen aufblitzenden territorialen Varianten, sich klüglich an Ulm haltend, das, am Ostrand des schwäbischen Herzogtums gelegen, immerhin unter den Städten in souveränerer Weise eine eigene Politik verfolgen konnte.

Inwieweit Aalen an dieser eigenen Politik partizipiert, müßte wohl im einzelnen noch untersucht werden. Was dem Gesamtbund der schwäbischen Reichsstädte vorschwebte, ist wohl ein genossenschaftliches Territorium, das dem herrschaftlichen der Herren und Fürsten geradezu konträr gegenübergestellt ist.

Kaum der Bauernkrieg, der unmittelbar an die Tore der Stadt klopft, aber sie noch einigermaßen in ihrem Spiel zwischen der Front beläßt, eher die Reformation veränderte diese Situation des Paktierens und Taktierens und Lavierens zwischen den Fronten. Zwar hat das Bild der Aalener Reformation noch ganz das Aussehen einer irgendwie unentschiedenen, von vielerlei sozialen Unterströmungen durchzogenen Langatmigkeit, die es der Stadt immer noch erlaubt, dort zu passen, wo die übrigen Farbe bekannten. Noch 1529 gefiel sich die Stadt darin, sich liebenswürdig kaisertreu, d. h. katholisch zu gerieren, während Ulm und Nördlingen sich entschieden den protestierenden, den evangelischen Protestanten anschlossen. Darin mag ein Stück Aalener Politik liegen, die allemal auf größere Zusammenhänge hinzielte, die dort in einer eigentümlich weiten, regional greifbaren Perspektive agierte, wo man anderswo, etwa in Nördlingen, auf eine sehr statische und sehr punktuelle Weise zu arbeiten bereit war.

Vielleicht liegt hier einer der Zugänge zu einer typischen und wohl lange nicht verlorenen Eigenheit Aalener (um es in einem modernen Wort zu sagen) Regionalpolitik. Man geht einen Schritt zurück, um auf der anderen Seite eine um so bessere Situation im politischen Gesamtkonzept zu gewinnen. Während man anderswo, etwa in Reutlingen oder auch in Heilbronn, geradezu mit dem Kopf durch die Wand gehen wollte, war man hier immer noch bereit, in diplomatischen Verhandlungen die jeweils beste Situation herauszulösen. Während man also in Heilbronn oder Reutlingen schon seit 20 oder gar 30 Jahren evangelisch war, machte für Aalen erst der Augsburger Religionsfrieden von 1555 den Weg frei für die Reformation. Und dann dauerte es immerhin noch 20 Jahre, bis die erste evangelische Predigt in Aalen gehalten wurde: Damals dürfte in Reichsstädten wie Esslingen oder Reutlingen schon die 2. oder 3. evangelische Pfarrergeneration tätig gewesen sein.

Das Lavieren, das Spiel mit den größeren, regionalen und politischen Zusammenhängen scheint auch in den folgenden Jahren und Jahrzehnten weitergegangen zu sein. Immerhin war die katholische Probstei Ellwangen auch für die evangelisch gewordene Reichsstadt Pfarrherr, und dem trug man Rechnung. Wo Ellwangen versuchte, vor allem natürlich in den Zeiten der Rekatholisierung, in denen Ellwangen ja eine ganz neue Blüte erlebte, Aalen wieder katholisch zu machen, wußte man zwar seinen Widerstand deutlich anzubringen. Aber allein das Faktum, daß die wunderschöne und historisch originelle Aalener evangelische Stadtkirche von in weit überwiegender Mehrzahl katholischen Meistern erbaut wurde, zeigt die selbstverständliche Toleranz, die ungemein tief verwurzelte Diplomatie, die in den Generationen dieser Stadtgeschichte sich festgesetzt hat. Das diplomatische Können, die Lust am öffentlichen, am planerischen, am raumordnenden

Zusammensetzspiel ist hier zu Hause. Die Reformation und die konfessionelle Artung der Stadt war nie von dieser Rigorosität wie etwa in den altwürttembergischen Amtsstädten um die Stuttgarter Region herum. Man möchte fast sagen, daß in Aalen am Ausgang des alten Reiches fast so etwas wie ein konfessionelle Parität zu Hause gewesen sei.

Was die Reformation an Veränderung, an anderem bringt, liegt sehr viel mehr darin, daß man sich jetzt allmählich doch mehr und mehr dem gleichfalls protestantischen Herzogtum Württemberg als dem sozusagen geistlichen, wenn nicht nunmehr auch weltlichen Schirmherrn zu nähern beginnt. Langsam neigt sich die Waage, die bis jetzt immer noch zwischen dem Westen und dem Osten innerhalb der territorialen Kraftfelder zu spielen versucht hat, zum Westen hin, zum größeren, ja zum gewichtigsten Territorium innerhalb dieser politischen Landschaft. Die Reformation *ist* hier die Zäsur. Das andere besorgt die Entwicklung im Inneren des Aalener Staats auf ihre Weise.

Neben den aus wenigen ratsfähigen Familien sich selbst ergänzenden Rat tritt 1514 erstmalig die Vertretung der Bürgerschaft: Spät, sehr spät beteiligen sich hier auch – scheinbar oder nicht, das wäre noch nachzuprüfen – die Zünfte an der Stadtleitung. Und diese Bürgerschaftsvertretung wird schließlich nach verschiedenen Unterbrechungen 1736 eine ständige Einrichtung. Dieses Datum ist trotz allem eine bemerkenswerte Sache. Viele Städte und vor allem Reichsstädte haben dann im Verlauf des 17. und 18. Jahrhunderts im Grunde zu einer adelsähnlichen, zu einer feudaloiden Patrizierherrschaft hingefunden. Anderswo entladen sich die Spannungen in sogenannten Bürgerprozessen, die nichts anderes sind als reichlich gefaßte Klassenkämpfe von eminenter politischer und vor allem geistesgeschichtlicher Bedeutung. In Aalen liegen die Dinge anders. Hier wird dem Neuen in einer erstaunlich gemäßigten, von Überlegtheit gebändigten Art Einlaß gewährt, ohne daß altbewährte Dinge hätten ganz zerstört werden müssen. Das geschieht mitten im 18. Jahrhundert, in dem sich Städte sonst so darstellen wie weiland Biberach alias Abdera, dem Wieland eine so köstliche, so hinterhältige Satire geliefert hat.

Für Aalen hat derlei nicht zu gelten. Die Anfechtung in geistig-kultureller Hinsicht sind für dieses Handwerker- und Agrarstädtchen ebenso gering wie die Pendelausschläge in soziologischer Hinsicht. Die 2000 Leute dieser Kommune sind noch im 18. Jahrhundert auf eine so geschickte Art und Weise beieinander, daß die Spannungen kaum sichtbar zu werden scheinen. Schubart spricht an einer vielzitierten Stelle von der Stadt, die »verkannt« sei wie die »redliche Einfalt«. Sie nähre »schon viele Jahrhunderte im Kochertale genügsame Bürger«, »Bürger von altdeutscher Sitte, bieder, geschäftig, wild und stark wie ihre Eichen, Verächter des Auslands, trotzige Verteidiger ihres Kittels, ihrer Misthaufen und ihrer donnernden Mundart«. In dieser Stadt sei er, so dieser freilich auch hier mit kräftigen, mit patzigen Pinselstrichen arbeitende Dichter, erzogen worden. Hier habe er die ersten Eindrücke erhalten, »die hernach durch alle folgenden Veränderungen meines Lebens nicht ausgetilgt werden konnten. Was in Aalen gewöhnlicher Ton ist, scheint in anderen Städten tragischer Aufschrei und am Hofe Raserei zu sein. Von diesen ersten Grundzügen schreibt sich mein derber deutscher Ton, aber auch mancher Unfall her, der mir hernach in meinem Leben aufstieß.«

Wie immer wir diese Worte in einzelnen zu bewerten haben, wieviel vom Geist der Zeit, von starker Überhöhung, wieviel Tribut an die Nomenklatur des Sturm und Drang mit dabei sein mag: Schubart scheint in einem ganz einmaligen Maße mit seinem Charakter und seinem Weg mit den geheimsten Wesenszügen dieser Stadt verbunden zu sein. Da ist auf der einen Seite dieses Ungehobelt-Grobschlächtige, dieser Kerl, der von ungeheuren, von genialischen Begabungen geschüttelt, ebenso als Klaviervirtuose sich demonstriert wie als großartiger journalistischer Neuerer, der ebenso mimische Künste zeigt wie die eines Lyrikers oder eines politischen Feuilletonisten. Aber das alles ist nicht groß und vor allem nicht charakterlich gebändigt genug, um nun gar eine deutsche Geistes- und Kulturepoche prägend mitzubestimmen. Er ist der Mensch, der seine künstlerisch-schöpferischen Fähigkeiten ebenso vergeudet wie die moralischen Kräfte seines Lebens; er ist der Mann, der auszieht, die Gewalt der Potentaten mit den Urkräften des Staatsaufklärers zu zerstören, der sich dann schließlich, in vielerlei dunkle Abenteuer verstrickt und von vielerlei Fehltritten gezeichnet, in ein einigermaßen unerquickliches bürgerliches Räsonnement flüchtet, um am Ende seines Lebens dann schließlich zu Kreuze gekrochen, dem auf den Tod gehaßten Herzog seine Dienste zu leihen und dessen Hoftheater – es muß ein arg verfahrener und wer weiß von wieviel Intrigen und Affären durchzogener Laden gewesen sein –, soweit er es als alternder Mann noch konnte, wieder in Ordnung zu bringen. Was Schubart heute für die geistige und politische Geschichte Deutschlands ist, ist nicht ohne Tragik. Der geistige Ansatz ist hochachtbar. Aber was daraus geworden ist, in der fragwürdigen moralischen Qualität dieses Lebens, ist ein erschütterndes Versagen und Verbeugen vor denen, die Macht haben.

Vielleicht ist die Stadt Aalen, dieses angebliche Gefäß aller dieser Möglichkeiten, die in Schubart dann Wirklichkeit geworden sind, sehr viel fester gewesen, als Schubarts Generation das noch zu erkennen vermochte. Zumindest lag in der Substanz dieses Stadtwesens eine Kraft, die sich im 19. Jahrhundert, äußerlich immer noch in den vorgezeichneten politischen Bahnen sich bewegend, aufs beste bewährt hat. Johann Gottfried Pahl, der ungleich wärmere und reinere, der sozial gesinnte und vor allem: der erzogene Gegenspieler Schubarts, hat bezeichnenderweise andere Farben für seine Vaterstadt Aalen. Er ist es, der neue Regungen in dieser Stadt entdeckt, der uns die Anfänge der Industrialisierung, noch bevor die Montagehallen errichtet werden und die Fabrikbauten erstehen, bereits ankündigt. »In dem Osten von Schwaben, in dem freundlichen Thal, das der segensreiche Kocher durchströmt, liegt die kleine Reichsstadt Aalen, umgeben von einem engbeschränkten Gebiet, aber im glücklichen Genusse des Wohlstandes, der die Folge der Arbeitsamkeit, des Spekulationsgeistes und der altdeutschen Einfalt ist. Noch bei Menschengedenken war der fruchtbare Boden, über den sich ihre Besitzungen ausdehnen, die einzige Nahrungsquelle ihrer Bürger. Aber allmählich breiteten die letzteren ihren Gesichtskreis auch in das Gebiet der städtischen Gewerbe aus. Es erwachte der Sinn für Industrie, Manufacturwesen und Handel; bald zeigten sich die Folgen in der allgemeinen Betriebsamkeit und in dem sichtbar wachsenden Wohlstande; man bezog ferne Messen – der Mann, der mit der Heugabel hinter dem Wagen ging, war in Venedig, Triest, Wien und Hamburg mit Achtung genannt, und die gute Stadt war, wie das prunklose Verdienst, hohe Zierde von außen, aber voll Kraft und Wert von innen.«

GIENGEN
Stadt mit Eigenschaften

Als es ins Reformationsjahrhundert ging, wurde aus dem immer wieder verunsicherten Gemeinwesen Giengen eine selbstbewußte Stadt. Die politische Qualität, das ist damals so wie heute, verrät sich darin, daß der Magister nicht mit fahrigen und hitzigen Erklärungen aufwartet und nicht mit großer, populärer Propaganda, sondern mit Bedacht entschied und handelte. Es waren vier Giengener Bürger, die 1529 um die feste Anstellung eines evangelischen Predigers einkamen. Die Abschaffung der Messe, der Prozessionen und so fort, das ging ohne Überstürzung vor sich. In Giengen und um Giengen herum spricht man heute noch eine Sprache, die nicht hudelig ist. Wo anderswo der Bildersturm raste und, in einer merkwürdigen Aggressionsentladung, Kirchenkunstwerke zu Kleinholz machte, weiß der Giengener Rat das unmißverständlich zu verhindern, obwohl sein Stadtreformator Martin Rauber es ausdrücklich gewünscht hatte.

Man ließ, wörtlich und im übertragenen Sinn, die Kirche im Dorf und mischte in die sehr theoretisch gewordenen, wir würden heute sagen, die sehr ideologisierten Diskussionen allemal einen Schuß Lebensnähe und Nüchternheit. Wenn schon manche alten Zöpfe fallen sollten, dann sollte wenigstens nichts verlorengehen dabei. Die Ornate der St.-Ulrichs-Kapelle wurden 1538 zu Hemden für arme Kinder verarbeitet. Pietät hin oder her – das ist urschwäbisch Giengener Art. Und als die Herren Pfarrer nach dem heillosen Interim einander ins dogmatische Gehege kamen, in dem es sehr menschelte und auch Verleumdungen und Beleidigungen nicht ausblieben, schrieb der Stadtschreiber Ulrich Natter – eine der wievielten stundenlangen Sitzungen hat ihm Zeit gelassen, seine Giengener Lebensweisheit in einen makellosen Reim zu bringen –:

> »Hab Gott lieb und den Wein,
> Und laß Pfaffen Pfaffen sein.«

Munteres Städtlein, würden wir sagen. ja, das war es wohl auch, als die Neuzeit an allen Enden sich ankündigte und aufbrach. 1567 und 1568 – allein in diesen Jahren – starben in Giengen der deutsche Schulmeister (der Volksschullehrer) und ein Ratsherr an der Franzosenkrankheit – ein immerhin bedenkenswertes Schlaglicht. Noch lange nach der Reformation erhielten die Kranken, die Siechen der Stadt beim Fastnachtssammeln eine besondere Gabe.

1539 und 1540 kaufte die Stadt Felder und Wälder von Sontheim, 1559 und 1560 Wälder und Wiesen bei Nattheim, 1568 Hof und Weide bei Kicklingen. 1611 machte man sich an den Erwerb des Ritterguts Oggenhausen. So weit, so gut. Aber mittlerweile hatte man läuten hören, daß die Großen des Reichs sich Kriegszüge untereinander lieferten. 1630 ist Albrecht von Waldstein, Herzog von Friedland und Mecklenburg – ein Mann, von dem man sich die dunkelsten Dinge erzählte – in der Goldenen Gans in Giengen abgestiegen. Der kalte Geruch von Macht zieht durch die Behaglichkeit einer schwäbischen Reichsstadt. Wie freute man sich am Schlag der prächtig ziselierten Kunstuhr, die am Wach- und Brunnenhaus vor dem Rathaus prangte! Zwei vergoldete Einhörner stießen sich bei jedem Stundenschlag. Darüber der Lauf der Sonne, des Mondes und der anderen Gestirne. Und weil das Werk zur Zeit der ersten Türkenkriege gebaut worden war, hatte die Uhr auch einen Türkenkopf, der, sooft es schlug, seinen Rachen aufriß. Liebenswürdig-biedermeierliches Bürgervergnügen – die Hetzler und Amann und Natter standen davor, Weiber wie Kinder, und ließen sich vergnügt das Gruseln gefallen, wenn mit dem Reichsstädter Goethe zu reden,»weit hinten in der Türkei die Völker aufeinanderschlagen«.

Jetzt hat man, über Nacht, die aufgerissenen und glasigen Augen der Kroaten in der Marktgasse und der Hohen Gasse und der Tanzlaube selber. Der Macht des Wallensteiners folgen sie alle, Papisten, Schweden, burgundisches Volk und Kaiserliche, die Morodeure und Schnapphähne, die der launigen Herrscherin Fortuna auf ihre Weise Tribut zollen und das Letzte aus den Häusern holen, Weiber mit lockerer Zunge und offenen Haaren – Giengen, die wohlvermögliche, wie immer auch geordnete, brave evangelische Stadt ist zum Durchgangsquartier und zur Absteige geworden. Und schließlich wird dem Drama, einem hämischen Ineinander von wegwerfenden Intermezzi und Gemeinheiten, der Höhepunkt und der letzte Akt. Das Remstal, das Göppinger Tal ziehen Tausende, Zehntausende herauf, die Kaiserlichen, und vom Nordosten her kommen die Schweden, immer noch unbesiegt. Bei Nördlingen, in der Frühe des 6. September 1634, stehen sich die beiden Heeressäulen gegenüber. Alle die Lässigkeiten, die Plünderungen, die Saufereien sind vergessen: Es geht um Tod oder Überleben.

Was folgt, ist bekannt. Der Tag endete mit einer katastrophalen Niederlage der Schweden. Wie wenn ein Fluß über seine Ufer getreten, überschwemmten die Kaiserlichen das Herzogtum Württemberg, ein satanischer Zug von Menschen, die da und dort zu Tieren wurden. Die Giengener Bürgerschaft verließ die Stadt noch während der quälenden Aufmarschtage Ende August und flüchtete sich in die immer noch moderne Festung Ulm. Am 30. August kamen die Spanier in die Stadt, am Abend »burgundisch Volck«, am 2., 3. und 4. September wieder neue Trupps, die sahen, daß die Stadt leer war. Am 5. September morgens um 4 Uhr begann es in einem Haus zu brennen. Die Handvoll Zurückgebliebenen versuchte zu löschen. Aber sie standen bald vor einer einzigen Feuerwand und glotzten nur noch oder rannten in panischer Angst den Albwäldern zu. 24 Stunden später gibt es das alte Giengen nicht mehr.

Das weiß man hier. Der evangelische Brandgottesdienst jeweils zum 5. September verrät, daß man diesen gräßlichen Brandtag bis heute nicht vergessen hat. Und warum hat man ihn nicht vergessen? Der Historiker ist kein Richter, und schon gar keiner, der in der Vergangenheit, der älteren oder jüngsten, nach Fehlern, nach Vergehen sucht. Indessen kann die Frage, ob es an diesem 5. September so etwas wie ein Verschulden gibt, nicht übergangen werden. Die Giengener Stadtflucht ist, Ulmer Protokolleinträge machen das deutlich, planmäßig vorbereitet worden, als es noch Zeit war. Und sie ist durch Mehrheitsbeschluß des Stadtrats bejaht worden. In einem Schreiben an Kaiser Ferdinand II. hat Daniel Roggenburger, der 1627 zum Katholizismus übergetretene Herbrechtinger Kastenvogt, sie 1635 scharf verurteilt. Tatsächlich hat der zur Flucht ratende Stadtschreiber hernach seine Stelle verloren. Und der Giegener Rat, der im Sommer 1635 heimkehrte, hat sich und die Giengener Bürgerschaft durch Eid gebunden, künftig die Stadt, komme, was wolle, nie wieder zu verlassen.

Ein seltener, ein ungewöhnlicher Schritt in der deutschen Stadtgeschichte. Meine Generation weiß noch, welche Qual das war, Duisburg oder Stuttgart oder Heilbronn mitten in dieser Hölle, die man »Luftkrieg« genannt hat, zu verlassen. Es gab solche, die auf die Alb zogen, und solche, die blieben und aus ihren Löchern krochen, als die amerikanischen Panzer kamen. In Giengen ist, abgesehen von einem verschwindenden Rest von Fluchtgegnern, deren Sprecher der Goldschmied David Keuss war, niemand geblieben. Der Rat hat das abgesegnet und sich selber davongemacht. Es gibt so etwas wie eine kommunale Kollektivschuld – die könnte bei diesem Faktum beginnen.

Die Brandnacht hat viel mehr genommen als die verbriefte,
von Merian noch einmal nachgezeichnete historische Stadtsilhouette. Was wir heute in Giengen sehen, ist der sehr, sehr
bescheidene Versuch einer ärmer, vielleicht sogar arm gewordenen Gemeinde, ihre Stadt neu zu bauen. Vielfach ist das
erst im letzten Jahrhundert gelungen, und auch dann nur
weitgehend ohne demonstrierendes oder renommierendes
Fachwerk, nur unter einfachem Verputz, der in der Gründerzeit, wo man in Giengen an die großen Schulbauten und an
den Bahnhof und die Alte Post ging, schon wieder gebrochen
oder abgebröckelt war.

Vielleicht spürt man noch etwas von alten baulich-architek-
tonischen Duktus der Stadt, aber man sieht ihn nicht mehr,
man kann ihn nicht mehr greifen. Auch die Stadtkirche in
ihrer inneren barocken Breite ist anders als ihre Vorgängerin.
Jetzt hat sie, die zuvor eine schwäbische-württembergische
Turmspitze trug, eine welsche Haube bekommen. Man beginnt den kulturgeschichtlichen Wandel zu ahnen. Denn
auch die Mentalität der Stadt ist in dieser totalen Destruktion
des Dreißigjährigen Krieges geboren worden. Was die Reformation eingeleitet hat, das Eingezogene, das Introvertierte,
die Abkehr von Mummenschanz, die Distanz zum Musischen
und Sinnlichen und die Hinwendung zum Wort und zur
Wortkultur, das vervielfacht sich jetzt dadurch, daß man sich
dieser mentalen Disziplin nicht beugen *soll*, sondern – aus in-
diskutablen, äußerlichen Gründen – beugen *muß*. Das Ora et
labora wird selbstverständlich, das Arbeiten, das Sparen. Die
Sparsamkeit vor allem frißt sich in die Generationen. Sie ist
Maßstab noch, als man sie längst hätte lockern und einer äs-
thetisch-musischen Kultur hätte Einlaß gewähren können.
Sehr bezeichnend, daß man unmittelbar in der Reformationszeit, im Jahr 1548, beginnt, in Giengen das Präsenzgeld bei
Ratssitzungen für die Ratsherren – das Sitzungsgeld, die Diä-
ten – abzuschaffen. Für unsere Gemeinderäte und Parlamen-
tarier heute ist das eine entsetzliche Vorstellung. Und noch

bezeichnender, daß man im 18. Jahrhundert sich ange-
wöhnte, den Stadtnahmen »Giengen« zu erklären. Er sei entstanden, »weil die Abgesandten von Giengen gewohnt waren,
zu Fuß auf dem Reichstag zu erscheinen«. Spare und sei Geld
net zeige – es könnte sein, daß der erste Autoinhaber hier, ein
Fabrikant, sein Auto erst außerhalb der Stadt bestiegen hat.

Wahr ist auf alle Fälle, was mir einer meiner Giengener
Freunde versicherte, der vor kaum zwanzig Jahren Sonntag
nachmittags bei einer der ersten und ältesten Fabrikantenfa-
milien eingeladen war, gelegentlich seines Berufsantritts. Da
habe es Brot und »Gsälz« gegeben. Pfui denen, die Sonntag
nachmittags Kuchen kauften! Und es war ein jüngeres Giengener Ehepaar, nicht aus der Hosascheißergaß, sondern aus
der Südstadt, das sich im Urlaub in den Schweizer Bergen ver-
stieg und in eine Felsspalte geriet. Ein Hubschrauber steigt
auf, Notsignale leuchten, und ein Megaphon ertönt: »Hier ist
die Schweizer Bergwacht, hier ist die Schweizer Bergwacht.«
Worauf es aus einer Felsspalte tönt: »Mir gebet nix.« Und dies
in der Schweiz!

Die Sache hat ihre ernsten, ihre politisch wirksamen Seiten.
Johann Jacob Moser, der so regelmäßig geschrieben hat wie
andere Leute schlafen und essen, hat das Märchen aufge-
bracht, es gebe gar keine Reichsstadt, die nicht Schulden
habe. Von anderen abgesehen: Als Giengen 1802 mit seinen
1695 Seelen von Württemberg, von Stuttgart kassiert wurde,
hatte es 6000 fl Aktivkapital und 91 fl Schulden. Der zustän-
dige Minister hat übrigens damals den besetzten Reichsstädten öffentlich verkündet, das sei klar, daß so kleine und auf
einer Insel lebende Gemeinden Schulden hätten; wenn sie
erst einmal im größeren Vaterland Württemberg seien, wären
sie bald und für immer schuldenfrei. Ob der Mann das selber
geglaubt hat? Dann hätte die Landeshauptstadt Stuttgart später nicht das schöne Etikett erhalten dürfen: »Stadt zwischen
Hängen und Würgen.«

Wir sind weit entfernt davon, die verfassungsrechtliche Son-

derstruktur der Reichsstädte zu idealisieren. Im Gegenteil:
Mit den Privilegien und der Funktion der Reichsstadt war im
Grunde nicht Vorteil, sondern, je länger, desto deutlicher, die
Plazierung auf der Schattenseite der Entwicklung verbunden.
Die Reichsstadt blieb eine mittelalterlich-genossenschaftliche
Gemeinde, die noch altertümlich nach Mehrheitsbeschlüssen
suchte und handelte, als der landesherrliche Flächenstaat
längst und perfekt funktionierte. So perfekt allerdings, daß
der Herzog von Stuttgart einen seiner Räte oder schließlich
auch einen Landtagsabgeordneten auf der Straße eigenhän-
dig verhaften und auf den Asperg fahren lassen konnte. Der
Stuttgarter Landtag hatte, allen Festreden zuwider, bis zum
Beginn des 19. Jahrhunderts nicht das Volk vertreten, aber
auch Reichsstädten war die Vorstellung von der Demokratie
als dem Volk, in dem alle gleich seien, fremd – als die französischen Revolutionäre von 1789 den Frankfurtern und Nürn-
bergern zuriefen, sie seien ihre Brüder, da wollten die Reichsstädter gar nicht die Brüder der Franzosen sein.

Auch in Giengen gab es Familienwirtschaft, Cliquenwirt-
schaft, ganz abgesehen von der paradoxen Seltsamkeit, daß
hier eine »Bauernzunft« geführt wurde, ein Widerspruch in
sich – von diesen Giengener Grasbauern, von denen es ja
noch heute welche gibt, saß keiner je im Rat. Man hat sich
schon als Obrigkeit gefühlt im Rathaus und hat wohl auch
manchmal die Obrigkeit herausgehängt. Man kennt das
Buele, des in seiner Klaß von seim Schualmeister gfragt wird,
wer eigentlich dr Herr Zebaoth sei. Dr kloine Karle isch mit
seiner Antwort schnell bei der Hand: »Der Herr Zebaoth, des
isch natierlich onser Herr Bürgermeister!« Dr Lehrer war neu
im Städtle und baß erstaunt. »Freile«, sagt der Karle, »äll Johr
sengat mir doch beim Kenderfescht vor am Rathaus des Liad,
›Womit soll ich dich loben, mächtiger Herr Zebaoth‹. Ond äl-
leweil guckt no dr Herr Bürgermeischter nach ons nonder
ond winkt und lacht.«

Aber neben dem Herrn Zebaoth gab es den Gemeinderat,

gab es eine Selbstverwaltung, die in Giengen ein halbes Jahrtausend lang praktiziert wurde, bevor man sie in unseren Na-
tionalstaat des 19. Jahrhunderts dann dekretiert hat. Die Cives
Giengenses, die Bürgerschaft von Giengen – da war kein Stolz
und keine Angabe in dieser Formel, das war mehr Zugehörig-
keitsbekenntnis. Man war nicht Untertan, sondern, wie man
unter Berufung auf antike Vorbilder ausdrücklich sagte,
»freier Bürger«.

Die Arbeit einer echten Gemeinde schließt Bewegung und
Gegenbewegung, Pro und Contra, Angriff und Verteidigung
nicht aus. Nicht nur einmal zogen Bürgersleute aufs Rathaus,
um denen zu zeigen, wo dr Bartel da Moscht holt. Und umgekehrt kam es in Krisen immer wieder vor, daß der Bürgermeister die Amtskette niederlegte und die Sitzung verließ, weil,
wie es mehrfach im Protokoll heißt, »die Bürger ungehorsam
und undankbar« seien – man müßte diese Möglichkeit in unseren Gemeinde- und Landesverfassungen einbauen. Man hat
hier nicht Demokratie geübt nach dem Lehrbuch, nach der
Theorie oder, noch schlimmer, nach der Utopie. Sondern etwas sehr viel Wesentlicheres geleistet: das Miteinander in
Selbstständigkeit und in Selbstveranwortlichkeit.

Darin liegt die Andersartigkeit der Giengener bis heute.
Solche Tradition formt. Die »Panscher« sind anders, anders
als die Hohenmemminger zum Beispiel, die ihren Acker be-
stellen und damit basta. »D' Grenz goht dau na.« Man hat sich
viel Mühe gegeben, um die Herkunft des Kosenamens »Panscher« zu ergründen. Dabei hat man übersehen, daß mit
»Panschen« – es braucht sich nicht speziell um das Weinpan-
schen zu handeln – doch ein irgendwie geschicktes Tun, ein
Zurechtmachen, ein Abwägen, ein Manipulieren gemeint ist –
genau das, was die bäuerliche Umgebung Giengens nicht
kann und nicht kennt. So empfindet man den alten Giengener als ein Schlaule und freilich auch als einen konsequenten,
als einen hartnäckigen Kopf – einen saumäßigen Dickschädel,
um es auf schwäbisch zu sagen. Die Giengener Unternehmer,

vielfach die ersten in ihrer Branche, stehen dafür; der Bosch von Albeck drüben gehört auch dazu.

Weltgrößen hat Giengen keine geboren, keinen Kepler, keinen List, keinen Daimler. Eine Stadt ohne Eigenschaften? Gewiß nicht: eine Gemeinde im besten, im vorbildlichen Sinne, und eine schaffige obendrein. Fleiß als Kultur – man kann das auch umdrehen – ist die Signatur Giengens: Wo findet und fand man das, 1200 Einwohner und 1200 Arbeitsplätze zugleich. Freilich übersehen wir auch nicht die Schattenseiten, das Kleingekammerte, das Im-eigenen-Saft-Schmoren, das Verhockte und Verdrängte, die Kollektivneurosen, das Pathologische. Mißhandlung der Eltern und der Frau muß auch in der nachreformatorischen Zeit viel bestraft werden. Frommheit wechselt mit seltsamer Perversion. Um 1860 wird die Polizei angewiesen, alle Weibspersonen anzuzeigen, die nach der Betglocke noch »herumziehen« – eine modernere Form von Hexenjagd, die in Giengen übrigens sadistische Formen angenommen hatte. Makabres wechselt mit Eigensinn, der in Radikalität umschlagen kann. Den Dicksten, mit seinem mächtigen Bauch, legt man im Suff auf den Wirtshaustisch und holt die Hebamme, die dann bald merkt, daß das kein Fall für sie ist, und Strafantrag stellt. So lang ist das noch nicht her. Auch die Rote Armee von 1919 nicht und nicht die Rufer nach Herausgabe der Schlüssel zum Munitionslager in der alten Schranne und nicht die »Räterepublik Ostschwaben«. Und schließlich nicht das Jahr 1933, das scheinbar ohne viel Aufsehens über die Bühne ging, aber doch möglich machte, daß man den Leiter der Städtischen Musikschule, Robert Schilling, den unvergessenen Musele, aus der Stadt jagte, daß man die Frau Langer, jüdisch wie die beiden Viehhändler Barth, die, wie man so behördlich sagt, ein Verhältnis zu einem »Arier« hatte, in Giengen im »Dritten Reich« in den Selbstmord trieb.

Die Lebenslinien dieser Stadt strafen den Lügen, der uns Geschichtsgesetze vorzaubern will oder, über den Wolken der

Ideologie, das Land Utopia verspricht. Fortschritt ja, im Technischen, im Zivilisatorischen. Aber auch in Giengen sind die Grenzen sichtbar geworden. Ein Bericht der Stadtverwaltung konstatiert, daß die klassische Alblandschaft zum »großen Teil überbaut und asphaltiert« ist und die Brenz, in deren stillen Ecken sich unsere Jugendseligkeit spiegelte, »im Stadtgebiet nur noch die Funktion eines Wasserkanals« hat.

ULM
Der Kirchturm als Zeigefinger

Irgendwann zwischen Büschen und kräftig-satten Fichtengruppen taucht das Münster auf. Wie eine feine, facettierte Nadelspitze. Nicht einmal die Andeutung von Großartigkeit. Liebenswert zurückhaltend und mit einem Anflug von Technischem. Aber wir verlieren das Markierungszeichen nicht mehr, auch wenn uns die Annäherung nicht ganz so kredenzt wird wie bei der Anfahrt zum Straßburger Münster vom »Akkerland« her: egale Ebene, der Kirchturm als Zeigefinger darin.

Dem Ulmer Land wohnt die Mittlerfunktion noch deutlicher inne. Das leibhaftige Janusgesicht: hie die aus Württemberg kommende Kleinräumigkeit, welche an rebentragende Hügel und allerlei Freundliches erinnert, dort an Föhntagen gemahnende Weite von Voralpenländischem, welche hineinzieht in die bezaubernde Bläue des Hochgebirges und ins Sinnlich-Unbestimmte des Südens.

Das Oberschwäbische ist anders als das Neckarschwäbische, das schon bei der Durchfahrt durch Geislingen oder Göppingen sich ankündigt. Hier beginnen Autobahnschleifen und Montagehallen die Akzente zu setzen. Das Oberschwäbische bietet eine Landschaft, der noch die ersten Kräfte der Entstehung sichtlich innewohnen. Dauerndes Ebenbild ihrer frühesten Tage. Aus schwarzbraunem Boden ist Torf gestochen. Birken schimmern wie eben entzündete Kerzen. Wald und Weide und Wasser reihen sich in kulissenhafter Bravheit an-

einander. Moose, die wie grüne Seen sind. Zäune, an denen
du dich unwillkürlich orientierst wie an sorgsam geknüpften
Gitternetzen; Milchkühe, die, gleichgültig grasend, Behäbiges
in die Wellen des Geländes bringen.

Die luftig schwingende, die züngelnde Dynamik vermißt
man sehr. Aber man spürt dafür, man riecht eine unsichtbare
Flut, ein Land wie ein Meer, wo Begegnung und Ruhe in einer
einzigen Großartigkeit sich ewig miteinander vergleichen. Ist
die Donau, die seit 1812 hier in Ulm die Grenzen zwischen
Württemberg und Bayern zu bilden hat, der trennende oder
der verbindende Arm? Oder ist es die Iller, wasserreicher als
jene und unmittelbarer mit dem Alpengebiet verbunden?
Merkwürdiges Doppelspiel: Nach Einmündung der Iller in
die Donau ist im Fluß eine zweifache Färbung zu sehen, eine
blaue und eine bräunliche.

Oder ist es das Münster, das die Dinge noch einmal zusammenhält? Sollte seine unverwelkliche, fast ins Mythische ge-
steigerte Kraft eben darin begründet sein, daß es eine Mittlerrolle trägt zwischen diesen beiden, voneinander sich nähren-
den und voneinander nehmenden, aber auch einander
wieder abstoßenden Welten?

Ulms Münster ist in historischem Sinne nicht Anfang der
Stadt. Mauer und Markt bilden gerade hier die eigentlichen
Elemente der städtischen Entwicklung. Noch auf die germani-
sche Zeit gehen sicherlich die beiden uralten Straßen zurück,
die sich auf Ulmer Gebiet vereinigen, um gemeinsam dem
beim heutigen »Schwal« liegenden Donauübergang zuzustre-
ben: die Donaunordstraße, auf dem Hochsträß in west-östli-
che Richtung ziehend, und eine Albstraße, von Nordwest
nach Südwest vom Filstal über das Blautal kommend und
beim Unteren Eselsberg das Ulmer Weichbild erreichend.

Das Zusammen von Straßenkreuzung und Donauübergang
könnte daran erinnern, daß die europäische Hauptwasser-
scheide für die Abgrenzung des Ulmer Raumes immerhin von
einiger Bedeutung ist, daß sich die Donau von Ulm in einem

fast gewaltsamen Dreieck abstößt. Seine Spitze liegt im Westen, im Schwarzwald; seine Basis bildet im Osten die Iller; im Norden und Süden gelangt man zum Flußgebirge des Rheins. Auch hier: Enge und Weite, Altwürttembergs eingezogene Ordnungswelt und südlich-mediterrane Dynamik trennen sich mählich. Hie Rhein, hie Donau.

»Mir gibt es sehr schnell«, notiert Goethe zwischen Waldsassen und Tirschenreuth auf dem Wege nach Regensburg, »einen Begriff von jeder Gegend, wenn ich bei dem kleinsten Wasser forsche, wohin es läuft, zu welcher Flußregion es gehört. Man findet alsdann selbst in Gegenden, die man nicht übersehen kann, einen Zusammenhang der Berge und Täler gedankenweise.« Dieser »Zusammenhang« scheint in Ulm und um Ulm herum geradewegs zwei Welten zu offenbaren, in deren Grenzscheide die feste Ulma thront, Umschlagplatz bis in den politisch-religiösen Habitus hinein. Im Westen – grob gesehen – kommt man ins Gebiet protestantischer Städte, im Osten in das der katholischen. Auch Ulm ist mit der Reformation evangelisch geworden; es hat hernach, wie die neckar-schwäbischen Schwesterstädte, »den Pietisten, Zinsendorfern, Herrnhutern und dergleichen Leuten« Einlaß gewährt.

Aber es ist, loyal und generös wie irgendeine der Städte zwischen Linzbau und Lechfeld und ganz im Gegensatz zur lutherischen, verhärteten Orthodoxie im Neckarschwäbischen, auch katholisch geblieben. »Noch aber sind auch einige Inwohner der Stadt«, heißt es 1786, also noch mitten im Konservatismus reichsstädtischer Ordnung, »der katholischen Kirche zugethan. Denn außer dem Wengenkloster und deutschen Haus sind verschiedene Domestiquen, die zu dieser Kirche gehören. Auch selbst eine Linie der alten Kraftischen Patricier Familie, das Personal, welches zur Post gehöret, der Oberamtmann von Salmannsweil mit seiner Familie, die Hausvögte verschiedener Klosterhöfe, im Kaisersheimer, Urspringer, Wiblinger, Roggenburgerhofe und der deut-

sche Hausbauer sind Glieder dieser Kirche, so daß ihre Anzahl in der Beschreibung der Konstanzer Diöceß auf 200
Seelen angegeben wird.«

Indessen war und ist das Münster nichts weniger als das –
unzerstörte – Gefäß der Ulmer Geschichte (und damit eines
gehörigen Stücks deutschen Bürgertums). Wer die Di-
stanzen hinter sich gebracht hat, die großmächtigen Wegweiser der Stadtautobahn, die Ampelbarrieren, die Kaufhäuser
mit ihren toten oder nervösen Überwürfen, steht vor einem
Koloß, vor einem Monstrum von Turm, sieht hinauf und wieder hinauf, als wenn er jetzt zählen müßte, ob das alles so
stimmt, das mit den Turmstufen, mit den einhundertein-
undsechzig Metern, mit dem höchsten Kirchturm der Welt
und so fort. Der Jüngste des früheren Ulmer Dekans, dem
Christenwort näher als mancher seiner arg mündig gewordenen Altersgenossen, hat wieder den Weg zum Irdischen und
zur Grenze gewiesen, wenn er eines Tages, mit Staunen freilich, konstatiert hat: »Der Turm geht ja gar nicht bis zum
Himmel!«

Gewiß nicht. Und die Baugeschichte der Ulmer Kirche
scheint menschlicher, auf alle Fälle knapper als die der
Dome und Kathedralen, die in der Größe etwa heranreichen
und die man, damals wie heute, das Ulmer Nonplusultra ge-
hörig markiert, auf silbergerahmten Postkarten haben kann.
Nichts von römischem Kern. Kein Riesenteppich ineinander-
gewobener Generationszutaten von Seitenschiffen und Altären und Kapellen; nirgends schwer erschließbare Bauan-
fänge und Epochen. Die Grundsteinlegung ist am 30. Juni
1377. Wie bei den über Nacht groß gewordenen Bürgerstäd-
ten öfters der Fall, hatte man keine eigene Kirche, zumal
keine, die den gegenwärtigen Quantitäten hätte gerecht werden können. Die Ulmer, die vornehmen Herren Patrizier, von
denen keiner seine Hände schmutzig macht, aber jeder ein
Dutzend Hintermänner hat, die Leineweber und Bleicher,
die Karrenmänner und die Schreiner, die diese kleinen

Wunderwerke der »Ulmer Schränke« zur Welt bringen: die
haben alles. »Aber es fehlete ihnen an einer Pfarr-Kirche in
der Stadt, denn ihre Pfarr-Kirche lag außerhalb der Mauren
vor dem Frauen-Thor auf dem Gottes-Acker.«

Großes ist geplant. Großes zieht Großes an. Michael Parler,
zuvor an der Prager Dombauhütte, arbeitet seit 1383 vor allem
am Langhaus. Ulm wird eine Hallen-Kirche haben, die kirchlich-politische Gemeinde, basierend auf Genossenschaftlich-
keit und Gleichheit, wie man sie damals verstand, ihren auf
architektonische Gleichheit abgestimmten Raum. Heinrich
Parler III. führt das Begonnene weiter, bevor er, im November
1391, sich an den Mailänder Dom verpflichten läßt. Der Vertrag, den der Rat 1392 mit Ulrich von Ensingen schließt,
bringt den Griff ins Gigantische. Man einigt sich auf einen hohen Frontturm. Wo die scholastische Komponente der Gotik
auf die geometrisch harmonische Durchdringung zielt und
die »ideale Komposition« im Auge hat, den Ausgleich zwischen horizontalen und vertikalen Tendenzen, der im Mittel-
portal zwischen den beiden Türmen in der »Rose« der großen
Lichtflut Raum gibt und damit immer noch den Maßstäben
und Möglichkeiten des Kreatürlichen, entschließt man sich in
Ulm zu dieser Provokation einer Einturmfassade.

Dafür ist eine Basis, ein monumentales Viereck vonnöten.
Das Ulmer Turmviereck gehört, wie Hans Koepf in den von
Hans Eugen Specker edierten gotischen Planrissen der Ulmer
Sammlung nachgewiesen hat, »zu den grandiosesten Pla-
nungsideen der Gotik, die allen Vorstufen und Wegbereitern
zum Trotz eine völlig unikale Leistung darstellt, die in dieser
Form ohne direktes Vorbild ist und ebenso auch ohne Nach-
folge blieb.« Der Turm wird zum Zeichen, zum Anspruch der
Stadt. Seiner insgeheim herrschaftlichen Attitüde wegen fällt
die genossenschaftliche Halle. Das sind also nicht nur archi-
tektonisch-statische, sondern auch iedeologische Konsequenzen. Das »gemeine wesen ze Ulm« hat fortan eine Basilika.

Die Ensingen und ihre Schwiegersöhne arbeiten ein Jahrhundert, bis 1471. Das Wagnis, der Sternengriff scheint gelungen. Aber Ulrichs kühne Idee, das Mittelschiff in seiner vollen Höhe unter dem Turm hindurchzuführen bis zur westlichen Außenwand hin, stellt höchste Anforderungen an die statische Ausgewogenheit. Mathias Böblinger, hundert Jahre nach dem Beginn 1477 vom Ulmer Rat als Baumeister in Dienst genommen, hat, in doppeltem Sinne, mit der Last des Epigonen zu kämpfen. Das Langhaus war eingewölbt, das Kircheninnere hatte seine reiche Ausstattung, die Viereckgalerie ihr prächtiges, verläßlich-festes Aussehen. Böblinger hat dem Rat ohne Bedenken den Weiterbau des Turmes garantiert. Man konnte an den Ausbau des Oktogons gehen.

Das Unglück kam nicht über Nacht, sondern am heiligen Sonntagvormittag. »Im 1492jar hat sich das Minster anfahen senken«, schreibt Sebastian Fischer in seiner kaum zwei Generationen später entstandenen Chronik, »daß man gefircht hat, es wer umfallen. Ain mal an eim Suntag waren die leut an der predig, da fielen zwen stain herab uß dem gewelb, da flohen die leyt uß der Kirchen, dan sie mainten, der thurn welt umfallen, aber die stain heten niemants troffen.«

Was folgt, ist das arg bürgerliche Nachspiel auf ein hochfahrendes und scheinbar ganz unbürgerliches Unterfangen. Burkhard Engelberg, 1493 geholt, Augsburger Kirchenmeister und ein Mann der Tagespraxis, leitet umfängliche Sicherungsarbeiten ein, am nachhaltigsten dadurch, daß er die Seitenschiffe teilt und dieser Pfarrkirche mit ihren legendären Maßen einen fünfschiffigen Raum gibt, Anlaß und Grund für Perspektiven, die – immer noch in spezifisch spätmittelalterlicher Gewandung und Wirkung – nicht ohne Reize sind. Daß nicht Meister Ulrich, des Westturms Erfinder, und nicht Mathias, sein mutiger Steigbügelhalter, sondern Burkhard, des Münsters umsichtiger »Wiederbringer«, sich in die Herzen der Leute geschlichen hat, ist das sicherste Zeichen für den Wandel der Stadtmentalität. »Zur Verhütung Costens und eines Ehrbaren Raths Schimpf und Span« verfügt der Rat

1543 die Einstellung aller Bauarbeiten. Was drei Generationen zuvor das Stadtvorhaben war, ist jetzt ein Tagesordnungspunkt, eine Aktennotiz.

Sicher hat man damals, im Abgesang des Reformationsgeschehens, nicht mehr verstanden, daß mit dieser Kirche ein Politikum gemeint war. Die Grundsteinlegung, man muß das wieder nachlesen bei Fabri, ist von seltsamer Gewichtigkeit. »Nach dem Beschluß des Rats«, heißt es da in der Übersetzung, »stieg der angesehene Herr Ludwig Krafft, der damals die Bürgermeisterwürde innehatte, in die Fundamentgrube hinab mit einigen der Vornehmsten, um den gewaltigen Felsblock in Empfang zu nehmen, der nach Anordnung der Werkleute oben in einer starken Klammer hing.«

Wie sehr das Ulmer Münster als ein Instrument der Ulmer gewertet werden darf, zeigen die Forschungen Maria Lanckoronskas. Sie hat 1967 dargetan, daß man in den Büsten des Quintilian und des Secundus in Syrlins Chorgestühl (1569–74) »zwei im Amt aufeinanderfolgende Münstergeistliche« zu sehen habe. Für das Büstenpaar Terenz und Cicero hat sie zumindest wahrscheinlich gemacht, daß hier zwei im Amt aufeinanderfolgende Münsterpfleger zum Vor-Bild genommen worden sind. Schon in dieser Frühzeit präsentieren sich Vertreter des Ulmer Patriziats als Männer und Frauen eines »adligen«, ausgereiften und nachdenklichen Schlags. Man darf gewiß Herbert Pee recht geben, wenn er meint, in der lang austönenden, monumentalen Gelassenheit des Erlebnisses scheint »eine Figur wie die tiburtinische Sibylle die wundervollste Form des Ulmischen zu sein, die je gefunden wurde«.

Auch die folgenden Akte der Bauprozedur sind in religiöse, aber auch unübersehbar politisch-pathetische Symbolik getaucht. Das Münster eine Bürgerkirche. Natürlich. Aber es verraten sich hybride Züge hinter dieser Kundgebung, solche, die genossenschaftlich gehandhabte Kollektivmacht darstellen wollten, sich dafür aber mangels eines eigenen Reservoirs

der Zeichensprache des Gegenmodells bedienen mußten. Die
Bürgergenossenschaft usurpierte die Sprache der Herrschaft,
der Großkirche des Bischofs, der ein Landesherr war. Das
Münster, ein Zeichen der gemeindlichen Macht. Dafür steht
ein originäres und tradiertes Zeichen nicht zur Verfügung.
Die Kommune ist bis heute in diesen Dingen weder sehr
schöpferisch noch sehr geeignet gewesen, ganz im Gegensatz
zum Staat, der, in seiner feudalen und absolutistischen Prä-
gung zumal, von der Repräsentanz und der Herrschaftssym-
bolik leben muß.

Das bekannte Relief zur Grundsteinlegung des Münsters
vom dritten Pfeiler des Mittelschiffs gibt sich, bei aller Bravheit in der Anlage, wie ein Adelsakt. Nicht der Rat oder gar die
Gemeinde fungieren, sondern der Bürgermeister und seine
Gattin mit ihren Wappenschildern, so, wie »draußen« auf
dem Land die Herzöge und Grafen ihre Kirchen gestiftet haben. Ulms Experiment: es dem hohen und niederen Adel
nicht nur gleichzutun, sondern die Profile der feudalen Welt
zu übertreffen. Das Münster ist das Zeichen, die Inkarnation
dafür. Das Stadtwappen, 1351 erstmals als der von Schwarz
und Weiß geteilte Schild erscheinend, hat den Reichsadler im
Brustschild bemerkenswert früh (und endgültig) aufgegeben.
Das Zeichen der Stadt und der Dominanz, die damit gemeint
ist: das Münster.

Indessen hätten wir es uns zu leicht gemacht, verwiesen wir
lediglich auf eine Kirche, die vom politischen Anspruch ihrer
Erbauer künden sollte. Natürlich ist der Bau leibhaftiger,
steingewordener Bürgerstolz. Nun er so groß geworden, hat
man in Ulm sogar vergleichende Seitenblicke gewagt. Und ge-
hörig untertrieben. Und nachträglich versucht, das arg Kolos-
salische des Baus mit theologisch-pastoralen Hinweisen zu ka-
schieren. »Andere mögen Kirchen bauen«, meint Elias Frick
in seiner bekannten Münsterbeschreibung vom 1731, »die
Wände derselben mit Marmor zieren, große Säulen herfüh-
ren, deroselben Häupter, die noch den köstelichen Schmuck

nicht fühlen, mit Golde überziehen, die Thüren mit Helffenbein und Silber und die vergüldcten Altäre mit Edelgestein einlegen. Ich wills nicht straffen noch verwerffen, lasse jedem seine Meynung, es ist auch endlich besser dieses thun, als auf dem Gelde sitzen. Dir aber ist was anders zu thun befohlen.«

Für die lutherisch-orthodoxen oder dann pietistisch gestimmten Generationen der nachreformatorischen Zeit war es nicht ganz leicht, einen solchen – ursprünglich katholischen – Monumentalbau zu rechtfertigen. Dies um so mehr, als ein derartiger Kirchenbau ja auch die gute, die gleichrangige Standesabkunft zu illustrieren hatte. Es ging den Bürgern – und sonderlich den reichen Bürgern zu Ulm – nicht nur um ihren politischen Rang, sondern um ihre eigene ständische Plazierung. Die mittelalterliche Ständeordnung war eine von Gott gegebene Dreiheit von bellatores, oratores, und laboratores, von Adel, Geistlichkeit und Bauernschaft. Der Städter hat ursprünglich gar nicht dazugehört. Er hat sich selbst eingesetzt, spät und auf heimlich-revolutionärem Wege.

Es ist ja sehr bezeichnend, daß aus dem Horazischen Märlein von der Stadt- und der Landmaus deshalb eine Fabel mit handfester Moral werden konnte, weil die Legende von der Urlast der Stadt im Hintergrund lag. Die Urlast der Stadt: daß sie von Kain gebaut worden ist, der einmal friedfertiger und seßhafter Bauer war, durch seine eigene Schuld vor Gott – wie Eva – verstoßen und zum Städter, das heißt zum getriebenen, wendigen und wankelmütigen, kurz: unzuverlässigen Menschen wurde. Die Stadt bringt Kalkül und Ratio in die mittelalterliche, von Hause aus agrarische und patriarchalische Geistigkeit. In der Stadt geht es deshalb um Sicherheit, weil man die Zeit braucht: Für die Kaufleute ist Zeit Geld. Die Zeit wird zum Maß der Arbeit. Und die Varianten und Möglichkeiten von Arbeit sind in der Stadt fast unübersehbar: Die Stadt ist revolutionär auch dadurch, daß sie einen Neubeginn für die menschliche Arbeit setzt.

In dieser Loslösung von der Ordnung liegt natürlich eine ökonomisch-berufliche und eine politisch-gesellschaftliche Befreiung. Aber für den »gemeinen Mann« hat diese Emanzipation eher wie eine alle Brücken brechende Untat gewirkt. Der Städter hat verbotene Früchte gekostet. Dies konnte er im Grunde nur seiner frevelhaften Biegsamkeit und seiner das Charakterlose streifenden Anpassungsfähigkeit wegen. Die vielerlei älteren und neueren Untersuchungen über die spätmittelalterlichen Stadt-Land-Beziehungen wären um diese Perspektive wohl noch zu ergänzen: Stadt und Städter haben sich als Erben Kains auf eine Reise ohne Gott begeben. In der Stadt ist Hoffart und verwegene Weltlichkeit zu Hause. Auf dem Land ist noch wahre Bindung heimisch, Einfachheit und Ruhe.

Die Städter die charakterlose Ausgabe des Menschen? Die biedere, kreuzehrliche »landmûs« macht bei der »stadtmûs« einen Besuch. Die führt sie in die überwältigend reiche Speisekammer, wo sich beide gütlich tun, bis der Speisemeister eintritt, die Stadtmaus ohne weitere Freundesbedenken im nächsten Moment ihr Löchlein gefunden hat und verschwunden ist, während die von der lieben und zuvor noch großredenden Freundin allein gelassene Landmaus neben den Tritten des Speisemeisters Seelen- und Lebensängste aussteht. Als der Spuk vorüber ist und sich die Base Stadtmaus munteren Gemütes wieder einfindet, kann die schockierte, bleiche Landmaus nur sagen, daß sie bei ihrem, wie sie meint, gottgewollten und einfachen Leben bleiben wolle. Stadtleben kommt nicht aus Gottes Hand.

Und Stadtherrschaft kommt nur aus zweiter Hand. Hat der Städter die feudale Ordnung je überwunden? Und wenn: etwa in offener Schlacht? Allenfalls wurde die Überwindung der feudal-bäuerlichen Lebensform durch die bürgerliche ein Sieg durch die Hintertür, über Generationen hin ausgebreitet und eher einer Unterwanderung gleich, in der Übergangs- und Mischstadien sichtbar sind, natürlich auch jene bürgerliche Adaption feudaler Kulturprämissen, die uns noch aus unserem Jahrhundert geläufig sind.

Der Städter im allgemeinen und der reiche Ulmer (in der mittelalterlichen Großstadt Ulm) hatten sich nachträglich im christlich-ständischen Sinne zu legitimieren. Er gebraucht dafür die Geschichte und die Tradition, wie sie sich auch die Arbeiterschaft des ausgehenden letzten Jahrhunderts geschaffen und zurechtgemacht hat. Wer »Geschichte« hat, kann mitreden. Damit ist die unausgesprochene Legitimation vollends vollzogen. Jetzt gehören die Ulmer dazu. »Darauf mußte man den 14. August 1550 morgens alle Schranden aus dem Münster heimtragen, deß Mittags aber kam der Kayser in die Stadt, und Tags darnach an Mariae Himmelfahrt kam dieser Monarch in das Münster, wohin er sich zu Pferde sitzend von einer ansehnlichen Prozession geleitet um 10 Uhr begab, und sich in den Chor neben dem hohen Altar verfügte, da dann der Bischof von Arras Meß hielt und den Altar einweihete.« Die Menge der Leute – immerhin hatte man den ersten Akt der Ulmer Reformation längst hinter sich und im Kampf um »katholisch« oder »lutherisch« vorläufig ein Unentschieden hinnehmen müssen –: die Menge der Leute sei »unbeschreiblich« gewesen.

BIBERACH
Mode oder Menschheit?

Der »Weiße Turm« droben auf dem Gigelberg ist ein gewaltiger Brocken. 1476 hat man ihn begonnen, Hans Hartmann hat darauf »alle Jahr ein Stock gemacht«. Seinen Namen hat das zylindrische Monument, das an die verwegensten Pläne und Projekte der frühen Dürerzeit denken läßt, aber in Biberach nicht Papier ist, sondern überraschende, leibhaftige Wirklichkeit – seinen Namen hat das Monument wohl erst später erhalten, als man derlei Wehr mit bravem bürgerlichem Putz versah. Vielleicht war noch geläufig, daß der mächtige Bursche mit seinen schwarzen, versetzten Gucklöchern Blickpunkt für das ganze Riß- und Wolfental war.

Aber daß er sehr dazu beitrug, die Stadt an ihrer gefährdetsten Stelle zu schützen, das dürfte spätestens in den Napoleonischen Kriegen – am Arc de Triomphe am Ausgang der Champs-Élysées in Paris findet man auch den Namen »Biberach«, Biberach gehört zu den französischen Siegen jener Jahre – vergessen worden sein. Damals hat man nur noch nach den Kanonen und nach den Musketen geguckt, Mauern waren schon gar nicht mehr so wichtig. 1817, als der Turmkopf mit seinem biederen Zeltdach durch Sturm beschädigt worden war, kamen die Biberacher denn auch auf den Gedanken, das unnütze Ding abzutragen. Indessen wußte man vom Abbruch des großen Grabentores her, daß so viel Steine damit auch nicht zu gewinnen seien. Und so ist denn das »ehrwürdige Altertum« stehengeblieben. Aber weil man doch etwas

herausschlagen wollte, funktionierte man 1819 den ehrbaren
Wehrturm wenigstens zum Gefängnis um. Heizkämmerchen
kamen hinein und ein Kamin, der von der Schneckentreppe
her zugänglich wurde. Die notwendige Mauerdicke, die war
schon vorhanden.

Bis zur Renovierung im Jahre 1978 zeigte der Weiße Turm
Spuren einer Beschießung aus dem Dreißigjährigen Krieg.
Unten, bei den Biberstaffeln, wurde Biberach damals zweimal
berannt. Der erste Angriff der Kaiserlichen 1632 blieb blutig
schon im Vorfeld stecken. Zwei Jahre später gelang es den
Schweden, beim heutigen »Biber« eine Bresche zu schießen.
Biberach mußte kapitulieren. Aber es blieb eine außerge-
wöhnlich stark befestigte Stadt. Man muß nur einmal Wenzel
Hollars später kolorierten Kupferstich im Braith-Mali-Mu-
seum unter die Lupe nehmen: ein Städtlein, klein beieinander, die »St. Martins Pfarkirchen« ist der tonangebende Akzent. Aber das »Graben Thor«, «daz Spitel Thor« und »Der
Inlaß«, auch ein runder Turm mit Zeltdach, später sprach
man vom »Hägelertor«, sind in der Stadtsilhouette doch ehr-
geizige Konkurrenten. Und vom »Siechen Thor« bis zum Gigelberg hin beginnt die Stadtbefestigung aufs neue der behü-
tenden Mitte davonzulaufen, mit eigenen Höhepunkten und
ein Blickfang für sich. Was heute noch in Esslingen und vor
allem Schaffhausen zu sehen ist, eine auf den Berg hinaufge-
führte Stadtfortifikation (»Munot«, »Burg«), hüben und drüben stehen noch feste Schenkelmauern, gab's in Biberach
auch einmal. Man sieht nicht mehr viel davon. Der auf den
Berg vorgeschobene Teil der Stadtmauer ist auf weite Strek-
ken hin verfallen. Der Rest schläft dahin zwischen Schreber-
gärtchen und einem von ewig äsendem und scharrendem
Damwild strapazierten »Gehege«. Steile Stäffele, ein arg provi-
sorisches Vogelparadiesle, viel Abfälle und »Krutscht«, dahinter ein Stadtgarten, den man laut Gedenkstein dem Herrn
Stadtrat Goll zu verdanken hat, das Anfangsjahr war 1828,
eine gründerzeitliche Turnhalle mit der frisch-fromm-freien,

mit Schweiß und vielen Preisen gesättigten Luft: Das ist alles,
was von der Stadtfestung Biberach an der Riß übriggeblieben
ist. Drunten in der Stadt stößt man auf dem Weg von der Glok-
kengasse zur Grabengasse noch auf einen Mauerrest von
1373. Bis dahin zog die Riß an der Stadt vorbei. Später hat
man den Fluß umgeleitet; im alten Bett floß nun einer der beiden Stadtbäche. Und das Ulmer Tor ist natürlich noch da, das
genügt, um unsere Vorstellungen von der Biberacher Wehr
nicht zu betulich und nicht zu klein werden zu lassen. Die Ummauerung hatte, Pflugs Biberach-Aquarell von Nordwesten
her demonstriert das nicht nur, ein spezifisch städtebauliches
Gewicht, sondern gab dem Biberacher Stadtbild auch eine
merkwürdige Unkonzentriertheit, ein merkwürdig pluralisti-
sches Aussehen. So klein das Stadtwesen Biberach war, so wenig war es schon damals, möchte man hinzufügen, auf einen
Nenner zu bringen.

    »Drunten« sagte ich. Dem Gigelberg mit seinem Turm, die-
sem gewaltigen Brocken, liegt das alte Biberach zu Füßen.
Merkwürdig, daß der alte Stadtgrundriß diesen Berg, auf dem
man gerne eine »Burg« und einen Herrensitz entdeckt hätte,
so geschnitten hat. Biberach liegt am Hang. Und hat doch im
Stadtplan seine regelmäßige Gestalt von allem Anfang an behalten, als ob es den Hang gar nicht gebe. Ich stehe hier oben
und sehe auf ein Dächergewirr (übrigens auch auf ein Anten-
nengewirr, dessen sich eine Stadt wie Meersburg gänzlich enthalten hat). Langsam erkenne ich die eigentliche Zentrale,
den Marktplatz; kein kleinräumiges, enggefaßtes Geviert, wie
man sich's auch denken könnte, sondern, von der Riedlinger
Straße und von diesem Seitentrieb Holzmarkt her, ein immer
breiter werdender Straßenzug. Möglicherweise war das staufische Eigenart, dieser Straßenmarkt. Gmünd, die älteste staufische Stadt im Lande, hat ihn ebenso. Der Marktplatz liegt mitteninne. Auf ihn laufen die Gassen konzentrisch zu. Oder
anders ausgedrückt: Von ihm aus führen die Gassen, mehr
oder minder »gerade«, auf die vier großen Stadttore zu.

Es gibt da wohl keine deutlichen Viertel im Sinne sozialer Abtrennungen im alten Biberach. Beuge ich mich über das Holzgeländer am Gigelberg oben, so sehe ich unmittelbar an den Hang gelehnt das enge Häusergeflecht des »Weberbergs«. Er zeigt die – einzig geschlossene – Handwerkersiedlung der Stadt. Zusammen mit dem Marktplatz und der Martinskirche macht sie den Kernbereich der Biberacher Stadtgründung des 12. Jahrhunderts aus. Später wurde es im besonderen Weberquartier. Hier konzentrierte sich das stärkste Gewerbe des Ortes, das den Biberacher Barchent in alle Welt brachte und die Stadt reich werden ließ. Hier gab es im Gegensatz zur unteren Stadt trockene Keller, die Vorbedingung zur Einrichtung einer »Weberdunk«. Die typischen ebenerdigen Klappläden sieht man an etlichen der Weberberg-Häuser heute noch.

Wer an einem der vierhundert Webstühle in der Stadt saß, konnte ein vermögender Mann werden. Das Haus Nr. 25 am Weberberg macht mit seinem kräftigen Fachwerk eine stattliche Erscheinung; Doppelfensterchen säumen die niederen, geduckten Stockwerke, wie im Allgäu, wie in einem der Bergstädtchen am oberen Rheintal, im Vorarlbergischen, im Montafon. Daß Biberach »die am südlichsten gelegene Stadt rein schwäbisch-deutscher Bauart« sei, wie eine arg völkische und mit aseptischen Stammescharakteristika hantierende Bauanalyse wollte, ist eine schlimme Erfindung. Daß es eine »Stadt« ist, daß es urbane Funktionen erfüllt, zeigt Biberach allein darin, daß es zwischen Kulturbereichen vermittelt: zwischen dem Bodenseeraum, der schon, in Bregenz, in Lindau, in Überlingen, südlich-italienische Bauformen liebt, und dem altwürttembergischen Kernland auf der Alb oder am mittleren Neckar, wo man die radial gestellten Rustikaquadern an den Fenstern oder Straßenfluchten mit hohen, durch Flacherker gezierten Hauswänden nicht kennt. Will man im nennenswerten Sinne von »Stadt« reden, sind immer Vermittlerfunktionen im Spiel. Köln hat, als Kunststadt, als Universitätsstadt

und so fort, zwischen den Niederlanden und dem Mittelrhei-
nischen vermittelt. Biberach, übrigens als Kunststadt von er-
staunlichsten Generationenfolgen, hat zwischen dem Sinn-
lich-Seeschwäbischen und der altwürttembergischen-pietisti-
schen Eingezogenheit, zwischen Puritanertum und Barock
vermittelt. Wieland ist aus dieser Sicht Biberachs geistesgeschichtlicher Prototyp.

Freilich ist der Prozentsatz dessen, was Biberach an städte-
baulichem Gesicht verloren hat, erstaunlich hoch. Man sucht
in einer Stadt, aus der jener Hans Dürner kommt, dem man
das köstlich geschnitzte Kreuzrippengewölbe in der Schloßkapelle zu Heiligenberg (1590–99) verdankt, dieser großartige
Edelsteinschneider und Medailleur Lorenz Natter, der die europäischen Höfe versorgt hat, Johann Melchior Dinglinger,
der fraglos größte Goldschmied des deutschen Barocks, Johann Heinrich Schönfeld, genialer »Barockmaler« und weit
mehr als das, der Küfersohn Johann Baptist Pflug, der Musikdirektor Justin Heinrich Knecht, der für ein paar Augenblicke
in eine Welt Beethovenscher Tiefe hineingriff, Bernhard Ne-
her, Eberhard Emminger, Anton Braith, die Liste geht bis Jakob Bräckle und ist ohne Ende: Man sucht in einer Stadt wie
dieser kunstverliebte, pretiöse Häuslichkeit, modellierte Straßen, Plätze von liebenswürdigstem Arrangement.

Wer das alte Biberach unter solchen Folgerungen besucht,
ist bald enttäuscht. Was man heute im historischen Kern zwischen Gerbergasse und Schulstraße, zwischen Webergasse
und Schulgasse sieht, hat natürlich seine Glanzlichter. Da ist,
auf dem Weg vom Weberberg zum Alten Postplatz, der Ochsenhauser Hof, 1528 im Fachwerkstil dieser oberschwäbischen Großbauernhäuser errichtet, ein herrschaftliches Haus
mit Gesindestube und Stall, mit Wohnräumen im ersten und
zweiten Stock, dem Speicherboden mit Kehlbalkendach und
Krüppelwalm. Hier ist Alt-Biberach gar nicht »südlich« und
auch gar nicht von der, wenn das Wort erlaubt ist, wuchtigen
Eleganz des Brandenburger Hauses in der Schadenhofstraße,

des 1442 erbauten Patrizierhauses Eberhards II. von Brandenburg. Sein Rundbogenfries über dem Erdgeschoß, sein Staffelgiebel und Aufzugsbalken weisen in die Welt jenes Biberacher Stadtadels. Er hat, oft nur mittelbar und also »standesgemäß«, Geschäftsverbindungen mit der halben Welt unterhalten und, mit den Bauformen von »draußen« aufwartend, in Biberach nicht nur gewohnt, sondern auch residiert. Der Schadenhof drüben über der Straße, 1596 für Euphrosyne Schad von Mittelbiberach erstellt, hat in den beiden obersten Etagen Lisenen und zur Linken ein herziges Erkertürmchen. Der Ochsenhauser Hof, fürs erste Pfleghof des reichen, benachbarten Klosters Ochsenhausen, war seit 1736 im Besitz des Freiherrn Augustin Heinrich v. Pflummern und also auch Stadtadelssitz. Aber die derbe, landsässige Handschrift der oberschwäbischen Landschaft konnte das Haus nie verbergen, auch wo es – übrigens bis 1961, der junge Manfred Rommel trieb noch sein Unwesen darin – Lateinschule wurde und schließlich 1978 Altenbegegnungsstätte.

Führen die schweren, eichenen Arme seines Balkenwerks nicht den Geruch des schwarzerdigen Landes mit sich? Wenn man droben an der Birkenharder Straße steht und die Autos Munderkingen zufahren sieht, dann hat man, kaum ein paar Schritte aus der Stadt, dieses Land vor sich, weiche, ineinanderfließende Flächen, in immer wieder neuen Varianten von Fichtengruppen überzogen, bräunliche Fluren, aber auch saftige, flaschengrüne Wiesen, weit auseinanderliegende Gehöfte, Kirchen stechen heraus, kleine, herzige »südliche«, nein »östliche« Zwiebeltürmchen. Sie sind von einer wundersamen Ruhe: die Linien der braunen Fluren, die Flächen, die sich da ausbreiten, der Dunst, der das Oberschwäbische um Biberach so selten in herbstlicher Klarheit zeigt, aber um so häufiger in tagelangen, wochenlangen Nebel hüllt. Immer wieder das blendende Weiß von Einzelhäusern, von Einhäusern, in denen alles unter ein Dach gebracht ist. Immer wieder Baumprofile, die über Dutzende von Kilometern hin Akzente bleiben. Immer wieder Buschgruppen und diese Handtücher, manchmal sind es freilich Bettücher, von schwerer, schwarzer Erde.

Der Biberacher Marktplatz ist der Treffpunkt für die Bauersleute aus dieser Umgebung, Umschlagplatz von Waren und Meinungen noch heute. Einer der schönsten süddeutschen Marktplätze überhaupt? Die raumschaffende, selbst im Akustischen greifbare Wirkung des Haller Platzes fehlt ihm ganz. Spürbar ist die perspektivische Komposition, am deutlichsten vom südwestlichen Fortsatz, dem Kapellenplatz her: Den Platz, läßlich begrenzt durch die Häuserfluchten rechts und links, beschließt an seinem Endpunkt die Kirche. Als dreischiffige Basilika mit wuchtigem Westturm über dem Hauptportal ist sie der Reutlinger Schwesterkirche St. Marien gefolgt. Aber sie hat, typisch Biberach, möchte man sagen, auf jeden äußeren Zierat verzichtet und ist, wie viele, zu viele der Biberacher Häuser, verputzt. Trotz seiner welschen Haube hat der Turm nichts eigentlich Verbindliches, Joviales an sich, in seinem bösen Grau, man muß nur einmal die »nötige« trübe Beleuchtung dabei haben, schon gar nicht. Aber die beiden ungeniert davor gesetzten Häuschen, heute in bescheidenem Gründerzeitdekor, vermitteln dann doch ein Arrangement mit dem Platz.

Und der zeigt mancherlei Abwechslung. Das Haus zum Kleeblatt, Schöpfung eines reichen Handelsherrn des 15. Jahrhunderts, 1878 hat einer das gelehrte Verslein angebracht »Utinam hac in domo semper Trifolium floreat« (Ach wenn doch in diesem Haus immer das Kleeblatt blühen möchte«), dahinter die Schranne von 1593, heute zusammen mit dem dahinter sichtbaren »Gerstenhaus«, dem Pfarrpflegstadel, kulturellen Aufgaben der kulturfreudigen Stadt Biberach dienend, der Salzstadel oder die mit Staffelgiebel geschmückte Stadtteich auf dem Kapellenplatz. Alles in allem ist es ein munteres Gemenge von feineren Erkerhäusern, von klobigem alamannischem Fachwerk, von historisierender Gründerzeit, von ungeniert moderner Verpackung.

Und auf alle Fälle *der* Ort der städtischen Öffentlichkeit, wie ihn kein Ort des dörflichen Hinterlandes je wird haben können. Vielmehr war (und ist) es der Marktplatz »in der Stadt«, auf dem auch die gravierenden Fälle und Sensationen »von draußen« zur Sprache kamen. Am 11. März 1818 war es ein Weibsbild aus Rindenmoos, das wegen Diebstahls und Betrügerei verurteilt worden und von zwei Polizeidienern »mit einer sogenannten Geige um den Hals auf dem Marktplatz und in der Stadt umhergeführt worden, ein Spektakel, das man nie vorher sah«. Das war in den ersten Jahren, als das Reichsstädtlein Biberach von den badischen Grenadieren besetzt und dann schließlich königlich-württembergisch wurde. Als der Oberamtsrat die Nachtwächter, die erst kurz zuvor »auch die halben Stunden« auszurufen verpflichtet wurden, als »überflüssig« abschaffte. Als die Gefängnisse im Bürgerturm und im Siechenturm – Biberach hatte fünfundzwanzig Türme und Tore – »mit den gefangenen Räubern« überfüllt waren (die aber ihrerseits nicht gerade Kopfhänger waren und »die Nachbarschaft mit Singen und Lärmen belästigten«). Im August 1819 brachen vier »Vagabunden aus dem Seelhaus« aus. Drei von den losen Vögeln fing man bald wieder ein. Den schwarzen Veri, den Schlimmsten unter allen, erschlug am 20. Juli 1819 »der Blitz im Siechenturm«. »Ei jed's Häfele kriagt sei Deckele«, wird da wohl einer gesagt haben.

Kam damals, als Württemberg seine Hand auf die reichsfreie Stadt Biberach legte, die Demokratie in die Stadt? Oder war sie nicht schon vorher, eben in der alten Reichsstadt zu Hause? Im 18. Jahrhundert, das man in Biberach heute am liebsten mit der idyllischen und jedenfalls liebenswürdig-patriarchaischen Vokabel »Wielandzeit« überschriebe, gab es mancherlei verdeckte oder offene Opposition gegen die patrizische Cliquenherrschaft in der Stadt, nicht nur in den Häusern der Gerbergasse hinter dem Alten Postplatz, wo eine damals florierende Rot- und Weißgerberei zu Hause war und wo man noch heute, in einem elenden, verkommenen Straßenzug, die Vorkragungen und Aufzugsläden und Aufzugshauben auf den Dächern registriert.

Daß viel latente politische Triebkraft im alten Biberach sich verbarg, verrät das Jahr 1811, als man den Galgen auf dem Galgenberg und das Hochgericht »im Aufstreich versteigerte« und beseitigte. Der Soldatengalgen sollte stehenbleiben. Aber das gelang nur für ein paar Tage. Dann sägte ihn der Strumpfwirker Michael Heller »während eines Zapfenstreiches im Schutze der lauten Musik« an und brachte ihn zu Fall. Und was den Einzug der Demokratie anging, so kam mit der Württemberger Herrschaft nun wirklich die kopernikanische Wende. Sie führte die Nachtwächter wieder ein. Und im Mai 1828 wurde denen per Erlaß auferlegt, künftig nicht mehr »Merket auf, ihr Herren, laßt euch sagen« zu singen, sondern »Merket auf, ihr Leute . . .«: War das nicht eine politische Wende?

Vielleicht lag eines der größten städtischen Vergnügen allemal darin, der Stadt, das hieß der dumpfen und lichtlosen Enge der Gassen, Valet zu sagen und durchs Tor ins Freie zu gelangen. »Bisher waren wir zwei Knaben«, schreibt Christoph von Schmid, immerhin Söhnlein eines einflußreichen und belesenen Kanzleibeamten in der Reichsstadt Dinkelsbühl, »ich und mein Bruder Joseph, wenig aus der Stadt gekommen, wir durften die Eltern bloß hier und da auf einem Spaziergange von einem Tore zum andern begleiten.« – »Ohne die Eltern vor das Tor zu gehen, war uns verboten.« Verständlich, warum die beiden, den jungen Biberachern vor 1800 dürfte es nicht anders ergangen sein, »manchmal sehnlich zum Tore hinausblickten«. Noch der Frankfurter Patriziersohn Goethe hat diese alte Städter-Sehnsucht gekannt, wenn er beim Osterspaziergang des »Faust« ein buntes Menschengewimmel »aus dem hohlen, finstern Tor« hervordringen sieht, Menschen, welche die Auferstehung des Herrn feiern können, weil »sie selber auferstanden« sind: »Aus niedriger Häuser dumpfen Gemächern, / Aus Handwerks- und

Gewerbesbanden, / Aus dem Druck von Giebel und Dächern, / Aus der Straßen quetschender Enge, / Aus der Kirchen ehrwürdiger Nacht / Sind sie alle ans Licht gebracht.«

Unsere alten schwäbischen Städte können wir uns nicht dunkel und dumpf genug vorstellen, nachdem die Jugendbewegungen aller Art und Generationen noch einmal »aus grauer Städte Mauern« herausgeführt, der Sehnsucht nach Natur und Natürlichkeit einmal mehr Raum gegeben und unseren Erfahrungs- und Lebenshorizont zu einer im Grunde antistädtischen Empfindungswelt gemacht haben. Daß es derlei Sehnsucht nach draußen auch im alten Biberach gegeben hat, verrät uns der junge Wieland, eine, wie er selbst später ohne Bitternis sagte, »blatternarbige, unansehnliche Gestalt«. Als Schulbub war er, ein übergescheites Bürschlein, dem Biberacher Rektor Döll, seinem Lateinlehrer, auf der Nase herumgetanzt. Und weil er, kein Wunderkind, aber ein frühreifes Köpflein, seltsam Anderartiges aufzuschreiben begann, hatte seine Mama zur Vorsicht die dicksten Hefte verbrannt. Jetzt, mit siebzehn Jahren, kehrt er wieder nach Biberach zurück und verliebt sich in die Sophie Gutermann, die geistvolle, gebildete Enkelin des Biberacher Spitalverwalters und Senators Gutermann, der seinerseits ein Onkel von Wielands Mutter war und nur wenige Häuser entfernt wohnte (im alten Biberach gab es feste, enge Heiratskreise, das ist heute noch so). Wielands Liebeserklärung entsprang einem Weltanschauungsgespräch. An einem prächtigen Sonntagmorgen hatte Wielands Vater, der Stadtpfarrer, über den Text »Gott ist die Liebe« gepredigt. Über der Kirche des Vaters lag ein mit Bäumen bestandener Höhenzug, der eine schöne Aussicht auf die Stadt und die Enge ihrer Gassen und Giebel bot, das »Lindele«. Dahin, durch Gassen und Tor, steigt das längst an Gedankenaustausch gewöhnte Paar nach dem Gottesdienst empor. Sophies Freund kritisiert die Predigt des Vaters. Nach seiner Meinung ist sie dem gewaltigen Thema nicht gerecht geworden. Er entwickelt seine Gedanken mit wachsender Wärme. Nie sei er so beredt gewesen, meinte er später. In einer – gewiß beschworenen – Unio von Religion und Philosophie, von Natur und Liebe erwacht beides, die Liebe der beiden zueinander, und die Verpflichtung des Jünglings durch die Geliebte, seinem Weltbild in Versen Ausdruck zu geben.

Die Stadt (oder vielmehr ihre lichte Weite »vor dem Tor«) als Geburtsstunde eines Dichterlebens. Achtundzwanzigjährig war Wieland in diesem Biberach wieder von der Liebe eingefangen worden, vom Herz einer Zwanzigjährigen. Nicht zum Spiel. Er habe noch nie so herzlich und wahr geliebt, gesteht er in einem Brief an Sophie Gutermann. Wieland war, obwohl die Katholiken in der Stadt zuvor die Erwerbung des juristischen Doktors oder des Adels forderten, Stadtschreiber und Kanzleiverwalter der Heiligen Römischen Reichsstadt geworden. Er gehörte zur Gesellschaft. Und jetzt war er in liebender Ohnmacht ganz an die »Bibi«, an die Christine Hagel verloren. Und die war eine Katholikin! Der Pfarrersohn von Biberach will eine Katholikin heiraten! Hoch auf schäumen die Wogen des Klatsches und der Empörung. Wieland bittet Frau La Roche (die Sophie mittlerweile geworden war) um Verhaltensmaßregeln für die werdende Mutter, will ihr Bücher über die Kindererziehung zu lesen geben, ja will selbst eines für sie schreiben. Christines Eltern bringen die Tochter als Zofe zu einer benachbarten Herrschaft. Aber das liebende Mädchen hatte die Stelle verlassen und war samt ihrer Schwester von Wieland in sein Haus aufgenommen worden. Wieder geht sie, diesmal zu den Englischen Fräulein nach Augsburg: Die Entbindung läßt nicht mehr lange auf sich warten. Wieland will sie heimlich heiraten, in Ulm, in Memmingen. Und sie anschließend in seinem Biberacher Haus verstecken. Die Fenster eines Zimmers sind schon mit Papier verkleidet, damit die Nachbarn nichts merken, eine Stadt wie Biberach hat Ohren an allen Enden. Die alte Floriane hat allein Zutritt. Und sie ist bis in den Tod verschwiegen. Die Biberacher Häuser im Windschatten der Martinskirche können viel erzählen, hefteweise, foliantenweise, »Liebes und Leides«, wie Mörike einmal reimte. Die Biberacher Standes- und Konfessionswelt hat dieser Liebe, zweifellos der leidenschaftlichsten und unbedingtesten in Wielands ganzem Leben, das ist ohne Frage, ihr Leben verwehrt. Einmal noch hat Wieland seine junge Frau besucht, wie ein Dieb in der Nacht, in dem Ort bei Ulm, wo Christine ihre Niederkunft erwartete. Später hat die junge Mutter zu Fuß den weiten Weg nach Biberach zurückgelegt und ihn in der Nacht noch einmal heimlich gesehen, bevor sie mit ihrem Kind die Gegend verlassen mußte, um in Augsburg ihr Brot zu verdienen. Wie hieß das doch in Schillers – aus Verhältnissen in den Residenzen Ludwigsburg und Mannheim genährten – »Luise Millerin«? Er wollte sehen, schreit Walter, der Liebende, in den Tag, ob die Mode oder die Menschheit auf dem Plan bleibe. Auch in Biberach: die Mode!

Von der Standes- und Konfessionswelt zu Biberach war die Rede. Die berühmte Biberacher »Parität« wird man dabei nicht vergessen. Während der schlimmen Auseinandersetzungen im Dreißigjährigen Kriege setzte sich in Biberach der Gedanke der Toleranz durch (der originär-städtische Boden übrigens, auf dem allein hernach der Westfälische Friedensschluß möglich war). Sie fand Ausdruck in den Paritätsbestimmungen, durch die Biberach im Rahmen des internationalen Vertragswerks von Münster und Osnabrück 1648 ein konfessionell hälftig geteiltes Stadtregiment erhielt. Alle wichtigen Ämter, auch das des Bürgermeisters, waren doppelt besetzt.

War nur Aberwitz das Ergebnis dieser Regelung? Ein Gemeinwesen, das in umwerfender Komik dem, so sagen wir heute, Stellenproporz erliegt? »Der evangelische Säuhirt«, »der katholische Säuhirt« und so weiter? Biberach, das sich auf dem Marktplatz, Wieland hat's in seinen »Abderiten« niedergeschrieben, einen Prozeß um des Esels Schatten liefert? In hoffnungslose Kleinkariertheit und Provinzialität versunkene Kleinbürger? Ein Nachtwächter-Stadtstaat? In Wirklichkeit haben sich die Pamphlete Wielands, Wilhelm Ludwig

Wekherlins oder Jean Pauls alle am perfekten und harten Gang des absolutistischen Machtstaates orientiert. Gemessen an diesem »Vorbild« mußte das Reichsstädtlein Biberach als ein Eiland von dümmlichen, naiven Spießbürgern erscheinen. In Wirklichkeit war es ein Gemeinwesen, das man mitten im Aufbruch des modernen Flächenstaats als gleichsam mittelalterliches Relikt allein ließ. Und ihm zumutete, was man keinem dieser entstehenden Nationalstaaten zugemutet hat: die absolute, gesetzlich verankerte Toleranz in Dingen der Konfession. Während der Fürstbischof von Salzburg – nach Reichsrecht – die protestantischen Familien aus ihren hoch über den Tälern gelegenen Höfen vertrieb, mühte und quälte man sich in Biberach um eine einigermaßen praktikable, lebensfähige Doppelkonfessionalität.

Natürlich lag das geschichtliche Ergebnis nicht darin, daß es fortan in Biberach katholische und evangelische Sauställe gab oder daß man sich, bis heute übrigens, in St. Martin – warum heißt sie denn nicht »einfach« Stadtkirche? – nacheinander traf, zuerst kommen die Katholiken mit Weihrauch und Kerzen, dann die Protestanten mit Gesangbuch und – hoffentlich – aufrüttelnder Predigt. Die Parität hat den Biberachern eine Anwendung der Politik als einer Kunst des Möglichen abverlangt. Sie hat aus der einhelligen Weber- und Patrizierstadt ein zweifaches, heterogenes Stadtwesen gemacht, ohne eindeutiges Signet, ohne die alles übergreifende Losung. Dafür ist die Stimulans zu einer ungemein schöpferischen Künstlerschaft und Intellektualität lebendig geworden, zu einer bemerkenswerten politisch-öffentlichen Wachheit. Biberach erinnert einen bis zur Stunde daran, daß »Urbanität« zwar nicht mit den Straßenkundgebungen von Rowdies und Krakeelern verwechselt werden darf, aber auch nicht mit der schläfrigen Sittsamkeit einer alle Sonntag besetzten Kirchenbank. Wo »Stadt« im eigentlichen Sinne zu Hause ist, da gibt es Gespräch und Kritik, Vergleich und Auseinandersetzung. Davon lebt die Stadt. Darin liegt ihre (moderne) Funktion. Nur wo

Unterschiede geschätzt werden und Opposition geduldet wird, kann Kampf in Dialektik verwandelt werden.

Seinen extrem dialektischen und heterogenen Geschichtsprozeß hat das neuere Biberach mit dem Preis eines heterogenen Stadtbildes bezahlen müssen. Nicht daß die Kirche hier »nicht im Dorfe« bliebe. Aber der merkwürdig disparate Eindruck, den die spätmittelalterliche Stadt auf den Veduten der Barockzeit macht, ist im Verlaufe der beiden letzten Jahrhunderte in Biberach einem eigentümlichen Stakkato seiner Gassen und Straßen gewichen. Ein verbindliches und ruhiges Legato gibt es in Biberachs Altenteil heute nicht. Es besticht durch sein Häuserpotpourri, nicht durch schöne, ebenmäßige, *einem* Baustil zugehörige Ensembles. Es gibt hier kein Kollektiv-Bauen, keine reihenweise, gassenweise, viertelweise gefaßte bauliche Kollektivhaltung. Dafür eine seltene Lebendigkeit, ja Nervosität in den Variationen alt, altneu, neu. Ungemein getrennt und individualisiert ist das alles. Die Ulmer-Tor-Straße läßt stadteinwärts eine gemeinschaftliche Baudemonstration wohl noch ahnen (man denke an die Uniformität in Lindau, in Schorndorf, an irgendeine der hessischen oder niedersächsischen Fachwerkstädte), und die Hindenburgstraße vielleicht auch. Aber in der Bachgasse oder Pfluggasse, von der sehr verkommenen Hauggasse einmal abgesehen, geht man von einem Haus zum anderen wie von einer Bauwelt zur anderen. Biberach ist nicht »gleich«. Seine neuere Stadtgeschichte macht ihre Sprünge, hat ihre Überraschungen, ihre Ungereimtheiten. Das Stadtbild wiederholt diese Züge. Zur »Nervosität« der Alt-Biberacher Bauatmosphäre gehören die (offensichtlich historischen, alten) »Kappungen« der Straßen und Gassen vor allem. In der Wielandstraße steht man plötzlich vor einem Gebäude, das sich querlegt, die hergekommene Flucht kappt und den bisherigen Straßenzug rigoros sperrt. Von mittelalterlicher Harmonie und Sattheit, vom vielzitierten Ordnungsprinzip der alten Stadt keine Rede.

Haben die aufreibenden Querelen um die »Parität« das
Selbstverständnis des neueren Biberach über Gebühr belastet
und ausgehöhlt? Haben sie dem Stadtkörper, gleichgültig, ob
wir das im baulichen oder im soziologischen Sinne verstehen
wollen, das notwendige Mindestmaß an Kollektivhaltung, an
Gemeinsinn genommen? Sagt mir die Frau eines alten, ge-
standenen Handwerksmeisters, sie nehme keine Parkettkarte
mehr fürs Biberacher Theater, auch wenn man sie ihr
schenke, sie wisse, wo sie sich hinzusetzen habe (nämlich »hinten«). Bis weit in die fünfziger Jahre hinein war es in Biberach
üblich, daß gelegentlich des Stadtnationalfestes, des Schüt-
zenfestes, nur die Honoratioren auf dem Marktplatz prome-
nierten, die anderen, die kleinen Leute, vertraten sich die
Füße auf dem den Platz säumenden Bürgersteig. Und beim
Kinderschützentheater bekommen die führenden Rollen die
Kinder jener Honoratioren, die augenblicklich das Sagen haben. Bewegt die heute gerne zur Schau getragene Signatur
»Reichsstadt« überhaupt noch etwas? Hat man sich nicht
längst dem Aktuellen angepaßt? Hat man nicht die Straße
vom Marktplatz zum Süden, die gut biberachisch Ranzengasse
und dann Kronenstraße hieß, einst in »Hindenburgstraße«
umgetauft? Eine der ältesten Gassen der Stadt! Als ob das
halbe Jahrtausend Stadtgeschichte der kurzatmigen Szenerie
der »großen« Geschichte nichts entgegenzusetzen hätte!

RAVENSBURG
Türme der Poesie

Heute benützt man das Auto. In seinem Roman »Der junge
Herr Alexius« läßt Otto Rombach seinen Helden auf dem
Pferd nach Ravensburg heimkommen. »Wie herrlich baute
sich die Stadt auf, die er mit jeder Faser seines Herzens liebte
und dennoch hassen mußte! Oft hielt er an, um sich die lange
Zeit entbehrten Bilder der Heimat wieder einzuprägen, den
Kranz der Mauern mit den hohen Hüten und Zinnengalerien,
ihre Türme, deren er mehr als ein Dutzend zählte und deren
Namen ihm auf einmal wieder gegenwärtig waren, das Frauentor, der Grüne, der Gemalte Turm, der Untertorturm, der
Spitalturm, der Schellenbergturm, auch ›Katzeliselesturm‹ genannt, der Blaserturm am Rathaus, der Obertorturm und der
noch höher an den Berg gerückte Weiße Turm, der ›Mehlsack‹. Dazwischen ragten die Glockentürme der Liebfrauenkirche und der Jodokskirche auf. Daneben lagen andere
Türme, im Grün versteckt. Die hohen Giebel der Bürgerhäuser grüßten mit ihren Wetterfahnen, während hoch vom Berg
die helle Veitsburg schimmerte, das Welfenschloß, der schönste Stein in dieser vielgezackten Krone, vom Laub der Wälder
eingefaßt.«
Ich bin wohl auch dem vielgewundenen Lauf der Schussen
gefolgt und dem Ried entlanggefahren wie jener Alexius Hil-
leson im 15. Jahrhundert. Aber ich habe mich erst langsam
aus der Autoschlange lösen können, die sich Woche für Woche, Tag für Tag dem Bodensee zu windet. Und in Ravensburg

laufen gewiß auch heute eine ganze Menge Fäden zusammen, solche wirtschaftlicher Natur ebenso wie verwaltungstechnische und kulturelle. Ravensburg fühlt sich als Metropole Oberschwabens. Aber es sind nicht mehr die Fäden der Großen Ravensburger Handelsgesellschaft, die wahrscheinlich die größte deutsche ihrer Art zu Ausgang des Mittelalters war. Die Ravensburger Handelsherren, die Mötteli, Humpiß, Apenteger und wie sie alle hießen, ließen ihre schwerbeladenen Karren bis nach Burgund rollen, bis nach Perpignan, bis nach Valencia, wo sie in der Nähe der Lonja de Mercaderes eine eigene Bodega unterhielten. Die in der Ravensburger Companie vereinigten Kaufleute aus dem Schussental, aus den Städten um den Bodensee, aus Städten der heutigen Kantone St. Gallen, Thurgau oder Schaffhausen zogen auf den Antwerpener Bamasmarkt, zu Sonntag Okuli nach Frankfurt und zur Heiltumsfahrt nach Nürnberg. Sie saßen in Venedig im Fondaco der Deutschen an der Rialtobrücke, und sie verkauften auf den Genfer Messen, was in Lyon nicht an den Mann gegangen war. Sie hatten Stapelrecht in Wien und Ofen, wohin sie ihre Leinwand in Fässer schickten, die man auf Flößen festband, und sie mieteten in Lucca, wo sie Damaste kauften, ganze Maultierherden, um sie heimzuschaffen. Der Anteil der alamannischen Seestädte war nicht gering, und die Konstanzer Kaufmannschaft sprach ein gewichtiges Wort in der Versammlung. Aber in Ravensburg vereinigten sich die Fäden, dort liefen die Berichte ein, die Rekordanzen und Balancen. Im Haus der Gesellschaft an der Marktstraße, das man 1446 an Stelle zweier älterer Gebäude der romanischen Zeit errichtete, das bis 1530 dieser Aufgabe diente, aber dennoch in der Barockzeit umgebaut wurde und dabei ein kleines Volutengiebelchen erhielt, das Haus steht heute noch, einfach, sprachlos sozusagen: im Haus der Gesellschaft residierten sie, die großen alten Männer, fromme Patriarchen, die keine Zinsen nahmen, weil die Kirche das verboten hatte.

Ich stehe vor dem Blaserturm. Er reißt einem den Kopf

nach hinten, souverän demonstrierend, wie aus einem langen, schmucklosen und nurmehr abweisenden viereckigen Schaft dennoch ein gewinnendes Kunstwerk werden kann: Der Schaft hat, nachdem er 1552 eingestürzt war, im Wiederaufbau eine nach höfischer Renaissancemanier zierlich geflochtene Balustrade bekommen, vier Wachttürmchen an jeder Ecke mit welschen Häubchen und obendrauf noch einmal eines. Bänder unterstreichen die Teilung, ein dreistockiger Achteckturm mit kunstvoll gebrochener Haube, darüber die lustig fliegende Windfahne mit einem gewaltigen Knopf. Das ist Ravensburger Festungsbaukunst. Das notgedrungen Feste und Schwergewichtige ist allemal wieder aufgefangen in deutlich künstlerischem Formwillen und einer Lust, den Leute auch für alle Friedensjahre etwas zu zeigen. Festungsbau zum Angucken, als Dekor zugleich, als ein Stück Unterhaltung. Der Gemalte Turm, überzogen mit einer perfekt illusionierenden, in Rauten- und Schachbrettmustern sich ergießenden Theatermalerei, wie es die Renaissance in Italien »drunten« so geliebt und fortentwickelt hat, der Gemalte Turm ist das Kardinalbeispiel dafür. Aber auch der Grüne Turm mit seinem durch Dachhäuschen variierten Kegeldach, der Mehlsack oder das Rondell am Gänsbühl oder der Turm am Hirschgraben mit ihren Zinnenkränzen, und natürlich die Tore, das Ober- und Untertor, das Frauentor, alle wie zum Kontrast mit dezenten Staffelgiebelchen versehen, machen aus der Not eine Tugend. Die bauliche Stadtwehr hat in Ravensburg ganz entschieden auch eine optische Eleganz. Die Leute, die hinter den Mauern zu wohnen haben und schließlich eingeschlossen sind in einen Ring von Mauern, welche die Sicht verbaut haben und das Leben mit der Natur, die Leute sollen wenigstens etwas zu schauen haben.

Merkwürdig, wie unsymmetrisch der Blaserturm an die Stadtwaage, das 1498 errichtete Kaufhaus der Stadt, angehängt ist. Er hat als Wachtturm gedient, mitten in der Stadt, bis zum Vorabend des Ersten Weltkriegs, bis 1911. »Am obe-

ren Ende der Marktstraße«, schreibt Julie Stellrecht 1934, als
alte Frau, »ist das Obertor, da hängt heute noch das Armesün-
derglöckle; ein einziges Mal hörte ich es läuten, als ein so armer Sünder gerichtet wurde. Unten am anderen Ende schaut
der Blaserturm herauf. Da oben ist ein Wächter (wir fügen
hinzu: der bei Gefahr ins Horn bläst, der ›Blaser‹), der Tag
und Nacht Ausschau hält, ob nirgends ein Feuer oder sonst
etwas Ungewöhnliches zu sehen ist. Früher mußte er wohl
nach dem Feinde Ausschau halten. Mein Vater ehrte den
Mann, indem er ihm zwei Flaschen Wein am Neujahr hinauf-
schickte in sein luftiges Turmstüble, eines von uns Kindern
mußte es ihm bringen. ›Auf des Blaserturmes Spitze wacht der
Wächter namens Fritze!‹ So sangen wir Kinder. Dann hatten
wir auch noch einen Nachtwächter. Er sang aber nur ein Lied
in der Silvesternacht, und am andern Tag sagte einer zum andern: ›Habt ihr den Nachtwächter gehört?‹ – ›Loset, was i
euch will sage!‹«

In der sonntäglichen Mittagsstille, wenn in Ravensburg pro-
vinziale Stille eingezogen ist, hört man den Glockenschlag zur
vollen Stunde wie damals. So lange ist das noch gar nicht her,
als noch der Nachtwächter seine Runde zog. Das 1574 erbaute
Lederhaus, ehemals ein besonderes Markthaus für alle, die es
im Zunftbereich mit Lederverarbeitung zu tun hatten, mit seiner in vielerlei Grautönen abgesetzten Grisaillenmalerei, das
barocke Seelhaus, 1408 vom Patrizier Frick Holbain gestiftet,
dessen der Maler noch viele Generationen später ehrfürchtig
gedacht hat (»Fritz holbain der stüfter dem god gnedig sey«),
das Rathaus, das Kornhaus: das steht alles in einem merkwürdigen Durcheinander.

Die Geschlossenheit, die den Boden abgegeben habe zur
mittelalterlichen Kultur, die eine der Grundeigenschaften
und der tiefsten Bedürfnisse des Menschen im Mittelalter ge-
bildet habe, sei notwendig auch für den Eindruck des mittelalterlichen Stadtbildes entscheidend gewesen. Von dieser inneren Ordnung und angeblich »strengen Gebundenheit« der

baulichen Stadtstruktur des Mittelalters spüre ich hier nicht
viel. Manches mag dem Umstand zuzuschreiben sein, daß
man zuzeiten der Renaissance und noch des Barock da und
dort umgebaut, geschönt hat oder auch andere Funktionen
zugeteilt hat, daß ein Bauwerk wie der Blaserturm von der Peripherie dadurch in die Mitte gerückt ist, daß man im 14. Jahrhundert die alte, vom Kornhaus zum Frauentor verlaufende
Stadtmauer abriß und der Turm also aus dem Verbund innerhalb des Mauerberings ausschied. Aber das können nicht die
einzigen beiden Gründe sein.

Es bleibt das Faktum, daß Ravensburg in seiner Mitte bauliche Akzente, aber nicht die einer offenbaren Gesamtplanung
bietet. Die Stärke dieser Stadtarchitektur liegt nicht in einer
irgendwie sichtbaren kollektiven Demonstration und nicht in
der zentrierten Präsentation von Fluchten und Schneisen.
Ihre eigentliche Kunst verrät sich in der Wahrung und Beto-
nung architektonischer Relationen. Höchste Monumentali-
tät, die an strenge Regelmäßigkeit, Einheitlichkeit und Sym-
metrie geknüpft ist, bleibt ihr, wenigstens bis zur Renaissance,
fremd. In großen Dingen, in wichtigen Dingen, wie hier im
Herzen der Stadt, kennt man indessen keine Willkür, so weit
geht die Eigenentwicklung der Generationen nicht. Und vor
allem: Diese Ravensburger Stadtbaukunst beweist einmal
mehr, daß die ältere Architektur der Stadt organisch schaffte,
daß sie niemals mit abstrakten Begriffen schaltete, sondern
mit der Wirklichkeit, mit der Landschaft, mit dem bereits Vorhandenen.

Irgendwo wird doch spürbar, und sei es nur an dieser von
Haus zu Haus springenden Lust an Staffelgiebeln oder der
auch den blockigsten Baukörper zähmenden Schnecke oder
Volute, daß das Bauwerk als Glied einer größeren Gemeinschaft verstanden wird, einer Gebäudegruppe, einer Platz-
oder Straßenwand, daß es Teil eines lebendigen Körpers ist.
Das 19. Jahrhundert hat tausend Einzelkörper geschaffen, die
alle für sich den Anspruch erheben, künstlerische Individuen

zu sein, Ravensburg hat in seinem neueren Stadttheater, einem köstlich-pompösen Gründerzeitbau, ein bewegendes Beispiel dafür. Aber das Wesentliche und Wichtige des Städtebaus hat man in diesem – vielzerstörenden – Säkulum nicht mehr vermocht, nämlich diese prätentiösen Gebilde zueinander in Beziehung zu setzen. Das Theater an einer der Ringstraßen hat mit der nachbarlichen Realschule gar nichts mehr zu tun. Vergleicht man den finanziellen und den optischen Aufwand dieses städtischen Theaters allein mit den Toren und Türmen der städtischen Mauer, so scheint sich das Merkmal der Architektur des 19. Jahrhunderts darin zu erweisen, daß sie mit den größten Absichten und mit riesigen Ausgaben nur kleine Wirkungen erreicht hat, während bei den alten Bauten bescheidene Mittel einen unverwechselbaren und unvergeßlichen Eindruck hervorrufen.

In seiner Gesamtgestalt und als »Komposition« gesehen, muß Ravensburg immer zur »Ansicht« gereizt haben, zur Bewunderung ebenso wie zur kritischen Anmerkung. Der moderne Individualismus in Sachen Häuserbau scheint diese Suche wenigstens nach einem Gesamtkonzept in der Stadt noch verstärkt zu haben. Wenn man sich die Bachstraße ansieht, eigentlich einen Straßenmarkt, der sich nicht wochentags zeigt, aber doch wenigstens einmal im Jahr als Jahrmarkt, so feiert dieser Ravensburger »Eigensinn« fröhlichste Urständ. Nicht ein Haus, das sich dem des Nachbarn zur Linken oder zur Rechten auch nur einigermaßen angleiche: Die Gründerzeitfassade steht neben der verblichenen Barockmansarde, das billig übertünchte Fachwerk neben der mit Betonbändern sich tarnenden Wohnmaschine, der Sozialverputz der fünfziger Jahre neben den ausgebleichten Eternitplatten. Nichts ergibt hier eine auch nur lockere Gemeinsamkeit. Hier ist ein gravitätischer Giebel, nebenan ein egales Flachdach, hier ist alles zugeknöpft bis zum Dachfirst über dem vierten Stock, dort krönt, womöglich nebenan, das Dachgärtchen ein engbrüstiges, einstöckiges Häuslein.

Die Bachstraße, Einkaufsstraße heute, als Sinnausdruck neuerer Ravensburger Stadtgeschichte? Man muß in die Seitengassen gehen zur Grünen-Turm-Straße hin, um dem Plan Alt-Ravensburgs auf die Spur zu kommen. Starkes Gefälle findet sich bei wichtigen Straßen der mittelalterlichen Stadt nur auf kurzen Strecken. Merian hat, deutlich von dieser Stadt Ravensburg als Anlage, nicht als Silhouette, beeindruckt, die Straßenfunktion wenigstens angedeutet. Wie hügeliger Boden – denn auch Ravensburg schmiegt sich der aufsteigenden Linie zur Veitsburg an – den Zug der Straßen beeinflußt, lehrt sein – im übrigen die Großartigkeit dieses Stadtkonzepts demonstrierender – Plan: Die ansteigenden Straßen folgen in unregelmäßigem Zuge dem Gelände, die ebenen Straßen sind gradlinig.

Das städtische Krankenhaus ist heute noch in jenem – freilich erweiterten – Gebäude, in dem seit dem 14. Jahrhundert das städtische Spital untergebracht war, eine höchst bemerkenswerte und ganz seltene Kontinuität. Der Spitalturm, er hat für diesmal ein Pyramidendach, aber auch einen über die Treppe führenden Außenzugang, wie der Gemalte Turm, springt wieder ins Auge durch seine Höhe. Von den Ravensburger Stadttürmen sind die meisten ein halbes Hundert Meter hoch. Innen im »Spital« liegt die Röntgenabteilung unmittelbar neben der Torhalle mit den knorrigen Eichenstützen.

Da und dort legen sich die Dächer der Bürgerhäuser an der Traufseite weit über die Grundfläche des Hauskörpers hinaus und erinnern damit an die bernischen oder tirolischen und überhaupt an die Alpenhäuser. Gibt Alt-Ravensburg, das »Tor Oberschwabens«, hier schon einen Vorgeschmack auf südlichere Wohn- und Baugewohnheiten? Oder ist das nur wegen der – manchmal amtlich angekündigten – Dachlawinen so (was freilich letztlich wieder auf Gebirgsgegenden verwiese). Sind diese breit überhängenden Dächer original und alt? Denn das bleibt ein Unikum und ein Geschenk: Die Ravensburger Altstadt ist im wesentlichen erhalten geblieben. Immer

noch ziehen sich zum Spitalturm oder zum Gemalten Turm
die Rudimente der einstigen Stadtmauer hin, davor, auf den
gewonnenen Ringstraßen, arbeiten sich die Autokolonnen
von Ampel zu Ampel. Nur die Adlerstraße hat ein modernes
Kaufhaus bekommen, man fragt sich, was den Architekten das
Selbstbewußtsein gab, einen derartigen großen Betonkühl-
schrank in eine aus dem Mittelalter überkommene Gasse zu
stellen.

St. Jodok in der Unteren Breiten Straße versöhnt einen wieder, eine seit 1380 als zweite Pfarrkirche erbaute Schöpfung,
die den Geist der aus der Bettel- und Reformordenidee her-
ausgewachsenen Gotteshäuser nicht verleugnen kann. Bis
1953 zeigte sich die Kirche im Gewand der Zimmermannsgo-
tik der sechziger Jahre des letzten Jahrhunderts, jetzt hat sie
mit der ihr innewohnenden struktiven und logischen Klarheit
auch ihre große Ausdruckskraft wiedergewonnen. Hervorra-
gend sind Teile ihrer Ausstattung, das Relief einer Marienkrö-
nung oder die Statuen einer Schmerzensmutter und des Apo-
stels Johannes, man wird die beiden Stücke dem berühmten
Jakob Rueß, dem man auch den Überlinger Ratssaal verdankt,
zusprechen müssen. Das spätbarocke Pfarrhaus zur Kirche in
der Eisenbahnstraße hat Caspar Bagnato entworfen, auch er
damals ein weitbekannter Mann und Hausarchitekt der
Deutschherren in Altshausen. Ravensburg, das gotische und
wesentlich in die bürgerlich-verbindlichen Formen der Renaissance getauchte, hat in seiner Baugeschichte ein kleines
barockes Kapitel.

Vom Vogthaus, neben dem Humpißhaus in der Oberstadt
das einzige erhaltene Fachwerkhaus aus dem Mittelalter und
in seiner eichenen Derbheit sehr an das altoberschwäbische
Bauernhaus erinnernd, geht es zum Gemalten Turm, der mit
seinen riesigen Flächen und seinen grünblau-grauen Abtö-
nungen die Bauernweiber von draußen – und nicht nur sie –
wird haben staunen lassen, zur alten Zehntscheuer, welche
die auffallend vielen erhaltenen Fachwerkzeugen in diesem

Viertel der Unterstadt mit einem Beispiel mehr dokumentiert, zur Rosenstraße, einem allweil erzählenden Beispiel für das kleinbürgerliche Ravensburg. An der Ecke der Grüne-Turm-Straße und Rosmarinstraße ist neueres Fachwerk angebracht worden. An dieser Stelle stand einst die Synagoge. Ravensburgs Juden wurden 1429 endgültig vertrieben. Und im 19. Jahrhundert war die Judengemeinde so klein, daß es zu einem eigenen Synagogenbau gar nicht mehr kam. 1933 hat man auch in Ravensburg begonnen, die wenigen Juden in der Stadt zum Fremdkörper zu deklarieren und schließlich überhaupt zu vertreiben. Die Grüne-Turm-Straße hieß früher Judengasse.

Der Komplex Grüner Turm, Untere Mang und Frauentor, in dem nur die städtische Bauhütte, der städtische Bauhof als Neubau des Jahres 1729 hervorsticht, steht ganz im Windschatten der Liebfrauenkirche, die im 14. Jahrhundert anstelle einer früheren Marienkapelle errichtet worden ist, als älteste Pfarrkirche der Stadt von 1279 bis 1802 dem Kloster Weingarten inkorporiert, eine großartige und weitgreifende Anlage, deren Westportal mit dem einen Marienleben des späten 14. Jahrhunderts ein Zeugnis urbaner, mittelalterlich-großstädtischer Baukunst präsentiert. Im Inneren umfängt einen – wiederum – die einläßliche, aber hier ein wenig düstere Bettelordensstrenge, die freilich durch die gleißende Helle des Chors aufgewogen wird. Dort springt einem das Flügelaltärchen ins Auge, das 1959 aus Schweizer Kunsthandel erworben wurde; die drei Heiligen im Mittelteil, Maria als Muttergottes, rechts von ihr die hl. Mathilde, links auf einem Drachen die hl. Martha: Die drei müssen Schwäbinnen sein, liebenswürdige, artige und pausbäckige Gesichtlein, geduldig dreinschauend, alle drei auch mit einem Anflug verschmitzten Lächelns.

Ein ganz wunderbares Stück ist die Kopie der Schutzmantelfrau im neugestalteten Marienaltar in der Seitenwand des Mittelschiffs. Das Original verschwand einst aus der Kirche, blieb liegen auf der Bühne im Dachstock eines Privathauses der Herrenstraße. Von dort erwarb es der Freiburger Domkapitular Hirscher, der vor seinem Tode 1863 zum Verfolg karitativer Aufgaben die Skulptur verkaufte. So kam sie nach Berlin. Mittelalterliche Menschen, ein junges Mädchen mit offenen Haaren, ein bärtiger Alter, ein Kleriker in rotem Gewand, eine Patrizierin: Menschen der Welt, die im Mantel Mariens Geborgenheit suchen und finden. Ihre Liebe, ihren Haß, ihre Gleichgültigkeit schließt Marie, die Reine, ein. Wenn sie nur beten, diese Menschlein, und sie tun es, in Hingabe, in Verzückung, in trotziger Forderung, wird die Gottesmutter, selbst ganz der Ausdruck bittenden, glaubenden Hoffens, zugleich das Abbild zartester fraulicher Süße, für die Erhörung der demütigen Beter besorgt sein. Glückliches Mittelalter.

Von der Grafengasse, wo das »Alte Theater«, die ehemalige Brotlaube, einmal mehr an die augsburgische Renaissance erinnert, geht es die Marktstraße hinauf zur Veitsburg, die bis ins 16. Jahrhundert immer »Ravensburg« hieß. Ist hier, wofür man schon Zeugnisse zu erbringen suchte, um 1130 Heinrich der Löwe geboren? In der offenbar großräumigen Siedlung darunter ist für 1152 ein Markt nachgewiesen; er hat sich vermutlich noch in diesem 12. Jahrhundert zur Stadt entwickelt. In der Ravensburger Tradition gilt heute noch Friedrich I. Barbarossa als Stadtgründer. Aus der nachstaufischen, kaiserlosen Zeit wand sich Ravensburg als Reichsstadt heraus, die es bis zum Übergang an Württemberg im Jahre 1802 blieb.

War damals, als sich die eingezogene und auch spießbürgerliche Oberamtsstadt einzunisten begann, auch nur ein Fünkchen noch von der alten Reichsstadtherrlichkeit am Glimmen? Was hat einer der biedermeierlichen Gevatter Schneider und Handschuhmacher empfunden, wenn er dort, auf dem Weg zur alten Burg, vom Obertor her den schlanken, verwegen hohen Schaft, wie der »Mehlsack« ursprünglich hieß, des »Weißen Turms bei St. Michael« hinaufsah? Hat er sich, wie ich, an die Geschlechttürme von St. Gimignano oder

Volterra erinnert gefühlt, nur wegen dieser baulichen Gran-
dezza, wegen dieser auffahrenden Höhe? Im Blick von der
Marktstraße und vom Haus der Companie her meinte Otto
Rombach:»Wie die dunklen Türme verfeindeter Geschlechter in Italien lagen sich die Häuser in derselben Straße schräg
gegenüber, getrennt durch einen Streifen buckeligen Kopf-
steinpflasters, nur einen kurzen Steinwurf weit voneinander.«

Eine reiche Stadt war dies spätmittelalterliche Ravensburg,
und ein zur halben Adelsstadt gewordenes Gemeinwesen.
»Die Vermögen der Ravensburger Kaufleuteherren und Fak-
toren verzeichnete das Hauptbuch in der Spalte ›was wir
sond‹. ›Was wir sind! Was wir besitzen!‹ Es hatte ehedem Be-
rechtigung, auf diese Spalte im großen Hauptbuch stolz zu
sein! Nun jagten aber die weißen und schwarzen Hunde
durch die Flut der Ravensburger Patrizierhäuser. Nun saßen
auf den Schlössern und Burgen Oberschwabens, der Schweiz,
am Oberrhein, am Hochrhein, am Bodensee und an der jungen Donau die Enkel jener Ravensburger, die unter der Bezeichnung ›was wir sond‹ viel mehr verstanden! Herren waren
sie. Nun war der Vogt von Neuburg Herr über Tod und Leben
in Dörfern und Gemeinden. Dies war die Macht der Welt!
Dies war der eigentliche Rausch des Geldes, des Wissens zu besitzen! Nicht die toten Werte, Häuser, Liegenschaften, nicht
Weib noch Kind, nicht Essen oder Trinken, Liebschaften,
Spiele oder Jagdlust – das Recht, den Nebenmenschen einen
Wirbel noch einzudrücken, schien das Leben des Reichgewor-
denen erst richtig lebenswert zu machen!«

Am Ende des 19. Jahrhunderts, als man zu Ravensburg ans
Lederhaus unter den Dachfirst brav das königlich-württem-
bergische neben das Stadtwappen malte, war diese Selbstherr-
lichkeit vergangen und vergessen. Kleine, sich bescheidende
Bürgerlichkeit war eingezogen. Nur noch die Hülle war da, Julie Stellrecht hat sie als Kind noch fühlen können wie ein
Stück alten Brokats: das Haus. Die alte Welt war die Folie ihrer
jungen Welt. »Wenn ich aus unserem alten ehemaligen Patri-

zierhaus mit den dicken Mauern und der großen Haustüre heraustrat, schaute ich wohl nach den Schwalben, die sich am Haus eingenistet hatten, dort bei den alten Wappen aus den Jahren 1138, 1271 und so fort bis 1920.« Noch war die Gasse ein Raum, ein Lebensraum, ein Erwerbsraum, ein Kommunikationsraum. »Gegenüber (ihrem Haus) war der ›Dreikönig‹ mit einem großen schönen Schild. Wie roch es so süß und fein, wenn das Malz gesotten wurde, da durften wir zum ›Dreikönig‹-Vater kommen und warmes Bier holen, so viel wir wollten. Die Tochter, das Minele, war ein wunderschönes blondes Mädchen, jetzige Frau Pfister in München, sie war mein Schwarm, doch jedermann erfreute sich an ihrer Lieblichkeit.«

TUTTLINGEN
Vom Tuttlinger und seinen Tränen

»Der Mensch hat wohl täglich Gelegenheit, in Emmendingen und Gundelfingen so gut wie in Amsterdam, Betrachtungen über den Unbestand aller irdischen Dinge anzustellen, wenn er will, und zufrieden zu werden mit seinem Schicksal, wenn auch nicht viel gebratene Tauben für ihn in der Luft herumfliegen. Aber auf dem seltsamstem Umweg kam ein deutscher Handwerksbursche in Amsterdam durch den Irrtum zur Wahrheit und zu ihrer Erkenntnis. Denn als er in diese große und reiche Handelsstadt voll prächtiger Häuser, wogender Schiffe und geschäftiger Menschen gekommen war, fiel ihm sogleich ein großes und schönes Haus in die Augen, wie er auf seiner ganzen Wanderschaft von Tuttlingen bis nach Amsterdam noch keines erlebt hatte.«

Viele kennen diese Sätze. Sie figurieren seit mehr als anderthalb Jahrhunderte als die Einleitungspassage zu Johann Peter Hebels Kalendergeschichte, die er kurz und bündig mit »Kannitverstan« überschrieben hat. Ein Handwerksgeselle steht vor einem großen und prächtigen Stadtpalazzo, »wie er«, so schreibt Hebel, »auf seiner ganzen Wanderschaft von Tuttlingen bis nach Amsterdam noch keines erlebt hatte«. In gewissem Sinne ist dieser unbekannte Handwerksbursch der berühmteste Tuttlinger aller Zeiten geworden. Hebels »Erzählungen des Rheinländischen Hausfreunds«, in die auch dieses »Kannitverstan« gehört, sind mittlerweile um die ganze Erde gegangen und ein bleibendes Stück Weltliteratur geworden.

Ist er, den uns Roland Martin in einer überaus sicheren Plastik dingfest gemacht hat, ist er ein Tuttlinger und gar ein typischer Tuttlinger gewesen? So, wie die Handwerksgesellen und Handwerksmeister hier an der schmalen Donau zwischen dem Leutenberg und dem Ehrenberg und am Fuße des Hornbergs immer waren und immer sind? Wer genauer zusieht, stellt fest, daß Hebel von Tuttlingen nicht als dem Geburts- und Wohnort spricht. Womöglich wollte er seinem – noch ganz unerfahrenen – Publikum nur eine Vorstellung von der Distanz und von der Weite der Wanderschaft geben. Tuttlingen war noch ein Stück Württemberg, und die Leute aus dem Fürstenbergischen, vom Markgräflerland, vom Wiesental waren – übrigens nahezu ausnahmslos – seine Leser: Also stellt euch vor, weit in die Fremde zog der Bursche, wo man keinen mehr versteht, von Emmendingen nach Amsterdam, von Gundelfingen nach Amsterdam, von Tuttlingen nach Amsterdam. Historisch viel weniger fraglich ist, als was Hebel Tuttlingen damals im Jahre 1809, in dem die Geschichte spielt, gesehen hat: als ein lebendiges, an Andersartigkeiten interessiertes und vom Handwerkertum erfülltes weltläufiges Gemeinwesen. Von Möhringen oder von Gesingen konnte der Handwerksbursch, der fiktive, nicht gut kommen. Die waren zu klein, und von Hechingen oder Haigerloch auch nicht, die waren Residenzstädte und nicht Gemeinden, in denen das zünftige Handwerk sein Eigenrecht hatte.

Gleichviel, wir wollen wissen, was unser Wahl-Tuttlinger in Amsterdam vor dem prächtigen Patrizierbau denn so Merkwürdiges erlebt hat, was es war, was ihn schließlich »vom Irrtum zur Wahrheit« geführt hat. Wäre nicht nur der Held dieser Kurzgeschichte, sondern auch ihre Pointe so etwas wie ein Motto für diese Stadtgeschichte? Bevor wir das mögliche Motto beim Namen zu nennen versuchen, trotten wir einfach mit dem lernwilligen Schuster- oder Gerbergesellen landeinwärts, genauer gesagt, zeitrückwärts. Zurück in eine Zeit vor anderthalb, vor zwei Jahrtausenden, wo man noch ohne Maschine auszukommen gezwungen war. Wo sich das Land, so würden wir heute empfinden, in gespenstischer Stille zeigte. Kaum ein Sensendegeln, kaum ein Glockenläuten. Stille, atemlose Ruhe kennzeichnet das Land. Wir können hier, von täglichen Informationswellen immer wieder eingeholt und mitten in eine Wirrnis von Interessen und verschuldet-unverschuldeten »Nebenwirkungen« gestellt, wir können hier nur den Atem anhalten und dann vorsichtig den Schleier über der Frühzeit heben.

Die Kelten- und Römerzeit bringt für das spätere Tuttlingen nichts Außergewöhnliches. Man weiß, daß es sie gab, auch für das oberste Donautal. Aber man ist immer wieder auf Lückenbüßer angewiesen, die man aus der Nachbarschaft oder der überlokalen großen Geschichte holt. Eine Besonderheit, eine Eigenheit sehen wir da für Tuttlingen nicht. Auch die Alamannenzeit, genauer gesagt die Landnahme durch dieses »schreckliche Volk«, wie einer der römischen Historiker später sagte, der Alamannen, bringt noch nicht das Eigene, das für Tuttlingen Typische. Immerhin, so mag man empfunden haben, ist das Land jetzt frei von der römischen Besatzungsmacht. Aus dem Neckarland, jahrhundertelang Schlachtfeld, scheint eine friedvolle Ecke geworden, geräumt von der voralamannischen Bevölkerung, ob römisch oder keltisch. Was die neuen Leute, die Alamannen – später, um 1100 oder 1200, beginnt man nur noch von »Schwaben« zu sprechen – was die Alamannen mitbringen, ist nicht Lesen und Schreiben, nicht abgezirkeltes Truppenlager in immer gleicher Quadratur, egal, ob im Flachland, auf planem Boden, in vorher sumpfigem oder auf Berghängen errichtet; sie bringen nicht gerissene Diplomaten, nicht überlegene strategische Konzepte. Ackerbau ist's und Handwerk. In der Hochschätzung des Sippenzusammenhangs ruht die Gewähr eines geordneten Rechtsbestandes und die Sicherheit des Rechtsgefühls.

Hinter dem heute so selbstverständlichen Wort vom »Landesausbau« verbirgt sich eine eminente politische Leistung, die freilich insofern ein typisch alamannisches Gschmäckle behält, als die schwäbische Lust an politisch-territorialer Kleinkammerung, an Exklaven und Enklaven, siehe Hohentwiel, siehe Büsingen und so weiter, nie untergeht. Das alamannische Herzogtum, das spätere Herzogtum Schwaben, ist von Anfang an ein merkwürdig kleingeteiltes und von Sonderrechten zehrendes Unternehmen. Späterhin hat das Fehlen der alles zusammenzwingenden Großmacht dann den Boden für föderative Aktionen und schließlich für neuerliche Zusammenschlüsse – siehe Schwäbischer Kreis, siehe Baden-Württemberg – gegeben. Überprüft man die Besiedlung Schwabens am Ausgang der Merowingerzeit, so erkennt man, daß sich während dieser länger währenden Friedenszeit das ganze Land, die Keuperberge an der Nordgrenze, der Schwarzwald, die Voralpen und Alpengebirge, der Schweizer Jura und die Vogesen, mit Siedlungen überzogen hatte. Die Urdörfer, Tuttlingen gehört zu ihnen, waren ausgebaut, die dürftig oder gar nicht besetzten Landstriche wie das obere Remstal, die Ostalb, das kleine Heckengäu waren gewonnen. Nach der Jahrtausendmitte nehmen diese Tendenzen in verblüffendem Maße zu. Hailfingen bei Tübingen hat zu Anfang des 6. Jahrhunderts zwei bis drei Höfe mit etwa zwanzig Leuten, ein Jahrhundert später neun und am Ausgang des 7. Jahrhunderts rund 16 Höfe mit etwa 250 Einwohnern.

Für Tuttlingen, das eine vergleichbare Entwicklung erfährt, kam das Besondere dadurch, daß Graf Gerolt, Bruder der Kaiserin und Anführer in der ehemaligen Bertholdsbaar – der »Bor« –, die Ortschaft Tuttlingen dem Kloster Reichenau schenkte. Tuttlingen ist Reichenauer Besitz, und zwar, könnte man sagen, bis zu Anfang des 19. Jahrhunders; so lange nämlich erscheinen die Einkünfte des Klosters, auch dies vereinfachend gesagt, im städtischen, im Tuttlinger Haushaltsplan.

Die Zugehörigkeit zur Reichenau, einem der bedeutendsten westeuropäischen Klöster der Karolinger- und Ottonenzeit, darf nicht mit einer x-beliebigen territorialen Zugehörigkeit verwechselt werden. Das hat diesem Grafen gehört und schließlich dann jenem, bis dann dieser Freiherr kam: Wir kennen dieses öde Namen- und Zahlenspiel. Die neue Grundherrschaft, Abt und Konvent des Klosters Reichenau, war eine Konzentration von Reichtum und Geist, von Naturanalyse und Rechengenauigkeit, von Beobachtung und Erfindungsfreude. Man hat auf der Reichenau gebetet. Aber man hat auch analysiert und den Klosteruntertanen die eigenen Beobachtungen und Entdeckungen weitergegeben. In Salem sieht man den Abwasserkanal, der die Klosterstadt Tag und Nacht säuberte, heute noch. Und im Prämonstratenserkloster Schussenried gab es einen Klosterbruder, der möglicherweise die allerersten Flugversuche der Neuzeit unternommen hat. Im Deckengemälde der Klosterbibliothek ist der wagemutige Mann festgehalten. Der Reichsmarschall Hermann Göring hat 1941, mitten im Krieg, befohlen, man habe ein Bild dieses ersten Fliegerkameraden zu ihm ins Reichsluftfahrtministerium nach Berlin zu schicken.

Man müßte Seiten schreiben, um der technischen und wirtschaftlichen Innovationen allein der süddeutschen Klöster habhaft zu werden. Auf der Reichenau richtete zu einer Zeit, als Tuttlingen den Mönchen dort gehörte, der Wissenschaftler Reginbert die erste deutsche Großbibliothek ein, schrieb Hermann der Lahme die erste deutsche Weltchronik, mit der er das Durchschnittsmaß der mittelalterlichen Jahrbuch- und Legendenschreiber weit hinter sich ließ, erstellte Wahlafried Strabo mit seinem »Hortulus«, seinem Lehrgedicht über den Garten und seine Pflanzen, eine erste Beschreibung gezähmter, häuslicher Natur, deren Klassifikationen sich noch Linneé, der große Naturwissenschaftler und Ordner der pflanzlichen Natur, nachdrücklichst bediente.

Geschichtliche Wirkungen und Prägungen kann man allemal schlecht belegen. Und es gibt doch Hinweise, daß einmal gezeigte geistige Leistungen sich fortsetzen und fortwirken. Wir haben keinen Beweis dafür, daß Johann Valentin An-

dreas kartographisch vorgelegter Entwurf einer »Christen-
stadt«, wie sie am besten und praktischsten auszusehen habe,
den Grundriß abgegeben hätte für das pietistische Korntal
und vor allem für das pietistische Wilhelmsdorf. Das Gitternetz dieses Entwurfs unterscheidet sich kaum von jener Quadratur, die Tuttlingen nach dem verheerenden Brand vom
1. November 1803 durch den Landbaumeister Carl v. Uber erhielt. Es ist jedenfalls ohne Zweifel, daß ein mittelbares Wechselspiel zwischen dem Entwurf des großen Pietisten-Vaters
und den Verwirklichungen der Pietistengemeinden »in dieser
Welt« stattgehabt hat. Tuttlingen hat im Verlaufe der vielen
Reichenauer Generationen etwas »abbekommen« von diesem
schöpferischen, immer wieder die Wirklichkeit angehenden,
dem rechnerisch-naturwissenschaftlichen Klostergeist. In
Steckborn, einer anderen stadtgewordenen Reichenauer Ortschaft, ist eine industrialistische Spezialität daraus entstanden.
Die Steckborner Kachelöfen, nicht nur Kunstwerke, sondern
auch technische Konstruktionen, sind berühmt geworden; sie
kommen aus einer Stadt, die eben nicht Fischernest oder
sonstwie in der Schönheit des Sees dahindämmernde Ortschaft geblieben ist. In Tuttlingen ist Schuhmacherei und
Messerherstellung daraus erwachsen, zwei Spezialitäten, die
diese Stadt wiederum abgehoben haben und abheben vom
Üblichen und Unausweichlichen in irgendwelchen Nachbar-
städten.

Gewiß will diese Abkunft nicht wörtlich genommen werden,
das ist klar. Es geht um die unmittelbaren Wirkungsstränge, es
geht um die geschichtlich wirksame Atmosphäre, es geht um
die Mentalität und die innere Disposition und Bereitschaft.
Die große Frage der Tuttlinger Stadtgeschichte heißt: Was hat
Tuttlingen befähigt dazu, als Herstellerin chirurgischer und
medizinischer Instrumente seit Jahren, seit Jahrzehnten
einen ersten Platz innezuhaben? Spaichingen oder Trossin-
gen und andere hätten dieselben Chancen gehabt, und die
Rottweiler oder Sigmaringer waren und sind auch nicht ge-

rade auf den Kopf gefallen. Aber es fehlt alles, um auch nur Vergleiche ziehen zu wollen. Tuttlingens Leistung ist ganz einmalig. Was hat diese Stadt, noch einmal diese Frage, befähigt dazu? Drüben in Onstmettingen und Balingen würde ich nicht zögern zu sagen: Befähigt hat die Leute der eine Zeitlang dort amtierende Pfarrer Philipp Matthäus Hahn, der pietistisch wirkender Theologe, Unternehmer und Maschinenkonstrukteur in einem war und im Schulmeister Sauter einen fast kongenialen Partner fand. Die beiden haben die Balinger und Onstmettinger Präzisionsindustrie begründet.

Und in Tuttlingen? Man hat gerne die Gründung des Hüttenwerks Ludwigstal, kurz vor 1700 angelegt, mit der späteren Tuttlinger Industrie in Verbindung gebracht. Aber so recht fehlt auch hier der Beweis. Keine Frage ist, daß auch hier wie sonstwo der landesherrliche Merkantilismus den einen und anderen Impuls sozusagen für »Weiterarbeit«, für die Frühformen des Industrialismus gegeben haben mag. Es gäbe da eine Kausalkette: Die Verhüttung des heimischen Bohnerzes bringt einen großen Anfall von Rinde, bringt abgeholzte Flächen, bringt neue Weidegebiete mit Erzeugung von Fellen und Wolle, mithin Gerber und Schuster und endlich Lederfabriken und Schuhfabriken. 1910 waren in Tuttlingen über 30 Schuhfabriken zu Hause.

Aber der Satz »Es entstanden dadurch Metallgewerbe, Nagelschmiede, Messerschmiede, daraus später Chirurgie-Instrumentenmacher«: dieser Satz nötigt einen doch zur Nachdenklichkeit und zur Frage, ob die Kategorie »Ursache und Wirkung« für ein geschichtliches Urteil überhaupt gebraucht werden darf. Backnang war eine Gerberstadt reinsten, nein trübsten Wassers. Und es ist doch keine feinmechanische Industrie daraus geworden. In Tuttlingen ist die Zahl der Messerschmiede – und auch schon der berühmten »Soutterainfabrikle« – von 1803 (der Brand machte auch hier eine Zäsur) bis 1860 um das Neunfache gestiegen.

Was war der Grund? Zwei Dinge: die Notwendigkeit und die

Rechenhaftigkeit. Das Städtchen war arm. So fromm und geistvoll die Reichenauer Mönchsherren sein mochten, sie haben
die Tuttlinger kurzgehalten und immer auch für (Reichenauer) Leibeigene in der Stadt gesorgt. Für württembergische
Begriffe ist das eine besondere und ganz seltene Sache. Im
Stadtrecht vom 4. Februar 1489, erhalten in der Abschrift des
Tuttlinger Stadtbuchs von 1559, ist zwar die Rede vom Metz-
ger-Eid, vom Fleischschätzer und Weinschätzer und Brotschät-
zer, vom Feuer-, Mühlen- und Ziegelbeseher. Aber auf eine
große innerstädtische Arbeitsteilung mit reicher beruflicher
Palette darf daraus kaum geschlossen werden. Das Umland um
Tuttlingen war und ist dürftig. Große Bauern mit mächtigen
Dinkel- oder Weizenfeldern fehlen ganz. Es reichte nicht einmal zu einem richtigen Bauernnest. Als Tuttlingen zur Grenz-
feste umfunktioniert und 1460 mit dem Bau, später hätte man
gesagt des Forts Honberg begonnen wurde, war der Stadtwirt-
schaft ein weiterer Schlag versetzt. Ab dato bis zum Dreißigjährigen Krieg war Tuttlingen Festungsstadt. Was Ludwigstal anlangt, so blieb das Werk bis ins 19. Jahrhundert ein Zuschußbe-
trieb und keinesfalls ein Idealbetrieb; mit seinem Erz übrigens
konnten die Tuttlinger Messerschmiede nicht allzuviel anfangen. Ihr Messerstahl erforderte andere Qualität.

Kurz: Es blieb die schiere Notwendigkeit, »aus dem Schneider« herauszukommen und sich auf Spezialitäten zu verlegen.
Das konnte freilich nicht geschehen ohne das, was mit dem
Wort »Rechenhaftigkeit« schon umschrieben ist. Die Tuttlinger eignen sich ganz vorzüglich für diese Arbeit, die Industrie-
arbeit ist und dann doch wieder Handwerksarbeit, ob das nun
– bei Äskulap – ein Operationsinstrument ist oder – bei Storz –
ein endoskopisches. Die Handwerkstradition in der Stadt hat
das möglich gemacht. Man hat zwei, drei oder noch mehr Generationen probiert und gebessert, das waren ja alles keine
Entdeckungen über Nacht, bis das Gerät dann versandreif war.
Man hat sich nichts gegönnt, bis das Werk, das letztlich schöpferische, im alten Zunftsinne »ehrlich« war.

Es ist kein Zufall, daß es das hier nicht gibt, diese Handvoll weniger großer Familien, die als »Patrizier« insgeheim die Stadt für Jahrzehnte, für Generationen regieren, daß es »den« großen Sohn der Stadt, wie in Schorndorf den Daimler oder in Reutlingen den List, nicht gibt. Es gibt »nur« die bürgerliche Gemeinde und »nur« das Kollektiv, das, altwürttembergisch heute noch, sich von dem Aufgebrachten und aller Angeberei deutlich distanziert, das sein »Sach« zusammenhält und die Welt, die Wirklichkeit von vornherein achtet und einkalkuliert. Man spart.

Es ist kein Zufall, daß die kleine Geniestatistik der Stadt gerade fünf, sechs Namen enthält. Aber es ist weder ein Künstler darunter noch ein Dichter, noch ein Schauspieler. Es sind zwei Juristen, die Verwaltungsleute waren an höchster Stelle: Es ist Georg Wolfgang Krafft, der Professor der Mathematik und Physik war in Petersburg und Tübingen; es ist Sigmund Teuffel, der Direktor der Sanitätskommission in Karlsruhe war; es ist Gottfried Jetter, der handwerkliches Können mit naturwissenschaftlich-medizinischer Lernbereitschaft zusammenband und die geistige, die charakterliche Sonderhaltung dieser Stadt gewissermaßen krönte.

Eine einfache, eine bescheidene Bürgerkrone, natürlich, weder verliehen noch gesucht: Ich sehe in dieser Stadt überall den Trend zur Gemeinsamkeit. Sie hat nun eigentlich gar nicht das »Verhockte«, das sich in alten Residenzstädten und wohl auch in den ehemaligen Reichsstädtlein festsetzen konnte. Eine Stadt, die Scharen von Wanderern »am sonntags« in die Gegend schickt und in der allein die TGT 10 000 aktive Sportler vereint, bei nicht einmal 30 000 Einwohnern: Eine solche Stadt ist alles andere als ein stagnierendes Nest.

Das alte Tuttlingen verdankt neben der rechnenden und industriösen, neben der bescheidenen und klugen Haltung seiner Bürger den Aufstieg nicht zuletzt der Verkehrslage. Man lag und liegt wie in einem Fadenkreuz einer Nord-Süd- und einer Ost-West-Achse, und die Tuttlinger haben ihre

Konstrukte nicht nur machen, sondern auch verkaufen können. Ja, sie sind neugierig geblieben auf das, was der Welt-
markt vielleicht für sie abwerfen könnte. 1902 zogen denn
auch fünf Tuttlinger Freunde nach Düsseldorf, die dortige In-
dustrieausstellung war in aller Munde, da konnte man gegebe-
nenfalls was lernen. Der alte Schuhfabrikant Matthäus Henke
gehörte zur Runde, der Deutschhofwirt Zeeb, der Gärtlewirt
Müller, der alte Bauunternehmer Banhardt und der Feuer-
wehrkommandant Karl Rieß. In Köln mußten sie übernachten, in Zimmern nebeneinander. Morgens erscholl der original Tuttlingerische Ruf: »Hai, schtaon ou uff, d'Sonn schint
scheints schao(n).« Keine Frag für das Personal, daß das Chi-
nesen waren, zumal einer noch fragte bei der Morgentoilette:
»Hätt konn konn Kamm?« Schließlich wollte er frisiert sein.
Als die fünf Tuttlinger dann zum Frühstück herunterkamen,
ich verdanke diese Geschichte wie wir alle (und viele andere)
Hermann Streng, fragte der Kellner: »Wünschen die Herren
zum Frühstück natürlich Tee?« Darauf die Gäste: »Noma,
noma, Kaffee.« Worauf der Kellner, geistesgegenwärtig, wie
Nordlichter sind, erwiderte: »Tut mir leid, Noma-Kaffee führen wir nicht!«

Womit wir beim Tuttlinger draußen in der Welt sind, und
bei unserem »Kannitverstan«. Wir wollten noch das Ende der
Geschichte hören. Er hätte gerne, unser Tuttlinger Bursch,
gewußt, wem das prächtige Haus gehört. Aber der solcherma-
ßen in Amsterdam Angesprochene hat keine Zeit und versteht
ihn auch gar nicht, er sagt nur »kurz und schnauzig: Kannitverstan«. Das geht so: Als der Gesell im Hafen vor einer großmächtigen Barke steht, die aus Ostindien einlief und aus deren Bauch Kisten und Ballen geholt werden. Er fragt, wem
dieses Schiff gehöre. Wiederum: »Kannitverstan«.

Als der Tuttlinger eben denkt: »Wenn ich's doch auch nur
einmal so gut bekäme, wie dieser Herr Kannitverstan es hat«,
biegt er um die Ecke und trifft auf einen Leichenzug, stumme,
weinende Menschen, schwarze Mäntel, in der Ferne läutet ein

einsames Glöcklein. Die Frage, wer hier zu Grabe getragen werde, endet wieder im »Kannitverstan«. »Da fielen«, schreibt der große Hebel, »da fielen unserm guten Tuttlinger ein paar große Tränen aus den Augen, und es ward ihm auf einmal schwer und wieder leicht ums Herz.« Er hat mit einem Schlag begriffen, daß Reichtum und materielle Sicherheit und Informationsvorsprünge und Marktvorteile und Publicity und alle die Segnungen unserer Tage nicht alles sind.

SULZ AM NECKAR
Prinzip Wirklichkeit

Was eine so kleine Stadt wie Sulz am Neckar an schöpferischen, kräftigen Köpfen hervorgebracht hat! Der erste, mit dem wir die series illustrium virorum, die Reihe der berühmten Sulzer, beginnen lassen, war der 1534, also noch in der Reformationszeit geborene Johann Jakob Guth, Kammerpräsident der württembergischen Herzöge Christoph, Ludwig, Friedrich und Johann Friedrich. Die Guth waren eine alte Sulzer Familie, geehrt und geachtet schon in der katholischen Zeit. Johann Jakobs Vater starb, als sein Söhnlein gerade zwei Jahre war. Später, er war ein gestandener Mann, luden ihn die Helfensteiner, Fürstenberg, Hohenzollern und so weiter regelmäßig zu ihren Festlichkeiten ein. Bei einer solchen Gelegenheit lernte Guth den württembergischen Herzog Christoph kennen. Der machte ihn dann nach Vorproben zum ersten Beamten des Landes. Guth muß ein Ausnahmemensch gewesen sein, die leibhaftige Verbindung von schöpferischpolitischem Geschick und verwahrender Sachtreue. Immerhin waren zwei seiner Herren Herzöge, Christoph und Friedrich, die wichtigsten der württembergischen Herzogsreihe überhaupt. Guth, von Hause aus kein kleiner Mann, ist nicht nur zu Ehren, sondern auch zu Reichtum gekommen. Von seinen Stiftungen haben das Tübinger Stift und das Stuttgarter Spital noch lange gelebt, und sein Sohn, herzoglicher Oberhofmeister, hat es ihm auch in dieser Hinsicht gleichgetan.

Acht Jahre nach Guth wurde Salomon Schweigger geboren,

aber, er ist nicht, wie man lange schrieb, hier in Sulz, sondern in Haigerloch zur Welt gekommen. Manchmal haben da die Städte Pech. Den berühmten ersten Mondgeographen Tobias Maier feiern die Marbacher. In Wirklichkeit hat man den halbjährigen und noch sabbernden Säugling, hoffentlich pfleglich, mit der Kutsche nach Esslingen gebracht. Hier ist er aufgewachsen, und hier hat er seine mathematisch-astronomischen Kenntnisse und Fertigkeiten erworben. Von hier aus ging er nach Göttingen als Universitätsprofessor. Wie immer auch: Marbach feiert seinen halbjährigen Maier.

Wir lassen den seligen Schweigger in Haigerloch, stellen jedoch fest, daß die Schweigger aus Sulz stammen, wo sie das Bürgerrecht besaßen. Hier war auch Schweiggers Vater Notar bis zum frühen Tod. Und der junge Salomon wuchs in Sulz im großelterlichen Haus auf. Daran schlossen sich Seminar und Tübinger Stift an. Aber Schweigger geht nicht die Ochsentour. Im September 1576 verläßt er noch vor dem ordentlichen Abschluß seiner Studien Tübingen und reist nach Österreich, in der Hoffnung, er werde was Rechtes finden. Tatsächlich findet er was, beim evangelischen Freiherrn Joachim von Sinzendorf, soeben zum kaiserlichen Gesandten in Konstantinopel bestimmt. Im November 1577 tritt Schweigger als Gesandtschaftsprediger die gemeinsame Reise in die Türkei an, von der er erst vier Jahre später wieder zurückkehrt. Keine Angst: Es wird noch ein ordentlicher, das heißt wohl im Schwäbischen ein seßhafter Mann, aus ihm, er wird Stadtpfarrer in Nürtingen und erhält schließlich nach Umwegen den Ruf an das Pfarramt einer der ersten Kirchen Nürnbergs, der Frauenkirche.

In Nürnberg erscheint 1608 ein voluminöses Buch mit abenteuerlichen Bildern: »Eine newe Reyssebeschreibung aus Teutschland nach Constantinopel und Jerusalem«, das Werk ist hernach öfters aufgelegt worden. Wir halten uns an die 1964 in Graz erschienene Ausgabe, den dritten Band der europaweiten Reihe »Frühe Reisen und Seefahrten in Original-

berichten«. Schweigger, immer ein bißchen der Schüler des
redseligen Tübigner Polyhistors Crusius, ist einer der ersten
großen Reiseschriftsteller deutscher Sprache, kein Unterhal-
ter, kein redseliger Fremdenführer, sondern ein ungemein lebendiger Stilist und Sammler, der alles bietet: genaue, tüfte-
lige Landschaftsbeschreibung, Historisches, Statistisches,
Flora, Architektur, Zoologie, Mentalitätsgeschichte – ein Rei-
sewerk, wie wir das heute gar nicht mehr kennen und nicht
mehr können, die polyhistorische Bewältigung von Wirklichkeit, von fremdländischer Wirklichkeit, die hier wie ein über-
reicher orientalischer Teppich ausgebreitet wird.

Unser seetüchtiger Pastor haigerloch-sulzischer Abkunft
hat, übrigens erst zwanzig Jahre nach seiner Rückreise, litera-
risches Neuland betreten, wie Gottlob Friedrich Heß auch.
Der ist garantiert reiner Sulzer. Die Heß sind eine alte Beam-
tensippe, alle treue Diener ihres Herzogs im engen Raum zwischen Böblingen, Neuenbürg, Sulz und Herrenberg. Heß ist
als viertes von sechs Kindern am 20. Januar 1697 in Sulz zur
Welt gekommen. Sein Vater Georg Friedrich Heß, aus dem
Schreiberstand hervorgegangen, hatte es zum Vogt allhier gebracht. Der Sohn wurde Akademiker, zuerst Theologe, dann
auf entschiedenen Wunsch seines Vaters Jurist und 1724 Vogt
in der wichtigen Grenzstadt Herrenberg. Dort hat er ein Jahr
später die Dorothee Dörtenbach geheiratet, aus der reichen
Calwer Handelsherrenfamilie. Heß war kein Paragraphenrei-
ter und kein weltfremder Gelehrter, sondern stand auf festen
Füßen in der Welt. In seinem Testament finden sich Grundstücke im Anschlag von über 8000 Gulden, ein ansehnlicher
Bauernbetrieb, den er selbst bewirtschaftet hat. Der Bau oder
genauer: die erste Großreparatur der wunderschönen Herrenberger Stiftskirche ist sein Werk, und die Wegführung
Herrenbergs von der Festungsstadt zur, sagen wir einfach,
Musenstadt, geht auch auf ihn zurück. Was ihn aber unvergessen gemacht hat, ist wiederum ein sehr komplexes und kompi-
latorisches Unternehemen, seine Herrenberger Chronik,

eine Sache von nicht weniger als sechs großen Foliobänden mit insgesamt 3568 gezählten Seiten.

Zu Anfang des 18. Jahrhunderts, als Gottlob Immanuel Brastberger – nämlich 1715 – hier geboren wurde, war Sulz die kleinere und eingezogenere Stadt, ganz sicherlich ein frommes Nest, dem nun auch zwei wichtige Theologen entsprossen waren in der nahezu gleichen Generation, Brastberger und Roos. Wer auch nur einigermaßen die Geschichte des schwäbischen Pietismus kennt, kennt auch den Namen Brastberger. Und wer die tiefeinschneidende Bedeutung des Pietismus für die schwäbische Kultur- und Industriegeschichte kennt – »kratze einen Württemberger, und du findest einen Pietisten in ihm« –, der ermißt den geistesgeschichtlichen Ort, der Brastberger zukommt. Ausgang des letzten Jahrhunderts hat ein guter Kenner der Materie gesagt: »Es wird unter den Zeugen der Wahrheit, welche Gott im vorigen Jahrhundert unserem württembergischen Vaterland schenkte, kaum einen geben, der unter dem Volk in so weiten Kreisen, und zwar nicht nur in den eigentlich gläubigen Kreisen, solchen Eingang gefunden und solche Frucht gebracht hat bis in unsere Tage wie Immanuel Gottlob Brastberger, dessen Evangelien-Predigtbuch seit mehr als 100 Jahren in Tausenden von Familien Jahr ums Jahr die Nahrung und Erbauung dargeboten hat.«

Brastberger ist nicht zum Prälaten und nicht zum Kirchenfürsten aufgestiegen, er ist Pfarrer geblieben, in Stuttgart, in Nürtingen, im württembergischen Oberesslingen. Seine große Bedeutung hierzulande: daß er das Evangelium in die Sprache und die Situation der Leute übersetzt und nach der Exegese, nach der Erklärung und Ausdeutung der Bibeltexte, praktische Anleitung zu einer probablen christlichen Lebenspraxis gegeben hat. Daß es dabei nie ohne Androhung göttlicher Strafe abgegangen ist, das bedauern wir heute und das stört den einen und anderen etwas. »Wenn an einem Ort und in einer Stadt das Sündenfeuer brennet«, donnert er einmal von der Nürtinger Kanzel auf die Leute hinunter, nach einem großen Stadtbrand, »so zündet der Herr sein Zorn- und Rachfeuer an, welches kein Mensch zu löschen imstande ist. O Nürtingen, Nürtingen! Wie hast du dieses so empfindlich erfahren müssen, da der Herr eben vor nunmehr sechs Jahren ein Feuer in deinen Thoren ansteckte!«

Indessen, ohne Versöhnung läßt uns auch eine solche Lektion nicht. In seinen »Betrachungen über die Heils-Güter«, nur *einem* Buch aus seinem stattlichen theologischen Œuvre, erklärt Brastberger, auch das Beste sei mangelhaft und unvollkommen, aber durch Jesu vollgültiges Verdienst »ist unsere Sünde und Verdorbenheit zugedeckt; durch dein Blut sind wir dem Vater wieder geheiliget. Durch deinen vollkommenen Gehorsam sind auch unsere unvollkommene Geschäfte und Verrichtungen dem Herrn unserem Gott angenehm gemacht worden.«

Roos, geborener Sulzer, ist noch mehr theologischer Schriftsteller als Brastberger. Allein über ein halbes Hundert Buchtitel haben wir von ihm, etliche davon ins Englische oder Schwedische übersetzt, dazuhin eine wissenschaftlich-theologische Korrespondenz mit der halben Welt, die sich erhalten hat. In diesem von der verhärteten Orthodoxie zur lichtoffenen Aufklärung sich wendenden 18. Jahrhundert war Roosens Stimme damals höchst populär und nebenbei eine Autorität von kirchenamtlicher Gravität. Es war Roos, dem der württembergische Oberkirchenrat den Auftrag gab, wie es hieß, »über das ganze System des Theosophen Philipp Matthäus Hahn treuen und gewissenhaften Bericht zu erstatten«.

Was uns wichtig und bezeichnend erscheint: Auch Roos ist bei allem missionarischen Eifer ein Mann der Wirklichkeit. »Wenn unter seinen Erbauungsschriften«, heißt es in einer Lebenswürdigung Ende des letzten Jahrhunderts, »sein ›Christliches Hausbuch‹ sowie seine ›Kreuzschule‹ so große Beliebtheit bei dem Volke gewonnen haben, so hat dies seinen Grund darin, daß hier in geistlicher Nahrung gesundes,

kräftiges Hausbrot statt halbwertiger Leckerbissen darge-
reicht wird, welches unter der großen Veränderung der
Lebensschicksale und dem Wechsel der Stimmungen seinen
bleibenden Wert behält. Seine Theologie hatte eine entscheidende Richtung auf das praktische Leben. Er genoß als Mann
von christlicher Lebensweisheit ein solches Zutrauen, daß
Leute aus verschiedenen Ständen und von verschiedenem
Range in Württemberg und aus entfernten Ländern mit den
verschiedensten Anliegen und Anfragen sich an ihn wandten
und seine Meinung oder seinen Rat einholten. Bald über
theologische oder kirchliche Gegenstände, bald über gewisse
Personen wurden Gutachten von ihm verlangt. Als nüchterner biblischer Theologe und als Mann von reicher und tiefer,
wahrhaft christlicher Lebensweisheit hat er für das württembergische Volk und über die Grenzen Württembergs und
Deutschlands hinaus in großem Segen gewirkt zur Pflanzung
gesunden evangelischen Glaubens und ungeheuchelter
Frömmigkeit.«

Im geistigen Haushalt der Geschichte kommt es nicht darauf an, ausgefallene und bizarre Definitionen zu entdecken,
weil alles auf Durchschnittsgebrauch hinausläuft und jedes
Wort weiterwirkt, daheim oder draußen in der politischen
Wirklichkeit. Die Mehrzahl hat am meisten von denen, die
sich, einmal Wortführer geworden – heute sagt man, Mei-
nungsträger – der Realitäten annehmen. Die Sulzer Geistesgeschichte macht es möglich, hier zwei für den Unkundigen
ganz gegensätzliche Namen in engste Verwandtschaft zu bringen, Roos und Kölreuter. Der eine, der Theologe, sorgt sich
um das menschliche Zusammenleben, der andere, der Sulzer
Apothekerssohn, um das pflanzliche Weiterleben: So ver-
schieden sind die Blickrichtungen auch wieder nicht.

Kölreuter ist in der Stadt noch unvergessen; die Tafel an der
Sulzer Apotheke kennt man: »Joseph Gottlieb Kölreuter,
geb. Sulz 1733, gestorben Karlsruhe 1806, dem Begründer der
Blütenbiologie und der pflanzlichen Bastardierungskunde.«

Kölreuter hat wohl die meisten publizistischen Ehrungen von allen Sulzer Köpfen gefunden. Zum Anbringen der Gedenktafel an seinem Geburtshaus am 27. April 1933 hat Oberlehrer Schöpfer einen umfänglichen Artikel gebracht, übrigens in seiner treulichen Sachlichkeit und nirgendwo billig aktualisierenden Zurückhaltung ein feines Beispiel, wie man die Kirche trotz nazistischem Rassenblödsinn und Rassenwahn im Dorfe lassen kann.

Vom Theologen zum Biologen ist es, zumindest in Sulz, ein so weiter Weg nicht, und vom Biologen zum Mediziner schon gar nicht. Da ist Christian Gottlieb Reuß, der in Sulz 1742 als Sohn des Sulzer Stadtphysikus Dr. Albrecht Reinhart Reuß geboren wurde und dann den württembergischen Personaladel erhielt. In der Württembergischen Landesbibliothek liegt ein schmales Schriftlein, die Doktorthesen der Mediziner Reinhardt Hoven, Elvert, Hoelder und eines gewissen Johann Christoph Friedrich Schiller aus Marbach enthaltend: Vorsitzender dieser Prüfung in der Karlsakademie war nach dem Herzog höchstpersönlich der Dr. Christian Gottlieb Reuß, 1780 zum Herzoglichen Leibarzt ernannt und als solcher Mitglied der Herzoglichen beziehungsweise Königlichen Medizinial-Direktion.

Reuß war das, was man einst einen »praktischen Arzt« nannte, mit großer Lebenserfahrung und in diesem Sinne Hausarzt alter Art ohne besonderen publizistischen Ehrgeiz. Man wird ihm Johann Philipp Haizmann an die Seite stellen dürfen, der 1748 in Haiterbach geboren wurde und ein halbes Jahrhundert lang Wundarzt in Sulz blieb. Merkwürdig genug, daß auch Haizmann neben seiner praktischen oberamtsärztlichen Arbeit den Ehrgeiz hatte, die »Skizze einer medizinischtopographischen Beschreibung der Oberamtsstadt Sulz am Neckar« zu verfertigen: Der wissenschaftlich diagnostizierende und therapierende Mediziner setzt seine ganz der konkreten Situation gehörende Arbeitsweise noch einmal »vor Ort« ein, in einer Schweiggers Landschafts- und Regionsbeschreibung potenzierenden Form. Stadt und Amt als Untersuchungsobjekt nicht schöngeistiger oder gar künstlerisch-hymnischer Landschaftslyrik, sondern höchst pragmatisch-sezierender Naturwissenschaft, Stadt und Land als Gegenstand der Sektion und Physiologie: nüchterner, realistischer geht's gar nimmer.

In dieser Atmosphäre, die offenbar mit visionären Daseins-erhöhungen oder irgendwelchen Extravaganzen einer sinnlich-ästhetischen Kultur gar nichts anfangen konnte, in der irgendwelche expressionistischen Versuche als Versündigung empfunden wurden, waren die Oberamtmänner, die Landräte Müller und Schäffer zu Hause – man kennt sie heute noch in Sulz. Beide waren keine Sulzer. Johann Friedrich Müller ist 1718 in Heidenheim geboren, studierte Jura, wurde Rechtsanwalt und danach als Untervogt in Markgröningen herzoglicher Beamter. 1752 übernimmt er das Amt des Vogts und Kellers in Sulz. Am 29. Februar 1780 hat er sein Amt als Oberamtmann an seinen Schwiegersohn Schäffer weitergegeben, der kurz vorher das Examen abgelegt hatte.

Müller ist der geistvolle wie unermüdliche Anreger, heute sagt man, der Mann der Pilotunternehmen und Innovationen. Schäffer, 1748 als Pfarrersbub in Ottenhausen bei Neuenbürg geboren, ist der Mann der straffen Verwaltung und der unbestechlichen Kriminalistik: Wiederum geht es in beiden Fällen um die Gestaltung der Wirklichkeit ebenso wie um ihre Ordnung. Müller ist der Gestalter, Schäffer der Ordner. Müller, dem übrigens längst eine einigermaßen adäquate Biographie gebührt hätte, hat vor allem in sechs Büchern und Schriften sich geäußert, zwischen 1762 und 1770. Die Reihe beginnt mit, wie man damals sagte, »Zufälligen Gedanken« zur Anlage von Manufakturen und Fabriken, und endigt mit prakischen Vorschlägen zur Verbesserung des Anbaus von Röthe oder Grapp, zur Verbesserung des Feldbaus überhaupt. Es gibt keine Stimme im Württemberg des 18. Jahrhunderts, die so konsequent und übrigens so belesen sich für die mer-

kantilistische Industrialisierung entschieden hätte, wie die
Müllers.

Schäffer hat auch zwei Bücher erscheinen lassen, aber nicht
als Beamter, der pünktlich seinen Frühschoppen einnahm
und den Herrgott einen guten Mann sein ließ, sondern als der
beste Polizeimann seines Jahrhunderts in Württemberg, der
einzige, dem es gelang – und wenn's am historischen Stadtfest
regnet, so ist der Hannikel daran schuld –, der einzige, dem es
gelang, die ganze Hannikelfamilie, neunundzwanzig Köpfe,
in den Türmen von Sulz in Haft zu halten. Der Herzog mag
vor diesem genialen Verbrechensbekämpfer ebenso das
Kreuz gemacht haben wie vor dem unermüdlichen Wirt-
schaftstheoretiker und Wirtschaftspraktiker Müller. Die ganze
Titelseite der beiden genannten Schriften von Schäffer sparen wir uns zu zitieren. »Sulz am Neckar« fängt es an, »Beschreibung derjenigen Jauner, Zigeuner, Straßenräuber, Mör-
der, Markt-Kirchen-Tag- und Nacht-Dieben, Falschen-Geld-
Münzer, Beutelschneider« und so weiter. Wer die langen
Kladden aufschlägt, sieht keine Literatur vor sich wie bei Müller, der mit den deutschen Physiokraten die Klinge kreuzt,
sondern eine penible Fahndungsliste mitten in einer Zeit, die
sich noch kaum zurechtfindet in der Aufgabe, der Verbrecher
landauf, landab auch nur einigermaßen habhaft zu werden.
Schäffer bietet exaktes Fahndungsmaterial. »Maria, das Eheweib des Roschlen oder auch ›der alte Franzos‹ genannt, gegen 40 Jahr alt, ein dickes rothbrechtes feuriges Mensch, eine
große Hure, die sich einem jeden ergibt, der ihr Essen und
Trinken bezahlt. Der Unger-Sepple treibt das Diebshandwerk
ohngefähr 3 Jahr und genießt sein Weib und Schwiegereltern
alles mit, was er ihnen zuträgt, desgleichen nimmt die Ma-
riana Hemder, Leinwand und anderer Kleinigkeiten, wo sie
etwas findet.«

Die Aufbereitung, Darstellung, Untersuchung der Wirklichkeit ist der Oberbegriff, das Tertium comparationis dieses
eigenen Sulzer Geistes und dieser, dürfen wir sagen, Sulzer

Kultur. Wir hätten da noch mancherlei Ergänzungen, die nur
Bestätigungen sind. Da wäre der in Sulz 1761 geborene Johann Michael Armbruster, ein Charakter von einem Mann,
und doch in den Fängen der österreichischen, der ultrakon-
servartiven Geheimpolizei, vielgelesener Volksschriftsteller,
dessen literarische Hinterlassenschaften und vor allem dessen
erhaltene Briefe man erst einmal lesen müßte. Helmut Hassis,
sein bester Kenner, hat es getan – um zu erkennen, daß Armbruster zumindest als Journalist ein Mann von köstlicher Begabung, ja von analytischer Eleganz war. Armbruster hat seine
tiefe Aversion gegen alles, was »Revolution« und »Jakobiner«
und »Napoleon« hieß, ernst gemeint; er war sehr viel mehr als
nur billig zu habender Opportunist. »Nach meiner Meinung«, den Satz finde ich in dem von ihm herausgegebenen
voluminösen Zeitungsjahrgang »Der redliche Bote aus Schwaben« von 1799: »Nach meiner Meinung ist das die beste Regie-
rungsform, wo nicht bloß einer allein, nicht bloß einige allein,
sondern alle und jede so viel Freiheit genießen, als es möglich
ist« – ich denke, keiner unserer von Diktatoren geschundenen
Generationen hat etwas einzuwenden gegen diesen Satz. Armbruster war eine Begabung und für unsere süddeutsche Region tatsächlich so etwas wie die verkörperte Hoffnung auf
eine Politik, die sich weniger auf ideologische Vertröstungen
als auf die Kunst des Möglichen verläßt. Er hat, 1761 in Sulz
geboren, hin und her geschoben und ein redlicher Kommentator, bald zwischen den Mühlen der Macht im Selbstmord ge-
endigt.

Wirklichkeit, Verläßlichkeit, Klarheit – die Sulzer Köpfe haben allemal darnach gesucht, es ist eine auffallende Einheitlichkeit in dieser Reihe. Der 1784 in Sulz geborene Carl Ferdinand Ludwig, dessen Büste im Stuttgarter Naturalienkabinett
im Zweiten Weltkrieg verbrannte, und deren Doppel man
1963 in einem Speicher der Garten- und Forstverwaltung in
Kapstadt fand und der, vom württembergischen König mit
dem persönlichen Adel geehrt, stellte die Naturkunde des

Kaplandes auf völlig neue Füße. Und Karl Wunderlich, in Sulz 1815 als Sohn des Oberamtsarztes geboren, ist aufgewachsen zu einem der maßgebenden Begründer der modernen Heilkunde. Am 4. August 1915 hat man seiner in einer Gedenkfeier der Universität Leipzig gedacht. »Wie er wurde und was er war«, erklärte damals der Direktor der Universitätsklinik, »darf die gesamte deutsche Medizin nicht vergessen. Denn Wunderlich ist einer der Eckpfeiler des stolzen Gebäudes der modernen, deutschen medizinischen Wissenschaft, einer der Eckpfeiler in der Säulenhalle, die in den Tempel der echten Wissenschaftlichkeit einleitet.« Was Wunderlich in seiner vielgelesenen Geschichte der Medizin abschließend resümierte, das hätte Otto Bölken, der in Sulz geborene große Mathematiker und mathematische Wissenschaftsorganisator, wohl auch unterschrieben: »Man darf sich über die Fortschritte der außerwissenschaftlichen Einsicht in das Geschehen der Natur und damit in die Würdigung der ärztlichen Leistung keine Illusionen machen. In dem Zeitalter der wandelnden und redenden Tische kann niemand die öffentliche Meinung für reif halten, in Sachen der Natur eine Stimme abzugeben. Es wird auch heutzutage noch dem einzelnen überlassen werden müssen, nicht kraft seiner Wissenschaft, sondern Kraft seines persönlichen Geschicks sich seine Stellung zu erwerben und zu sichern.«

Wer macht Geschichte? Menschen, Gruppen und einzelne, denen das Leben mehr als Macht und Bereicherung ist, Leute, die nicht, wie Hölderlin einmal rügend bemerkt, das Paradies versprechen und unterdessen die Gegenwart zur Hölle machen, Männer und Frauen, die sich der Wirklichkeit gegenüber verantwortlich fühlen.

BAD LIEBENZELL
Glauben festmachen vor Ort

Der warme Liebenzeller Quell ist sicher schon in der Frühzeit, in der klösterlichen Zeit bekannt gewesen. Bad Liebenzell, obwohl erst 1926 mit dem amtlichen Zusatz »Bad« versehen, gehört nicht zu den Neugründungen wie Bad Mergentheim, wo 1826 ein Schafhirte die verschüttete Bittersalzquelle entdeckte. Es gehört auch nicht zu den Entdeckungen unserer Tage wie Bad Urach. Das »Zeller« Bad gab es von Anfang an. 1403 wird das Untere Bad als Erblehen verliehen, zwölf Jahre später das Obere. Als um 1526 Paracelsus das Bad besuchte und untersuchte, stößt seine medizinische Analyse auf eine breite Bereitschaft der Leute und vor allem der betuchten Leute, sich den Kräften der Natur anzuvertrauen. Ab jetzt setzt man sich, wann immer man es sich leisten kann, in den Zuber voll warmen Wassers – in Liebenzell heute übrigens mit den 38,8° als Naturwärme für meine Begriffe erstaunlich hoch temperiert – oder trinkt das Heilwasser pur, die schwäbische Aversion gegen Wasser dabei überspielend und überspülend.

»I mag's Wasser net en de Schuah, no viel weniger im Mage«, so saget Schwoba au heut noch. Man gibt hehlinge zu, daß Wasser pädagogische Funktionen haben kann. »Von d'r Wassersupp wird ma g'scheit«, oder: »'s versaufet meh im Wei' als im Wasser.« Oder: »Die kloine Wässerle reißet oft die größte Löcher.« Wasser ist in den Augen des Schwaben eine kümmerliche Sache. »'s Wasser macht blaue Därm, Most ist besser.« Die Gäste hier waren (und sind) anderer Meinung:

»Wasser macht g'sund.« Sie kommen zuhauf; im Reformationsjahrhundert waren immer wieder neue Badeordnungen nötig, und auch als Mèlac und seine feinen Soldaten 1692 das Untere Bad zerstörten, konnte das den Ruf des Zeller Bades nicht im mindesten stören. Liebenzell gehörte zu den Modebädern. Was Martin Ruland, der Leibarzt Kaiser Rudolfs II., 1578 diagnostizierte, blieb bis in die Mitte des 18. Jahrhunderts ausgemachte Sache: »Das Zeller Wasser verbessert die böse Unrichtigkeit des Magens, wenn man's zum Trinken gebraucht, und verstopften Harn treibt es wunderbarlich.«

Erst nach 1750 sind die Leute von der Zeller »Wunderbarlichkeit« nicht mehr so überzeugt gewesen. Aber es ist eine schwierige Sache, fachmännisch präzis und verläßlich zu sagen, warum jene Mode ankommt und diese nicht. Die Mode, nach Liebenzell zu fahren und die »böse Unrichtigkeit« des Magens wieder ins Lot zu bringen, ließ jedenfalls nach, und die Leute verkrümelten sich. Erst als man sich in den dreißiger Jahren des letzten Jahrhunderts in wissenschaftlich-geognostischer Weise des Zeller Bädleins annahm, und damit also den nicht mehr aufzuhaltenden wissenschaftlichen Fragestellern entgegenkam, legte man wieder zu.

Aber in privater Hand war das Bad allemal noch. Wir wollen nicht sagen, daß es ein Fremdkörper in der Stadt Liebenzell war, aber doch eine Sache für sich, über viele Jahrhunderte außerhalb des Mauerberings, außerhalb der Stadt angesiedelt. Noch die Liebenzeller Stadtansichten des letzten Jahrhunderts zeigen das unmißverständlich, und Merian schreibt 1643 in seiner Topographia Sueviae von der Stadtmauer einerseits und vom Bad andererseits. »Es liegt nicht weit von dem gedachten (erwähnten) Städtlein Liebenzell«, heißt es da, »das berühmte Zellerbad.«

Einige der Badbesucher haben zwar nicht ihr Bildnis dagelassen zum Dank, aber doch ihr Familienwappen, heute schön aufgereiht und schön restauriert zu sehen. Für die feinen Herrschaften mußte man etwas tun, und der Badwirt, der folgendes anmahnt, kommt glücklicherweise aus einem benachbarten Badeort: »Das Hüenerhaus, so einen Gestank verursachet, steht mitten im Öhm, wo der lustigste Spaziergang und stärkste Wandel ist.« Man wandelt im Kurschritt, aber man schleicht sich auch in die Sauna, in Liebenzell um 1500 als »Schweißbädlein« bezeichnet, und man lustwandelt ins »Kaffeehaus« am Wald oberhalb des Kurhauses, wo man wahrscheinlich genau *den* Gugelhopf oder *das* Petit four vertilgt, das einem der Kurarzt verboten hat. Überhaupt das Essen! Kurt Erhard Marchthaler aus der alten und berühmten Patrizierfamilie der Reichsstadt Esslingen berichtet sorgfältig, was man während der vierzehn Tage hier mit »Frau Liebsten« und »Fräulein Tochter« gegessen hat. An einem Mittag – wir nehmen den heraus als stellvertretend für alle übrigen – gab's Krebssuppe mit Milch, dann fährt der Herr Bürgermeister Marchthaler selber fort: »Und dann etwas, was man heutigentags zwar auch vorgesetzet bekommt, was man aber auf keiner Speisekarte oder Rechnung finden wird, nämlich ›1 alte Henne‹, zu der man noch gefüllte Nudeln aß, und dann kam ein ›Gogel Hopfen‹«, der übrigens teurer war als das ganze Mittagessen zusammen. »Extra Butter-Knöpfle, Krebspasteten und Wirsching und Hammelfleisch und Mandelwürstlern in Rahmsoß« und eine Gans, und dann zum Beschluß eine »Büsqüt Dorten«.

Man kann mit weltanschaulichen oder ideologischen oder religiösen Kategorien an eine solche Kur nicht herangehen. Es gehörte ja zum Therapiekonzept, daß man möglichst abschaltete, gerade in den aufgeregten Tagen der Reformation und danach. Noch die Badeordnung von 1596 verlangt von jedem Badegast, so der Paragraph 3, »zur Verhuetung von Uneinigkeit« sich »des Disputierens in Religionssachen in dem Bad, ob dem Essen und sonst zu meßigen und zu enthalten«. Man mag keine politisierenden Kurgäste. Als man in Württemberg nach dem Dreißigjährigen Krieg wieder zu Zucht und Ordnung zurückkehrte, war einem und besonders dem

Der Neckar war in Württemberg eine gewerbebildende Kraft. Sulz 1920.

Kirchheim war modern und hatte schon 1910 eine natürliche Fußgängerzone.

Ravensburg hat seine prächtige Baulichkeit in die Moderne gerettet (1904).

Große industrielle Schaffenskraft hätte man Tuttlingen 1905 nicht zugetraut.

Kirchenfürsten Johann Valentin Andreae, dem Stuttgarter Prälaten, klar, daß auch die Badegäste nicht ohne ordentliche Religion sein konnten. Aber während sonst im Herzogtum strengste – und natürlich harte evangelische – Kirchenzucht geübt wurde, wehte in Liebenzell bei den Badegästen das sanfte Räuchlein christlicher Toleranz: »Wann Stands-Personen«, so der amtliche Bericht, »in dem Bad gewesen, hat wohl der Prediger des Orts vor ihnen in den Zimmern gepredigt, da aber die Kirche so nahe, so können die Bad-Gäste auch bay gutem Wetter dahin gehen. Diejenige, so Catholicae Religionis, haben die Reichs-Stadt Weil nicht fern, und den Ort Neuhausen noch näher. Es ist auch ehedem von der Hohen Landesobrigkeit, denen Standes-Personen dieser Religion, wohl erlaubt worden, einen Priester von sich mitzubringen, oder kommen zu lassen.« Wir sind da heute ein bißchen in Rückstand geraten – keiner von den Liebenzeller Kurgästen bringt seinen eigenen Priester mit.

Ob diese ein bißchen fromme, aber auch ein bißchen läßliche, um nicht zu sagen laszive Bad-Atmosphäre der Stadt Liebenzell nur gutgetan hat? Ist nicht der Geist dieser Stadt – auch in Liebenzell gibt es ja so etwas – vom Bad auch in negativem oder zumindest belastenden Sinne gestreift worden? Woher kommt es, daß die Nachbarstädte Weil der Stadt und vor allem Calw im Handel, aber auch im Verlagsbetrieb und damit in der Produktion zu den wirtschaflich führenden Kommunen im Lande gehörten? Calw war zu Ausgang des 18. Jahrhunderts *das* Wirtschaftszentrum im Lande, wogegen sich in Liebenzell nichts, aber auch gar nichts rührte, von einem Kupferhammer abgesehen, aus dem viele Jahre später das unvermeidliche Städtische Elektrizitätswerk wurde.

Offenbar hat das Bad den Intentionen der bürgerlichen Gemeinde Liebenzell eher den Weg verbaut als ihn geöffnet. Die »Theologie des Wasserbads«, wenn wir die vom Badearzt Justinus Kerner überlieferten Sätze eines evangelischen Dekans der Zeit so nennen wollen, war alles andere als eine Handreichung zur Bewältigung des aufkommenden Industriezeitalters. Der Birkacher Pfarrer Friedrich Wilhelm Kohler, Gründer der ersten Industrieschule des Herzogtums Württemberg, hat fast zur selben Zeit einen christlichen Katechismus geschrieben, dessen erster Paragraph lautet:»Unser Leben ist zur Arbeit da.« Das war fragwürdig, aber auf alle Fälle klar. Die Industrie am mittleren Neckar verdankt dieser – später dutzendfach variierten – Devise alles. Der Dekan Deuper schreibt, mit Windungen und mit Umständlichkeit:»Die Heilbäder sind rechte Wunderwerke der Natur, oder vielmehr Gottes des Herrn selbsten, und darum sonderlich hoch, theuer und werth zu achten. Denn in der Erschaffung Himmels und der Erden hat der Heilige Geist auf dem Wasser geschwebet, und dasselbige zwar insgemein gleichsam gesegnet, aber solche Heilwasser vor allen an den Wassern mit mancherlei Kräften und Tugenden sondertraut beseligt.«

Was immer auch mit dieser Gedankenschraube gemeint gewesen sein mag: Es hat furchtbar lange gedauert, nämlich bis zum Jahr 1928, bis das gesegnete Liebenzeller Wasser, als »Liebenzeller Sprudel« abgefüllt, nach draußen verkauft werden konnte. Die Zahl der Liebenzeller Gemeinderäte, die jedes Jahr wieder einen anderen Grund fanden, warum man das Wasser nicht verkaufen könne, war nicht gering. Das Bad – im Doppelsinn des Wortes – »verwässerte« jedes größere soziale oder industrielle Engagement. 1748 berichtete einer der zahllosen Badereisenden, im Liebenzeller Badhaus gebe es auch eine »untere Etage«, die »von armen Leut gebraucht« werde. Und in den sechziger Jahren des letzten Jahrhunderts wurde als königliche Stiftung in Wildbad das »Katharinenstift« als Armenbad gebaut. Dort sollten arme, aber gut beleumundete Staatsbürger eine kostenfreie Badekur durchführen können. Weil der Andrang so groß war, überlegte man sich, ob man das »Armenbad« nicht nach Liebenzell verlegen solle. Aus dem Vorhaben wurde nichts. Dafür ließ die württembergische Prinzessin, eine der ersten Stammkunden des 19. Jahrhunderts, 1847 in Liebenzell eine Kinder- und Industrieschule errichten, das Marienstift, das dann 1922 von der Stadt erworden wurde.

Im Wildbader »Armenbad« haben sich, das ist aktenkundig, auch die Liebenzeller getummelt. Die Stadt war arm, auch im institutionellen Sinne. Auch aus dieser Perspektive war das Bad ja lange genug ein Problemkind: Es war und blieb in privater Hand. Erst im Jahr 1900 bekam die Stadt wenigstens den Fuß in die Tür, mit dem Erwerb der sogenannten »Badwiesen«. 1922 ging's an einen Kursaal, der dann 1939, wenige Monate vor Kriegsbeginn, durch das Kurhaus ersetzt wurde. Aber das Wasser war immer noch nicht in Händen der Stadt. Erst als sie 1934 das Kleinwildbad mit seiner Quelle käuflich erwarb, wurde sie damit zum erstenmal in ihrer Geschichte Eigentümerin einer der kostbaren Thermalquellen.

Wenn man jetzt, und das tat vor allem Bürgermeister Gottlob Klepser, an die eigentliche Gestaltung des Bads gehen konnte, dann war damit naturgemäß eine gewisse Form von Urbanität gemeint – und damit war's schlecht bestellt. Eigenständig kommunales Leben hat sich in Liebenzell erst zu Ausgang des letzten Jahrhunderts breiter gemacht. Damals begann man zögernd genug, sich als »Badestadt« zu verstehen. Darunter verstand man Rücksichtnahme gegen den Kurort; sie machte »Singen und Lärmen in Wirschaften, Häusern und Wohungen« ebenso unmöglich wie, Paragraph 2, »das zwecklose Umherstehen und Umherstreifen in der Stadt nach acht Uhr«. Man blieb also zu Hause, nicht gerade sehr städtisch, und war im übrigen dagegen. Auch als der Musikdirektor Georg Wohlgemuth 1896 den Antrag zur Gründung einer Kurkapelle einbrachte, war man dagegen. Und als der neugegründete Verschönerungsverein wenige Jahre später einzelne Häuser wieder herausputzen lassen wollte, war man auch dagegen und ließ, immer am Wochenende, dieses und jenes Haus dafür in Flammen aufgehen. Die Unruhe unter der Bevölkerung wurde so groß, daß der Liebenzeller Gemeinderat

eine Scharwache beschließen mußte, die jede Nacht zu pa-
troullieren hatte.

Die Liebenzeller waren mißtrauisch gegenüber dem Modernen, und sie waren – notgedrungen – sparsam. Arme müssen ihr »Sach« zusammenhalten. Und die Liebenzeller waren
sehr arm. »Die Hauptnahrung der Liebenzeller sind Erdbir-
nen und Habermehl«, berichtet der Liebenzeller Oberamtmann Heller um 1796 nach Stuttgart. »Das Habermehl wird
vermischt mit Roggenmehl zu Brot verbacken, auch zu Brei
mit Milch gekocht.« – »Im Winter fehlt es den Leuten oft an
warmen Betten. Sie schlagen daher ihre Bettstatt im Wohnzimmer auf, heizen stark ein, sperren Türen und Fenster zu,
so daß die stark riechenden Dünste der mit Hanf- oder Leinsa-
menöl gespeisten Lampen festgehalten werden.« Und ein
paar Sätze später: »Der Gassenbettel in Liebenzell hat, da die
Polizei nicht dagegen einschreitet, so sehr eingerissen, daß
der Aufsichtsbeamte darüber schamrot werden könnte.« Das
ist die Zeit, in der landauf, landab der Reim geht: »In Zell, in
Zell / betteln die Bürger äll.«

Kein munteres Leben. Aber ein Boden, der Rettung allen
Lebens, nämlich dem Glauben, in die Augen zu sehen und
Glauben festzumachen. Hier an Ort und Stelle. Glaube ge-
deiht nicht in einer Welt, die nur noch das Auto und Tene-
riffa, den Benzinpreis und die üblen Steuern im Sinn hat. »Da
der Handwerksmann von seinem Beruf allein nicht leben
kann«, heißt es in einem Bericht aus dem Beginn des letzten
Jahrhunderts, »widmet sich der größte Teil der Liebenzeller
Handwerksleute dem Anbau kleiner Güterstücke neben dem
Handwerk. Sie tragen Dung auf ihre bergigen, wenig ergiebi-
gen Felder, sammeln auch Holz für die Küche, betreiben mit
ausgehungerten Pferden, die keine 5 Gulden wert sind, einen
Karrenfuhrverkehr und glauben, daraus mehr Gewinn zu er-
zielen als mit der Ausübung ihres eigentlichen Berufs. Es
gibt Handwerkerfamilien, die zum Essen jedesmal für einen
Kreuzer Weißbrot einkaufen, weil sie keine vier Kreuzer zu-

sammenbringen, um einen zweipfündigen Laib Schwarzbrot
kaufen zu können.« Den Bauern oben auf der Hochfläche
ging es, nach dem gleichen Bericht, »glänzend«, bei den Lie-
benzellern drunten war eine Armutei ohne Ende. Die Not in
den fünfziger Jahren war so groß, daß in *einem* Jahr die Leute
ihre Saatkartoffeln aufaßen und die Gemeinde im Frühjahr
1852 gezwungen war, 250 Zentner Saatkartoffeln einzukaufen
und zu verteilen. Das Bad, heißt es, sei in »gar üblem Zustand«, die Gebäude eingestürzt, die Gasthäuser leer.

»Liebenzell ist ein armes Städtchen«, schreibt der, heute
würden wir sagen, Landrat nach Stuttgart. »Seine Einwohner
denken nicht daran, ihren durch Wohlstand beglückenden
Nachbarn in Calw oder Pforzheim nachzueifern. Ohne größere landwirtschaftliche Betätigung, ohne jedes Gewerbe ver-
harren sie in ihren ärmlichen Verhältnissen und zerbrechen
sich nicht den Kopf darüber, wie sie die günstige Lage ihres
Ortes zur Hebung des Wohlstandes ausnützen können.« –
»Die Gemeinde Liebenzell«, so in einem Protokoll von 1853,
»ist selbst nicht im Stande, auf eigene Kosten öffentliche Arbeiten auf den ihr zur Last fallenden Wegen vornehmen zu
lassen.« Noch um die Jahrhundertwende hat man hier ganz,
ganz kleine Brötchen gebacken, nicht Badestadt und nicht be-
vorzugter Ort des Stuttgarter Naherholungsbereiches, sondern »j w d«: »janz weit draußen.« 1894 lehnte die Königlich
Württembergische Eisenbahndirektion in Stuttgart den Antrag des Liebenzeller Gemeinderats auf eine Bahnhofsuhr mit
der Begründung ab, der Liebenzeller Bahnhof sei nicht so be-
deutend, daß er eine Uhr brauche.

Es gibt Entsprechungen zwischen Wohnen und Denken,
zwischen Häusern und Menschen, zwischen Landschaft und
Mentalität. Es gibt wenig Zufälle in diesem Zusammenhang.
Warum waren die Ausläufer der einstigen Revolution von
1848 in der Fabriklerstadt Mannheim am radikalsten, warum
war die Revolution von 1918 dort allein mit Blutopfern überzogen, warum wurde die älteste, erste Ortsgruppe der NSDAP

im Lande dort gegründet? Warum breitet sich hinter dem Ge-
stade des Bodensees seit alters eine so breite und prägende
Klosterkultur aus? Warum hat sich im Hohenloheschen oder
im Oberschwäbischen im Windschatten des heiligen Bussen
bis heute kein, wie sagt man, »flächendeckender Industriebesatz« ausgebildet? Warum haben sich in Liebenzell, Unterlen-
genhart und Möttlingen Frömmigkeitszentren und Aktions-
stätten festgesetzt, wie man sie im deutschen Südwesten und
wohl darüber hinaus nirgendwo mehr findet in dieser Konzentration?

Die Rede ist von der Liebenzeller Mission und vom Internationalen Forum in Liebenzell, von den anthroposophischen
Initiativen in Unterlengenhardt und schließlich vom Gottlie-
bin-Dittus-Haus und der »Arche« in Möttlingen. Wenn man
irgendwo Glauben festgemacht hat, dann in diesen Zentren,
von denen Unterlengenhardt mit dem anderen anthroposophischen Zentrum »Dornach« konkurrieren kann, unter denen »Möttlingen« ein Begriff geworden ist, nicht nur für die
Insider der hier sitzenden Blumhardt-Gesellschaft, sondern
für alle weit in der Welt draußen, denen das Reich Gottes zur
Erfahrung und zur Beglückung geworden ist. Und wo sonst in
Deutschland – wir schließen Basel also aus – hat man Glauben
wirksamer, wirkkräftiger festgemacht als droben auf dem Missionsbuckel: Verkündigung des Wortes Gottes und verpflich-
tendes Suchen nach dem, was Christentum ist, nun wirklich
vor aller Welt.

Von Liebenzell als einer »Hochburg der Frömmigkeit«
sprach jüngst ein Journalist in einer – ziemlich miesen, nämlich bornierten und zynischen – Reportage, und hat dabei
nicht einmal an Möttlingen und Unterlengenhardt gedacht.
Ich meine, wir Weltkinder, die wir blödsinnigerweise unser
Auto ein »heilix Blechle« nennen, wir sollten, einmal entlassen aus der Gemeinschaft des Glaubens, nicht noch weganaly-
sieren und weginterpretieren, was uns in dieser – ideologisch
und ökologisch – heillos zerrütteten Welt als Grundlage des

Glaubens noch geblieben ist. Ich kann mich nur dankbar verbeugen vor dem, was in diesen drei, wenn wir die Burg noch
dazu nehmen wollen, in diesen vier Zentren heute geschieht.
Einer der württembergischen Kirchenfürsten, der Prälat v.
Hauber, hat Blumhardt in seiner späteren Zeit in Bad Boll einmal mit kritischem Blick und mit Skepsis besucht. Er wollte
überprüft haben, wie es zu diesen Heilungen seelischer und
auch körperlicher Erkrankungen durch den Pfarrer Blumhardt komme. »Er *glaubt* eben«, schreibt der Prälat in seinem
Bericht, »das ist seine ganze Magie.« Das kann für alle drei Sta-
tionen geltend gemacht werden. Das Geheimnis liegt in der
einfachen, ja in der kindlichen Bereitschaft, die Stimme der
höheren Region nicht nur zu vernehmen, sondern sie auch
anzunehmen.

Auf dem Missionsbuckel gibt es unter den zahllosen Aktivi-
täten auch ein Seminar »Zur Abhilfe der geistlichen Not«,
und damit ist ganz einfach gemeint, sein Leben auf den Herrn
Jesus Christus auszurichten – ich kann den Respekt vor diesem Tun nicht unterdrücken. Heinrich Coerper, der die Mission hierher nach Liebenzell holte, schrieb 1922: »Jesus selbst
hat in unseren Herzen Wohnung gemacht, als der beste
Freund und Helfer und Versorger.« Um die seelische Heilung
und Ruhe ging es dem Pfarrer Blumhardt in Möttlingen auch,
und den verschiedensten anthroposophischen Instituten in
Unterlengenhardt ebenfalls.

Den Zusammenhang zwischen Wohnen und Denken, zwischen dem Boden und der Institution, also beispielsweise zwischen Stadt Liebenzell und Mission Liebenzell, wollen wir dabei nicht übersehen. Dr. Kolisko, der 1934 mit dem ersten
anthroposophischen Institut in Unterlengenhardt begonnen
hat, wurde einmal von der Schwester Margot Rößler befragt,
warum er nach dem Abendessen nie zu finden sei. Seine Antwort: »Ich gehe über Wiesen und Felder und versuche, geistige Keime in den Boden zu legen. Ich gehe zu den Bauern
im Dorf, um bei einem Gespräch Keime zu legen, damit ein-

mal an diesem Ort ein Zentrum der medizinisch-anthroposophischen Arbeit entstehen kann.« Das Land und die Leute gehören zusammen. Hier in Liebenzell und drum herum arbeitet man in seltenster Konzentration daran, Leben zu heilen und dem Leben einen Sinn zu geben.

CALW
Zwischen Enge und Weltläufigkeit

Wenn man heute zum »kahlen« Berg hinaufgeht, von dem »Calw« seinen Namen hat, zum Burgberg der Calwer Grafen, so trifft man auf ein braves Behördengebäude der Gründerzeit und auf eine blaue Neonleiste mit der Aufschrift »Polizei«. Die Wagen mit den Verkehrskellen und Martinshörnern stehen startbereit. 1604 hat man die Reste der Burganlage abgebrochen. Zwei Jahre später hat Friedrich I., der planungsfreudigste unter den württembergischen Herzögen, einen großen Calwer Schloßbau beginnen lassen, nach einem Entwurf des berühmten Baumeisters Schickhardt. Aber als der Herzog, noch nicht 51 Jahre alt, im Januar 1608 am »Schlagfluß« starb, da begann man sogleich, die »Schloßgebäu zu Calw« aus den Listen zu nehmen. Wir haben heute wieder Verständnis für solche Streichungen.

Calw verlor damit eine Sehenswürdigkeit, noch ehe sie so recht ihre Fundamente hatte. Ja, es verlor die Möglichkeit, als bevorzugte Stadtfestung des Herzogtums gegen feindliche Angriffe wenigstens im ersten Anlauf geschützt zu sein. Künftig war das Nagoldstädtle den Zugriffen von draußen fast gänzlich preisgegeben. Zumal es, und das ist schon dem alten Professor Crusius aufgefallen, »vom Abend die Berge so nahend hat, daß man von dannen schier mit einem Stein auf den Marckt, so gar lang, werfen kann«.

Tatsächlich brachten die kommenden Generationen auch verheerende Zerstörungen. Dafür hatte aber Calw seine Freiheit zu eigenen Handlungen und Entwicklungen gewonnen, während sich die Festungsstädte vom Schlage Schorndorfs oder Kirchheims in Bastionen eingezwängt sahen, die statt Handelsprivilegien nur Garnisonsvorschriften und Wachreglements einbrachten.

Die Kernfrage, die Gretchenfrage der Calwer Geschichte, warum denn ausgerechnet von diesem Schwarzwaldnest die Hauptinspiration für Handel und Industrie in Württemberg ausgegangen ist, diese Frage ist damit gestellt. Für eine Antwort haben wir weiter auszuholen. Aus der Gewerbeentwicklung Calws in spätmittelalterlicher Zeit läßt sich kaum Besonderes herauslesen. Zwischen 1450 und 1500 gewinnen die Calwer Mühlen spürbar an Bedeutung. Aber die kleine Burgsiedlung, die – im ersten Drittel des 13. Jahrhunderts zur Stadt erhoben – in den Jahren 1308 und 1345 – nach dem Aussterben der Calwer Grafen im Mannesstamm – an Württemberg gekommen ist, unterscheidet sich darin von keinem Schwarzwalddorf jener Zeit.

Schafzucht und Wollerzeugung sind in der Umgebung Calws auf der Gäuseite wie in so vielen anderen Teilen Altwürttembergs verbreitet. So kann es nicht auffallen, wenn Calw schon früh eine bedeutende Tuchmacherei und eine eigene Tuchmacher-Walkmühle aufzuweisen hat. Auch die Gerberei ist ein allgemeines städtisches Gewerbe, nicht beschränkt auf spezielle Plätze, wie wir das von der Salzsiederei kennen. Häute gibt es, im Gegensatz zur Sole, überall; ganz Altwürttemberg hat von der Landwirtschaft gelebt. So ist das Gerberhandwerk auch im alten Calw zu Hause gewesen, hat es schon früh der Ledergasse, der Einkaufsstraße von heute, den Namen gegeben. Die Gerberei hat sich hier in beträchtlichem Umfang bis gegen Ende des vorigen Jahrhunderts gehalten, nachdem diese Fertigung noch in der Saffiangerberei der Barock- und Rokokozeit einen interessanten Blütenzweig getrieben hatte. Aber Calw ist auch auf diesem Gebiet im Rahmen der Gesamtentwicklung geblieben, und Hermann Hesse hätte

auch Backnang oder Reutlingen mit seinem Calwer Überna-
men »Gerbersau« belegen können.

Wo also ist das Besondere, das Originale? Zunächst ist es die
Verkehrslage, Mutter allen kommerziellen und urbanen Lebens überhaupt. Wer auf dem Schloßberg steht, sieht von
allen Seiten Bergeinschnitte und Talstraßen auf sich zukom-
men. Das Bündel von Nah- und Fernlinien, das hier zusam-
menläuft, verrät einen zum Durchgangsverkehr disponierten
Platz, wie wir das von Urach zwischen Ermstal und Albgebiet
her kennen: Auch dieses Urach ist tatsächlich, obwohl es die
Residenz längst verloren hatte, zu einem frühen Handelsplatz
besonderer Art geworden.

In Calw waren die Dinge insofern noch ausgeprägter, als irgendwelcher Warenabsatz an Ort und Stelle – nämlich im kleinen Calw – nur in beschränktem Maße in Frage kam, vom
dünnbesiedelten, ja menschenleeren Waldumland einmal
ganz abgesehen. Umschlagplatz wie eine der Städte draußen
in der Ebene, wie Heilbronn oder Ulm, konnte Calw nie werden. Weil die Stadt Calw selbst nichts bot, mußten diejenigen,
die mit dem Gewerbefleiß der Calwer etwas anfangen wollten,
sehen, wo sie ihre Früchte absetzen konnten. Von Natur aus
war man hier für Handel und Straße und Fernverbindung vor-
bestimmt, und daß die Calwer dieses Angebot der Geschichte
angenommen und bis zur meisterlichen Bravour weiterentwickelt haben, das bleibt die große historische Leistung dieser
Stadt.

Wo man andernorts von der Langeweile und der Öde der
Zukunftsmaschinerie geplagt wird, beginnt Calw zwischen
1500 und 1800 allen anderen württembergischen Städten in
Wirtschaftsdingen davonzulaufen, sozusagen auf eine ganz
wörtliche Weise. Die Gunst, oder vielmehr der Zwang des
Standorts verbinden sich mit der Wachheit und Anpassungsfähigkeit der Einwohner. Der Holzhandel lehrt die ersten Erfahrungen. Mit den Holzflößen, bestückt aus den Stämmen
der Nachbar- und Seitentäler, geht es die Nagold hinunter,

den Rhein hinab nach Andernach, nach Köln, nach Holland. Das blau-weiße Schild »Kalwerstraat« prangt noch heute in Amsterdam auf einer der belebtesten Straßen.

Dem Hollandhandel hat Calw ein gut Teil seines Wohlstandes zu verdanken, bis die scheinbar unerschöpflichen Holzvorräte zur Neige gegangen sind und die Frucht vor eigener Holznot zur Beschränkung gezwungen hat. Aber mittlerweile war die Tuch- und Zeugweberei aufgekommen, die feine, gesuchte Gewebe auf den Markt brachte, mit verführerischen, aparten Namen: Grobgrün und Engelsait, Ferritten und Kölsch und Atlas.

Wie die Geheimnisse des Wollkämmens und Webens und Färbens an die Nagold gekommen sind, wird niemand mehr entscheiden wollen. Daß ein gewisser Alt-Peter Walter, der von Günzburg nach Calw einheiratete, von Augsburg wichtige Kenntnisse importiert hat, ist nicht unwahrscheinlich. 1619 kam dann Cäsar Crollalanza, ein Kaufmann aus Piazensa, nach Calw und brachte zwei Weber aus Frankreich und den Niederlanden mit, dazuhin die neuesten Muster der Waren. Übrigens hatte Christoph Demmler den Italiener und seine Leute geholt. Demmler war einer von denen, dem die Herstellung der Rohware schon gar nicht mehr so sehr am Herzen lag: Die Zurichtung der Ware für den Vertrieb und der Vertrieb selbst waren für ihn das Reizvolle.

Die Zeugmacher oder Knappen saßen in der Stadt und in der näheren und weiteren Umgebung. Heimarbeiter, die ihre fertigen Stücke dann zu Unternehmern vom Schlage Demmlers brachten. Um 1620 waren es über 400 Webermeister, 1200 Knappen und etliche tausend Spinnerinnen. Von ihnen bezogen die Färber in Calw ihre Ware, rüsteten sie vollends zu und verkauften sie dann mit Gewinn. Dazu benötigte man Färbhäuser und Mangen und Rahmengärten, Kapital für die Bevorschussung und den Ankauf der Ware und zur Finanzierung der Messebesuche, schließlich genaue Kenntnisse der Handelsbräuche und der Marktlage.

Die Calwer, die kaum ein Jahrhundert zuvor erstmals auf den internationalen Messeplätzen erschienen waren, saßen bewundernswert rasch im Sattel. Um 1620 gingen von Calw aus jährlich 70000 Stücke auf den internationalen Markt. Die Knappen waren danach, mit Ausnahme einer kurzen Stokkung im Jahr 1616, alle voll beschäftigt; das war später nie mehr der Fall. Auch der Umsatz jener Jahre ist später nie mehr erreicht worden. Christoph Demmler, der intelligenteste unter den Calwer Färbern und Unternehmern, war mit seinem Vermögen von über hunderttausend Gulden einer der reichsten Bürger im Herzogtum Württemberg.

Die Bevölkerung Calws wuchs von 1616 bis 1634 um dreißig Prozent. Schon 1616 hatten 200 Bürger kein eigenes Haus, und oft waren in einem Gebäude drei bis vier Haushaltungen untergebracht. Man wohnte in Scheuern und Hütten, manche sogar auf der Straße. Die Häuserpreise stiegen auf das Doppelte, und die Calwer Wohnungsmieten hätten von einem Albbauern nie im Leben bezahlt werden können.

Aber die Bäume wachsen nicht in den Himmel. Im Spätherbst 1634 wälzt sich die jahre- und jahrzehntelange Feuer- und Elendswalze, die man hernach unter dem Namen »Dreißigjähriger Krieg« zusammengefaßt hat, bis vor die Tore Calws. »Es war am 10. September abends 5 Uhr«, berichtet der Calwer Schullehrer Christoph Luz. »Die Stadt denkt an nichts Böses, hat keine Ahnung von der Nähe der Kriegsgefahr, und kein Mensch will an das umherschleichende Gerede glauben; man hält es für ein Geschwätz der Eckensteher und Gassenläufer. Es hieß, unsere Markung fülle sich mit Soldaten, und ihre Kriegswut richte sich in vollem Lauf auf Calw. Man hält's für blinden Lärm. Aber plötzlich erhebt sich ein Geschrei und Trompetengeschmetter, das Kalbfell dröhnt mit heiserem Gerassel, der Feind legt sich vor die Mauern. Die feindliche Reiterei sucht sie ab wie der Wolf, der den geschlossenen Schafstall umschleicht. Wie er die Tore überall geschlossen findet, verlangt er wütend sofortige Öffnung. Vollständige Kopflosigkeit herrscht in der Stadt. Alles läuft wirr durcheinander, alles läuft den Toren zu. Mittlerweile ist der Feind eingedrungen. Während ich den Kopf zum Fenster hinausstrecke, um zu sehen, was vorgeht, sehe ich Schwerter und Waffen und blutiges Morden in den Gassen. Calw gleicht einem sturmgepeitschten führerlosen Schiff, das dem Versinken nahe ist.«

Wie ein Kriegsberichter hat Christoph Luz alles mit seinem Bleistift festgehalten: die unmenschliche Tortur des schwedischen Trunks, die Mißhandlung der siebzigjährigen Bürgermeisterswitwe Elisabeth Büxenstein, die man mit Schwertern zusammengehauen und endlich halb ohnmächtig ins Feuer geworfen hat; das Entsetzen der Judith Stickler, einer jungen, hübschen Spinnerin, die sich der Vergewaltigung durch einen Sprung in die Nagold entzieht; die betrunkenen, lallenden Troßknechte, die sich den Bauch halten über die Art, wie ein verblutender Ziegelbrenner sie, beschwörend und immer leiser, um Hilfe bittet; die Schnapphähne, die mit den Hostien der Stadtkirche Würfel spielen, den Altar in ekelhafter Weise besudeln und den Taufstein mit einer Ladung Pulver in die Luft jagen.

Einen Tag später, in der Nacht vom 11. auf 12. September 1634, hat die Soldateska dann Brand gelegt. Ein paar der reichsten Calwer, so erzählt Christoph Luz, haben noch in den ersten Rauchschwaden »mit vollen Händen ganze Massen von Geld ausgeteilt«. Aber die Kaiserlichen wollten Calw brennen sehen. Ein paar Stunden später ist die Zeugmacher- und Färberstadt eine groteske Silhouette von verglühten Mauer- und Balkenresten, durch die herrenloses Vieh rennt, mit entsetzten, weit aufgerissenen Augen.

Vielleicht hatte man damals noch die Fähigkeit zu trauern. Johann Valentin Andreae, einer der geistvollsten württembergischen Theologen und Calwer Dekan in jenen Tagen, hat das Luther-Lied »Ach Gott vom Himmel sieh' darein« ein paar Wochen später neu gedichtet:

»Ach Gott vom Himmel sieh darein
und lass' dich des erbarmen,
daß Calb ist staub und asch und stein
erfüllt mit lauter armen!«

Für Andreae waren diese Calwer Höllennächte eine doppelte
Last. Er spürte, daß die verborgenen sozialen Probleme der
Stadt dadurch nur verschärft würden. Er sah die Knappen,
also die Zulieferer der Rohware, ein teilweise elendes Leben
führen. Die geradezu schwindelerregende Konjunktur zuvor
hatte so etwas wie eine Gründerzeitatmosphäre heraufbe-
schworen, Vergötzung des Kapitals und einen fast zynischen
Egoismus.

»Du wirst kaum glauben, was ich sage«, schreibt er nicht
ohne Empörung nach den Schreckenstagen, »daß unter den
Verhungerten und Erfrorenen in Calw solche gewesen sind,
die jährlich über tausend Gulden Einkünfte haben. Ich sah
die Waisen eines gewesenen Handelsmannes, denen eine Erbschaft von 15 000 Gulden zugefallen ist, auf den Gassen
herumirren, die endlich kaum und erst auf obrigkeitlichen
Spruch in die Häuser der Anverwandten eingelassen wurden.«

Enge und Hartherzigkeit sind nun offenbar auch Calwer
Art. Andreae hat nicht gezögert, sie während seiner zwei Jahrzehnte Calwer Tätigkeit aufzutauen und sie in regulierbare
Bahnen zu leiten. Schon ein Jahr nach seiner Ankunft in Calw,
im Frühjahr 1621, brachte er ein Unternehmen zustande, das
man zunächst »Christliche Gottliebende Gesellschaft«,
schließlich nur noch Färberstift nannte, weil der größte Teil
der Stifter von den Großunternehmern, den Färbern, gestellt
wurde. Mit der Unterstützung vor allem Christoph Demmlers
hatte Andreae bald ein Grundkapital von 18 000 Gulden beieinander. »Die mir anvertraute Verwaltung besorgte ich sehr
gewissenhaft, und ich vermehrte das Kapital mit jedem Jahr,
so daß ich hoffen kann, es werde, wenn mit gleicher Treue

und Tätigkeit in Zukunft geschieht, der Nachwelt in geistlichen und literarischen Dingen von großem Nutzen sein.«

Tatsächlich hat das Färberstift bis in unsere Generationen hinein ebenso wichtige Dienste geleistet wie der gleichfalls von Andreae aufgebaute Armenkasten, die Armenfürsorge. Andreae hat in Calw, wie hernach von Stuttgart aus für das ganze Land, die strengere Kirchenzucht eingeführt. Auf ihn gehen die wöchentlichen Beratungen zwischen Dekan, Bürgermeister und Gemeinderat zurück, in denen über Fragen der Kirchenzucht, über Tanzereien, Kleiderluxus, Fehlen bei Abendmahl und Gottesdienst verhandelt wurde: Der war dabei, der nicht. Hier beginnt die heute noch nicht beendigte Geschichte des pietistisch-separatistischen Calw.

Ein Jahrhundert später heißt es in dem Bericht einer Kommission nach Stuttgart: »Die Calwer Bewegung hat sowohl bei den Separierten als Nichtseparierten vor anderen in diesem Land etwas Besonderes an sich. Diese Leute neigen zu allerhand besonderen Gemütsbewegungen in weltlichen und geistigen Dingen, sind daher der Kuriosität, Empfindlichkeit, auch etwas dem Ehrgeiz ergeben. Auch die vielen Reisenden aus fremden Landen und Bücher haben sie auf solche Meinungen gebracht. Jetzt glauben sie, im Besitz der christlichen Wahrheit zu sein. So man sie wollte mit Gewalt davon treiben, wären sie imstande, das Äußerste über sich ergehen zu lassen.«

Merkwürdigerweise sind immer wieder Färber und Unternehmer unter den Calwer Pietisten führend gewesen. Unabdingbar christliche Gesinnung und Geschäftstüchtigkeit haben sich nicht ausgeschlossen, sondern einander ergänzt, einander bedingt. Die Tatsache, daß die Färber sich 1650 zu einer förmlichen Gesellschaft, zur legendären »Calwer Companie«, vereinigt haben, hat diese besondere Haltung wohl nur noch begünstigt.

Jetzt war man, nach offiziellen und herzoglichen Privilegien, ganz unter sich. Eine Handvoll von Familien, die für anderthalb Jahrhunderte das Heft in der Hand hielten, nicht allein in der Companie, sondern auch in der Verwaltung der Gemeinde Calw. Eine Stadt als das Ergebnis nicht »der« Bürgerschaft, sondern eines bewußt elitär und exklusiv praktizierten Familiengeistes: Wenn irgendwo im Württembergisch-Schwäbischen dafür ein Musterbeispiel gesucht wird, dann steht Calw dafür.

Auf den Farbfenstern der Nikolauskapelle, dem rührend gehüteten Wahrzeichen der Stadt, finden sich keine Pflanzenornamente und keine Heiligenallegorien, sondern die paar Geschlechternamen, die das übrige Calw geführt und wohl auch drangsaliert haben: die Demmler und Dörtenbach, die Schill und Stauber, die Zahn und Wagner.

Die Calwer Companie mit ihrem Signet, den beiden ineinander verschlungenen C, ist zum wichtigsten Nährboden der württembergischen Industrie geworden. In der Mitte des 18. Jahrhunderts, als die Companie – beliefert von Hunderten von Zeugmachern aus den Ämtern Wildberg, Nagold, Altensteig, Herrenberg, Böblingen, Sindelfingen und Liebenzell – im Norden bis nach Leipzig und Polen, im Süden und Osten bis Italien und Ungarn exportierte, da begannen sich Tochtergesellschaften abzuzweigen, da fing man an, in andere Unternehmen zu investieren. Salzhandlungen und Speditionshäuser, Holzhandlungsgesellschaften und Kupferhämmer im Lande verdankten ihren Anfang oder Aufstieg der Calwer Companie. Ja, die Bank- und Industriestadt Stuttgart wäre ohne die Calwer Initiativen und Beteiligungen gar nicht zu denken. Allein die Namen Stälin oder Dörtenbach machen klar, wieviel wichtige, aber auch verbindliche Inspirationen von Calw für das, was man »schwäbische Industrie« genannt hat, ausgegangen sind.

Ganz sicher hat der große Reichtum der Calwer Companie, der heimlichen Geldgeberin auch des Stuttgarter Herzogshofs, soziale Unterschiede geschaffen; Unterschiede, wie sie kaum in einer anderen württembergischen Amtsstadt zu finden waren. Wer nicht zur Sippe gehörte, der blieb belanglos. Tatsächlich ist bis zum Ende der Companie im Jahre 1797 nur ein einziger »Neuling« in die Companie aufgenommen worden, aber dessen Vater war immerhin, wie man so schön sagte, ein »Tochtermann«. Die Exklusivität, die in der Calwer Comapnie praktiziert wurde, war schlimmer und strenger als in manchen ostelbischen Adelsverbänden.

Andererseits vermerken wir, nicht zur Entschuldigung, aber um wenigstens auch die Kehrseite der Medaille zu zeigen, daß diese elitäre Inzucht ein beachtenswertes kulturelles Niveau zu schaffen gewußt hat. Wenn man einmal von der Residenzstadt Stuttgart und der Universitätsstadt Tübingen absieht, natürlich auch von den Reichsstädten des Schlages Ulm oder Heilbronn, so hat es in den altwürttembergischen Amtsstädten kaum Ansätze zu einem Bildungsbürgertum mit eigenem Ton und Stil gegeben. In Calw hat man's geschafft.

Der Reichtum, oder wenigstens: die verbriefte Wohlhabenheit Calws hat aus der frommen eine manchmal recht muntere Stadt gemacht. 1813 berichtet Gottfried Ferdinand Stälin seinem Freunde Christian Kolb nach Heilbronn: »Unstreitig zeichnete sich Calb diesen Winter vor jeder anderen Provinzialstadt Württembergs in Hinsicht der manigfaltigsten Belustigungen rühmlich aus. Jeden Nachmittag war die ganze Stadt, das heißt die Noblesse, auf der zugefrorenen Nagold, um alle möglichen Spiele und Leibesübungen zu machen, wobei man einige Zeit verweilte und dann anspannen ließ, um im Schlitten zu fahren. Unser Casino ist jeden Samstag abend sehr stark besucht, und vom Landvogt bis zum Niedersten ist alles vergnügt. Sogar die benachbarte Noblesse überzeugt sich öfters durch ihre Gegenwart von der Harmonie der hiesigen Bewohner.«

Aber: In Calw, eingelassen in einen Talausschnitt, von dem aus man immer nur ein Stückchen Himmel sieht und in dem die dumpfe Waldfeuchte von Herbst und Winter sich noch lange in das Frühjahr hinein hält: in Calw ist beides zu Hause,

die Enge und das Fernweh; die Behaglichkeit derer, die am
Eigenen zufrieden sind, und die geheime Sehnsucht nach
Fremde, nach »Welt«. Die Nikolaus-Kapelle, von der ein Calwer Chronist wollte, sie sei »vom Papst Leo dem Neunten, so
ein Vetter der Grafen von Calw war, eingeweihet worden«, ist
wie ein Gleichnis dieser Calwer Not: Sie war einst, dem Heiligen der Schiffer und Flößer gewidmet, die letzte Station auf
dem Wege nach draußen und zugleich ein fest in den Händen
gehaltenes Eigentum.

Hermann Hesse, Calws größter Sohn, mitten in der Stadt
am Marktplatz geboren, hat dieses Widerspiel durch sein ganzes Leben und Dichten spüren lassen. Er hat sich von der pietistischen Enge des Elternhauses mit allen Kräften gelöst,
auch von der wohlmeinenden, aber prinzipiellen Härte seines
Calwer Lehrmeisters Perrot. Über dessen Haustüre war ein
kräftig gemaltes »Ora et labora«, »Bete und arbeite«, zu lesen,
und er konnte an der Drehbank den einen und anderen Choral summen. Und doch hat Hesse im Vorwort zum »Glasper-
lenspiel« davon gesprochen, daß »der Erfinder Bastian Perrot
aus Calw sich anstelle von Buchstaben, Zahlen, Musiknoten
oder anderer graphischer Zeichen dieser Glasperlen zu seinem Spiel bediente«.

Ist das Werk dieses »schwäbischen Bauernschädels«, wie
Thomas Mann ihn einmal in einem Brief nach Montagnola
apostrophierte, ist dieses Werk anderes als der nie zur Ruhe
gekommene Versuch, zwischen »Welt« und eigener Innerlichkeit die rechte Mitte zu finden?

WEIL DER STADT
Städtegeist auf schwäbisch

Der Karren, der uns im Jahre 1075 nach Wile, nach Marchilingen, nach Munchlingen führt, geht über holprigen Boden. Das mahlende Geräusch, mit der er die Straße, richtiger, den Fernweg entlangzieht, ist das einzige, was die Ruhe, die endlose Ruhe der Landschaft durchbricht. Das Würmtal: ein einziges, stilles, kaum von ein paar Buschgruppen oder niederen Baumgruppen durchzogenes Band. Selten, daß Gehöfte, winzige Gehöfte sich in Sichtweite begegnen. Tierlaute, Sensendengeln, Glockengeläut hallen nach für Stunden. Ruhe liegt über diesem Land, undurchdringliche, unverständliche Ruhe.

Von altem Römeradel haben alle drei Siedlungen nichts abbekommen, jedenfalls lagen sie weit im Etappengebiet und ohne unmittelbare, deutliche Beziehung zum römischen Verteidigungssystem. Renommierlust und eine besondere Art von Aufschneiderei waren es, die Weil, das seinen nicht eben farbigen Namen von einer der römischen Villae bekam, in der Humanistenzeit das SPQR, den Senatus Populusque Romanus, die Amtsbezeichnung des römischen Stadtstaates, in sein Weiler Wappen aufnehmen ließen. Es wäre freilich ein weiter Weg von Roms Senat, der über ein Weltreich von der englischen Küste bis zum Euphrat entschied, zum Rathaus an der Würm, das über das Leben von kaum zweitausend Leuten wachte.

Aber der Anspruch auf kommunale, auf urbane Geltung

war damit ein für allemal erhoben, und die Weiler haben auch später nie mehr den Fuß aus der Türe genommen. Zunächst hätte wohl niemand einen derartigen Aufstieg vorausgesagt. Das alamannische Weil mit seiner kleinen Markung verrät nirgends die Wohnung eines Hochadelsgeschlechts, während Merklingen damals, mit respektabler Markung, den Sitz eines eigenen, edelfreien Alamannengeschlechts immerhin wahrscheinlich macht und wohl auch alamannischer Hundertschaftssitz war. Was Weil indessen langsam auszuzeichnen beginnt, ist der Vorzug, im Gitternetz der großen Territorialpolitik ein Posten zu werden. Merklingen kommt über die Calwer Grafen, die Welfen, die Zweibrücker Grafen an das Kloster Herrenalb, das seinerseits zum Ausgang des 15. Jahrhunderts durch einen Gewaltstreich der Württemberger seine Reichsunmittelbarkeit verliert. Obwohl städtischen Charakters und in seiner köstlichen Kirchenburg ein Zentrum, das man lange noch »Stadt« nannte, hat Merklingen doch als Amtsfiliale in Herrenalb nicht ganz den Herrn gehabt, den es für einen Senkrechtstart gebraucht hätte. Auch Münklingen, dessen Ortsherrschaft im 14. Jahrhundert von den Calwern an die ritterschaftliche Familie v. Malmsheim ging, war nicht gerade mit Glück gesegnet. Selbst wenn die Württemberger, die das Dorf schließlich an sich brachten, es mit besonderen Funktionen hätten ausstatten wollen, wäre ihnen das kaum gelungen; dazu lag Münklingen, dessen Markungsgrenze ja zugleich Landesgrenze war, zu sehr an der Peripherie, ja zu sehr an der Verteidigungslinie gegen Frankreich, so daß es, wie das Herrenalber Klosterdorf Merklingen, im spätmittelalterlichen Territorialgerangel nicht gefördert wurde.

Anders Weil. Von den Calwer Grafen, neben den Zähringern den zweifellos begabtesten Dynasten des Südwestens im frühen Mittelalter, kommt es wahrscheinlich 1133 an die Welfen, vom kinderlosen Welf VI. 1191 an den mütterlichen Neffen Heinrich VI. Speziell am Profil dieses Mannes ließe sich dartun, wie ungemein rational, wie machtbezogen neben aller

schönheitlichen Geste die Politik dieses Hauses gewesen ist.
Die Staufer hatten Sinn für schöne Plätze, zumal wenn es sich
um romantische, an Wein und Spiel hängende Jünglinge wie
Heinrich (VII.) handelte, dem die Stauferpfalzen Wimpfen,
Esslingen und Ulm ein beliebtes Absteigequartier waren. Aber
auch er weiß im rechten Augenblick die Minnefiedel aus der
Hand zu legen. Unter den Staufern wird Schwaben militä-
risch-strategisch erschlossen; nachdem es ein sizilianisches
Staufen gibt, will die Hausmacht doppelt gehalten sein. Ein
gut funktionierendes Straßennetz gehört zu den ersten Instru-
menten dieser Territorialpolitik. Weil liegt genau in der Kreu-
zung zweier Reichsstraßen, der Ost-West-Rheinstraße von
Cannstatt nach Calw und von dort zum Rhein, und der Nord-
Süd-Verbindung, der »Hochstraß«, vom Bodensee nach
Frankfurt. Die wichtigsten Wirtschaftszentren des Alten Reiches, Flandern und Oberitalien, werden durch diese Straßen
verbunden; für Innerschwaben steht hier einer der ersten Zugänge offen. Unter Friedrich II. ist Weil Stadt geworden. 1241
wird es, im vielzitierten Reichssteuerverzeichnis, das in Wirklichkeit eine nicht gerade lückenlose Bedeliste ist, als Stadt geführt. Von 1272 gibt es ein Siegel, das diesen auf gleichheit-
lich-genossenschaftlicher Basis stehenden Stadtstaat schon in
aller Selbstverständlichkeit präsentiert: »Sigillum civium in
Wile«, »Siegel der Bürgerschaft zu Weil«.
  Auch die wirtschaftliche Grundierung der Stadt reicht in
die staufische Gründerzeit zurück. Die Forschungen stecken
hier noch ganz in den Anfängen. Aber es käme nun wirklich
einem historischen Betriebsunfall gleich, hätte nicht wenigstens einen Weil-der-Städter angesichts der vielen durchfah-
renden Handelskarren selbst das Fernweh gepackt. Noch im
13. und 14. Jahrhundert trifft man auf Weiler Handelsherren
am Niederrhein und in Burgund. 1442 sind Weiler Kaufleute
ganz in der Nähe – und deshalb unvergessen – zwischen Merklingen und Tiefenbronn überfallen worden. Die Weiler We-
berzunft, die 1505 ihre Ordnung erneuert bekam, die größte

Zunft der Stadt mit zwei Obermeistern und zwei Pflegern, hat auf der überregional anziehenden Zurzacher Messe ein eigenes Haus gehabt, in dem nur Weiler Tuche verkauft werden durften. Vor der Rotgerberzunft und der Goldschmiedezunft waren die Weber die wichtigsten. Und unter ihnen waren es sicher nicht die Tuchmacher, sondern die Zeugmacher, die gewalkte Stoffe fabrizierten. Auch hier darf mit dem Hinweis vorausgegriffen werden, daß sich die Weiler Zeugmacher schon früh mit der 1650 gegründeten, fast weltberühmten Calwer Zeughandelskompanie zusammengetan haben, daß 1732 dann eine eigene Weiler, die Gall'sche Kompanie gegründet wurde, 1790 die Gall-Reich'sche.

Nur die Weingärtnerzunft ist ohne Prosperität geblieben und hat im vergangenen Jahrhundert dann vollends das Zeitliche gesegnet. Man wird schwerlich entscheiden wollen, warum die Weiler Weingärtner aufgehört haben: weil sie von den Bauern und den Zeughändlern überrundet wurden oder weil Boden und Klima des Würmtales einfach nicht danach waren. Jedenfalls hält sich noch heute in der Stadt hartnäckig das Gerücht, das Weiler Brotwasser, das sei ein Wein gewesen, »wenn dr Hond d' Füeß neibrocht hat, isch 'm d' Haut rontergange«.

Das Erstaunliche der Weiler Stadtgeschichte liegt darin, daß mit dem Abschied von den schöpferisch-außenpolitischen Aktionen, vielfach verflochten mit den verschiedensten Varianten schwäbischer Städtebünde, eine völlige Statik, ein Dahinvegetieren nicht verbunden ist. Natürlich stehen die Reichsstädte, alle Reichsstädte, in der nachreformatorischen Zeit auf dem Altenteil der Geschichte. Sie sind, ihrer Verfassungsstruktur, ihrem Reichsverständnis nach mittelalterlich ausgerichtet. Je mehr sich der Flächenstaat etabliert und der Ehrgeiz der durchorganisierten Nationalstaaten ankündigt, um so weniger können sie mithalten. Ihr Reichsbewußtsein ist retrospektiv, ist anachronistisch. Das ist die Not der Reichsstädte, das ist ihre Grenze und, aus der Sicht des militanten, feudal-staatlichen Fürstendieners, ihre Lächerlichkeit. Das Reichsoberhaupt selbst, zeigt es nur eine Spur von Aufgeklärtheit, Joseph II., als er den Krönungszug in Frankfurt abnimmt, kann sich beim Aufzug »seiner« Reichsstädte das Lachen nicht verbeißen.

Aber nun löckt dieses kleine Weil merkwürdig gegen den Stachel. 1526 ist die Stadt so gut wie evangelisch. Wie sollte es anders sein, nachdem ganz Württemberg ins lutherische Lager zieht? Kaum zwei Generationen später wirft man in Weil das Steuer wieder herum, hält, um den Autobiographen Joseph Fickler reden zu lassen, »die widerspenstigen abgefallenen von ihrem unchristlichen begeren« ab und führt die Rebellanten »zu der ainigkhait Catholischer Religion« zurück. Man weiß bis heute in Weil, daß für diesen spektakulären Wechsel letztlich die Aktionen eines einzigen Mannes den Ausschlag gaben, des erzbischöflich-salzburgischen Rates Johann Baptist Fickler, der, aus einer alten Weiler Familie stammend und auch sich selbst immer als Weilderstadtensis bezeichnend, die Wiederbesetzung des Weiler Augustinerklosters bewirkt und damit die Basis schaffte zur konsequenten, zur zähen Wiedereroberung des verlorenen Terrains. Das ist ein Prozeß, der, mitten durch die Familien, mitten durch diese von Patrizierwürde angewehte Familie Fickler selbst hindurchgehend, die Kraft Weils bis weit ins 17. Jahrhundert hinein in Anspruch nimmt, aber nun freilich auch enorme Spannungen hervorruft und überraschende geistige Qualitäten freisetzt. Wo man sich anderswo im genauen Sinne des Wortes mit der Faustregel begnügt, der Glaube des Landesherrn habe auch der Glaube der Untertanen zu sein und damit alle Diskussionen um Glaubensfragen, nein um Daseinsfragen mit einem Paragraphen, wenn es nottut, mit einer Handvoll Musketiere beschließt, schlägt man sich in Weil mit den Dissonanzen des Glaubens herum.

Hätte man das, auch hier an der Würm, nicht einfacher haben können? Es spricht für die Farbigkeit, für die Munterkeit des schwäbischen Stadttableaus, daß man in Weil eben nicht nur mit der Elle kommunalpolitischer Vernunft gemessen, sondern auch Ausnahmen gemacht hat. Der Eigensinn, mit dem Weil in die neuen und neuesten Jahrhunderte hineingeht, ist verblüffend. 1648, als von den deutschen Kathedralen und Kirchen schon die Friedensglocken nach der dreißigjährigen Kriegsfurie läuten, beginnt für Weil erst der Dreißigjährige Krieg, als Nachgeburt sozusagen und durch die Hintertüre. Von Simmozheim her zieht Varenne mit seinen Schnapphähnen gegen die Stadt, rückt, nach langem Artilleriebeschuß, am unteren Tor bei der St.-Wendelins-Kapelle in die Gassen ein, läßt sie ausplündern und niederbrennen. Was damals, am 18. und 19. Oktober 1648, über Weil hereinbrach, kennt unsere Generation wieder seit den Höllennächten des Zweiten Weltkriegs: zerschossene Matratzen und wimmernde Kinder, Kellerhälse, in denen das Klopfen der Eingeschlossenen zu verlöschen beginnt, der Geruch von verbranntem Fleisch, der nie mehr von einem will.

So etwas wie eine soziale Frage, wie Industrialisierung scheint es gar nicht gegeben zu haben. Natürlich, die Goldarbeiter, wie man die Goldschmiede in Weil genannt hat, waren hier zu Hause. Das Universitätszepter für die Tübinger Artistenfakultär stammt aus Weil der Stadt, eine wunderschöne, filigranfeine Arbeit, die zaubergleich verrät, wieviel ästhetische Kultur in dieser Ackerbürgerstadt zu Hause war. Aber Industrie, wie durch die Böllesdreher in Gmünd oder durch die Hugenotten-Emigranten in Pforzheim, ist in Weil nicht draus geworden. Die vierhundertfünfzig Jahre alte Speidelsche Goldschmiede im heutigen Stadtmuseum ist, abgesehen von ihrem handwerksgeschichtlichen Reiz, lediglich die Reminiszenz daran, daß die Weiler Goldschmiede von Pforzheim aufgesogen wurden. Ja, der »alt Tuchscherer« Josef Beyerle, der hat sich am Ausgang des letzten Jahrhunderts ein »Turbinele« angeschafft, mit dem er einen Webstuhl antrieb. Sein Sohn hat dann eine Fabrik gebaut. Und dann kam, um 1892, die

Wolldeckenfabrik, heute noch die größte, mit beachtenswer-
ten, attraktiven Spezialisierungen. Auch die Zigarrenfabrik
von Haisch und die Goldfabrik von Sallé, eine Pforzheimer Filiale, gehören noch den Jahren vor 1914 an.

Ein baulich-industrialistisches Tohuwabohu an der Würm
hat es nicht gegeben. Wer sich der zögernden Ausdehnung
der Stadt jenseits der Mauer erinnert, die in den achtziger Jahren nach dem Anschluß an die Schwarzwaldbahn die ersten
Häuser brachte und 1889 diese merkwürdig leblose evangelische Baukastenkirche, der wird schon von dieser Sicht her
keine eigentlich industrialistische Atmosphäre in Weil der
Stadt erkennen.

Man wird sich nach alledem mit dem Prädikat »Stadt«, ja
mit der Rede vom »Städtegeist« zurückhalten wollen. Ist das
überhaupt eine Stadt, wo man sein Vieh bis in die Erste-Welt-
kriegs-Zeit hinein noch am Marktbrunnen getränkt hat, wo
heute noch, keine fünfzig Meter vom Marktplatz entfernt,
Träuble und Erdbeeren gezogen werden, wo keine fünfzig
Meter weg die Kühe im Stall stehen, wo man das Futter schnei-
det und wo die Esse noch lange brannte wie einst? Wer hier
pure Idylle wittert und den Fidele, den Gaishirt, dazu nimmt
und den Franz Schöninger, den Nachtwächter, der gelernter
Schneider war und hernach eine Zeitlang Feldschütz, wird
wahrscheinlich auf falsche Fährten geraten. Der Fidele hat
zu denen gehört, die arm waren wie Kirchenmäuse, die noch
lange in unserem Jahrhundert von Suppe und Milch und
Kartoffeln gelebt haben. Auch die, die als Arbeiter in Richtung Stuttgart gingen, haben wohl nur deshalb ein einigermaßen erträgliches Auskommen gehabt, weil noch ein Stück
Landwirtschaft im Hintergrund stand. Ja, ein Zug Naivität,
eine Partie Gutgläubigkeit mag Weil noch zwischen den
Kriegen geprägt haben. An den »Haldengeischt« haben viele
geglaubt, und als einmal der Nachtwächter vom Stadtkirchen-
turm sein »Oooobviam eo, Soli deo gloria« besonders laut und
langsam rief, meinte druntern einer, er habe ihn stehlen se-

hen und deshalb »oooh i sieh die wohl« gerufen. Am nächsten Morgen kommt der an und sagt dem Nachtwächter: »Do, hasch d' Hälft.«

Wer unter Urbanität Aufgebrachtheit und Raffinesse versteht, setzt nach solchen Eindrücken eher mit Minuspunkten an. Einmal hat es in einer jungen Weil-der-Städter-Bauern-Ehe auch zum ersten handfesten Krach geführt. Die Fetzen fliegen hin und her. Und schließlich fährt das Eheweib mit dem heraus, was sie bis zu diesem Höhepunkt mühsam zurückgehalten hat: »Des will i dr sage, durch mi isch d'Sau ins Haus komme.« Zur Erklärung: Wir befinden uns in einer Zeit, in der jedes Stück Sau auch ein Kapital war. Aber wir befinden uns natürlich auch in einer Zeit und Stadt, in der der Weg von der Idylle zur verhockten Stagnation, vom überschaubaren Gruppen- und Gemeinschaftsdasein zur anonymen Bevormundung und zur qualvollen Kontrolle des vermeintlichen Außenseiters durch das Kollektiv sich in schlimmster Weise zu entwickeln beginnt. Siegfried Schütz hat in einer seiner gründlichen, geistvollen Untersuchungen zur Weiler Stadtgeschichte auch über das fürchterliche Geschäft der Weiler Unholdenzunft berichtet, die auf der kahlen Kuppe des Hexenbuckels, an der nördlichen Stadtmauer, im Laufe der Jahre hat 38 Frauen zu Tode quälen lassen. Es sind, nebenbei bemerkt, gerade zwei als evangelisch Bezeichnete darunter gewesen. Es war nicht Konfessionalismus, sondern sozial, situativ bedingte Neurose, Reaktionsformen, die unter der Belastung der Forderungen aufgetreten sind und Stadtgeist zum Ungeist gemacht haben. Es war das Weil der Stadt unseres Jahrhunderts, in dem ein Zechgenosse mit dem Bemerken, seine Frau wiege doch bestimmt zwei Zentner, so lange gehänselt wird, bis der um ein gewettetes Faß Bier sein Weib holt, sie splitternackt auf die nicht einmal ganz zwei Zentner zeigende Hangwaage sitzen läßt und bei diesem Anblick sich zusammen mit den Kumpanen an das Bierfaß macht. Die – übrigens wahre – Geschichte ist nur ein Beleg von Dutzend möglichen

für die andere, die antistädtische Seite, alle die Folgen der
Enge, des Zweitrangigen, der Intoleranz, des Sichaufspielens,
des unentrinnbaren Zwangs, der scheinheiligen Beobachtung, der verborgenen Tyrannei. Die Geschichte des Dritten
Reiches in Weil der Stadt ist noch nicht geschrieben. Sie
scheint, im Vordergrund ohne Höhepunkte, ja ergebnislos,
auch in diese angstvoll-neurotischen Undurchsichtigkeiten zu
führen, die Zeit, in der man von hier aus die Kommunisten
auf den »Heuberg« schickte und hernach im Blättle in hämi-
scher Akribie berichtete, wie man denen dort das Deutschtum
beibringt, in der man sich des »Judentors« schämte und es
zum »Calwer Tor« macht, in der Otto Beyerle nach Dachau
kommt, nicht weil er, wie die Klugen sagen, nicht ganz recht
im Kopf war, sondern weil er nicht mit »Heil Hitler« grüßen
wollte und unbeugsam dagegen war, in der Andreas Schöninger, gleichfalls aus uralter Weiler Familie, aus gleichem Grund
ins KZ gebracht wird, und, wie einer hier einmal sagte, dort
»durch den Kamin gelassen wird«.

Es wäre töricht, die Kehrseite der Medaille nicht wenigstens
für eine Sekunde auch lüften zu wollen. Was in allen diesen
Jahrhunderten in Weil gelebt und geschafft und gelitten
wurde, ist doch nur der Beleg dafür, daß die Stadt, jede Stadt,
darin ihre schwerste, aber auch ihre schönste Aufgabe hat, zu
Menschlichkeit zu erziehen, daß nirgendwo, auch nicht in der
Amtsstube des Ministerialrats, auch nicht in irgendeiner anderen Sozialform, das Zusammenleben und Miteinanderleben-
müssen so durchgestanden wird wie in der Stadt. Weils Generationen bieten, vor diesen antistädtischen Elementen, vor
dieser Verwirrung und Trübnis, so viel Licht, daß man geradewegs gezwungen ist, die Maßstäbe des Nur-Lokalen, des Nur-
Provinzialen aus der Hand zu legen und von städtischer Kul-
turleistung, von Urbanität zu reden. Es gehört zu den
Gemeinissen der Geschichte dieses kleinen Gemeinwesens,
daß es gleich eine Handvoll großer Geister hervorgebracht
hat. Man könnte da mit Zufällen rechnen wollen, wie wir

heute ja überhaupt dazu neigen, die Dinge eben nur in natur-
wissenschaftlich-technizistischer Weise zu registrieren. Aber
die Ausstrahlung einer Architektur wirkt, in positiver oder ne-
gativer Art, auf den Menschen, auf seine psychosomatische
Entwicklung zurück, wie der geistige Zuschnitt und Lebensraum einer Stadt auf die jeweils neue Generation zurückwirkt.
Von hier aus gesehen macht man die erstaunlichste Feststel-
lung, daß alle Männer der Weiler Geniestatistik eine Gruppe
ausmachen, und zwar eine Gruppe, die sich geschlossener gar
nicht denken läßt. Allenfalls Leo Schöninger, hier 1811 geboren, präsentiert eine Ausnahme. Er macht sich in München
als Galvanograph einen Namen, mit einem Verfahren, das ra-
dierte Kupferplatten mit elektrischem Strom zu ätzen vermag.
Aber auch er serviert Kunst nicht als biedermeierlich-lyrische
Miniwelt und nicht als romantischen Schauer, sondern als ein
Stück handwerklich-realistische Bändigung, im Grunde so,
wie das die Weiler Goldschmiede, auf technisch anderem Niveau, dreihundert Jahre vorher auch schon gemacht haben.
Das heißt: Keiner, aber auch keiner der großen Weil-der-Städter, der es nicht auf seine Weise als eine Gegebenheit von Realitäten angegangen hätte, der nicht versucht hätte, die Dinge
so zu sehen, wie sie wirklich sind. Konrad Kürschner, der El-
sässer, der sich Pellikan genannt hat, aber aus der Weiler Familie Kürschner stammte, hat auch gerne Vorlesungen über
Mathematik und Astronomie gehalten und gehört zu jenen
Philologen der Humanistenzeit, die sich von den – durchaus
vorhandenen – nationalromantischen Angeboten der Zeit di-
stanzieren und erstmals nüchterne Spracharbeit demonstrie-
ren. Für den Renaissancedichter Steinhöwel aus Weil der
Stadt hat man als Hauptcharakteristikum immer schon die
Maxime, »nit wort us wort, sondern sin us sin« nehmen zu wollen, zitiert. Aber man hat zu wenig hervorgehoben, wie wenig
dieser Mann, der ja sein Leben als Arzt verbrachte, damit den
realen linguistischen Sachverhalten seiner Vorlage zu Leibe
rücken will: Auch hier haben wir alles andere als einen poeti-

schen Schwadroneur vor uns. Brenz, fast Zeitgenosse Steinhö-
wels, besticht innerhalb der großen mitteleuropäischen theo-
logisch-kirchlichen Reformbewegung dadurch, daß er seine
Kirchenordnung in das Machbare bettet, daß er Politik, auch
gerade kirchlich-konfessionelle, als die Kunst des Möglichen
praktiziert. Auch hier nichts von Emotion, nichts von irrealem
Fanatismus. Ist Kepler nicht darin der geistige Bruder von
Brenz, daß er wie jener das Spintisieren, heute würden wir sagen die ideologischen Übererhöhungen, dadurch ad absur-
dum führt, daß er mitten in einer Zeit, die den wunderlich-
sten Lehren anzuhängen bereit ist, sich ganz auf die Zahl und
das Metermaß und den Zirkel verläßt, daß er dem Himmel die
Gesetze entreißt und nicht umgekehrt: in die Welt den Brand
der vagen Hoffnungen oder der paradiesischen Versprechun-
gen hineinträgt?

Noch einmal: keiner der Weiler Geister hat etwas von den
Verführungen der Dämonie an sich. Alle machen sie eine
Reihe aus, die Können und schöpferische Analyse in Disziplin
zusammengezwungen haben. Sie sind nicht Priester und
nicht Künder, sondern Männer, denen die konkrete, die phy-
sische Existenz letztlich des Menschen am Herzen liegt. Burkhard Eble ist Prorektor an der Medizinisch-Chirurgischen
Akademie in Wien, Michael Eble, 1903 in Ellwangen gestorben, Astronom und Mathematiker. Die Gall verdeutlichen
diesen realistischen Grundzug, das Neue, das Bewegende bekanntlich an Lucas Mosers Schaffen, auf eine eindrucksvolle
Weise: Joseph Anton, der kirchliche Reorganisator Nieder-
österreichs, ist sozusagen das katholische Gegenstück zu
Brenz, Johann Michael ist Professor der Medizin in Freiburg,
Franz Joseph der Mann, der, wiederum in einer Verbindung
von Gegenstand und wissenschaftlich abgesicherter Analyse,
die geistig-seelischen Eigenschaften eines Menschen aus der
Oberflächengestaltung seines Schädels erkennt. Noch in den
Kindern und Enkeln spürt man das Erbe: Joseph Anton Lau-
mayer, dessen Mutter eine Gall war, hat den Lehrstuhl für

Physiologie und Anatomie in Freiburg, und Johann Baptist Fallati, Enkel einer Gall, lehrt die Naturwissenschaften in Tübingen.

Von Städtegeist, von Urbanität dürfen wir dort sprechen, wo die Stadt mehr ist als eine Ansammlung von Häusern, wo sie eine spürbare und originelle Beisteuer leistet zur geistigen Sinngebung des Lebens. Weil hat sich hier als ein Reservoir ohnegleichen erwiesen. Mehr noch: Es hat die altwürttembergische Humanistentradition in einer Geistesgeschichte gegen den Strich ergänzt oder korrigiert, wo es nur konnte. Daß man den Kepler, das »Letzköpflin«, in Tübingen nicht haben wollte, ist wie ein Symbol dafür: In Altwürttemberg war, bis in unser Jahrhundert hinein, nicht die Naturwissenschaft mit allen ihren Verästelungen und, wo es sein mußte, öffentlich-politischen Konsequenzen wie bei den Weil-der-Städtern die Geltung, sondern eine politisch gedämpfte, wenn nicht überhaupt entpolitisierte Wortkultur, die, von Johann Albrecht Bengel bis Karl Gerok, von Uhland bis Mörike zu einer sozusagen permanent biedermeierlichen, auf alle Fälle patriarchalischen Volkskultur geführt hat. Weil der Stadt, in ganz wörtlichem Sinne, ist der Boden, das Ferment für eine eminent städtische, nämlich kritische Haltung, die sich lieber der Aufhellung, der Aufklärung der Natur verschreibt, als daß sie deren Gesetzmäßigkeiten einer amorphen Innerlichkeit opfert.

SINDELFINGEN
Das schwäbisch-pietistische Ora et labora

Sindelfingens Geschichte ist aufbewahrt in seiner Martinskirche und ihrem Baukomplex, eine ganz seltene Sache. 1863, als der württembergische Baugewaltige Leins die Sindelfinger Stiftskirche, wie es später hieß, »wiederhergestellt« hat, meinte man im Lande, die Martinskirche gehöre »zu den schönsten Denkmälern, die uns die frühromanische Kunst, wahrscheinlich die Hirsauer Schule des Abtes Wilhelm, hinterlassen hat«. Die Sindelfinger haben mit ihrer Kirche nicht irgendeine der spätgotischen, urbanen, aber doch auch durchschnittlichen Kirchlein, sondern einen Bau vom Range und vom Gewicht der Kirchenbauten in Maulbronn oder Alpirsbach, Ellwangen oder Denkendorf: großartige Beispiele einer mächtigen, schwerlebigen, in sich sicher gebliebenen Kunst.

Von hier aus gesehen bietet sich das Gesicht Sindelfingens in einer fast einmaligen Dialektik und Spannung dar: hier graue Lisenen, Rundbögen und Strecksäulen, dort Sheddächer und Montagehallen, hier Fachwerkfronten und das malerische Ambiente des »Hexensprungs«, dort der langsam anrollende Güterzug mit zwei, drei Dutzend Hundertneunzigern darauf. Dieses Wechselspiel zwischen der ernsten, großen, stillen Fermate im Stiftsbezirk und dem atemberaubenden Industrietakt mit Chips und ABS, nicht einmal weit draußen, sondern eigentlich *auch* in der Stadt, das macht Sindelfingen wiederum zum Markenzeichen mitteleuropäischen

Wandels und Schicksals, in einer Antithese, die härter und ab-
rupter nicht sein könnte, und doch auch in erstaunlichen, ver-
söhnlichen Wegen zu einer Synthese, eben diesem Wohnplatz
Sindelfingen.

Was die Stadt als selbständig gewachsene Einheit anlangt,
so spielt die Martinskirche, um es vereinfacht zu sagen, in dieser historischen Entwicklung die entscheidende Rolle. Von
den führenden Hochadelsfamilien des Mittelalters, den Grafen von Calw, den Welfen und den Pfalzgrafen von Tübingen,
als einen ihrer Sitze auserwählt, wird der Ort und das von den
Calwern errichtete Kloster sehr bald in ein Chorherrenstift
verwandelt und 1351 an Württemberg verkauft. Das Bündel
der Gerechtsame, Stadt, Fronhof und die Schirmvogtei über
das Stift, liegt jetzt in der Hand der Württemberger. Das Stift
bringt so viel Vermögen mit an Pfründhöfen, an Höfen und
Gütern und Einkünften, daß es dem bildungslustigen Grafen
Eberhard im Bart den Boden abgeben kann für die Verwirkli-
chung seines Lebensplanes, die Errichtung einer Universität,
naheliegenderweise in Tübingen, der wohlbefestigten halben
Hauptstadt. Am 11. Mai 1476 genehmigt der Papst die Verlegung des wesentlichen Teils des Stifts nach Tübingen. Man
weiß das hierzulande, und die wunderbar zarte steinerne
Denktafel in der Martinskirche – zur Seite des Schmerzens-
mannes knien anbetend Graf Eberhard und seine immer
noch jugendlich wirkende Mutter Mechthild, das »Fräulein
von Österreich« – erinnert an diese denkwürdige Verlegung.
Aus dem Rest der Ausstattung (Sindelfingen ist damals nicht
völlig entblößt worden), zwei Kanonikaten und 10 Kapla-
neien, machte man ein Augustiner-Chorherrenstift, das bis
zur Reformation 1535 bestand und von den Leuten einfach
»Kloster« genannt wurde; auf dieses »kleine« Stift beziehen
sich die heute so genannten Klostergebäude im Stiftskom-
plex.

Wo anderswo, in Esslingen oder Biberach, ein großes,
»Stift« oder »Spital« genanntes Versorgungs- und Finanzie-

rungsinstitut das Fundament für unabdingbare Sicherheit legen konnte, fehlt in Sindelfingen ein solcher Rückhalt bald ganz. Sindelfingen mußte sich am eigenen Schopf aus diesem sauren Wieslein der Durchschnittlichkeit herausziehen. Die historische Leistung dieser Stadt liegt darin, daß sie den Weg vom unterprivilegierten und zweitrangigen Amtsstädtlein zur erstrangigen und weltläufigen Industriestadt bravourös, überlegen gemeistert hat. Eigentlich immer weiß man in der Wirtschafts- und Industriegeschichte zu sagen, woher die heutige Größe und Geltung gekommen ist. Für Pforzheim drüben und seine Schmuckwarenindustrie waren es die stadteigenen Zünfte und die Hugenotten, für Gmünd waren's die »Böllesdreher«, für Reutlingen die »Reutlinger Artikel« und so weiter: Immer stößt man auf Vorläufer und alte, einleuchtende Traditionen. Für Sindelfingen haben wir da gar nichts. Zumindest nicht an der Oberfläche. Unter dem Titel »Gewerbe« meldet die Oberamtsbeschreibung 1850, es gebe hier eine einzige Fabrik, die von Heid und Spring, die fertige auf fünfzig Stühlen mit Jacquardmaschinen alle möglichen Seidenfabrikate, die sowohl in das In- wie auch das Ausland gehen. Damit ist der Fabrikenkatalog schon beendet.

Sindelfingen ist eine Ackerbürgerstadt. Und wird ein halbes Jahrhundert später ein Industrieplatz für Automobile und Rechenmaschinen. Was hat diesen Industrialismus möglich gemacht? Ich habe immer schon vermutet, daß neben manchen anderen Einflüssen der Frömmigkeitscharakter dieses Landes, schon im 18. Jahrhundert sprichwörtlich, eine große Rolle dabei gespielt hat. Industrielle Wirtschaft, die ohne große Bodenschätze auskommen muß, braucht kostengünstige Feinindustrie und braucht Leute, die rechnen können, solche, denen es zunächst einmal um Arbeit, um anspruchsvolle und sinnstiftende Arbeit geht, nicht um einen Aushilfsjob, sondern um Arbeit als einen der verwirklichenden Teile des Lebens. Im schwäbischen Pietismus – auch in Sindelfingen gab und gibt es Stundenleute – ist diese Arbeitshaltung potenziert. Philipp Matthäus Hahn, Pfarrer in Kornwestheim, Onstmettingen, Echterdingen, frommer Theologe und Konstrukteur wie Unternehmer, bekannt in ganz Europa durch die Konstruktion und fabrikatorische Fertigung seiner Rechenmaschinen, Organisator der Pietistengruppen von Sindelfingen bis Untertürkheim, hat für seine pietistische Kundschaft diese christliche Lebensmaxime auf einen Nenner gebracht: Wir sind zum »Leyd« geboren, wir haben keinen Anspruch auf Glück oder Schönheit. Wir sind zum Dienen da und zum Arbeiten. Die pietistische Askese, die Distanz von allem Ästhetischen und Sinnlichen, schlägt hier in einen von aller »Welt« gelösten Aktivismus um. Gott will, daß wir den schmalen Weg wählen statt des breiten und daß wir arbeiten »im Schweiße unseres Angesichts«.

Das ist die Grundhaltung, welche die schwäbische Industrie im allgemeinen und die zu Sindelfingen im besonderen groß gemacht hat. Jüngst bin ich im über tausend Seiten starken und nunmehr gedruckt vorliegenden Tagebuch Hahns auf eine Stelle gestoßen, die uns gewissermaßen einen Beleg abgibt für die pietistische Initiative in Sachen Wirtschaft oder, wie Hahn sagt, Ökonomie. Am 19. September 1772 führt Hahn ein ausführliches Gespräch mit einem Handwerksmann, einem Häfner aus Bietigheim. »Ich sagte ihm den Unterschied der Pietisten, da er mir so viel Orte angezeigt, wo dergleichen seyen. Ich sagte, wie im Leiblichen es Bettler und Oeconomen gebe, Bettler aus Nachlässigkeit oder Liderlichkeit, und daß sie es einmal angenommen und in keine andere Ordnung und ordentliches Geschäft und Arbeit zu bringen seyen, andere aber aus Unglück Bettler worden, und bey den Oeconomen einem sein Fleiß und Treue mehr Zunahme eines Vermögens mache als dem andern, so seye ich gewohnt, die Pietisten zu Oeconomen zu machen, daß sie auch einen eigenen Schatz und Lebensquelle kriegen in die Herzen zum Samen, und gesagt: Damit es nicht nur immer heißt, ›Gebt uns von eurem Öle‹ oder daß man eine Weil bei anderer Licht frölich ist.«

Man will – und soll – bei eigenem Licht fröhlich sein, und man will sein eigenes Öl haben. Das ist urschwäbische Devise, die der schwäbische Pietismus als aktivster Teil dieser sprichwörtlichen schwäbischen Religiosität wesentlich mitgestaltet hat. Und weil das Öl mittlerweile teurer geworden ist – das heißt, im Augenblick gerade ist es verwirrenderweise wieder etwas billiger geworden –, braucht man die großen und kleinen Fabriken um so mehr; der mittlere Neckar ist genau aus dieser Haltung heraus jener Bezirk geworden, in dem das Bruttosozialprodukt pro Kopf lange am höchsten unter allen Industriebereichen der Bundesrepublik war.

Es könnte also auch aus der jahrhundertealten Sindelfinger Webstube etwas von der pädagogischen Wirkung des pietistischen Stundengeistes herausgelesen werden. Im Sinne des Sektengeistes – es gab ja jahrzehntelang eine besondere pietistische Separatistengruppe – hätten wir allein im Sektierertum der schlesischen Weber eine eindrucksvolle Parallele. Und sicherlich hat auch der altverbriefte Sindelfinger Eigensinn hier seine Erklärung, der sich mitunter zu allerlei Aggressionen steigern konnte und in der lapidaren und gerne zitierten Auskunft der Oberamtsbeschreibung ein für allemal festgehalten ist: »Die vorherrschenden moralischen Eigenschaften sind neben einer gewissen Derbheit ein offener, biederer Sinn, Fleiß, Betriebsamkeit und viel Religiosität, die sich übrigens nicht selten zur Frömmelei steigert. Die seit langem bestehenden Liederkränze in Böblingen, Sindelfingen, Schönaich und in anderen Orten zeugen vom Sinn für das Schöne. Jedoch darf nicht verschwiegen werden, daß Rachsucht und Jähzorn einem großen Tei des Bezirks eigen sind, wodurch häufig Schlägereien, bei denen Körperverletzungen vorkommen, entstehen.«

Deutlich sind die Linien in unsere Gegenwart aber auch, wo gewissermaßen die Methode und die Serienproduktion Hahns ins Blickfeld gerückt wird. Er hat nicht nur aus seiner im Verein mit einem ortsansässigen Schulmeister gegründeten Onstmettinger Filiale Gewinn gezogen, Bizerba ist nichts anderes als eine Folge davon, er hat auch in Kornwestheim und dann in seiner Echterdinger Werkstatt Rechenmaschinen gebaut und verkauft. Wir wissen jetzt, daß er als Unternehmer über weite Geschäftsbeziehungen verfügte und eine ganz nette Belegschaft beieinander hatte, von denen einige dann hernach als Rechenmaschinenbauer in Dresden, Petersburg oder Paris zu Ehren kamen.

Genau auf diesem Acker, wenn ich so sagen darf, nahm 1927 das Zeitalter der Datenverarbeitung seinen Anfang. In jenem Jahr begann die Kooperation der Deutschen Hollerith Maschinen Gesellschaft (DEHOMAG), dem 1910 gegründeten Vorläufer der IBM, mit der Optima Maschinenfabrik AG in Sindelfingen, die 1934 dann ganz von der DEHOMAG übernommen wurde. Und es ist ganz ohne Zweifel, daß diese schwäbische, religiös unterstützte Rechenhaftigkeit mit das Fundament gelegt hat zur Weltbedeutung von Daimler-Benz und zur Rolle Sindelfingens in diesem Weltzusammenhang.

Der Anfang scheint Zufall zu sein. Man hatte hier, zu Beginn des Ersten Weltkriegs, zunächst in einem schnell hergerichteten Provisorium zu arbeiten begonnen. Der Sindelfinger Bürgermeister Wilhelm Hörmann war indessen an einer dauernden und nicht nur kriegsgebundenen Industrieansiedlung interessiert. Und also war es schon 1915 so weit, daß Hörmann »in Schtuegert« den Vertrag unterzeichnen konnte, der den noch in diesem Jahr begonnenen Neubau des Sindelfinger Werks zum Inhalt hatte. »Weib, richt mir meine guate Sache na«, so lautete nachgewiesenermaßen die eheliche Anweisung des klugen und wachen Hörmann. »I muaß nach Schtuegert nonter.« Ich nehme an, daß auch die Bürgermeisterin geahnt hat, wie sehr es hier um etwas Wichtiges und Besonderes ging. Wenn sie auch kaum daran gedacht haben kann, daß ein halbes Jahrhundert später selbst die Sindelfinger Gasthäuser und Hotels von Gottlieb Daimler profitieren: Hier übernachten sie, die Besteller und Käufer, die nächsten

Tags dann zum Werk ziehen und warten, bis ihr Name aufge-
rufen wird, bis »ihr Lebenstraum« (so hat mir einmal vor Jahren ein Werksdirektor ins Ohr geflüstert) erfüllt ist.

In Sindelfingen stand jahrhundertelang ein Armenhaus,
und auch die wenigen Honoratioren, von denen in Darstel-
lungen des 19. Jahrhunderts im Blick auf Sindelfingen die
Rede ist, auch diese sogenannten Honoratioren sind keine
Millionäre gewesen. Auch dies ein namentlich von den Pietisten genährtes, mit dem Stichwort »Hiob« überschriebenes
Erbgut: Nicht Reichtum und nicht Geld ist entscheidend, sondern das ordentliche und arbeitsame Leben, das einem am
Ende das Auskommen nicht versagen wird. Als Hermann Kurz
mit Frau und Kindern von der kleinen Wohnung in Oberesslingen in eine noch kleinere in Kirchheim unter Teck zieht,
ist das natürlich auch Spektakel für die Leute. Der Karren mit
Kasten und Kisten war angekommen, jetzt trägt man die paar
Stücke in Kirchheim die Treppe hinauf. Nach geruhsamer Beobachtung der Transporte wagte sich der Nachbarsbub heran
und fragt den Jüngsten der Kurz' leis: »Send er reich?« Und
die Antwort des Jüngsten, Isolde Kurz überliefert sie in rein-
stem Hochdeutsch: »Wir täten uns schämen.«

In dieser Quittung ist ein Stück von der altwürttembergischen Art verborgen, die sich erst langsam hierzulande und
auch hier in der Stadt Sindelfingen verlor. Der Fabrikant Wittmann hat es schon nicht mehr so gemacht wie sein Reutlinger
Kollege Adolff, der erst draußen vor der Stadt in seinen neuer-
worbenen Daimler stieg, die Leute sollten das nicht gerade sehen. Und Jahre nach dem alten Wittmann konnte man hier in
Sindelfingen im einen und anderen Haus diesen menscheln-
den Satz hören: »Mir Reiche heiratet einander, / Die Arme
sollet's no au so mache.«

Man sah, in den zwanziger, in den dreißiger Jahren, ganz
von Ferne den Wohlstand winken. Nicht, daß die angeblich
»golden twenties« nicht auch ihre dunklen, ja ihre bodenlo-
sen Perspektiven gehabt hätten; die Weltwirtschaftskrise ist

auch an Daimler und, da zeigt sich eine Abhängigkeit, auch an der Stadt Sindelfingen nicht spurlos vorübergegangen. Und den Alten fiel damals die Politisierung und Ideologisierung des Lebens auf, ein paar Jahre noch, dann schaffte man sich in einzelnen Rathäusern des mitteleren Neckars eine fahrbare Stahltribüne an, für die Reden von Kandidaten und Wahlrednern aller Coleur. Sie konnten nur für ganz Schwindelfreie gedacht sein, und ich möchte vorschlagen, solche Rednertribünen für schwindelfreie Wahlredner wieder einzuführen, das gibt neue Arbeitsplätze und kürzere Wahlreden. Und nicht viel später, dann durften sich die Rathäuser für ihre Marktplätze eine »Großsprechanlage« zulegen, da hat man dann die stundenlangen Tiraden Hitlers gewissermaßen original gehabt.

Sindelfingen im Dritten Reich, das ist kein ganz dunkles und kein ganz hoffnungsloses Kapitel. Eine Schülerarbeitsgruppe des Goldberg-Gymnasiums, in dem die Schüler unmittelbar nebeneinander sitzend noch lange »Sindelfingen, den 2. Mai« und »Böblingen, den 2. Mai« vor ihre Klassenarbeiten schrieben: eine Schülerarbeitsgruppe unter Leitung von Michael Kuckenburg hat einen ersten Forschungsbericht vorgelegt, die Stadt, die Industrie und die Banken Sindelfingens haben den Druck ermöglicht. Die Atmosphäre, die hier geschildert wird, deckt sich mit jener, die mir Sindelfinger Alte skizziert und immer wieder betont haben, daß hier in Sindelfingen damals »nichts eigentlich Besonderes« geschehen sei.

Das kann man so gelten lassen, wenn man erfährt, daß der »Kempfe-Schorsch«, der Ortsgruppenleiter der Ortsgruppe Eichholz, Georg Kempf – Sindelfingen hatte zwei Ortsgruppen – ein vergleichsweise verständiger Mann gewesen sei, und wenn man liest, daß eine sorgsame Überprüfung der Mitgliederlisten der NSDAP ergibt, daß »unsere Stadt, ihrem protestantischen und kleinstädtischen Einschlag zum Trotz, ihre demokratischen Traditionen einigermaßen bewahrt hatte«. Sollte je mit diesem Hinweis auf den »protestantischen Ein-

schlag« gemeint sein, daß die evangelischen Pfarrer mit fliegenden Fahnen ins Lager Hitlers überliefen, so mag das im
Blick auf den Pfarrer Krauß stimmen. Er hat bereits am
26. März 1933 in einer Herrenberger Amtsgemeinde den Antrag gestellt, den Reichspräsidenten von Hindenburg und den
Reichskanzler Adolf Hitler zu Ehrenbürgern der Gemeinde
zu ernennen und je eine der Hauptstraßen des Orts in Hin-
denburg- und Adolf-Hitler-Straße umzubenennen. In Sindelfingen kam offensichtlich niemand auf solche Gedanken. Dafür hat Pfarrer Graser in der Martinskirche das Wort für ein
Evangelium ohne die Nazis ergriffen, und die Leute haben
sich geschart hinter seinem Rücken.

Aber das ist nur die eine Seite der Medaille. Die andere
zeigt sich dort, wo man sie alle, SA und HJ, BDM und Jungvolk
und so weiter, den Goldberg hinaufziehen sieht, die Bücher
und Schriften der »Entarteten« zu verbrennen: die Akteure
und die Mitläufer einer Gesinnung, deren Genese wir heute
kaum mehr nachvollziehen können und deren schreckliche
Auswirkungen wir mit unserem Verstand nicht verstehen. Wir
können nicht einmal mehr recht rekonstruieren, was dieser
Speidels Bub ausgehalten hat, einer der Zeugen Jehovas, der
den Kriegsdienst verweigerte, seine Mutter hat man nach Berlin geholt, aber der junge Mann blieb bei seinem Wort und ist
dafür hingerichtet worden. Die Brendle, Keinath, Hirsch und
so weiter, wir vergessen sie nicht. Mindestens 19, wahrscheinlich mehr Bürger aus Sindelfingen sind zwischen 1936 und
1945 aus politischen, religiösen oder rassischen Gründen ermordet worden. Man kann in einer Gemeinde, die, wie alle
Gemeinden, vom Verständnis und der Achtung des anderen
lebt, auch aneinander schuldig werden. Sindelfingen hat
durch seine Fürsorge für die Donauschwaben viel von dieser
Schuld abzutragen versucht.

Und nun stehen wir auf dem Goldbergturm, die Straßen-
stränge ziehen sich weit ins Land hinein, die Siedlungen der
Nazi-Zeit und der Jahre nach 1945 reihen Häuser und Häuser

aneinander, drüben glitzert die Sonne an den Glasdächern des großen Industriewerks, am Horizont immer wieder ein Wasserturm, Anzeiger dafür, wie anfällig und wie bedürftig unser industriealisiertes und technisiertes Leben geworden ist. Die Hochhäuser sind immer höher, und die Felder sind immer leerer geworden. Wo man früher ganze Sippen angetroffen hat und einem »So, au scho dusse« begegnet ist, tukkert heute ein einsamer Traktor.

RUIT
Die Geschichte der Schnaiträppler

Der Name Ruit besagt nichts anderes, als daß dieser Wohnplatz einst gerodet worden ist. Der Wald – man sieht ja heute noch ein Stückchen davon – war früher gerade in diesem Geviert sehr viel weiter über die Filder gebreitet und zudem dem langsam lebendiger werdenden politischen und wirtschaftlichen Leben ein arger Hemmschuh. Wenn da mit einem Wohnplatz eine Schneise in diese Waldwildnis geschlagen wurde, dann konnte das ein Anlaß sein, die Sonderheit auch in Zukunft mit dieser Marke Ruit zu signieren.

Im übrigen tut es einem wohl, mit diesem Namen Ruit, der so knapp, so herb und so schwäbisch klingt wie wenige im mittleren Neckarraum, endlich einmal keinen »-ingen«-Ort vorgesetzt zu bekommen. Die Bundesbahnschaffner sagen diese Reihe Esslingen–Plochingen–Wendlingen–Metzingen und so fort ja im Schlafe auf. Wer Ruit hört, atmet auf: endlich einmal ein modern klingender Name, der in unsere Telefonzellen paßt und in unsere Terminkalender, der sage und schreibe nur vier Buchstaben präsentiert. Wo findet man das sonst hierzulande gleich wieder!

Mit anderen Worten: Ruit ist von Haus aus keine Alamannengründung, zumindest kein alamannisches Sippendorf mit einer namengebenden Autorität in seiner Mitte. Dafür entschädigt es uns in seiner Frühgeschichte auf sonderbare Weise. Während gerade bei den alamannischen Dörfern wenigstens die Sprachgeschichtler mit viel List und Tücke den

Namen des einstigen Hundertschaftsführers oder Gefolgs-
herrn herauskonstruieren, mit dem die Historiker dann hernach herzlich wenig anfangen, weil sie ihn nirgendwo in Urkunden finden, bietet einem Ruit gleich in seinen Anfängen
Leute, von denen man wenigstens weiß, wo man sie hintun
kann. Da hat man im Winter 1880/81 auf Ruiter Markung, am
Eichenweg in Richtung Scharnhausen, die Grundmauern
einer römischen Villa, eines Wohnhauses ausgegraben,
schließlich die Umrisse eines ganzen Gutsbetriebes gefunden
und auch noch einen eisernen Gesichtshelm dazu, der bei römischen Reiterspielen als Gesichtsschutz getragen wurde.

Man nimmt mit Recht an, daß der Helm, ein schönes Stück
übrigens, einem römischen Offizier gehörte, der nach Ablauf
seiner Dienstzeit hier in Ruit einen Gutshof zugewiesen erhielt. Die Phantasie beflügelt einen bei diesem Gedanken, auf
gleichem Boden, wo einem heute Zebrastreifen mit knapper
Not den Straßenübergang sichern, wo man Bagger immer wieder neue Gruben auslöffeln läßt und die Ortsgrenze schon gar
nicht mehr scharf erkennt, einen pensionierten römischen
Major – mit scharfgeschnittenem Gesicht und ein wenig ma-
genkrank – seine Schweine zählen zu sehen und seine Hüh-
ner. Er hat sich seine Freiheit, heute würde man sagen, mit
Tennisspielen vertrieben, munter und drahtig, wie römische
Offiziere sein mußten. Wer das berücksichtigt, müßte ihn eigentlich noch nachträglich zum Ehremitglied des Ruiter Tur-
nerbundes von 1892 machen.

Wir wissen, daß die sehr weltliche Atmosphäre des Römischen durch die Renaissance Karls des Großen in sehr kirchli-
chem Sinne abgelöst wurde: Auch davon findet man hierzulande viele große und viele kleine Spuren. Im Grunde ist
nahezu alle Ortsgeschichte des neckarschwäbischen Raumes
im Mittelalter Kirchengeschichte, auch die Ruits. Erfreulicherweise steht auch hier ein Name, ein Mensch am Anfang,
der Pfarrer Trutwin, der in der zweitältesten Urkunde Ruits,
einem Schenkungsbrief des Bodenseeklosters Salem aus dem

Jahre 1281, genannt wird. Man hat sich bisher dieses Namens nicht weiter angenommen. Wer aber weiß, daß die Trutwin im Neckartalabschnitt zwischen Plochingen und Cannstatt damals überhaupt eine führende Rolle gespielt haben, daß ein Esslinger Arzt Trutwin zur gleichen Zeit die Esslinger Feldzüge gegen den Grafen von Wirtemberg finanziert hat, in so unabdingbarer und fanatischer Form, daß er nachher vor dem Konkurs stand und seine Weinberge, darunter den heutigen Burgweinberg, verkaufen mußte: wer das berücksichtigt, dem wird klar, daß Ruit schon sehr bald in den politischen Radius der in der Reichsstadt Esslingen konzentrierten adligpatrizischen Geschlechter gekommen sein muß.

Die Trutwin haben ja auch zwischen 1100 und 1350 den Ruiter Ortsadel gestellt: Man kann sich leicht ausmalen, welche politisch-territorialen Konstellationen das Land hier am mittleren Neckar aufzuzeigen gehabt hätte, wenn diese von einer Stadt, und zwar zunächst der weitaus volkreichsten Stadt dieses Raumes, absorbierte Herrenschicht in gemeinschaftlicher, in genossenschaftlicher Art dieses Land verwaltet hätte. Was eine Stadt damals, als eine genossenschaftlich-bürgerschaftliche Staatskonstruktion, in die aristokratischen Strukturen der Zeit gebracht hat, war etwas großartig Neues; wir können das heute kaum mehr so richtig nachkonstruieren. Dieses reich werdende und reich gewordene, teilweise wie gesagt auch Adelsgeschlechter zu sich herüberziehende Bürgertum verrät sehr bald auch politische Konzeptionen. Sein Ehrgeiz ist auch die Aufrichtung eines Territoriums, wenn auch eines nicht von *einem* Herren bestimmten, sondern eines von genossenschaftlichen Absprachen und Mehrheitsbeschlüssen geprägten Territoriums. Der Ausgriff der Reichsstadt Esslingen auf die Filder, vor der 1312 Stuttgart kapituliert und esslingische Landstadt wird, ist nichts anderes als der Versuch, dieses Programm hier am mittleren Neckar zu verwirklichen. Hier Bürgerbund, hier Adelsmacht: Beide wollen zum Zug, beide wollen zu Land kommen.

Noch um 1350 sieht es so aus, als ob die Partie unentschieden wäre. Aber es ist kein Zufall, daß nach dieser Zeit die Ruiter beziehungsweise Esslinger Trutwin verschwinden. Sie verschwinden deshalb, weil sich die Waagschale in dieser zweiten Hälfte des 14. Jahrhunderts endgültig auf die Seite der Fürsten und nicht der Städter geneigt hat. 1383 ist das kleine Bürgerheer vor einer vernichtenden Niederlage aus dem Döffinger Friedhof hinausgetrieben worden. Das ist der Anfang vom Ende, freilich nur vom politischen, nicht vom wirtschaftlichen Ende. Ab dato gibt es nicht *ein* Kraftfeld, eben das projektierte, bürgerlich-genossenschaftliche mit Esslingen als Mittelpunkt, sondern *zwei* Kraftfelder, Esslingen *und* Stuttgart, wobei Ruit in ganz natürlicher Weise zwischen die Fronten gerät – bis heute.

Was Esslingen als das immer mehr in den Hintergrund, ja in ungute Abkapselung geratende einstige Zentrum anbelangt, so hat die Stadt sich ja im Jahre 1519 um nichts weniger als um ihre Existenz wehren müssen. Wir wissen, daß Herzog Ulrich damals allen Ernstes versucht hat, die Stadt einzunehmen und zur württembergischen Landstadt zu machen. Manche haben Morgenluft gewittert und sich bei dem geisteskranken jungen Herzog wohler gefühlt als bei den bedächtig-sorgsamen Esslinger Ratsherren. Ulrich lag mit seinen paar tausend Leuten in Nellingen und Berkheim, und die Berkheimer rührten keinen Finger, als die letzten Maßnahmen zur Einnahme der Reichsstadt getroffen wurden. Da, im letzten Augenblick, als das letzte Landsknechtsaufgebot der Esslinger schon zur Kapitulation gezwungen war, rückte von Plochingen das 12 000 Mann starke Heer des Schwäbischen Bundes an, das am 10. Oktober 1510 in und bei Ruit Lager bezog. Ulrich wird von hier aus, also sozusagen von esslingischer Seite aus, in Nellingen und Berkheim drei Tage lang beschossen. Dann zieht er sich, weil er keine Reiter hat, zurück, »seine Sache als verloren gebend«, wie es so schön in der Chronik heißt. Und die Esslinger, die schon vorher den Berkheimern den Wein aus den Kellern geholt hatten, weil »die Einwohner sich gegen sie gar nicht nachbarlich gehalten hätten«, ziehen jetzt plündernd und brennend über die Filder, ohne jetzt noch lange zu überprüfen, wer für Esslingen und wer für Stuttgart war. Man schmeißt überall seine Brandfackel hinein. Auch Ruit ist in Asche gelegt worden. So hat man damals das Stadt-Umland-Problem gelöst.

Innerhalb dieses bösen Spiels scheint Ruit sich aber rasch wieder erholt zu haben. Noch im selben Jahr versucht Esslingen, die nächstliegenden Filder- und Schurwaldorte, auch Ruit, von der mittlerweile in Stuttgart etablierten österreichischen Regierung käuflich zu erwerben. Aber Regierungen haben das so an sich: Was sie besitzen, besitzen sie. Es ist der letzte Versuch der Reichsstadt, zu einem Territorium zu kommen. Doch der Zug ist schon längst abgefahren. Während günstiger gelegene Reichsstädte wie Hall oder Rothenburg oder Rottweil eben in diesen Jahren ihr Gebiet vollends abrunden, ist hier die Dominanz Stuttgarts schon gar nicht mehr anzutasten. Nur auf dem wirtschaftlich-kommerziellen Sektor sind jetzt noch Konkurrenzunternehmungen möglich, nicht mehr auf dem politischen. Als Esslingen davon, im Aufbau und Ausbau einer neuen, industrialistischen Geschichte, Gebrauch macht, neigt sich auch Ruit wieder zu Esslingen. Aber das geruhsame und nicht weiter originelle Filderbauerndorf behält seinen Standort zwischen den Fronten.

Man könnte diese Hinweise, die wir hier in ganz knapper Zusammenfassung gegeben haben, so etwas wie die Umrisse einer territorialen Strukturgeschichte nennen. Innerhalb dieser Strukturen interessiert uns noch der Mensch. Man erinnert sich nur an die schönen Tage, und die schlechten sind immer in den Büchern vermerkt: Das ist immer so. Aber nun scheinen es die Leute in einem Bauern- und Weingärtnerdorf, wehrlos den Aktionen der großen Herren ausgesetzt, auf die Länge nicht leicht gehabt zu haben. Nicht, daß man nur von der Hand in den Mund gelebt, daß keine Tradition und keine

Kontinuität aufgekommen wäre – das gehört ja gerade zu den Eigentümlichkeiten eines solchen schwäbischen Dorfes am Rande einer Großstadt, am Rande Stuttgarts, daß sich hier ein sehr selbstbewußtes und sehr konservatives Dorfpatriziat entwickelt hat, daß man hier heute auf Familien wie die Rich und Wais, die Fritz und Distel, die Illi oder Weißinger stößt, die schon im Jahre 1558 oder 1664 hier saßen; ein Distel war schon um 1670 hier Schultheiß, und ein Distel war im Gemeinderat, als es nach 1945 galt, das veruntreute Land wieder wohnlich und menschlich zu machen. Wenn man alles so recht bedenkt, die schier unbegreiflichen Veränderungen, die mit Beginn der Neuzeit über Europa gekommen sind, dann ist diese selbstverständliche und ein halbes Jahrtausend umgreifende bäuerliche, aber auch fast adlige Seßhaftigkeit schon eine großartige Sache.

Das 18. Jahrhundert bringt Frieden, bringt zumindest keine Soldateska ins Dorf, wenn sich auch jetzt in Stuttgart und Ludwigsburg der nicht unbedingt niveaureiche, aber doch zeitgemäße Grundsatz durchsetzt, ein Fürst, der was sein wolle, müsse Schlösser haben. Also muß das Land mit Gulden und mit Naturalien helfen, und die Ruiter Bauern haben nichts zu lachen. Aber das Steuersystem ist trotz allem noch nicht von dieser todsicheren Perfektion wie heute im Lande Baden-Württemberg. Die Ruiter haben hehlinge auch muntere Tage. In den Ruiter Kirchenkonventsprotokollen etwa werden furchtbare Dinge notiert. Da wird im Oktober 1787 »klagbar vorgebracht, daß die ledigen Söhne zum Teil an Sonn- und Feiertagen in des Lammwirts Garten Kegel schieben, und zwar um Geld«. Das eigentlich Schlimme daran ist der Nachsatz, »und zwar um Geld« – man fühlt sich da erinnert an jenen fünfzehnjährigen Schüler im Seminar zu Schöntal an der Jagst, der von seinem Lehrer und gleichzeitigen Pfarrer gerade dabei erwischt wird, wie er ein Stück Brot wegwirft. Er bekommt, auch mit einem Nachsatz, einen Eintrag »wegen Werfens einer Gottesgabe durch die Luft« – »durch die Luft«, das ist das Schlimme daran.

Wenn es Winter ist in Ruit, dann gibt man sich, damals im 18. und noch lange im 19. Jahrhundert, der »Lichtkarze« hin, dem abendlichen Zusammensein in den Spinnstuben, wo der Kirchenkonvent, zu Recht oder nicht, auch die schlimmsten Zuchtlosigkeiten wittert. Und in der Silvesternacht scheint man genauso Krach gemacht zu haben wie heute; jedenfalls wird 1791 hier in Ruit die Mahnung ausgegeben, die jungen Leute sollten sich »des Schießens bemäßigen und ruhig in den Häusern bleiben«. Nur kälter, viel kälter scheint es damals gewesen zu sein, auch in den eben so liebevoll empfohlenen Ruiter Häusern, die ja über keine Zentralheizung, sondern im Grunde nur über eine einzige Herdstelle verfügten. Eine nette Geschichte gelegentlich des strengen Winters von 1879 auf 80 hat man sich in Ruit noch lange erzählt: Einem Ruiter Wengerter war in diesem klirrenden Frost der Most eingefroren. Eines Abends, als er Durst hat, sagt er in die schneeige Stille hinein: »Alte, gang au gschwend en Keller na mit 'm Beile und holl mer en Bolla Mooscht ruff!« Wobei wir Männer tränenden Auges dieser goldenen Zeiten gedenken, als die Frauen, von Emanzipation noch nicht verdorben, so etwas – noch taten!

Sicher ist auch das 18. Jahrhundert nicht als Idylle zu beanspruchen. Manchmal sieht man, wenn die Wolken begütigender Geschichtsharmonie sich beiseite schieben, für einen Augenblick in ein drakonisch-hartes, in ein von Ängsten geschütteltes Dasein, wie in diesem Totenregistereintrag vom Juni 1796: »Den 3. Juni wurde begraben: M. L., Küfersgattin, ein für ihr Kind sorgsames Weib, die um ihren Sohn, der aus dem Zuchthaus auf der Flucht war, wieder herbeizubringen, dem Herzoglichen Wagen bei Degerloch nachgesprungen, nach überreichter Bittschrift in Ohnmacht gefallen, tags darauf mit Stechen und Blutspeien sich legte.« Die Erbärmlichkeit des Lebens umfängt uns immer wieder, und wir verstehen, warum die Leute damals, eingeschlossen in einer armen, kleinen Welt, so sehr getroffen waren, wenn sie von der Kanzel herab das Luther-Wort hörten: »Wir seynd allzumal bettler.«

Freude und Farbe kam nach Ruit, wenn Herzog Carl Eugen – der, alt und brav geworden, drüben in Hohenheim seine Leidenschaften als treuer Haus- und Hofverwalter entdeckte – Schulkinder oder Ortsarme zum Speisen herüberholte, auch dann und wann junge Leute zum Tanzen. Sparsam, wie man hierzulande ist, mußten die Tanzpaare freilich ihre »Bestekker« und Stühle selber mitbringen. Aber für Ruit, sozusagen Patronatsdorf geworden unmittelbar im Schatten der herzoglichen Flügel, muß das eine schöne Zeit gewesen sein.

Geblieben ist davon nicht viel: Die arbeitsame und zurückhaltende, ja die fromme Art blieb die Grundmelodie auch späterhin. Der Mittelpunkt des Dorfes, im tieferen, ernsteren Sinne, ist die Kirche. Von hier aus gesehen hat Ruit in seiner Mentalität und seiner Atmosphäre bis weit in unser Jahrhundert hinein etwas sehr Einheitliches und Geschlossenes geboten. Dadurch, daß man an der Industrialisierung – zunächst – nur als Pendler teilhat, aber sie nicht im eigenen Hause bestehen muß, bleibt der Eindruck eines sozial und klassenmäßig noch ungestörten Bildes, in dem »Kirche« und »Gottesdienst« noch unangetastete Zentralbegriffe sind. Orte wie Gablenberg oder Feuerbach stehen jetzt, im Gegensatz zu Ruit, schon unter unmittelbarem Beschuß, und es ist kein Zufall, daß uns aus dieser Zeit der Industrialisierung, aus dem Jahre 1903, aus Gablenberg jene wahre Geschichte beschert wird: Die baufällige Kirche mußte abgebrochen und der Gottesdienst behelfsweise in der Turnhalle abgehalten werden. Als die neue Kirche stand und die in der Turnhalle befindlichen Kirchengeräte nach dem neuen Gotteshaus geschafft wurden, stellte sich heraus, daß ein schönes silbernes Kruzifix abhanden gekommen war. Der Täter, der sich entdeckt sah, floh mit dem Kruzifix unter dem Arm Gaisburg und dann dem Neckar zu. Um seinen Verfolgern zu entkommen, bestieg er einen Nachen und segelte mit seiner Beute über den Fluß. Unter den Verfolgern war auch sein Sohn. Der soll, nach dem Bericht eines Augenzeugen, seinem Vater auf der Fahrt über den Neckar nachgerufen haben: »Vater, laß da Heiland fahra, ond heb de an de Weida!« Worauf der Vater mit dem in jeder Hinsicht fürchterlichen Reim antwortete: »Meinen Heiland laß ich nicht, weil er ganz aus Silber ist!«

In Ruit hat man, kaum zwanzig Jahre vorher, auch eine neue Kirche gebaut. Aber eine solche Geschichte ist nicht überliefert. Es geht hier eben geruhsamer zu als drunten im Tal, wo die Verdichtungen schon handgreiflich werden und der Stuttgarter Bahnhofbau im Jahre 1945 schon unter Einkalkulierung der Vorortbesucher aus Esslingen und Ludwigsburg ausgeführt wird. In Ruit scheint man von alledem wenig zu spüren und es auch nicht mitmachen zu wollen. Als 1855 zum erstenmal ein Verwaltungsfachmann Schultheiß wird, ist sein Nachfolger wieder ein Baureschultes, Johann Jakob Distel, dessen Vater und Großvater bereits Schultheißen waren. Ob es der alte Kronenwirt Distel war oder einer seiner gelernten Nachfolger, verrät uns die Quelle nicht. Aber als es einmal in Ruit einen mannshohen Schnee hingeworfen hatte, ließ der Herr Schultheiß, oder wie man seit 1926 sagte, der Herr Bürgermeister, nach altem Brauch den Schnee durch die Schulkinder »neiträpple«. Als ihm das aber zu langsam ging, zog er seine Quadratschublade aus seinem Schreibtisch heraus, setzte ein paar Schulkinder hinein und zog den behelfsmäßigen Bahnschlitten selber durch die Dorfstraße. Der ebenso geniale wie hingebungsvolle Einfall ist von den Nachbargemeinden, vor allem von Kemnat, Sillenbuch und Scharnhausen, sehr gewürdigt worden. Man sagte von da an lange nicht mehr: »Ii gang noch Ruit«, sondern: »I gang zu de Schnaiträppler.«

Ein Stück Idylle hat man in Ruit ins 20. Jahrhundert hinübergerettet. Im 19. Jahrhundert, in dem Stuttgart den Weg von der Königsstadt, ohne daß man sich dessen ganz bewußt geworden wäre, zu einer durch industrialistische Leistungen unabhängigen Bürgerstadt geht, beschränkt sich dieser elementare Wandel im wesentlichen noch auf das Stuttgarter Stadtgebiet. Ruit, kaum ein Dutzend Kilometer davon entfernt, bleibt ein Bauerndorf, das, als kleine Spezialitäten, Filderkraut liefert und – man sagt das zögernd, Wein. Als Mitte der achtziger Jahre das Fahrrad, und zwar das Hochrad, aufkommt – ein Ding, das dem Schnappkarren der Scherenschleifer nicht ganz unähnlich sah – und ein Stuttgarter Herr mit seinem Hochrad auch durch Ruit fährt, flieht eine Ruiter Bäuerin entsetzt in ihr Haus zurück und schreit aus Leibeskräften: »Ma, guck do na, do isch a Schereschleifer narret worda!«

Das ist die Zeit, in der es noch den Dorfplatz »an der Linde« gibt, den die Älteren noch sehr wohl im Gedächtnis haben, in der das eine oder andere Haus noch seine »Kammerz«, seine Weintrauben an der Straßenseite hat, seine Holzbeige und seine Miste. Das alles sieht nicht furchtbar farbig und originell aus, so halt, wie manches Albdorf heute noch, das man mit den adretten und witzigen Dörfern im Fränkischen nicht gerne vergleicht. Aber es wohnt ein wacher, ein fleißiger, ich möchte sagen: ein erzogener, ein disziplinierter Menschenschlag in diesen Ruiter Häusern. Sicher ist diese Sprache ein wenig von der Vorliebe für den gottesfürchtigen und fürstenergebenen Staat in altständischem Sinne diktiert, wenn die Beschreibung des Oberamts Stuttgart von 1851 von den Ruitern sagt: »Die Einwohner sind wohlgebaut, kräftig und erfreuen sich einer dauerhaften Gesundheit. Sie schaffen sich durch Sparsamkeit und Fleiß ihr Fortkommen. Feldbau und Viehzucht bilden in Verbindung mit Taglohnarbeiten, hauptsächlich auf den Gütern der Königlichen Domäne Weil, ihre Hauptnahrungsquelle.«

Aus diesem Holz dürfte auch jenes Rickele geschnitzt gewesen sein, die hier in Ruit am 9. Januar 1786 geborene Tochter des Pfarrers Ehemann, die Justinus Kerner 1807 auf einem

Ausflug zur Achalm kennenlernte und nach siebenjähriger Verlobungszeit heiratete. Sie hat diesen schwierigen, exzentrisch-genialischen Mann *mehr* getragen, als unsere Geistesgeschichte das wohl je gesagt hat. Man könnte sich fast fragen, ob diese Friderike Ehemann, der noch der alternde Kerner in Erinnerung an die Kindheitstage der Gattin in Ruit auf den Fildern ein zartgesponnenes Gedichtlein schreibt: man könnte sich fragen, ob diese Gestalt so etwas wie ein Symbol ist für das, was man »Ruiterin« nennen könnte. Das »Schaffen« sieht auch Kerner in ihr.

Unter den Filderweibern, die vor der Leonhardskirche in Stuttgart ihre »Stümpla«, ein Stümpchen »Erbsen, Mehl, Eier, Butter« verkauften und den Erlös hernach im Bohneviertel vertranken, waren wohl solche aus Degerloch oder Sillenbuch und so fort, aber nachgewiesenermaßen nie aus Ruit. Dafür brachten die Ruiter Frauen ihren Männern, die in der Esslinger Maschinenfabrik arbeiteten und verabredungsgemäß an der Pliensaubrücke warteten, das Mittagessen. Das war in den Jahren, in denen Ruit wiederum zwischen den Fronten stand und sich in diesem Falle für die Esslinger Fabriken entschied, weil die Verkehrsverbindungen dorthin günstiger waren. Ruit war in den zwanziger Jahren, ja bis 1945 ein Zubringerdorf. Industrie war hier oben nicht stationiert. Das Gemeindebackhaus, 1908 renoviert, war hier noch im Gebrauch, als man sonstwo längst die Brötchen an die Gärtentüre gehängt bekam. Manchen Ruitern ist der stundenlange Dreschflegeltakt noch im Ohr, der einen bis in die Winterwochen begleitete – so lange ist das alles gar nicht her.

KIRCHHEIM
Festung des Fleißes

Die Kirche in der Mitte, die dieser Gemeinde ihren Namen gegeben hat, der sich die Wohn- und Werksbezirke angliedern, alles säuberlich geordnet und abgestuft und alles vor der großartigen Silhouette der Schwäbischen Alb, Bergzüge, die sich wie Fäuste zusammenballen, ein bißchen im Dunst versteckt, die großartig-großzügige Dominante zu dieser kleinziselierten Bürgerstadt.

Nachdem der junge Max Eyth, Kirchheims großer Sohn, einmal Anfang Dezember 1857 von Plochingen aus eine Wanderung ins Neidlinger Tal gemacht hatte, schrieb er seiner Mutter: »So oft ich nach Kirchheim komme, klopft mir's lauter in der Brust. Als ich in der Morgendämmerung oben auf der Plochinger Steige stand, bliesen eben die paar Stadtmusici einen Choral vom Turm, unter dem ich zur Welt kam. Es war mir ganz sonderbar zu Mute.«

So schreibt also einer, der hier geboren ist, der die Eigenheiten und Eigentümlichkeiten dieser Stadt mit der Muttermilch eingesogen hat. Wenn man näher zusieht, darf das uralte Kirchheim mancherlei Besonderheit für sich in Anspruch nehmen. Als der Experte des Landesamts für Denkmalpflege im Sommer 1970 die Ergebnisse der Grabungen im Kirchheimer Alamannen-Friedhof im Rauner der Öffentlichkeit mitteilte, wußte man, warum sich eine derartige Spannung angestaut hatte: Noch nie vorher hatte man so viel Goldschmuck gefunden wie jetzt in Kirchheim. Hartwig Zürn sagte damals,

es seien jetzt an die tausend alamannische Fundstellen im
Land bekannt; aber die Gräberfelder, die so gut ausgestattet
seien wie das in Kirchheim, die könne man an einer Hand auf-
zählen.

Im Jahre 960 hat der deutsche König Otto, zwei Jahre später
römischer Kaiser, mit Bischof Hartbert von Chur einen Vertrag abgeschlossen. In dem Pergament bestätigt Otto, der Bischof von Chur habe ihn gebeten, die Siedlung »mit Namen
Chiriheim samt der zehntberechtigten Kirche und allem Zu-
behör« als Königsgut in seinen Schutz zu übernehmen, »wegen des passenden Nutzens«, wie im Schriftstück ausdrücklich
vermerkt ist. Kirchheim war also damals kein Bauerndorf
mehr gewesen, sondern wirtschaftlicher und kultureller Mittelpunkt der Landschaft um die Teck. Die »Heidenschaft«,
die Handelsleute, mußten einen Markt haben, und tatsächlich ist in der zweitältesten Kirchheimer Urkunde, einer Ver-
leihung der Königin Agnes an ihren Sohn Heinrich IV., von
der »Münze im Ort Kirchheim« die Rede. Wo man eigene
Münzen prägt, kann und will man andere Münzeinheiten vom
Marktverkehr fernhalten: einer der frühesten Belege für
»Wirtschaft« und »Markt« im ganzen Land.

Die Besonderheiten der Kirchheimer Geschichte verraten
sich nicht nur in dieser Frühzeit; sie sind merkwürdig kon-
stant geblieben bis in die Gegenwart hinein. Die umliegenden
Ortschaften haben sich damals zwischen 600 und 900 Ausbau-
Siedlungen zugelegt und sich zu Gehöften verzettelt, In Kirchheim geht man den anderen Weg: Die Bevölkerung bleibt zusammen, der Zuwachs und der Überschuß konzentrieren sich
um die Heidenschaft und um die Martinskirche, eine größere
Aussiedlung ist gar nicht nötig. Die jungen Bauern gehen zu
Handwerk und Handel über und legen den Grund zum
Marktort, der im heutigen Kreis Esslingen nur noch in dem
für die Karolingerzeit bezeugten Esslinger Markt seine historische Konkurrenz hat.

Wir verstehen, daß eine solche Marktsiedlung, von vorzügli-

cher Verkehrslage zwischen Neckarbecken und Schwäbischer
Alb, allemal das Interesse der großen Herren gefunden hat.
Die beiden genannten Urkunden tragen die Unterschrift von
Königen und Kaisern. Als König Rudolf von Habsburg am
15. Juli 1291 stirbt, soll Herzog Konrad von Teck zum König
gewählt worden sein, der aber auch schon bald gestorben sei –
diese Annahme geht auf das Grab des Herzog Konrad in
Owen zurück.

Ob sie stimmt oder nicht: die Herzöge von Teck haben um
1180 Kirchheim von den Zähringern geerbt und aus der
Marktsiedlung zwischen 1220 und 1230 eine Stadt mit Freiburger Recht gemacht. Kirchheim ist dem zähringischen
Idealplan, der modernsten Stadt des Mittelalters, gewiß sehr
nahegekommen. Wenn wir zögern mit einer endgültigen Auskunft, dann nur deshalb, weil das, was wir heute von Kirchheim sehen, ein anderes, nicht mehr das original-mittelalterli-
che Kirchheim ist. Am 3. August 1690, abends gegen halb
sechs Uhr, ist im Haus des Metzgers Eiselen, im Hause Brand-
straße vier, ein Feuer ausgebrochen, das sich in Windeseile
über die ganze Stadt verbreitet und aus dem sommerlichen
Feierabend eine einzige Feuerhölle gemacht hat. Die meisten
Häuser waren damals mit Stroh oder Schindeln gedeckt, und
an Feuerlösch-Einrichtungen hat es so gut wie ganz gefehlt.
Zudem sei, so der amtliche Bericht danach, ein furchtbarer
Nordwind aufgekommen, der den Brand von Dach zu Dach
getragen habe. Die Hitze wurde so stark, daß das Wasser im
Marktbrunnen zu kochen begann. Erst am 10. August, also
erst eine Woche danach, sei der Brand in der Kirchheimer Alt-
stadt vollends erloschen.

Man ist in den ersten Jahren des 18. Jahrhunderts mit stau-
nenswertem Fleiß an den Neubau von Kirchheim gegangen
und hat dabei, versteht sich, in erster Linie das Nützliche und
Notwendige im Auge gehabt: Das Nur-Schmuckhafte, den blo-
ßen ästhetischen Schnörkel sucht man noch heute vergebens
im Kirchheimer Stadtbild. Nicht das Kleinformatige und das

witzige Detail herrschen vor wie in der alten fränkischen Stadt, sondern die breite Fläche, das Voluminöse, wenn man die einheitlich-kollektive Sprache der Häuserreihen dafür nehmen will. So gesehen ist Kirchheim einer der reinsten Typen der neckarschwäbischen Stadt, ohne aufregende künstlerische Sonderaktion, ohne eine breite Palette verschiedenster Stilepochen, ohne Verschwendung an hochfahrende oder gar überhebliche Architektur.

Nur in der Kirche und im Rathaus hat sich die neuerstandene Stadt den Anflug des anderen und des Außerordentlichen geleistet. Die Pfarrkirche hat zwar in ihrem Gehäuse, einer um 1400 entstandenen, in späteren Generationen vielfach veränderten Halle, dem Brand widerstanden, und auch der Westturm von 1568 ist stehengeblieben im Feuermeer. Im Inneren aber sind die heute wesentlichen Akzente erst nach 1690 dazugekommen: Korb und Deckel der Kanzel, das schmiedeeiserne Altargitter des Esslinger Meisters Hiller, die Sandsteingrabmale im Chor, der zu einer Art Mausoleum der Kirchheimer Obervögte ausstaffiert worden ist. Jüngste Renovierungen haben von der Diakonissen-Gotik zu Ausgang des letzten Jahrhunderts, mit Ausnahme der Decke im Mittelschiff und des mittleren Glasfensters im Chor, nicht mehr viel übriggelassen. Dafür haben sie den beiden Holz-Epitaphien, den hölzernen Gedenktafeln im Chor wieder ihren tonangebenden Ausdruck verliehen, das eine zum Gedächtnis Sebastian Wellings, das andere, mit vielen Engelsköpfen und Säulen, behängt mit Trauben und Laub, zur Erinnerung an Konrad Widerholt, den immer noch unvergessenen Hohentwiel-Verteidiger und Heros der Kirchheimer Stadtgeschichte. Beide Stücke sind ein großartiges, geschlossenes Zeugnis evangelischen, nachreformatorischen Barocks.

Und natürlich hat das Rathaus die besondere Liebe der niedergebrannten Stadt zu spüren bekommen: Da wollte man ein übriges tun. Nach langen Planungen ist das Gebäude in den Jahren 1722–24 erstellt worden, ein behäbig-breiter Bau mit großflächigen, unverputzten Fachwerkwänden, mit prachtvoll geschnitzten Eckpfosten und einem turmartigen Dachreiter über dem abgewalmten Hauptgiebel: ein hocherhobenes Haupt über dem Stadtganzen noch heute, artig und doch fürwitzig geschmückt mit einem Achteckaufbau, einer Zwiebelhaube und einer Laterne darüber. Wer von der Kornstraße herkommt und in die Max-Eyth-Straße einbiegt, der hat, vom Kornhaus her beginnend, eine Handvoll Fachwerkhäuser vor sich und diesen weltlichen Kirchturm des Rathauses darüber: ein ungemein sympathischer und auf alle Fälle ein schwäbischer Anblick, mit dem Kirchheim alle die Brandnarben seiner zupackenden Geschichte vergessen läßt.

Man möchte glauben, die Feuertage des Jahres 1690 seien die ersten und letzten Wunden für Kirchheim gewesen, auch die einzigen späteren Besonderheiten. Alles andere habe sich wieder zusammengefunden in einer allmählich geruhsamen Bürgergeschichte, in der Kirchheim den Weg eines württembergischen Dutzend-Amtsstädtleins ging. Kirchheim sei, so notiert der französische Abbé Mozin um 1800: »ein nettes Städtchen, das noch ganz von Mauern und Gräben umgeben ist; hier tummeln sich die Fische unter den Mauern, und mehrere Baumreihen rundum laden zu einer Promenade ein. Die Lauter, ein kleiner Bach, der wegen der Klarheit seines Wassers so heißt, befruchtet diese Gefilde, und die Anwohner verstehen es, daraus einen aufs Höchste zu schätzenden Nutzen zu ziehen, indem sie ihre Wiesen damit bewässern.«

Wollte man nur diese Sätze gelten lassen, hätte man in Kirchheim so etwas wie eine altwürttembergische Gemüse- und Gartenstadt vor sich, mit biedermeierlichen Konturen, noch bevor die Biedermeier-Idylle hierzulande richtig begonnen hat. Aber der Herr Abbé hat mancherlei übersehen. Da ist zunächst einmal das Kirchheimer Frauenkloster, das der Stadt einen gewissen Vorrang vor anderen württembergischen Städten dieser Größe gab. Mehr und mehr scheint es übrigens für die Kirchheimer Bürger zu einem Fremdkörper

innerhalb der eigenen Mauern geworden zu sein. Als der
württembergische Graf Eberhard der jüngere, in Geldnöten
wie alle seine Vettern und Oheime, als Schirmherr des Klosters und Inhaber von Stadt und Amt Kirchheim von den Klo-
sterfrauen ein Darlehen haben wollte, empfanden Priorin
und Konvent das als Erpressung und lehnten ab. Der Graf, ohnehin erzürnt über die Einführung einer neuen, strengeren
Ordensregel, schnitt den geistlichen Frauen die Nahrungszu-
fuhr ab und ließ den Klosterkomplex durch die Bürgerschaft
belagern. In einem Bericht der Nonnen heißt es dazu:»Es war
eine große Not über uns in der Stadt, mit Fluchen und Schwö-
ren. Die Bürger sprachen, wenn irgend jemand etwas an Leib,
Leben, Gut oder Ehre geschieht, wollen sie es an uns rächen
mit Erschlagen, Zerreißen, Ertränken und Verbrennen. Dieses Drohen währte lange Zeit. Daher wachten viele Kloster-
frauen die ganze Nacht und hörten ohne Unterlaß die Man-
nen bis an den Morgen, ob man nicht stürme und dann die
Kirchheimer über uns herfallen und uns erschlagen.« Es ist
nicht so weit gekommen.

Auch das in der heute ganz handwerklich, ganz industriali-
stisch geprägten Teck-Stadt: zart und fraulich gestimmte Klosterkultur am Ausgang des Mittelalters, ein Schuß Jenseitig-
keit mitten in dieser Stadt, die sich mehr und mehr der
Diesseitigkeit zu öffnen begann. Noch vor anderthalb Jahrhunderten schrieb Ottilie Wildermuth, das Kirchheimer Kloster habe »aus seinen alten Tagen fast nur das Bequeme, Trau-
liche behalten«. Und sie fährt fort:»Die weiten Räume, die
bauchigen Gitterfenster, in die man sich hineinlegen und wie
aus einem luftigen Käfig in die sonnenbeschienene Welt hin-
ausschauen konnte. Beinahe alles Grausige, Gespensterhafte
war längst durch das geschäftige Treiben jüngerer Geschlechter weggeräumt. Nur in einer ungebrauchten Bodenkammer
hing noch das geschwärzte Bild einer Nonne, und unten, wo
es hinter der Treppe so dunkel ist, befand sich eine eiserne
Tür zu einem unterirdischen Gange, der, ich weiß nicht wie

weit, sich erstrecken sollte. Mit schauerlicher Lust wagten die Kinder des Hauses sich hier und da etwa zehn Schritte in dem Dunkel vorwärts.«

Seltsam, wie eng das Zarte und das Robuste in der Geschichte zusammenwohnen. Kirchheim hatte nicht nur ein Frauenkloster für Töchter des hohen Adels, sondern war auch Festung, in deren Wachthäusern die Kriegsknechte saßen, mit dem Sackmesser ihren Handkäse traktierten oder, war der Korporal einmal außer Hörweite, die Spielkarten auf den Tisch knallen ließen. Kurz nach seiner Rückkehr ins Land hatte der unruhige, frühzeitig alt gewordene Herzog Ulrich Kirchheim zur württembergischen Landesfestung ausbauen lassen. Die feingliedrig-zähringische Schachbrett-Stadt bekam einen dicken und schweren Gürtel, Wall und Graben, an den Ecken vorspringende Rondelle, aus meterdicken Mauern aufgebaut und mit Stufenscharten für Geschütz versehen. Das hat die Landesregierung allein in den Jahren 1534 bis 1568 rund 200 000 Gulden gekostet.

Innerhalb der Verteidigungsausgaben für die weiteren Landesfestungen Asperg, Schorndorf, Neuffen, Hohenurach, Hohentübingen und Hohentwiel war das eine der größten Ausgaben in diesem Bereich. Dabei wird man nicht einmal sagen dürfen, daß die Stadtfestungen sich neben den Bergfestungen in gleichem Maße bewährt hätten. Kirchheims Lage war alles andere als günstig für eine barocke Fortifikation, seine Befestigung muß fast als ein Mißgriff bezeichnet werden. Sicherlich wäre eine Festung weiter nördlich im wesentlich verkehrsreicheren Filstal dringender gewesen als im Lautertal, wo der Hohenneuffen nur wenig entfernt lag. Erwartete man hier eher die Angriffe von der Münsinger und Ulmer Alb, aus zwiefaltisch-habsburgischem oder reichsstädtisch-habsburgischem Gebiet? Oder wollte man im Südosten des Landes, am äußersten Zipfel, nur einen Akzent setzen, einen eigenen wohlgemerkt, an einer Stelle, die mit den Herzögen von Teck den einzigen Titel dieser Art im altwürttembergischen Gebiet vor den Herzögen von Württemberg aufwies?

Wie auch immer: Die Festung Kirchheim ist geblieben, auch als sie im Schmalkaldischen und im Dreißigjährigen Krieg harte Schläge hinnehmen mußte. Die Kasematten und Basteien, 1663 durchgehend erneuert, sieht man in Resten heute noch. Sie sind natürlich am besten am Kirchheimer Schloß erhalten, das – mit der Festung angelegt – als westlicher Eckpfeiler der Verteidigungsanlage herhalten mußte. Fast hätte dieses Schloß, 1538 gleichfalls von Herzog Ulrich begonnen, den Boden für die württembergische Residenzstadt Kirchheim hergegeben. 1594 zog Herzog Friedrich I., ein sehr rigoroser, ein sehr absolutistisch sich gebärdender Herr, im Kirchheimer Schloß für einen längeren Aufenthalt ein. Daß er dann Kirchheim – wie seine Neugründung am anderen Ende drüben, das heutige Freudenstadt – schließlich doch hat liegenlassen, mag rein geographische Gründe gehabt haben: Stuttgart lag sehr viel mehr im Zentrum des Herzogtums als Kirchheim vor der Alb.

Indessen sind wenigstens die Herzogin-Witwen allemal nach Kirchheim gezogen. Nicht ins Exil, sondern aufs Altenteil, dazu schienen Lage und Luft aufs beste geeignet. So kam wenigstens ein Abklatsch von Residenz-Atmosphäre und Hofzeremoniell in die Teckstadt. Und wenn dann gar der junge Neffe, der regierende Herzog, mit seinem Jagdgefolge in die Gegend kam, ließ die »Wittib Hertzogin« in der Kirchheimer Schloßküche ein paar große Ochsen braten, und man feierte in den unteren und oberen Stockwerken, bei Gesinde und Gesellschaft, daß sich die Platten bogen.

Die sicher berühmteste der Kirchheimer Fürsten-Witwen war Franziska von Hohenheim, die »Franzel«, Herzog Carl Eugens Mätresse. Wobei das Wort gerade hier falsche Assoziationen weckt: Ein gutes Ding muß sie gewesen sein, nicht schön und schon gar nicht hübsch, aber ein verläßlicher und gutherziger Charakter, der dem alternden Carl Eugen, dem Gutsherren in Anführungsstrichen zu Hohenheim, eine rechte Stütze gewesen sein muß. Sie hat den Karlsschüler Friedrich Schiller noch persönlich kennengelernt, und es spricht für die unverbrüchliche Liebe Karl Eugens, daß er testamentarisch den standesgemäßen Umbau des Kirchheimer Schlosses für seine Freundin verordnet hat.

Geht man heute durch die Räume des Schlosses, des jetzigen Pädagogischen Fachinstituts, übrigens einem beneidenswert originellen Gehäuse für diese Schule, so stößt man auch, neben dem Treppenhaus, auf ein paar matt gewordene Spiegelwände mit vergoldeten, leicht lädierten Zöpfen als Girlande, auf ein frühklassizistisches Fries, das um die Zimmerdecke führt, auf einen Kanonenofen, der einmal in schönstem Empire-Porzellan erstrahlt hat: Reste einer Fürsten-Herrlichkeit, die niemand mehr in dieser Fabrikstadt vermuten würde.

1811 zog Herzog Ludwig von Württemberg, der älteste Bruder des Königs, ins Kirchheimer Schloß und mit ihm die geborene Henriette von Nassau-Weilburg, die in Kirchheim als »gute Armen-Mutter« in Erinnerung geblieben ist. Sie hat übrigens im Jahr ihrer Ankunft für ihre vier Prinzessinnen einen Musiklehrer gesucht und Carl Maria von Weber eingestellt. Weber war glücklich, zumal er zugleich Privatsekretär des Herzogs wurde. Aber die neue Anstellung, die möglicherweise von entscheidender Bedeutung für die schwäbische Musikkultur überhaupt hätte werden können, wurde zum bösesten Verhängnis. In der Hofhaltung des Herzogs vermißte man Silbergegenstände und fand im Besitz Webers zwei Kandelaber, Bestecke und anderes. Weber mußte württembergischen Boden verlassen, mit der ausdrücklichen Weisung des Königs, solchen nie wieder zu betreten. Trotzdem hat es zu den liebsten Jugenderinnerungen der Herzogstöchter gezählt, daß in ihrem elterlichen Haus Weber die Melodie des »Jungfernkranzes« und der »veilchenblauen Seide« vorgespielt hatte, lange bevor er den »Freischütz« komponierte.

Man würde der Stadt Unrecht tun, wollte man sie zu irgend-einer Stunde ihrer Geschichte als durchschnittliches Ober-amtsstädtchen abtun. Im Revolutionsjahr 1848 hat man es in Kirchheim recht ernst mit den neuen Forderungen genom-men. Als sich beim Exerzieren der Kirchheimer Bürgerwehr viel Schuljugend einstellte und auch mancherlei Streiche auf dem Programm standen, wurde die Mitwirkung der Zaungäste schleunigst abgestellt. In einer Weisung heißt es: »Der Zu-drang dieser Knaben ist bei den Waffenübungen höchst unan-genehm, denn wenn von dem einen oder anderen der Exerzie-renden eine falsche Wendung gemacht wird, welches haupt-sächlich bei der Einübung der Anfangsgründe leicht der Fall ist, so ist das bübische und höhnische Gelächter für den Betref-fenden ärgerlich und genant.«

Zwar kommt Friedrich Reinöhl, der es vom Bauernbub bis zum Oberschulamts-Präsidenten gebracht hat, aus dem nahen Bissingen an der Teck, aber er könnte auch Kirchheimer gewe-sen sein, bis ins hohe Alter von eisernem Lernwillen begleitet, von unbestechlicher Sachlichkeit, von einer großartigen Ener-gie. Als ihn, den kleinen Volksschüler, der Lehrer Ederle fragte: »Wie ist Elia bei diesem strömenden Regen vom Berge Karmel nach Jesreel heruntergekommen?«, antwortete der kleine Fritz, ohne zu zögern: »Ha narr – soichnaß!«

Die Kirchheimer Sonderart, die Eigenständigkeit, die weder mit den Haltungen des Älblers noch denen des Neckarschwa-ben verwechselt werden darf, ist vielfach belegbar, und sie lebt in diesem Diktum sicherlich noch lange weiter: »A Kirchemer ischt der mißlongene Versuch von onserem Herrgott, aus em a Älbler en Schtuegerter z'mache.« Nicht das Schwerlebige der Leute von der Alb, aber auch nicht die allzu große Wendigkeit der »Schtuegerter Frichtle« – das etwa wäre der Kirchheimer, eine Verbindung sozusagen von Energie und Biegsamkeit.

Die Kirchheimer Industrie ist ein einziger, großer Beleg da-für. Natürlich hat sie ihre historisch erklärbaren Hinter-gründe, das kann gar nicht anders sein. Als Marktort hat Kirchheim im heutigen Kreis Esslingen eine uralte und unbestrittene Vorrangstellung, und die Lage des Marktorts an der Straßenspinne bedeutender, teilweise schon im Mittelalter begünstigter Fernverkehrs-Verbindungen haben das Ihrige ebenso dazu getan wie die zahlreich ausgenützten Wasserkräfte der Lauter und der Lindach.

Aber Industrie: Die Arbeit ist weder das Ergebnis einer Behördenunterschrift noch des sogenannten Standortfaktors. Letztlich ist sie in Kirchheim das Ergebnis von Hellhörigkeit, von Einfallsreichtum, von Fleiß. Aus der Festung des Herzogs ist eine Festung des Fleißes geworden – fleißig ist man hier in allererster Linie in einem selbstverständlichen, in einem weiter gar nicht reflektierten Maße.

Als man in Kirchheim um den Bau eines eigenen Eisenbahnanschlusses zu kämpfen hatte, gab es einen Aufruf an die »besitzende Klasse« der Stadt, »keine einzige Aktie außerhalb Kirchheims zu lassen«. So heißt es in einer Verlautbarung vom 22. Januar 1863: »Vorwärts! war die Losung eines deutschen Feldherrn, mit der er alle Hindernisse siegreich überwand, vorwärts! sei auch die Losung für Kirchheim beim Aktienzeichnen. Nur auf dich selbst mußt du bauen, Kirchheim, auf fremde Hilfe darfst du wenig zählen, und es ist hohe Zeit, daß das Versäumte rasch nachgeholt werde, damit unsere Stadt nicht länger mehr dem Spott und dem Hohn der Nachbarstädte ausgesetzt bleibe.«

Noch einmal: Diese außerordentliche Munterkeit hat ihre historischen Erklärungen. Sicher hat es, neben der Reichsstadt Esslingen, im heutigen Kreis Esslingen nur Kirchheim unter Teck geschafft, ein eigenes Großbürgertum, so etwas wie ein »Patriziat«, heimisch zu machen. Und diese Leistung zählt deshalb doppelt, weil der Gürtel der Festung alles andere als wirtschaftsfördernd war. Aber die Bürger- und die Händlertradition haben hier in der Teckstadt allmählich eine Kontinuität eingeleitet, die – historisch gesehen – tatsächlich eine fast einmalige Sache bleibt.

»Festung des Fleißes«: Der neue Titel könnte bedenkliche und höchst zweifelhafte Gedanken aufkommen lassen, derart, daß man in einer solchen Stadt wie ein schwäbischer Spartaner zu leben hat, ohne Gemütlichkeit, ohne Feierabend, ohne Ruhe. Der alte Christkindlesmarkt und das Weihnachtssingen, das Lebküchleinbacken und das Neujahrs-Anschießen, und natürlich: das Maienfest und eine ganze Reihe anderer Bräuche strafen den Lügen, der in den Straßen dieser Stadt nur das Produzieren und nur den Fleiß suchen wollte. Es gab hier auch die »Restauration zum Tyroler« von Karl Huber, der 1892 einen Festsaal eröffnete, in dem sich alles einmal drehte und begegnete, was sich zum Kirchheim der Vorweltkriegszeit zählte. Und wenn von Gemütlichkeit die Rede ist: Die Beamten des Bahnhofs waren großzügig genug, den Reisenden, die im Tyroler saßen, noch einen weiteren Schnaps zu gönnen. Die Glocke, die am Bahnhof hing, so groß wie eine Melone, hatte drei Modulationen: eine bittende, eine mahnende, eine drohende. Rührte der Zugmeister Gölz, ein ehemaliger Feldwebel und weit über die Grenzen des Bezirks als Original bekannt, die Glocke, dann rief er den Verspäteten zu, einerlei, welchen Standes sie waren und ob er sie kannte oder nicht: »Ihr Herrgottslompa könnet doch nie gnueg kriega!«

Man meint, solche Züge von Entgegenkommen, von schmunzelndem Verstehen auch heute noch in Kirchheim zu entdecken, auch dann, wenn es die »Heilemänne« nicht mehr gibt, jene köstlich-liebenswürdige Wirtsfrau Rosa Heilemann, die ihre Weinstube bis 1918 allen öffnete, den Stadtvätern und dem Schutzmann, aber auch dem alten Realschullehrer Wied. Als einer seiner Sprößlinge ihn einmal wieder bei einem Viertele Schnaiter bei der Heilemänne sah und seinen Vater dazu, da meinte das Bürschle: »Solang mei Vadder mit em Rex bei dr Heilemänne hockt, solang hagle i net durch!«

WEILHEIM
D' Herra lasset anander et falla

Ob aller Weinbau hierzulande auf die Römer zurückgeht, wissen wir nicht so recht. Neuere Forschungen haben uns da ein bißchen unsicher gemacht. Indessen, in Owen hat man seinerzeit in einem römischen Gutshof, einer Villa, einen Silvanus entdeckt, den römischen Weingott, den munteren Zecher; den nach ihm benannten Silvaner schätzt man heute noch. Um 1100 herum ist hier am mittleren Neckar eigentlich überall Weinbau betrieben worden. Im Verlaufe der Jahrhunderte hat sich da manches geändert. Heute ist Weilheim, von Neuffen abgesehen, eine der ganz wenigen Ortschaften in der Region, in denen der Weinbau noch zu Hause ist. Früher wurde selbstverständlich sehr viel mehr angebaut, im Mittelalter überall, in den möglichsten und unmöglichsten Gegenden. Man frage uns nicht, was das für ein Wein war. Von der Limburg herunter bis zur Bissinger Straße, am Egelsberg, Reutenberg, Kalixtenberg: überall standen die Reben.

Und was sagt man vom Weilheimer Wein, vom Täleswein? Ein Chronist des Jahres 1837 meint, es »werde ein sündiges Gespött über den Wein geübt«: Man scheint auch schon früher seine Witzeleien getrieben zu haben. Ganz boshafte Zungen sagen ja, wenn sich einmal ein schlechtes Weinjahr einstellt: »*Die* Trauba, die langet grad no zum Daimler für Kugellager.«

Weinbauern sind andere Leute als die Albbauern droben auf der Höhe. Sie sind aufgeschlossener und lebendiger und haben sich geistig beweglicher gehalten. Wer Wein anbauen will, der muß mit anbautechnischen, mit klimatologischen, mit kapital- und marktabhängigen Dingen umgehen können, das ist keine so einschichtige Bauernarbeit, wie sie irgendwo im Oberschwäbischen oder in der Eifel durchgeführt wird. In Weilheim haben die Märkte immer eine große Rolle gepsielt. Man sieht das heute noch, Weilheim stand (und steht) für eine Region, für eine Umgebung. Diese Viehmärkte und Krämermärkte vis-á-vis vom Scholderbäck! Allein der Hauptmarkt – da gab es noch alles, Schuhe, Hüte, Schmalz und Lichter, Rechen und Obst, Rüben und Kraut. Das heißt auch, daß man keine »Kaufläden« gehabt hat. Im 19. Jahrhundert gab es gerade zwei Geschäfte in Weilheim. Man hat in der Hauptsache auf den Märkten gekauft und hat eine Art Vorratswirtschaft betrieben, die unserer Kühltruhenzeit nicht ganz unähnlich war, und bei der einem die überraschend hohe Zahl der Weilheimer Handwerker treulich und erfindungsreich zur Seite stand.

Wovon lebte man? Gemüse ist im 19. Jahrhundert noch erstaunlich wenig angebaut worden. Obst war allmählich am Ende des 18. Jahrhunderts aufgekommen, Herzog Carl Eugen – siehe Schillers Vater – hat die Baumzucht sehr gefördert. Um 1860 öffnete in Weilheim die erste Baumschule, die von Michael Ulmer, in den dreißiger Jahren unseres Jahrhunderts die von Hermann Ulmer und Hermann Raff. Das sind zwei besondere Spezialitäten Weilheims und heute weit über unser Land hinaus bekannt. Hanf und Flachs baute man viel an. Noch in den zwanziger Jahren haben die jungen Burschen daheim bei der Tuchbleiche, der wichtigen, notwendigen, mitgeholfen. Man hat vier Pflöcke eingeschlagen, darüber das Tuch gespannt und alle zwanzig Minuten mit Wasser übergossen. Das Leinen hat sich dann oft so zusammengezogen, daß es die Pflöcke geradezu aus dem Boden gerissen hat. Auch das Flachsbrechen und das Flachskämmen waren lang bis in unser Jahrhundert hinein geläufige Tätigkeiten. Eine weitere Spezialität Weilheims war die Hausweberei. Wir finden sie freilich auch in manch anderen Albtraufsiedlungen. Aber in Weilheim scheint man ihr eine besonders beachtliche Zukunft eröffnet zu haben. Man hat hier nie vergessen, daß Johann Kauderer 1767 die Arbeit auf einzelne Häuser zu verteilen begann und die Fertigware – in der Hauptsache Hals- und Taschentücher – dann einzog; das Verlagssystem hatte also hier seinen ganz natürlichen Ursprung. Mit Michael Becker (1858) und Friedrich Bachofer (1888), der mit einer Kupferschmiedewerkstätte anfing, setzte die Industrialisierung ein.

Wer von der Weilheimer Wirtschaft redet, darf die Schäferei nicht vergessen. Das Spinnen und Weben und so weiter ist in Weilheim immer noch im Rahmen geblieben, die Schäferei aber ist in ihren Dimensionen weit über die quantitative Größe der Stadt hinaus gewachsen. Schon im 16. Jahrhundert, also in der Zeit Luthers, erlaubte man jedem Bürger, 8 Schafe zu halten, das schien eine Selbstverständlichkeit zu sein. Nicht zuletzt deshalb sind die Schäfer – manche Weilheimer wissen heute noch ein Lied davon zu singen – mit den Bauern in Konflikt geraten. Die Schafe ruinierten Wiese und Flur, die der Bauer brauchte, und diese »Nutzungsdialektik« gab Anlaß zu dem arglosen Sprüchlein: »'s schneit, 's schneit / daß Fetza geit / d' Baura freit's / d' Schäfer reit's!« Für Weidefläche, die man dringlichst brauchte für die Schafherden, konnte keinesfalls nur das Gebiet um den »Flecka« herum in Frage kommen, man mußte schließlich weit und weiter ausgreifen. Johannes Klein, der letzte Weilheimer Schäfer, ist mit seiner Herde bis nach Paris gewandert; ins Elsaß, nach Bayern, ins Rheinland, bis ins Burgenland zogen die großen Weilheimer Herden. 1938 waren, wenn wir der Statistik glauben dürfen, immerhin 6000 Schafe in der Stadt. Möglicherweise hat da mancherlei nationalsozialistische Wirtschaftspolitik mitgespielt. Heute gibt es sicherlich weit über anderthalbtausend Schafe in Weilheim.

Daß Schäfer sein wenig oder nichts mit Idylle zu tun hat,

darüber verlor man in der alten Weilheimer Schäferfamilie Bazlen kein Wort, und das weiß man in Weilheim auch noch heute. Für alle, die Schafe zu hüten hatten, blieb nur schwierige und vielfältig anspruchsvolle Arbeit übrig. Pferchkarren sind noch nicht allzulange im Schwange. Früher hatten die Schäfer aufklappbare Hüttchen, da standen sie bis zu den Oberschenkeln drin, das Schäferhundle mochte ein bißchen warm machen, aber zur Nacht hatte der Schäfer kein Dach über dem Kopf. Der Schäferberuf war (und ist) eine Sache, die Mühe macht und gesundheitlich mancherlei abverlangt. »Der hat 'n knitze Schäferhusta«, davon ging immer wieder die Rede. Und wenn der Kathrine-Frieder in der Bissinger Straße einen Huster getan hat – siebenmal schnauft der richtig und dann macht er einen Mordshuster –, den hörte man noch drüben im Roten Wasen, über einen Kilometer und mehr hinweg.

Und der Alltag? Wie sah er aus bei den Weilheimern? Erinnern wir uns an die Zeit, als man noch gewiefelt hat? Das wissen die jungen Mädchen von heute gar nicht mehr, daß man daheim »Häfa« gehabt hat, ein ganzes Arsenal von Töpfen und Schüsseln, daß man frühmorgens Feuer gemacht und dieses Herdfeuer den ganzen Tag über unterhalten hat. »A riesa Kirbe«, wenn das Feuer in der Küche ausgegangen ist. »Heukatz« und Küchle hat's gegeben: Natürlich hat man auch Feste gefeiert, die »Sichelhenke« mit besonderen Zutaten. Aber sonst war das Leben für heutige Begriffe mehr als einfach. »En Riabel Brot«: Die Schäfersbuben kennen das gut, und die Geißhirtenbuben auch. Einen »Brotriabel« hat man auch den Schulkindern mitgegeben. Unser Kultusministerium hat einmal eine sicherlich nicht ganz billige Untersuchung angestellt, wie denn das »richtige« Vesper für die Schulkinder auszusehen habe. Ich weiß nicht, was herausgekommen ist dabei. Aber ich hätte den Herren einfach empfohlen, sich im alten Weilheim umzusehen. Mir scheint das gar nicht so schlecht gewesen zu sein: ein Stück Brot und zwei, drei Äpfel. Das ist doch eine vernünftige und gesunde Sache!

Die Küche: ein großer Rauchfang, der Raum düster und dunkel. Das halbe Leben hat sich in der »Kuche« abgespielt; im Schwäbischen fällt man Lebensentscheidungen in der Küche, zwischen Kartoffelschälen und dem Griesbrennen für das Süpple. Das Wohnzimmer als benutztes Vorzeigezimmer kommt erst sehr spät auf. Noch in den zwanziger Jahren kommt man zur »Karz« zusammen, »ällich Oebet aane«. Um neun läutet's Glöckle, vorher, wenn sie gerade mit dem Stall fertig sind, gehen die Kerle zum »Karz«. Natürlich war da auch ein bißchen was vom Heiratsmarkt mit dabei und ein bißchen Distanz vom einfachen Leben, wenn man Geburtstag zu feiern hatte und Bratbiermost trank und Springerle aß. Man hat die Springerlemodel auch ausgetauscht, die selbstgemachten, und die schönsten sind von Generation zu Generation weitergereicht worden wie ein kostbares Erbstück.

Manchmal spricht man heute von der »Unfähigkeit zu trauern«, Alexander Mitscherlich hat dieses Wort geprägt. Früher gab's das Tränentuch bei den Frauen, die bei der Beerdigung zugegen waren. Das war ein größeres zusammengelegtes Taschentuch, das man bei zusammengelegten Händen so vor der Brust trug, daß es in schmalen Streifen über Hände und Brust hinunterfiel: gewiß einer der schönsten alten Weilheimer Bräuche. Es war ein ganz in Kirche und Glauben eingebundenes Leben, wobei sich Sondergruppen mehr und mehr bemerkbar machten. Die Oberamtsbeschreibung von 1842 spricht von einer »Hinneigung zu Mystizismus«. Was immer der Berichterstatter darunter verstanden haben mag: Sektierertum scheint damals in der Stadt schon zu Hause gewesen zu sein. Die Pietisten möchte ich eigentlich nicht dazurechnen. Sie haben, in den zwanziger Jahren unseres Jahrhunderts im Hause von Eberhard Deininger zusammenkommend, im besonderen für die Einhaltung der alten religiös-weltlichen Ordnung gesorgt, etwa dafür, daß den Kindern während der Karwoche das Spielen im Freien verboten war, daß es im Jahr nur ein einziges Mal Maultaschen gab, an Gründonnerstag.

Die Pietisten sind mit einer Stadt wie Weilheim in einer ganz selbstverständlichen Art verwachsen, auch in einer gütig- humorigen. Der alte Scheffbuch und der alte Kaufmann Scheufelen waren sozusagen die Erzväter des religiösen Weilheim, wobei man vom Kaufmann sich erzählte, der habe von den »Bombole« für die Buben vorher die Hälfte selber weggeschlotzt: Auch Pietisten sind nicht gegen jede Form von Genuß und können rechnen. Aber sie haben auch Ruhe und Nachdenklichkeit, Form und Autorität in die Stadt gebracht. Der Herr Scheffbuch hat von seinem Sohn immer nur als vom »Herrn Adolf« gesprochen.

Was das Essen anlangt, so hat man früher in Weilheim einer festen Wochen-Essensordnung gehuldigt. Am Montag gab's durchgedrückte Kernbohnen mit Rindfleisch, dienstags »Saure Brüh« (Kartoffeln ohne Kuttel), am Mittwoch Spätzle und Sauerkraut, am Donnerstag Erbsen, freitags, das sind so die alten Erinnerungen an fleischlose Tage, »Bachene Schnitta« und Äpfel, samstags, ein zweifelhafter Höhepunkt, »Aufg'wärmts«. Und am Sonntag stehen Dampfnudeln und Dörrobst auf dem Tisch. Das muß irgendwie als Vorspeise gedacht gewesen sein, dann Fleisch in Essig, das stand für den Sonntag auch noch auf dem Wochenzettel, unser berühmter schwäbischer Sauerbraten, unvergänglich, unverwüstlich. So hat man sich also durch die Woche geschlängelt. Zum Frühstück gab's noch in den zwanziger Jahren »g'röste Breagela«, die hat man gemeinsam gelöffelt, wer am schnellsten am Boden unten war, der hat die besten Sächelchen gekriegt. Malz hat man noch selber geröstet für den Kaffee, das wird ja wieder modern. Und wenn man einen Apfel aß, durfte man keinen Butzen übriglassen, sondern hatte die Frucht bis zum bitteren Ende zu verputzen, mit Haut und Haar.

Darf man von den Weilheimer Leuten überhaupt reden, ohne nicht ihrer Kunstfertigkeit zu gedenken? Ihre ungewöhnlich reich ausgeschmückte Kirche ist ein Symbol dafür. Sie ist (auch) ein großartiges Dokument der Kunstfertigkeit, die Orgel voran, die ein Weilheimer namens Andreas Goll geschaffen hat; von seinem Bruder, einem Schreiner, stammt die Empore. Kunstfertigkeit und Kunstliebe ziehen sich in dieser Stadt bis in die Gegenwart hinein. Der Name Ostermayer ist mit Recht und mit Respekt zu nennen. Aber auch unmittelbar aus der Stadt selbst heraus sind Kunstleistungen gewachsen. Viele alte Weilheimer kennen noch das Gestühl, das Ende der zwanziger Jahre leider aus ihrer Kirche verschwand; die Türchen zeigten köstliche »Bauernmalerei«, die aus Weilheim selber kam. Immer wieder stößt man auf Selbstgemachtes, auf »Eigenbau«, das geht bis zu den Lindenholzschnitzern und Pferdeköpfen und bis zu den Drillichsäcken der Weilheimer Schäfer, auf die man die schönsten Sachen malte.

Sind die Weilheimer streitsüchtig? In der berühmten Oberamtsbeschreibung – die Leute haben es damals noch gewußt, daß in diesem Dorf die Kropfeten wohnen und in jenem die Faulen und in einem dritten die Aufschneider, damals gab's offenbar noch keine Industrienivellierung – in der Oberamtsbeschreibung also wird von »Fehdelust« nicht gesprochen. Aber im Revolutionsjahr wollen die Weilheimer mit »geradegebogenen Sensen« gegen die Franzosen ziehen und verlangen strikt einen eigenen Abgeordneten. Und das Verslein wird heute noch zitiert: »Wer durch Wiesesteig kummt og'litta / durch Neidlinga og'stritta / durch Weilheim og'schlaga / der kao vo Wonder saga.«

Deckt dieses Sprüchlein Wahrheiten auf? Ich komme lieber zu einem Wort, das sich vornehmlich auf das weibliche Geschlecht zu Weilheim bezieht und das ich persönlich als gültig und wahr bezeugen kann. Die genannte Oberamtsbeschreibung stellt in aller Seelenruhe fest: »Die in der Regel schön gebauten Einwohner haben viel Selbstgefühl, sind arbeitsam und rührig.« Gibt es erfreulichere Bescheinigungen für eine Bevölkerung? Ich füge hinzu, daß in Weilheim Selbstgefühl mit einem Blick für Reales gepaart ist, mit der Absicht, immer die Kirche im Dorf respektive in der Stadt zu lassen. »Wenn's

d'r Goeß z'wohl isch, no scherrt se«, oder »M'r mucß wissa,
was Hau ond was Stiel isch.« Das sind originale Weilheimer Re-
dewendungen. Sind sie nicht deutlich ein Beleg für klares Un-
terscheidenkönnen, für ein Erkennen von richtig und falsch,
von oben und unten? Sparsam sind die Weilheimer natürlich
auch.

Eine gewisse Deftigkeit gehört übrigens ebenfalls zu diesem
Menschenschlag. Eines der Bilder im Schiff der Weilheimer
Kirche zeigt die Enthauptung Johannes' des Täufers und die
ungenierte Unterschrift: »Kein Hur kein Glück nit bringt.«
Das ist schon ein sehr deutliches Zeichen des Weilheimer Na-
türlichkeits- und Realitätssinns. Die alte Weilheimer Mesnerin
hat ihn wie wenige im jüngsten Weilheim repräsentiert: Da
will ein Mann des Rundfunks in der Kirche seine Sendung auf-
bauen, die Orgel soll mit dazu, er möchte gerne wissen, wie
die funktioniert, woher die Pfeifen ihre Luft bekommen und
so weiter. Darauf die Mesnerin:»Es ist g'rad umg'kehrt wie bei
de Leut: hinte rei und vorne raus.« Und auch dieses Wort des
Großvaters unserer Mesnerin empfinde ich als schönes Zeugnis für die Eingebundenheit der Leute in das Leben. Der
Mann muß dem Pfarrer melden, daß ein Bild sich von oben
gelöst habe und von dem darunterhängenden aufgefangen
worden sei. Es entwickelt sich folgendes Gespräch: »Herr Pfarrer, a Fürst ist rag'hagelt.« Der Pfarrer:»Isch er hee?« – »Noi,
Herr Pfarrer, Se wisset doch, d'Herra lasset anander et falla.«

Die Landschaft um Weilheim herum ist heute noch ein
wunderbares Relikt. Natürlich hat man früher sehr viel mehr
Wälder gehabt, übrigens nicht auf der Limburg, aber dafür in
den Talauen. Köstlich viele Vogelarten waren da, Bündel von
Wildpflanzen, die auf der Westseite des Egelsbergs sind berühmt. Mittlerweile sind wir, was Umwelt angeht, in einige
Sorge geraten. Dafür ist hier enorm viel gearbeitet worden
nach dem Krieg, in den fünziger und in den sechziger Jahren.
Aber das ist vielleicht gar keine Besonderheit. Was aber auffällt, ist die Aufgeräumtheit dieser Stadt. Das jüngste Weil-

heim hat sich zugleich als das alte und köstliche, unverwech-
selbare Weilheim herausgeputzt. Man hat hier mit viel Verstand und viel Hingabe den alten Duktus, die alte Form dieser
Siedlung wieder herausgeholt, in einer vorbildlichen Weise,
das darf ohne Übertreibung gesagt werden. Das unterscheidet
Weilheim von vielen Orten der Nachbarschaft, diese Sauber-
keit, diese adrette, schwäbisch gedämpfte Urbanität.

Man liebt diese Stadt und ihre Umgebung. Und wenn ich
mich an einen Mann erinnere, der sonst nicht gerade die besten Dienstzeugnisse bekam – er galt als ein »fauler Dinger«,
der alle halb Jahr ein Gedichtle produzierte –, an Eduard Mörike, dann wundert es mich, daß ausgerechnet er in Weilheim
ein Dienstzeugnis mit sehr guten Noten erhielt. Mir scheint,
als ob das auch ein bißchen an Weilheim gelegen habe, an seinen Leuten, an seinen Häusern.

Schön wäre es, wenn die Meinung recht behielte, hier in
Weilheim gebe es weniger schlechtes Wetter und weniger Regen und Donnerschlag als drumherum. Man hat aus früheren
Zeiten gerade gegenteilige Nachrichten: Man hört, daß hier
oft der Hochnebel die Blüten verderbe, man liest für 1765,
der Winter sei so kalt gewesen, daß man das Vieh habe in die
Stube führen müssen (womit gewiß erfreuliche, liebenswürdige Wärme einzog).

Aber wir denken auch an den Weilheimer Frühling, an die
wunderschöne Baumblüte um Weilheim herum, wenn man
sich am liebsten unter die Bäume legen möchte, in dieses
junge Atmen hinein, in diese Reinheit, die durch das Tal
zieht. Oder an den Herbst, wenn die langen Fäden sich von
Blatt zu Blatt spinnen, wenn man in einer köstlichen Klarheit
durch dieses Land sieht.

NÜRTINGEN
Der Witwen Wohnung

Nürtingen ist die Hölderlinstadt. Für mich war es die Zement-
stadt. Ein Dach nach dem anderen mit Zementstaub wie mit
Mehltau überzogen. Eine schreckliche Leblosigkeit, die jeden
Tag, jeden Tag den noch minimalen Forderungen ökologi-
scher Gesundheit ins Gesicht schlug. Hier am Neckar geschah
das, wo zwischen 1872 und 1967 – so lange »stand« die Ze-
mentfabrik – zwar Industrie, aber keine Schwerindustrie aufzog. Nicht wie in Radenthein zwischen den Kärtner Nocken,
wo man nach Asbest grub und die Latschenkiefern, die Föh-
renwälder, die Pinus austriaca bei lebendigem Leib verbrannte. Der Bergrücken hinter Radenthein macht sich noch
heute wie ein Wäldchen bei Arras oder Verdun im Ersten
Weltkrieg aus: Hunderte von Baumstümpfen, die blattlos,
trostlos ihre kahlen Stümpfe in den veruntreuten Himmel
strecken.

Nürtingen eine kaputtgemachte Industriestadt? Das blei-
erne Gesicht des Sterbens über den Dächern? Erst lange,
nachdem der grauweiße Staub weggeregnet war und das treu-
liche Ziegelrot wieder zum Vorschein kam, begannen sich
Fremde in die bis dahin gemiedene Trauerstadt zu wagen.
Wer von der Stadtbrücke, von der Stuttgarter Straße oder der
Neckarstraße her kam, konnte nicht anders, als angesichts die-
ses köstlichen Blicks für einen Atemzug innezuhalten. Der
Fluß wird breiter, vor dem großen »Gomben« ein mächtiges
Wehr, sicherlich eines der am meisten ausladenden unter den

schwäbisch-fränkischen Brückenstädten, Tübingen, Esslingen, Schwäbisch Hall und so weiter. Hinter dem Fluß drüben treppt sich die Stadt auf, aber so dezent und derart bestückt mit eigenmächtigen Häusern in Giebelpracht, aber auch traifgestellten, Fachwerk und verputzt, daß man die Berglage kaum erkennt. Die Kirche hält das alles zusammen, die alten wie die jungen Häuser, die Schulgebäude und die vielerlei Amtsgebäude, die ausgebauten Straßen und die alten Gassen. Wenn auch weitblickend: sie ist nicht ganz so hoch, wie man denken könnte. Der Schloßberg erhöht sie. Für das Gassengewinkel zwischen Mönchstraße, Heiligkreuzstraße und Schillerplatz – so einfach ist der historische Kern umschrieben – ist ihr sechsgeschossiger Turm mit der artigen barocken Haube allemal ein Wegzeiger schönster Art.

Im Inneren von St. Laurentius steht man vor mancherlei Merkwürdigkeiten. Merkwürdig beispielsweise, daß der Baumeister Hans Buß, von dem wir noch ein paar einfach ausgeführte Aufträge aus dem heutigen Kreisgebiet kennen, mit seinem Bau erst 1506 begann, wir sagen vielleicht besser beginnen konnte, kaum mehr als ein Jahrzehnt vor Einzug der Reformation. Man weiß, daß die Esslinger Stadtkirche bis ins 8. Jahrhundert zurückgeht (wie überhaupt im neuesten Dehio Esslingen mit über 20 Seiten bedacht ist, Nürtingen nicht einmal mit einer).

Buß hat eine Halle aufgeführt, einen lichten Raum, der schon ein wenig an die evangelischen »Gesprächshallen« im Stuttgarter Alten Schloß und an die vielen Derivate – siehe Waldenburg – der nachreformatorischen Jahre erinnert. Ursprünglich war der Raum flach gedeckt und ist es so für Jahrhunderte geblieben. Erst 1895, man bedenke, ist er eingewölbt worden. Man wollte das härene Gewand der alten Zeiten ablegen und auch eigene Tradition – wenn auch kopiert – präsentieren. Nur der langgestreckte Chor mit Resten einer Bemalung hat ein zeitgenössisches, ein bewundernswert feingliedriges Netzgewölbe erhalten. Als man nach 45 wieder einmal ans Renovieren ging, setzte der Architekt die neu erworbene Orgel als Pfeifenbündel asymmetrisch auf die Emporenseite. Ob dem ohnehin um seine Geschlossenheit und vor allem um eine erträgliche Akustik kämpfende Raum damit mehr als ein Bärendienst erwiesen wurde, wird man sich mehr und mehr überlegen. Daß man damals barocke Engelsfiguren einer der Vorgängerorgeln aus dem Besitz des Esslinger Werkmeisters Hermann Brintzinger erwerben konnte – der hatte sie Jahre vor dem Ersten Weltkrieg in Nürtingen gekauft und dem Esslinger Stadtmuseum geschenkt –, war zweifellos ein Gewinn. Aber viel Zusammenhang ergeben die andächtig singenden und posaunenblasenden Geschöpfe jetzt auch nicht mehr. Der Raum bleibt, was er werden sollte und sicherlich »mit Fleiß« geworden ist, ein Gemeinderaum, dem es weniger um ästhetische Attraktionen als um die praktische Weitergabe des Wortes ging. Die vielerlei pietistischen Gruppen, von denen es noch heute eine stattliche Anzahl in Nürtingen gibt, werden dankbar für diese kirchlich-freundliche Unterordnung unter die Verkündung und Diskussion des Schriftworts gewesen sein. Die »Stundenleute« sind es gewiß heute noch. Nur *ein* Ausstattungsstück überspringt die Bravheit und Kargheit des Inneren: die einen ganzen Triumphbogen ersetzende Chorschranke aus dem Jahre 1624, also inmitten des Dreißigjährigen Kriegs, die mit einem schönen, zarten Altargitter sich verbindet – heiter schwingende Glaubenssymbolik, mitten in einer Zeit, die Schwerlebigkeit und starr gewordenen Glauben kaum ganz von sich abtun konnte.

Nürtingen hat viel leiden müssen. Ungeschicktes und Zufälliges stand da eng beieinander. Schon der Anfang hatte seinen enttäuschenden Ausgang. Drei alamannische Siedlungen, ein Umlaufberg, der heutige Schloßberg, dessen strategische Kontrollmöglichkeiten auf der Hand lagen, der Erwerb der Siedlung durch die Württemberger Grafen, 1219 war dieser Prozeß abgeschlossen, 1327 ist erstmals die Burg am Nekkarübergang genannt, ein paar Jahre später wird Nürtingen

Stadt: All das hätte den Weg zur Landeshauptstadt ebnen können. Allenfalls Hohentübingen hatte diese souveräne Lage.
Die Uracher Residenz und gar das versteckte, ins Tal einge-
schlossene Stuttgart konnten mit dem aus der Natur heraus
starken Nürtingen nicht im geringsten streiten.

Aber der Stuttgarter Graf, der 1495 zum Herzog geschlagen
wurde, wollte es anders. Er nutzte die Burg nicht zu handfesten territorialpolitischen Zwecken. Er machte Nürtingen zu
einer Residenz zweiter Klasse. Die zum Schloß – gewiß sparsam – umgebaute Burg nahm 1421 erstmals eine Witwe des
württembergischen Fürstenhauses auf. Das blieb so bis 1698:
Nürtingen die Wohnung der Witwen. Die einstige Pforte zur
Verbindungsbrücke zwischen Schloßgebäude und Kirche erkennt man – zugemauert und verputzt – heute noch: Das war
der Weg für die Witwen, wenn sie zu ihrer Fürstenloge wollten. Nürtingen als Residenzstadt?

Es war mancherlei Unterhaltung geboten im Wechselspiel
zwischen Schloß und Stadt, gewiß. Aber leben konnte man
von den alten Damen droben und ihrer, wie Peter Härtling
einmal schrieb, »durchschwätzten Einsamkeit« auch nicht.
Sie kamen hierher, um zu sterben. Ein chateau de tristesse war
es, mehr nicht. Reale politische Macht war in den kargen und
kühlen Zimmern nicht zu Hause. Nur Erinnerung und das
Hoffen auf ein gnädiges Ende. Gott habe sie selig.

Daß die »fürstliche« Witwenwohnung zu Nürtingen bald
eine landeskundige und auch selbstverständliche Sache
wurde, machte den Kohl nicht fett, will heißen: änderte am
Leben der Generationen nicht viel. Nur die Optik, die Stadtsilhouette profitierte davon. Immerhin war das Schloß ein
mächtiger Flügelbau, der sich auf mehr als sechzig Metern
Länge über der heutigen Schloßgartenstraße erhob. Lange
Wände, wie man sie heute noch in der Marktstraße aus anderen Zeiten erkennen kann, mußten aufgelockert und belebt
werden, durch Vorsprünge, Austritte, Erker. An der Hofseite
des westlichen Flügels hatte der berühmte Baumeister Hein-

rich Schickhardt um 1624 eine kaum sehr anspruchsvolle Freitreppe errichtet. Nimmt man alles zusammen, ganz gewiß ein
umfängliches Stück Renaissance, das eine imponierende Aussicht geboten haben muß, über das Neckartal, das damals
noch alle Vorzüge einer geruhsamen Idylle bot, hinüber zu
den Fildern, dem Schwesterstück der Alb, die manchmal mit
ihren flaschenhalsgrünen Buchenwaldgruppen zum Greifen
nahe war.

Manchmal kam ein Stück »Welt« in die Schloßstadt, wenn
die Elisabeth von Brandenburg aufzog, die aufopfernde Gemahlin Eberhards des Jüngeren. Als bei ihr ihre anmutige
Nichte Elisabeth von Ansbach zu Besuch war, soll der junge
Herzog Ulrich, um ihr zu huldigen, öfters nach dem Nachtes-
sen mit einem guten Zinkenbläser nach Nürtingen geritten
sein und dazu das Lied gedichtet haben: »Ich schell' mein
Horn in Jammers Ton, / Mein Freud' ist mir verschwunden, /
Ich hab gejagt, muß abelon, / Das Wild lauft vor den Hun-
den.« Ach, dieser Ulrich. Dieser »tyrannierer«, wie ein Esslinger Torhüter damals sagte, der »rote Teufel«, wie ihn respekt-
lose Ausländer manchmal benannten. Er war ein armer Kerl
im Grunde und immer, ohne es recht zu wissen, in der Ab-
wehr vor, sagen wir heute, schizophrenen Zugriffen. Seine
Witwe Sabina aus Bayern war von 1551 bis zu ihrem Tode 1564
hier oben, die Witwen Christophs, Herzog Eberhards und so
weiter.

Unvergessen ist noch heute die Witwe Herzog Ludwigs, die
Ursula, vermutlich ihrer Lebendigkeit wegen. Sie hat kein
Blatt vor den Mund genommen, die geborene Pfalzgräfin bei
Rhein, und wohnte ganze 42 Jahre im Nürtinger Schloß. Wie
berechtigt die Rede von der »halben Residenzstadt Nürtingen« ist, zeigt allein ihr Fall. Sie ließ sich »Stadt und Amt« Nürtingen »mit sonderer Selennität allhier auf dem Marktplatz
huldigen«, wie das die Landesfürsten immer taten. Landes-
herrin im kleinen, das werden ihr die Konkurrenten in der
Stadt Nürtingen übelgenommen haben. Die Armen sahen das

anders. Ihnen hatte sie durch ein Testament »um Gottes willen verschafft und vermacht 600 Gulden«, und zwar im genauen hilfsbedürftigen Leuten, »so nicht faullenzerisch oder
verschwenderisch sind, sondern der Armuth halber, oder
aus Schwachheit nichts gewinnen, oder sich sonsten schwerlich zu ernähren wissen«. Wie gesagt, ihre Konkurrenten bei
»Stadt und Amt« sahen in ihr weniger eine Wohltäterin. Der
Vogt – der in Nürtingen wie anderswo in württembergischen
Städten den Leuten gebot – Johann Jakob Bauer meldete
sich im Januar 1618 von seiner Nürtinger Stelle weg »wegen
der von der fürstlichen Witwe erleidenden großen Ungnade
und Verfolgung, weil er des regierenden Herzogs Reservatrechte nach Pflicht und Eid manutenirt (geschützt) habe«.
Der Vogt konnte seinen Dienstort wechseln. Der Nürtinger
Bürgermeister Magister Elias Epplin hingegen mußte sitzen
bleiben. Und der hatte, was im Schloß sogleich in aller
Munde war, Ihro Durchlaucht die Herzoginwitwe rundweg
»ein verlogen Frauenbild und ein geschwätzig Weib« gehei
ßen.

Die Ursula hatte ein schreckliches Ende. Bei dem Kroateneinfall nach der schicksalsschweren (und verlorenen)
Schlacht bei Nördlingen am 6. September 1634, als die »Sieger« auch im Schloßhof und schließlich in allen Räumen
standen, »überhäuften die Unmenschen die Herzoginwitwe
Ursula mit Schmähworten, schlugen sie mit Geißeln und
Peitschen, verwundeten sie mit Schwertern und zogen sie auf
den Leichnamen der Gemordeten herum«. Ein Michel von
Grien war es, wahrscheinlich ein Angehöriger des Hofstaats,
der die zusammengeschlagene Greisin den Wüterichen entriß und nach Esslingen brachte, wo man hinter festen Mauern und sozusagen auf neutralem Boden war. Von diesem
Transport hatte die Herzoginwitwe im Nürtinger Schloß
noch die Plünderung ihrer Kostbarkeiten und ihres beträchtlichen Schatzes mit ansehen müssen. Wenige Monate
darauf, am 5. März 1635, starb sie auf ihrem Nürtinger Wit

wensitz. In Tübingen hat man sie beigesetzt. Die Nürtinger Leichenfeier ist, so scheint es, mit großem Pomp abgehalten worden. Allein für die Besoldung der Musikanten wurden – ein Tip
für die beamteten Haushaltjongleure von heute – ausgerechnet der Brandsteuerkasse 932 fl. und 31 Kreuzer entnommen.
Für die Musik an die tausend Gulden, das war nun freilich
eine horrende Summe. Wollte sich da einer bei Hof in Stuttgart Liebkind machen? Dann gehörte dieser Akt neben den
»Fall« des sogenannten Nürtinger Altars, eines dreiflügeligen
Bildwerks des Rottweiler Malers Conrad Weiß, als dessen
Hauptbild in der ganzen deutschen Kunstgeschichte bekannt.
Im Jahre 1841 schenkte die Stadt Nürtingen den Flügelaltar
König Wilhelm I. von Württemberg zu seinem 25jährigen Regierungsjubiläum (an das die Jubiläumssäule auf dem Stuttgarter Schloßplatz noch heute erinnert). Auch dies ein kleiner,
aber immer noch nicht abgeschlossener Leidensweg: Das
prächtige Original steht seit langem in der großen Rumpelkammer der Württembergischen Staatsgalerie. Und die Kopie
einer der Tafeln, die Geburt Christi, stellt man in der Nürtinger Stadtkirche jedes Jahr in der Festzeit vom ersten Advent bis
zum Erscheinungsfest auf dem Altar aus.

Hatte man solche Anbiederungen in Nürtingen nötig? War
kein selbstbewußtes und eigenmächtiges Patriziat da, wenigstens eine Handvoll Leute, die man in Württemberg »Ehrbarkeit« nannte? In Schorndorf ist der Marktbrunnen eben jener
Ehrbarkeit zu danken; sie hat sich an den Wänden des Trogs
mit Namen, Wappen und Amt vorgestellt. An den drei köstlichen Nürtinger Stadtbrunnen fehlt solche Vorstellung. Die
Trogwände zeigen beste Einfälle und Dekorationen der alten,
in der halben Welt bekannten Wasseralfinger Hütte, Tierfiguren, allerlei Blatt- und Rankenwerk, das großartige Wappen
des jeweils regierenden württembergischen Herzogs – aber
nichts von Nürtingen, nichts von Familien – von ein paar Ausnahmen, dem Bürgermeister Glock, dem Stiefvater Hölderlins, den Planck, den Würm, den Rümelin einmal abgesehen.

Die Leute waren arm. Der Herzog wollte Dienste von der Bürgerschaft; das hieß für die Jagden, für den Straßenbau, für die herzoglichen Küchen und wieder für die Jagden. Das war die einzige Form der Kommunikation zwischen Herrschaft und Untertanen. Als auf dem Nürtinger Rathaus, heute der wohl stattlichste unter den alten Bauten, ein Schreiben des Herzogs einging, der erhöhte Mannschaftsstand (der württembergischen Soldaten) und mit ihm erhöhte Quartierlasten blieben bestehen, da wandten sich die Nürtinger an den Landtag. Die Herren sollten doch einmal kommen und Augenschein nehmen von der Not.»Wir synd versichert (sicher), daß die vielen durchsichtigen, dem Einfall nahen Häuser, die fast durchgehends leeren Haußhaltungen, die meistens schmachtenden und dem Schatten an der Wand gleichenden, mit einer Todenfarb gleichsam überzogenen Amtsinnwohner dero Herzen rühren und zu einer schleunigen Hülffe Anlaß geben würden.«

Der größte Teil der Einwohnerschaft gehe dem Bettel nach – diese Auskunft aus dem Ende des 17. Jahrhunderts gibt heute zu denken. Und natürlich: Der Boden war das nicht, aus dem heiterste Lebensfreude und Lust am Träumen hätte quellen können. Nürtingens große Söhne sind keine Musiker und keine Theaterleute, keiner ein Zögling der bildenden Kunst. Aus dem Elend der letzten Nachwehen des Großen Kriegs hat der – freilich in Berg geborene – Spitalmeister und Landtagsabgeordnete Jakob Friedrich Duttenhofer herausgeführt. Er hat die Ortsnachteile, den weiten Weg zur Fernverkehrsstraße und die Schwierigkeit, die Wasserkraft des Nekkars auszunutzen, umgebogen in eine stete Anforderung, mit Fleiß zu arbeiten und vor allem: mit Einfällen. Die Wirklichkeit nicht im Himmel, sondern mitten in der Neckarsteige und sogar in der Kirchstraße zu suchen, das war die Devise der großen Nürtinger, des Johann Gottlieb Steeb, des Pfarrers, der für die soziale Hebung des Bauernstandes kämpfte und die erste Realschule in Württemberg installierte, des Volks-

wirtschaftlers Albert Schäffle, des Gustav Siegle, der die che-
mische Großindustrie aufbaute.

Nürtingen hat in zwei großen Bränden des 18. Jahrhunderts seine Altstadt hingegeben. Aber dafür eine Industriestadt aufgebaut, die aus dem Durchschnitt des mittleren Nekkars weit herausragt. Daß der Geist Hölderlins dieses schaffige
Gemeinwesen berührt hat, für Augenblicke, ist ein Geschenk
ohnegleichen. Viele Zeugnisse über Hölderlins Nürtinger Zeiten haben wir nicht, genauer gesagt: In der verhältnismäßig
großen Zahl von Briefen aus Maulbronn, Tübingen, Walters-
hausen, Frankfurt und Homburg nimmt sich das Dutzend aus
Nürtingen gering aus. Als Exilant fühle er sich hier, als Ver-
triebener, Verbannter. Er hätte, meint er einmal, nie wieder
hierher zurückkommen sollen. 1793, mit dreiundzwanzig Jahren und noch vor den großen Aufbrüchen seines Lebens, meldet er Freund Neuffer aus Nürtingen, er predige »so viel möglich auf den umliegenden Dörfern, um mich, solange ich
noch Zeit habe, zu üben«. Und noch im Juni 1801 an Schiller
aus »Nürtingen bei Stuttgart«: Er sei »genötiget, in einigen
Wochen als Vikar zu einem Landprediger zu gehn«, falls der
(dann verwirklichte) Plan, zu Herrn Hofrat Schiller nach Jena
zu gehen, scheitere.

Wenn wir die Handvoll Briefstellen recht verstehen, so
hatte der stellungsuchende Hofmeister Hölderlin keinen Anlaß, den Nürtingern gram zu sein. Noch im Oktober 1795
kann er niederschreiben in Nürtingen, er habe sein »glücklich müßig Leben so gut genützt als möglich«. Immer noch
nicht ganz getrennt von dem Gedanken, als württembergischer Theologe sein künftiges Leben zu verbringen, stellt er
seinen Nürtinger Landsleuten ein immerhin läßliches Zeugnis aus: »Hier zu Land ist der Boden nicht gerade schlimm,
aber er ist ungepflügt, und die Steinhaufen, die ihn drücken,
hindern auch den Einfluß des Himmels, und so wandl ich
meist unter Disteln oder Gänseblumen.«

Und dann kam Bordeaux, Südfrankreichs Sonnenglut. Der

Neckar war ein versteckter Bach gegen die Garonne, gegen die Wimpel und Masten des Hafens. Aus Bordeaux kam er zurück, von Apoll geschlagen. Peter Härtling, der selber wichtige Jahre seiner Jugend in Nürtingen verbrachte, hat es sich ausgedacht, wie er heimkehrte. »Aus Stuttgart, Frankfurt Homburg schrieb er, aus Bordeaux kamen keine Briefe, kam er selbst – das ist es, was ich mir ausmale, ein einziges Bild, die schrecklichste Stunde der Straße: Er fand heim, sie hatten ihn verschollen gemeint. Aus welcher Richtung kam er? Brachte ihn die Post aus Stuttgart, wanderte er zu Fuß? Über den Schloßberg sehe ich ihn kommen, Leuten auf der Gasse aus dem Weg weichend, an den Wänden der Häuser entlang, durchs Höfle, ihm vertrauend, fürchtend, Nachbarn könnten ihn bemerken – oder gab's solche Furcht für ihn nicht mehr? –, das Haar in die Stirn, verfilzt, verludert, der Gehrock zerrissen, eine leichte Reisetasche in der Hand, den Stock: Schauer huschen ihm über die Stirn, die Lider zucken, er stammelt vor sich hin, klopft ans Tor, nachdem er die fünf Stufen hinaufgegangen ist, die Mutter öffnet ihm oder die Großmutter, sie zieht ihn ins Haus: »O Gott, du bisch's! Wo kommscht denn her? Was ischt dir?« – Die alten Fragen an den verlorenen Sohn. Die Tage darauf brütete er manchmal stumm vor sich hin, manchmal tobte er, stellte Möbel auf die Straße, unter wieherndem Gelächter, dem Weltlauf zürnend und jäh wieder in erschöpfte Sanftmut verfallend; die Frauen umfaßten ihn mit ihrer Geduld, und er fing an zu schreiben, die »Vaterländischen Hymnen«, übersetzte die »Antigone«. Die Sprache brach aus ihrem Bett, schwemmte alle Logik hinweg, und über ihr klang die Sphärenmusik dauernder Wiederkehr. Später, als im Tübinger Turm seine Seele sich verschlossen hatte, brachte der Postbote der Mutter in steter Folge Briefe von ihm; an sie und an die Schwester schrieb er: an das mütterliche Haus: »Verzeihen Sie, liebste Mutter, wenn ich mich nicht für Sie sollte ganz verständlich machen können. Ich wiederhole Ihnen mit Höflichkeit, was ich zu sagen die Ehre haben konnte. Ich bitte den guten Gott, daß er, wie ich als Gelehrter spreche, Ihnen helfe in Allen und mir. Nehmen sie sich meiner an. Die Zeit ist buchstabengetreu und allbarmherzig. Indessen ihr gehorsamster Sohn Friedrich Hölderlin.«

Städte können auch Heimat sein. Im Windschatten von St. Laurentius hat manch einer nach Klarheit und nach Frieden gesucht, der von langer Fahrt zurückkam und müde geworden war, die Alte, die noch einmal sehen wollte, wo sie »auf der Gaß« vor dem Salemer Hof ihren Reifen in Fahrt hielt, oder die Junge, die ihre Liebe hinnahm wie am ersten Tag. Städte können auch Heimat sein.

NEUFFEN
Gebaut auf den Glauben

Ein alamannisches Urdorf Neuffen hat es wohl gegeben. Die seinerzeit in der Burg- und Kirchheimer Straße freigelegten Gräber bezeugen das. Aber das Dorf hieß eben nicht nach einem Sippenältesten wie Nürtingen oder Metzingen oder Reutlingen, sondern nach der Burg. Die hatte eine strategisch ganz einmalige Lage, das spürt und sieht man ja heute noch. »Streitberg«, sagt einer der jüngsten Forscher, heißt das keltische »Neuffen«. Als man von den Fliehstädten, wie eine hinter dem Heidengraben war, und von den Talauen auf die Burgen zog, bot der Neuffen idealen Schutz. Er ist, man muß sich die Stiche dieses nie bewaldeten Berges einmal ansehen, schlechterdings uneinnehmbar.

Bis heute läßt man das urkundlich nachweisbare Leben droben mit jenem Grafen Mangold von Sulmetingen beginnen, aus einem oberschwäbischen Geschlecht, das mit dem führenden Hochadel des Landes verschwägert war und auf dem Neuffen erstmals 1122 nachzuweisen ist. Aber es gibt auch einen chronikalen Hinweis auf einen Neuffener Grafen bei einer Konstanzer Bischofswahl viele Jahrhunderte früher. Und es gibt vor allem eine urkundlich einwandfreie Nachricht von einem »Salmandus comes de Nuffen« aus dem Jahre 1028.

Das heißt: Vor den Sulmetingern saßen schon andere droben, und nach ihnen waren's die – wohl mit ihnen verwandten – Herren von Neifen. Wir kennen sie nicht nur dem Namen

nach, Berthold von Neifen, Heinrich I. von Neifen, Heinrich
II. und schließlich seinen Sohn Gottfried von Neifen, sondern
wir kennen sie auch ihrer Person, fast hätten wir gesagt, ihrer
Persönlichkeit nach. Ein freies Hochadelsgeschlecht wie die
Württemberger oder Wittelsbacher, Männer der großen
Reichspolitik und sozusagen Berufspolitiker, aber auch Repräsentanten einer sehr ästhetisch und sensibel werdenden
Kultur. Ihre Freunde, denen sie ihren Arm geliehen, sind die
Stauferkönige und -kaiser. Und die haben sich so bezau-
bernde Flecken Erde wie Wimpfen oder Trifels zu Aufent-
haltsorten auserkoren: eine Welt, in der Macht und Schönheit
wie niemals mehr sonst ein Bündnis eingingen. Zwei Adlige
sind es, die im Auftrag der deutschen Fürsten den »knaben
von apulle«, den jungen und eben gewählten Friedrich II. in
Sizilien abholen und nach Deutschland geleiten, Anselm von
Justingen und unser Heinrich von Neifen.

Sein Enkel Gottfried von Neifen steht an der Seite des in
Deutschland bleibenden Sohnes Friedrichs II., an der Seite
König Heinrichs VII. Es geht dieser Enkelgeneration Heinrichs und Gottfrieds nicht mehr nur um die Etablierung von
Macht. Man liest auch, man spielt auch, ja, junge, blühende
Weiber waren auch dabei, »Heinrichs Minnehof« hat man das
im letzten Jahrhundert immer wieder in leicht erschreckter
Art genannt. Auch unser Gottfried von Neifen hat in die Sai-
ten gegriffen, der bis heute berühmteste Neuffener. Als Minnesänger hat ihm die Manessische Liederhandschrift ein un-
verwelkliches Farbporträt gewidmet. Und wer zum Obergeschoß des Neuffener Rathauses hinaufsteigt – uns Schwaben
interessiert ja mehr, wer vom Rathaus runterkommt –, also auf
der Rathaustreppe sieht man dieses Manesse-Blatt als Farbfenster, Gottfried von Neifen mit seiner »frowe«.

Minnesang wird unter unseren jüngeren Historikern heute
als eine geschichtlich bedeutungslose und wirklungslose Sache abgetan, worüber man lächeln könnte, wenn nicht eine
arge Verzerrung geschichtlicher Realitäten damit einher-

ginge. Am Ausgang dieses 12. Jahrhunderts sind die ersten Bestimmungen zugunsten schwangerer Frauen und Kindbette-
rinnen erlassen worden: Niemand kann uns sagen, inwieweit
der Minnesang an dieser Wende seinen Anteil hat. Die Frau
wird aus einer bloß dienenden, bloß »Objekt« darstellenden
Funktion herausgehoben, die Liebe wird entdeckt.

Gottfried von Neifen gehört, formvollendet in seinem Dichten wie wenige, in diesen Zusammenhang, in einen Kulturzu-
sammenhang tiefsten Ausmaßes. Gottfried ist kein großer Erfinder wie Walther von der Vogelweide, kein Erneuerer. Aber
einer, der durch die Blume die deftigsten Wirklichkeiten an-
deuten kann. Sein Lied vom »Büttner«, bei uns sagte man
»Binder« oder Küfer, verrät das aufs deutlichste. Die erste
Strophe in der Originalsprache, aus jenen Tagen, in denen
Neuffen Stadt wurde, lautet:

> »Ez fuor ein büttenaere
> vil verre in frömdiu lant
> der was so minnebaere,
> swá er die frouwen vant,
> daz er dâ gerne bant.«

Und vielleicht noch die zweitletzte:

> »Sînen tribelwegge
> den nam si in die hant
> mit siner slehten egge.
> si sprach »heilant,
> got hât iuch har gesant.«

Und das Ganze in Übersetzung:

Es zog ein Büttner sehr weit in fremde Länder. Der war so
liebeslustig, daß, wo er Frauen fand, er mit Freuden band. –
Da fragte ihn der werte Hausherr, was er könne. »Ich bin ein
Büttner: wer mir's erlaubt, dem binde ich sein Faß.« – Da
brachte er seine Reife und seinen Reifenhammer. Mit seinem
Umherziehen konnte er sich gut durchbringen und gutes

Werkzeug bei sich tragen. – Seinen Reifenhammer, den nahm
sie in die Hand an seiner geraden Kante. Sie sprach: »Heiland,
Gott hat euch hergesandt.« – Als sie da dem Hausherrn sein
Faß gebunden hatten, an den Seiten wie unten, sprach sie:
»Ihr seid nicht träge. Nie hat mir einer besser gebunden.«

Das ist freilich, wer die Handgreiflichkeiten des »Ham-
mers« und dieses »nie hat mir einer besser gebunden« versteht, ein sehr gewagtes Lied. Aber auch eines, das die Form
(noch) wahrt wie der ganze Minnesang. Es geht um die »Bindung« von Liebe. Und Gottfried von Neifen hat hier Töne von
jungenhafter Herzlichkeit anschlagen können: »Saelic sî diu
heide! / saelic sî die ouwe! / . . . Roter munt, nu lache, / daz
mir sorge swinde« und so fort. Er ist kein Aufschneider, kein
Sprüchemacher, kein Playboy. Er kennt auch das Leid und die
Ohnmacht der Liebe. »Ihr roter Mund / hat mich verwundt /
Bis an den Grund. / Wir froh ich dennoch war!« Liebe ist Unruhe und Angst, Seligkeit und Leid zugleich. Gottfried von
Neifen ist ein Posten auf diesem kulturgeschichtlichen Weg.
Noch der »edle Moringer«, ein späterer Minnesänger, kann
ein Traumlied dichten, in dem ihm, als der Gewährsmann for-
dernden Liebens und Bewahrens, der »Jung von Nifen«, un-
ser Gottfried von Neifen, erscheint.

Die staufische Klassik hat ihre Weiten und Tiefen, das wis-
sen wir, mit dem Untergang ihrer irdischen Reichsschöpfung
bezahlt. Die Herrschaft Neuffen kommt an den mächtigen
Konrad von Weinsberg, der sie dem Grafen Eberhard von
Württemberg verkauft, »das Stättlein samt der Burg«, wie Merian sagt, »auch Leuthen und Gütern umb siebentausend
Pfund Pfenning«. Und er fügt, in seiner 1643 veröffentlichten
Topographia Sueviae hinzu: »In einer geschriebenen Chronick stehet, daß Conrad Weinschenck von Winterstetten,
Herr zu Neiffen, das Dorf Neiffen unter seiner Festung
umbmauren lassen und mit StattRecht anno 1232 begabet.«

Zwar suchen wir die »Chronick« bis heute vergebens. Aber
es gibt so viele Indizien und Parallelen, daß wir Neuffen ge-

trost in die letzte staufische Stadtgründungswelle der dreißiger Jahre einordnen dürfen. Eine künstliche Gründung, eine unregelmäßig kreisförmige Stadtanlage, wie man bequem vom Neuffen aus sieht, die ihre Mitte in der Baugruppe um Martinskirche und Pfarrhaus hat und aus dem Mauerbering die angrenzenden Ortsteile Niederhofen und Uffhofen ausscheidet. Merkwürdig, daß wir kein einziges bildliches Zeugnis von der Neuffener Ummauerung haben, von der zweieinhalb Meter dicken und acht Meter hohen Mauer, von den drei Stadttoren. Aber 1840 hat man sie abgebrochen, das wissen wir, und wenige wohl auch, daß 1937 das Ludwigstörle dazukam, dieser »gotische« Durchlaß neben dem Großen Haus. Der Kolbe-Louis hat es meisterlich gemacht, und er hat dazu gesagt: »Koiner frogt nochher, was 's koscht hat, aber wer's gmacht hat, dees bleibt.« So denken sonst nur Kaiser und Könige.

Man fragt sich angesichts solcher souveränen Haltung, was das eigentliche Gewerbe der alten Neuffener war, wovon sie gelebt haben. In einem Beamtenstädtchen wie diesem, dessen konservative Grundhaltung sich über Jahrhunderte hin bis in die jüngste Zeit hinein gehalten hat – man denke an Neuffens NPD-Führung oder an die Zusammensetzung des Gemeinderats –, in einem alten Beamtenstädtchen wird man da keine Sensationen erwarten wollen. Bis um 1900 waren 90 Prozent der Bevölkerung beim Wein- und Obstbau tätig. Geologisch gesehen ist zwischen Reutlingen und Owen, so hat Gotthold Hezel einmal gesagt, eine »unterirdische Heizung« am Werke, die noch hier oben in Neuffen, das ist eine Seltenheit, den Weinbau erlaubt. Davon lebt man ja heute noch, zweieinhalbtausend Hektoliter in einem Normaljahr. »Jeder Handwerker hat an Wengert g'heet«, und an bestimmten Tagen im Herbst soll man früher auf dem Neuffener Rathaus niemanden angetroffen haben. Jeder war auf seinem Wengert, der Kreba und auf alle Fälle der Stutterkrug waren dabei. Der »Neuffener Täleswein« ist eine Sache für sich, den von der

Schloßsteige hat der »Enderle Buck« seinerzeit in Stuttgat exklusiv ausgeschenkt. Den Metzinger Dreimännerwein kennt
man: einer trinkt, die anderen zwei heben ihn. Von der Säure
des Metzinger Simseraßlers wollen wir gar nicht reden. Auch
mit dem Reutlinger kann man den Neuffener Täleswein nicht
vergleichen, der sich ja bekanntlich wegen der ganz unemp-
findlichen und dauerhaften Härte seiner Weintrauben vorzüglich zum Transport eignet.

Keiner hat ähnliches je vom Neuffener gehört. Man muß
aufpassen, er hat's in sich, mancher »hot scho a'n Sprenzer
g'heet«, ehe er sich's versehen hatte. Das war schon früher so,
als noch jeder Weingärtner hier seinen Wein selbst verkaufte,
als die Pressen noch aus schweren Eichenstämmen waren und
man im Wengert in der Nacht seine Posten aufstellte. Ob es
stimmt, daß die Neuffener ihren Wein alle »selber tranken«?
Auch in dieser Wendung liegt was Ernstes: In der Hauptsache
dürfte der Neuffener früher »Herrenwein« gewesen sein, den
man an die Herrschaft abzugeben hatte. Viel blieb für einen
selber da nicht übrig. Deshalb die Leidenschaft, die verständ-
liche, zum Selbertrinken.

Es ist ja kein Luxus aus diesen Weinbergen gekommen,
kein Übermut, kein Überfluß. Einmal im Jahr hat man
»g'metzget«, das mußte reichen, »g'standene Milch und Ee-
bire«, das war das Übliche, am Sonntag »en Brôte«, der im wesentlichen »em Vatter« vorbehalten blieb, a paar Wursch-
trädle, »d' Keesdreck« aufs Brot, noch »d' Schelfedse« war
wichtig. Erst in den dreißiger Jahren, erst nach 45 ist das anders geworden. Erst dann sind die Hochzeiten kleiner geworden – zuvor jedesmal ein Fest fürs ganze Städtle –, erst dann
hat es aufgehört, daß man, wenn Feuer ausgebrochen war, mit
der Trompete blies und die Sturmglocke läutete. Und jetzt
war es auch nicht mehr möglich, daß einer der Feuerwehr-
leute, hastig mit dem Drillich bekleidet, auf dem Weg zur
Spritze auf einem Kuhfladen ausrutschte, oben schaute der
Eugen zum Fenster heraus, und der also Gestürzte brüllt

gequält zum Fenster hinauf: »Eugen, du hosch me nôgschmissa!«

Erst die Tälesbahn, genau 1900, genau zu Beginn unseres Jahrhunderts, bringt Leben nach Neuffen. Vorher ist große Stille zwischen der Färbergasse und dem Schulweg, zwischen dem Unteren Graben und den Buchen- und Föhrenwäldern an den Hängen zum Neuffen hinauf. Man darf das ganz wörtlich nehmen: den Lärmpegel, den wir gewöhnt sind, gibt es noch nicht. Wenn ein Wagen ins Städtle kommt, bleibt man noch stehen. Man liegt am Rande, die Hülbener Steige, die Suppensteige, gibt es seit kaum hundert Jahren. Es bedurfte noch der besonderen Hilfe der generationenalten Pächterfamilie Spring droben auf dem Schloß, um damals am 8. August 1948 die drei ehrwürdigen Südweststaatsbegründer, Reinhold Maier, Gebhard Müller und Leo Wohleb schicklich den Berg hinaufzubringen.

Ja, Hausweberei war da, und im dritten Viertel des letzten Jahrhunderts waren rund 250 Neuffener Hausweber als Zulieferer vor allem für Kolb & Schüle in Kirchheim beschäftigt. 1823 hat man, damit im Zusammenhang, eine Schafwäsche eingerichtet, und bis 1905 hat man auch Flachs gebaut. Die Flachsrechen und Flachskämme sieht man heute im Jägerschen Schlößle. Aber Paul Haidle hat seine Strickwarenfabrik erst 1894 eröffnet, mit sagenhaftem Aufstieg freilich und auch von großer Hilfe für das verlegene Amtsstädtlein. Und dann kam der Steinbruch des Nürtinger Zementwerks, und dann die »Gurtete« von Gutmann und Marx, aus Cannstatt importiert, wo man dankbar war für Arbeit und dem hoffnungsvollen Söhnlein in einem Neuffener Bürgerhaus vor dessen Vorstellung bei Herrn Marx einimpfte, wie er sich da zu benehmen habe und daß er den Marx vor allem als »Herr« anzureden habe. Als er dann im Kontor stand, hat er sich, der Sprößling, seiner Aufgabe auch formvollendet unterzogen: »Grüß Gott, Marx, i bee der Herr Buck.«

Nach 45 erst kam die eigentliche und große Industrialisierung. Die Zeiten sind besser geworden, ja, aber nicht reicher, nicht leichter. Ich meine das nicht im äußerlichen Sinne, obwohl die wunderbar geschmiedete Schatztruhe, die unser über ein Vierteljahrhundert tätiger Bürgermeister Kurt Schmid in seinem Amtszimmer verwahrte, heute, wäre sie noch wörtlich der Geldtresor der Stadt, sehr viel mehr Markstücke einschlösse als vor fünfzig oder hundert Jahren.

Im Grunde blieb es immer Mühe und Arbeit, das Leben hier. Nach den Sternen hat man nie gegriffen, man hat sich behauptet, mit immer wieder neuem Lebenswillen, mit einem bemerkenswerten Maß von Gemeinschaftswillen. Als an jenem Septembertag des Jahres 1634 nach der großen Niederlage des Dreißigjährigen Krieges die Soldateska durch die Neuffener Stadttore brach, war das ein Tag, der einem Fliegerangriff des Zweiten Weltkriegs durchaus gleichkam. Als der Abend hereinzog, waren nur noch rauchende, glostende Balken da, der Geruch von Verbrannten, das Entsetzen über den Menschen, der sich zum Tier verwandelte. Kaum ein Jahr später gesellt sich zu allem Todesgeruch noch die Pest; man karrt die Leichen gebündelt in flatternder Angst zum Friedhof. Neuffen: ein elender, häuserloser Trümmerhaufen mit dreihundert Menschen darin. Was wir heute sehen, ist, mit Ausnahme der Kirche und der beiden adligen Freihöfe, ein neues Neuffen, das erst 1657 wieder den ersten Glockenschlag hörte.

Unglaublich, was ein Menschenleben ertragen muß, unglaublich, was ein Stadtleben leisten kann. Schon zu Napoleons Rußlandfeldzug hat Neuffen vierzehn Männer zu stellen gehabt, die irgendwo verschollen sind, an der Beresina, in den Schneewüsten vor Moskau. Die Toten der beiden Weltkriege sind auf dem von der Familie Haidle gestifteten Ehrenmal zu lesen, Neuffener, gefallen an der Somme und bei Arras, in der Hölle von Verdun, im Sand von Nordafrika, irgendwo zwischen Minsk und Orscha.

Die Resonanzen eines solchen Stadtlebens gehen weit über

das Geviert zwischen Unterem und Oberem Graben, zwischen Jahnstraße und Achalmstraße hinaus. Schon 1730 hat die Enge und die Not in dieser Stadt 36 Familien als Auswanderer in die Fremde geführt. Nach 1845 haben Mißernten und Überschwemmungen mindestens wieder ebenso viele nach Amerika gebracht oder über die Donau nach Südrußland, nach Palästina oder nach Bessarabien. Manchmal muß dieser Entschluß wie ein Sprung mit verschlossenen Augen gewesen sein. »In Folge meiner schnellen Abreise von hier nach Amerika«, so eine Anzeige im Neuffener Talboten, »sage ich auf diesem Wege, da ich nicht mehr persönlich Abschied nehmen kann, meinen Freunden und Bekannten ein herzliches Lebewohl. Am 11. März 1840. Im Namen meiner Familie: Johann Georg Krieg.«

Wir denken nicht nur an die, die hiergeblieben sind und diesen Flecken zu einem so wunderschönen, blitzsauberen Gefäß gemacht haben, sondern auch an alle Neuffener draußen, auch an die Familie und Kinder von Herrn Marx, der als jüdischer Mitbürger nach 1933 Neuffen noch rechtzeitig verlassen konnte. Die Marxens seien »au Leut gwea«, erzählte mir einmal ein alter Neuffener, und nach einigem Nachdenken fügte er hinzu: »Wie Sie und ich.« Es gibt keine bessere, knappere Widerlegung dieser grausamen Lehre von der Verderbtheit einer Minderheit als diese wenigen Worte.

Es ist zugleich ein echtes Städterwort. Wer nur ein bißchen über die Mauern sehen kann, läßt auch die anderen leben und nimmt auch die anderen auf, das evangelische Neuffen die Katholiken, die Deutschen aus der Tschechoslowakei oder aus Schlesien. »Man hat hier nie viel politisiert«, versichern mir die Alten. Sie mögen auch für die Zeit des Dritten Reiches recht haben, als die Risse – sogenannter Idealismus oder nicht – oft mitten durch die Familien gingen, aber man sich deshalb nicht umbrachte. Man war, in diesem Neuffen, das eine Gauschule, eine nationalsozialistische Eliteschule, bekommen sollte, die Grundstücke waren schon erworben, man war hier

weder fanatisch noch im Widerstand. Und wenn der Zimmermeister Gottlob Schüle 1944 nach den kleinen Kirchenglok-
ken auch noch die große von der Stadtkirche holen sollte,
dann hat er seinen Widerstand auf listige Neuffener Weise geleistet. »Des gôt net«, meinte er gestikulierend, »m'r muaß el-
les uffbreche, der halb Duurm muaß ronter.« Und also blieb
die große Glocke droben.

Sie läutet heute noch. So, wie sich die Familien über allen
Umbruch und alle Zerstörung hinweg gehalten haben, die
Schall und Hoß, die Dietz und Faig, Mönch, Digel, Krohmer,
Schweizer und so weiter. Wir können uns nur verneigen vor
diesen Menschen, vor ihrem Fleiß, vor ihrer Unverdrossen-
heit, vor ihrem Glauben. Er ist der Grund, auf den dieses Gemeinwesen gebaut ist.

METZINGEN
Zwischen den Fronten

Was ein rechter Metzinger ist, kennt den Anfang seines Gemeinwesens. Der Herr Jesus ist auf die Erde gekommen, er wandert von Land zu Land, auch von Reutlingen nach Metzingen; Simon Petrus ist dabei, der war ein Gerber und hat auch was anderes als Wasser trinken wollen. Der brachte die Häute und die Felle nach Metzingen und auch die Weintraube. Das ist ein Märchen, aber in jedem Märchen steckt Wirklichkeit und Wahrheit. Tatsache ist, Zufallsfunde haben uns das verraten, daß am Südabhang des Metzinger Weinbergs, auf den Fluren »Auf Mauren« und »Auf der Roih« ums Jahr 200 nach Christus eine ansehnliche römische Niederlassung daheim war, mit einer Tempelanlage, der – wir übersetzen das lateinische Original – »Ermsgenossenschaft des Jupiter«. Denkbar, daß die römischen Landser, sie haben im Vergleich zu uns unendlich viel Zeit gehabt, an den sonnigen Halden vor ihrer kleinen Station auch Reben angepflanzt haben. Und sicher, daß die etliche Jahrhunderte später aufblühenden Klöster, in Metzingen hatten sie ja Höfe und Besitzanteile, diesen Weinbau nicht nur genützt, sondern auch gefördert haben.

Der Wein – das war, als Weinbau, der zweifellos wichtigste Grundstock für die wirtschaftliche Konsolidierung und den Aufstieg dieses Gemeinwesens. Auch die harte Kerbe des Dreißigjährigen Krieges hat daran langfristig nichts ändern können, als die wildernden und zündelnden Schnapphähne von der mörderischen Schlacht bei Nördlingen kamen, 1634, und die Brandfackel auch in Metzingen anlegten. 244 Häuser sind damals niedergebrannt. Auch das Rathaus war darunter, der Salzstadel, die Sägmühle, fünf Keltern: zwischen Rathaus und Kelternplatz eine Aschenwüste. Das heutige Metzingen bietet kein mittelalterliches Bild mehr wie Tübingen oder Horb oder Riedlingen und so fort.

Der Weinbau war, vor den auffallend vielen Märkten, siehe Verkehrslage, vor dem Weidetrieb, dem Landbau, dem mäßigen Handel: der Weinbau war das Rückgrat. Allerdings, in einer »Beschreibung des Schwabenlands«, erschienen nach dem Dreißigjährigen Krieg, liest man, trocken und wahr: »Metzingen ein fürstlich Württembergischer Fleck, 1 Meil von Aurach und 3 Meil von Tübingen und auff selbiger Straßen gelegen; all da die meiste Jahr ein solcher Wein wachsen solle, den man schier an statt des Essigs brauchen kann.« Vor dem Krieg sei es übrigens »ein schöner und großer Ort« gewesen: Wir trösten uns damit, daß »die meiste Jahr« ein solcher Wein gewachsen sein soll, aber nicht *jedes* Jahr. Sicherlich war das auch der Grund, warum die Klage der Metzinger Schulmeister dereinst, sie könnten ihren Amtswein nicht trinken, abgewiesen worden ist: Auch höheren Orts hat man, zuversichtlich und fromm, auf die guten Jahrgänge gehofft.

Ganz sicher ist, daß man heute, fragt man in einer Metzinger Gaststätte, wie es denn so mit dem Reutlinger Wein stehe, spontan zur Antwort bekommt: »Ha, dees isch a Kataschtroph!« Als der Gerber Schmid nach 1945 seinen Freund Theodor Heuss auf dessen Fahrt nach Tübingen vom Zug herausholte zu einem Viertele, zu zwei, vielleicht waren's auch viel mehr, hat er sich vom hohen Freund verabschiedet mit der Warnung: »Sauf jo koin Reutlinger oder Tübinger nochhe, der ziagt d'r« – ich setze drei Punkte jetzt, der geschätzte Leser wird sie sich ergänzen – »der ziagt d'r's... zua.« Und ganz sicher ist auch, daß d' Reutlinger Traube vom Sarasani seine Elefante druckt wird – wie anders wären sie sonst weich zu kriegen.

Und am sichersten ist schließlich, daß alles, was der Weinbau so mit sich brachte und mit sich bringt, am meisten zur
Individualität und Originalität auch Metzingens beigetragen
hat. Der »Thalwein«, wie man ihn im Gegensatz zum Unter-
länder nannte, wurde qualifizierter, obwohl oder gerade weil
die Weinbaufläche nach 1800 stetig zurückging, 1824 hat man
eine Weinverbesserungsgesellschaft gegründet, die Vorläufe-
rin des Württembergischen Weinbauvereins, und allmählich
sind auch, man hat die Wurzelreben zu Millionen verteilt, ed-
lere Rebsorten eingezogen.

In vino veritas: In den nie endenden Weinwitzeleien zwischen Metzingen und Reutlingen, wenn man dann einen hok-
ken hatte, früher war Rausch nicht gleich Rausch, man hat da
eine eigene Skala von Erscheinungsbildern und Überschrif-
ten gehabt – in diesen Witzeleien verbirgt sich natürlich auch
das Metzinger Trauma: Die Reutlinger hend au bloß zwea
Hend, und auf ihrem Konto au net viel meh, aber sie sind seit
einem halben Jahrtausend Städter und haben, hatten natürlich eine urbane Kultur von fast einzigartigem Zuschnitt am
mittleren Neckar. Dagegen war selbst Stuttgart, die herzogliche Residenzstadt, ein einschichtiges Gemeinwesen. Die Reutlinger sind eingebildet, sagen die Metzinger, und wenn früher
eine von hier einen Reutlinger geheiratet hat, auch das war »a
Kataschtroph«. Erst seit jüngster Zeit verkehrt man relativ ge-
sittet und vernünftig miteinander, sonderlich in Geschäftsbeziehungen, die noch vor anderthalb Jahrhunderten mit der
Reichsstadt Reutlingen, diesem Fremdkörper, undenkbar gewesen wären.

Bei Gemeinwesen, obwohl sie viel von einem künstlichen
Konstrukt an sich haben, ist das wie bei Menschen. Nicht selten sind die Lebensleistungen nichts als Befreiungen von
Komplexen und Deprivationen, nichts als Kompensationen,
in denen solche Haßlieben zu den Nachbarn, die weiter waren
oder es weiter gebracht haben, eine wichtige Rolle spielen. Industrie ist jedenfalls, in der Phase ihrer Entstehung, in den sel-

teneren Fällen die Aufpfropfung auf generationenalten, gravitätischen Wohlstand, sondern sehr viel häufiger herausgewachsen aus der einzigen Lebenserkenntnis: Vogel friß oder stirb!

Zur Industriestadt ist Metzingen nicht deshalb geworden, weil es Handelsmetropole gewesen wäre wie Reutlingen, weil es die Reutlinger Artikel gehabt hätte, die schon vor der eigentlichen Industrialisierung sprichwörtlich waren, weil es, wie Reutlingen, in alle Welt hätte Kalender liefern können, an denen man in Reutlingen reich wurde. Metzingen hat sozusagen aus dem Stand anfangen müssen, ohne irgendwelche und gar jahrhundertealte Traditionen. Kein Kaiser, der irgendwann einmal seine Hand geliehen hätte, keiner der württembergischen Grafen oder Herzöge, der das Dorf Metzingen irgendwie bevorzugt hätte, wie Nürtingen, Kirchheim oder Schorndorf, wo Schlösser und Bastionen stehen (wir reden gar nicht von Urach oder Tübingen), kein weltberühmter Kopf, der diesem Gemeinwesen entwachsen wäre, kein Daimler, kein List: Alles hat man von sich aus erbringen müssen. Das ist die große, die historische Kollektivleistung dieser Stadt.

Sie hat nur wenig vom Glanz und vom Charme des ausgehenden Mittelalters, die Gerber sind eigentlich erst im 17. und 18. Jahrhundert so richtig heimisch geworden, 1701 hat sich der Samuel Gänßlen, Sohn eines alten Weißgerbergeschlechts aus der Reichsstadt Nördlingen, in Metzingen niedergelassen, 1770 kamen von Backnang her die Rotgerber Bräuchle, Jakob Gottfried hat 1790 in der Rietstraße das Stammhaus gebaut, die Anfänge einer ebenso farbigen wie krisenanfälligen Branche. Wo hat man neuerdings noch Lederzeug von Handgerbern gebraucht, wo konnte man die Arbeitsbedingungen so schlecht modernisieren: »Koi Sau will mee schaffe bei deane«, vier Gerber sind heute noch da – Otto Schmid ist in lebendigster, in dankbarer Erinnerung –, früher waren's dreißig, vierzig. Geblieben ist freilich, wir sprachen von einem farbigen Handwerk, das tröstliche Wort: »Liaber soll die Welt verderbe

/ Als vom Durscht a Gerber sterbe.«Ja, man hat den Wenger-
tern in die Hand gearbeitet, und oft kam es zu gegenseitigen
Geldleihaktionen in beiden Ständen; die Gerber brauchten
im Frühjahr Geld beim Einkauf, die Weingärtner vor allem im
Herbst. Und geblieben sind die farbigsten beiden Viertel der
Stadt, das »Rheinbairische« über der Erms drüben, wo sieben
Gerber saßen, und die ehrsame »Türkei«, die bekanntlich
ihren Namen daher hat, daß der ahnungslose Stadtpfarrer
Goes zu Karfreitag dort seine Seelen besuchen wollte und statt
präparierten Kirchgängern dreckige, moschttrinkende Ger-
ber und hängende Häute sah: »Da sieht's ja aus wie in der
Türkei!«

Nicht allein der Fleiß, das »Schaffen« hat den industrialistischen Aufstieg dieser Stadt bedingt, sondern mehr noch, mitten in diesem Schaffen, die Disposition zum Besonderen, zur
Spezialität. Anderswo war man auch fleißig, auf den Dörfern
am Albrand, in den Großdörfern zwischen Fildern und Schurwald, aber das Originelle, das Spezielle hat gefehlt, und als die
Großindustrie kam, wurde man ausgesogen und zum Zubrin-
gerpunkt. Metzingen hat seine Eigenständigkeit nicht nur behalten, sondern großgezogen. Hehlinge, geistvolle und welt-
läufige Männer waren da, da geht ein Weg von Philipp
Gänsslen bis zu Max Bazlen, dem Reame-Mäx. Und vor allem
gute, sozusagen zünftige Handwerker waren da, die Firmen
Gänsslen & Völter, Henning, Holder und Bazlen, um nur die
ersten und heute ehrwürdigsten zu nennen, sind aus dem
Handwerk herausgewachsen: Das ist, entgegen allen Festre-
denformeln, in Württemberg nicht die Regel. Hier in Metzingen gehört das handwerkliche Element immer noch mit zur
Industrie, im politisch-sozialen Sinne: Die Stadterhebung von
1831, die vielgefeierte, war letzten Endes der hartnäckigen
Forderung der Zünfte zu verdanken, im technologischen
Sinne; Max Holder, zu früh im Jahre 1929 verstorben, ist eines
der Sinnbilder dafür, was man heute industrielle Innovationen nennt.

Wir sollten, wenn wir vom Schaffen reden, nicht in Monotonie verfallen. Die stiere und pausenlose Arbeit tut's nicht, es kommt auf den Kopf an, und übrigens auch auf die Pause. Manchmal waren die Pausen sogar zu lang, die Gerber hätten am Montag, erzählt man sich heute, sowieso nichts getan, der war blau – 1849 ist jeder Arbeiter, der »hier einen sogenannten blauen Montag macht«, der Stadt verwiesen worden – am Dienstag haben die Gerber auch nicht gerade anfangen wollen, am Mittwoch war Markttag – erst am Donnerstag kam man zum Schaffen, und die Frauen waren wechselweise wütend oder traurig, weil sich dann die Arbeit notwendigerweise in den Sonntag hineinzog. Unter Otto Schmid, dem Vorsitzenden des Aufsichtsrats der Volksbank, ist die Aufsichtsratsitzung während der Woche dann in der Wirtschaft fortgesetzt worden, bis morgens um halber viere. Und dann konnte der noch seinen Nachbarn fragen: »Sag amol, hältsch du ebbes vom Hudle.« Und als der natürlich nein sagte, kam die Antwort: »Also, no trinke m'r no a Viertele.«

Gute alte Zeit? Wenn wir das »gut« im sozialen Sinne verstehen, zögern wir schon hier. Selbst die Soldateska, die das Rohe und Nackte gewöhnt war, hat geschauert, das ist verbrieft, als sie gelegentlich der Mord- und Pestverwüstungen in Metzingen tote kleine Kinder an den Gassenecken liegen sah. Ist es besser geworden, sind wir besser geworden? Ideologien scheinen manches aufgefangen oder verbrämt zu haben. Daß wir einmal ein Vaterland gehabt haben, eine verpflichtende und eine stillende Größe, das wissen unsere Jungen kaum mehr. »Es war ein heißer Mittagsschultag«, so Erich Knecht, ich entnehme das der feinen Jubiläumsschrift des Metzinger Verschönerungsvereins, »Professor Maier kommt wie immer aufrecht aus seinem Studierzimmer, legt die Hände wie in der Frühe zusammen und sagt: ›Ich habe eben die Meldung bekommen, daß mein zweiter Sohn auch gefallen ist. Wenn ich noch zwei Söhne hätte, ich würde auch sie fürs Vaterland hergeben. Wir arbeiten weiter.‹« Aber Erich Knecht fügt hinzu:

Weilheim an der Teck war 1908 noch eine rechte Ackerbürger-Stadt.

Malerisch und beschaulich: Der Nürtinger Neckarübergang 1907.

Metzingen im Windschatten der Alb erhielt 1831 das Stadtrecht (1912).

Die Tübinger Neckarseite, heute wie vor 90 Jahren (1909).

»Wie mich das damals seelisch gebeutelt hat, geht auf keine
Kuhhaut.«

Man kann aneinander schuldig werden, wie in der Ehe, wie
in der Familie, so in einem Gemeinwesen wie diesem. Nicht
nur das mehr oder minder freiwillige Miteinandertragen gehört dazu, die Investition, die unvermeidliche, in die sozusagen gemeinsame Kasse, sondern auch die Perversionen, das
Umschlagen der Kontrollmechanismen in das Quälen derer,
die zu den wenigen gehören, die anders sind oder anders sein
wollen. Auch das Dritte Reich hat sich in Metzingen niedergelassen, nein festgefressen. Am Vorabend der sogenannten
Reichstagswahl, am Samstag, dem 4. März 1933, brannten am
Albtrauf die Höhenfeuer, das Volk brach auf, mit seinen Fein-
den abzurechnen, die SA marschierte im Fackelzug vom
Bahnhof zum Marktplatz. »Gegen die Mordbrenner / Für das
Deutschland des Aufbaus« heißt der Spruch, im Inhalt so minder wie in seiner Sprache. »Wer nicht für uns ist«, brüllt man,
Wilhelm Murr hat das in Stuttgart ins Mikrofon gerufen, »der
ist gegen uns.«

Einen Juden gab's in Metzingen, den Adolf Herold, der ein
kleines Strickwarenfabrikle hatte; sechs, sieben Frauen arbeiteten da, zusammen mit seiner eigenen Frau. Anfangs sind die
Winterhilfswerk-Sammler mit ihrer Büchse auch immer in
Herolds Haus. Aber dann hatte man entdeckt, daß der nicht
»artrein« war. Vorbei die Zeiten, als Herold zusammen mit
dem Stolle-Jakob und dem Jakob Mader seiner Jagdleiden-
schaft frönte, freilich einer gedämpften Leidenschaft, geschossen hat er nie etwas. Aber einmal kam er mit einem Ha-
sen im Rucksack nach Haus. Als seine Frau die Trophäe
auspackte, schreit sie: »Ha, Vatter, der isch ja abzoge, ha der
hat ja de Preis dra.« Die beiden Freunde hatten das Vieh beim
Lausterer gekauft. Das war jetzt vergessen. Man hat dem Herold die Scheiben eingeworfen. In Stuttgart war er vorübergehend Straßenkehrer. Die eine Tochter ging in die USA. Die
andere lebte in Tel Aviv.

Man sei halt still gewesen, sagen heute welche, die mit dabei waren damals, man habe seinen Mund gehalten. Hat das nicht bedeutet, daß man mitgemacht hat? Nicht mitgemacht hat der Pfarrer Baierbach, der schwamm gegen den Strom, der meinte, man könne nur mit Gott leben, auch wenn man das »Mit Gott« jetzt vom Koppelschloß weggemacht habe. Ungefähr dreißig Metzinger sind in »Schutzhaft« genommen worden, der bekannteste war vielleicht Albert Fischer, der kommunistische Landtagsabgeordnete, der schließlich nach Buchenwald kam: Es muß ihn ein Wunder dort errettet haben.

Alte, gute Zeit? Wenn wir das »gut« als moralischen Gradmesser verstehen, zögert man auch hier, einem Fortschritt das Wort zu reden. In den zwanziger Jahren waren die jüngeren Männer, die überschüssige Kräfte hatten, sehr wohl nach Stuttgart gefahren, wo man die Kräfte im Hellen oder im Dunkeln loswerden konnte. Der Goldheiner, schon vor dem Ersten Weltkrieg, hat ein Taxi zur Verfügung gehabt, die ein oder zwei Mark, die das kostete, waren schnell zusammengelegt, der Goldheiner hat bar kassiert vor der Fahrt. Und was Metzingen selbst zwischen 1920 und 1930 an Liederlichem bot, davon schweigt des Chronisten Höflichkeit, er zitiert statt dessen das Gemeinderatsprotokoll von 1851: »Die ganz liederlichen Dirnen Marie und Barbara B., welche schon bedeutende Kosten für die Stadtpflege veranlaßt haben, sollen nach Amerika spediert werden.« Sie sind's. Man hat ihnen die Überfahrt bezahlt, »da voraussichtlich die beiden liederlichen Dirnen in Zukunft mehr Kosten verursachen werden, als der augenblickliche Aufwand für ihre Auswanderung erfordert«.

Eine moralisch bessere Gesellschaft und Bürgergemeinde? »Ätsch, heit hat mei Vatter Hauchzich«, konnte der kleine Dinger sagen, auch nicht gerade so, wie's sein soll. Und wenn sich die Alten erinnern, was der Schaffner Gerlach, wenn er an der Sperre die Löcher in die Fahrkarten drückte, den Frauen zugezwitschert hat: Auch die selbständigste, emanzipierteste Frau von heute würde puterrot werden.

Dies die eine Seite. Die andere öffnet den Zugang zu einer Gemeinschaft, in der sich die Kräfte innerer Stabilisierung immer wieder zu Wort gemeldet haben. Metzingen hat eine alte, noch heute lebendige Pietistengemeinde. Die einen, die Altpietisten, sind die Bärtigen, die anderen, die Hahnschen und ohne Bart, die »Nackede«. Noch heute gibt es einen kleineren Betrieb in der Stadt, ich sage das ohne alle Ironie, vielmehr in aller ernstlichen Hochachtung, in dem jeden Morgen gebetet wird.

Höchstes Glück einer Stadtgemeinde, um das in Abwandlung eines Goethe-Wortes zu sagen, ist die Persönlichkeit. Die Zahlen sind gewachsen seit zwei, drei Generationen, versteht sich, Straßen um Straßen sind dazugekommen, ganze Häuserfelder, Umgehungsstraßen, Schulhauskomplexe und so fort. Aber anderswo ist das auch so. Metzingens Geschichte und Entwicklung besticht dadurch, daß bei aller Ausdehnung und Potenzierung noch ein Menschengesicht durchscheint, etwas von einer unverwechselbaren Eigenart, etwas von einem Markenzeichen. Man hat seinen Humor nicht verloren, was heißen will, daß man auch das härteste Politikum zu relativieren bereit war, auch und gerade in den schlimmen Bösartigkeiten des Dritten Reiches.

Das konnte (und kann) bis zur Zungenfertigkeit gehen. Der Becka-Fuß, den sogar der König hören wollte, ist wie ein Symbol dafür. Kommt da der Bahnbeamte Katzmaier vom Bahnhof her die Schönbeinstraße herunter, als gerade der Bäcke-Fuß am Fenster hängt. »Guete Morge, Adolf, hosch denn heut scho Metzelsupp«, grüßt der Katzmaier, der eine Totalglatze hat. »Wiaso denn«, fragt der Fuß. »Ha, weil dr Saukopf zum Fenster rausguckt.« – »Oh«, meint der Becka-Fuß, »heut morga han e scho de Arsch zum Fenschter nausgstreckt, no hent älle Leut grüßt: Guete Morge, Herr Katzmaier!«

Diese Munterkeit ist längst nicht mehr bäurisch, das ist auch Städterart, wenn man so will metzingerisch, wachsam, distanziert, vor allem: kampfbereit.

Es ist ja nun zunächst etwas befremdlich, daß in dieser angeblich städtischen Welt noch in den dreißiger und vierziger Jahren die Kuhfuhrwerke zur Selbstverständlichkeit gehört haben. Aber gerade dieses Stück Natur, mit einem Schuß ins Deftige und ins Derbe, gehört zu dieser Metzinger Städterart. Das, was man in den zwanziger Jahren »Asphaltliteratur« genannt hat, kann man sich in Metzingen schlecht vorstellen. Dafür aber wohnt dieser Montageingenieur hier, den seine Metzinger Mutterfirma, Brekle oder Holder oder Henning, ich weiß es nicht, nach Sidney geschickt hat. Dort bringt der Sonntag unvermeidlicherweise einen Ruhetag. Und unser Metzinger, zum Nichtstun verdammt: »Jetzt hock i do am Sonntagnachmittag in Sidnai rom, und dohoim sott' i meine Beam schneide.« Neben dem Fleiß war es rührende Verantwortlichkeit für das Natürliche, was Metzingen, dies Markenzeichen, groß gemacht hat.

TÜBINGEN
Willkomm' und Abschied

Zugegeben, es war ein Zufall. Tübingens Willkomm', die Aufnahme der Stadt stand noch aus. Der Tag war heiß geworden.
Die paar Sächelchen Mitgebrachtes hatten wir in der proviso-
rischen Unterkunft in der Neckarhalde verstaut und waren
noch ausgegangen, Tübingen anzusehen. Die Stadt war uns
eine fremde Sache, ein stummes Gegenüber. Pflastermüde
schlenderten wir schließlich die Schloßsteige hinauf. Vor dem
pompösen Portal zur Linken eine Linde, eine Bank rundum.
Sie schien wie geschaffen für uns merkwürdige Gestalten: Wir
waren weniger als studierende Anfänger und hatten doch
auch Kriegsjahre hinter uns, Minsk und Orscha, El Alamein
und die letzte Ardennenoffensive.

Das Gespräch ging stockend, nur zum Sehen hatten wir
Lust. Der Abend war eingefallen. Die Linien der Alb wurden
schärfer und wie gestochen. Auf einmal stimmte eine der
Kommilitoninnen mitten in der vielsagenden Stille »Ade zur
guten Nacht« an. Wir waren aus Lagern gekommen und von
fremden Betonmeilen, wir wußten, daß es Buchenwald und
Auschwitz, daß es die Jazztrompeter Miles Davis und Chet
Baker gab. Aber das war eine andere Welt. Was wir mitbrach-
ten und was unser eigen war, das war »Wohlan, die Zeit ist
kommen« und »Wildgänse« und: »Ade, zur guten Nacht,
jetzt wird der Schluß gemacht.« Wir sangen. Und das Geviert
zwischen Neckarhalde und trikolorebeflaggter Neuer Aula,
zwischen Münzgasse und Gutleuthaus war wie das Echo dazu.

Wir spürten: Tübingen hatte uns aufgenommen, Tübingen
hatte uns verstanden und gab sein Willkomm'. Kann eine
Stadt mehr geben?

Das obere Neckartal hat schöne Städte. Tübingen ist die
schönste unter ihnen. Wo sich die übrigen als betuliche Beam-
tenstädtlein, als Wohnplätze für die Handwerker und vielleicht noch für ein paar Bauern, als die ehrgeizigen Gründe-
rinnen hauseigener Industrie präsentieren, zieht Tübingen
die Quersumme dieser Potenzen. Es ist alles in allem – und
Universitätsstadt obendrein. Das ist nun heute, im Zeichen
von allerlei aufwachsenden Hochschulen und Akademien, gerade in diesem Lande kein besonderer Ausweis mehr. Bis zum
Beginn unseres Jahrhunderts war es das, trotz der Stuttgarter
und Hohenheimer Hochschule. Keine Stadt, aus der so sehr
die Geistigkeit des Landes mitgeprägt und mitbestimmt worden wäre. Keine Stadt, an die sich so viel Erinnerung und
Wehmut gehängt hätten, wenigstens: so viel in Jugend und
Sehnsucht getauchte Erinnerung! Es ist kein Zufall, daß der
Theologiestudent Ottmar Schönhuth 1829 zwei Tübingen-
Büchlein erscheinen läßt, die unprofilierten Vorläuferinnen
aller jener Werkchen im Lande, die sich in historisch-volks-
kundlichen Auskünften wie in landschaftlichen Hinweisen
gleichermaßen ergiebig erwiesen. Tübingen ist unübersehbar
oft beschrieben worden. Es gibt Dutzende und Aberdutzende
von Seligpreisungen dieser Stadt, hochgelehrte und solche,
die nichts weiter sind als offenbare Bekenntnisse des Herzens.
Eine Handvoll zorniger Auslassungen steht ihnen gegenüber,
vom Schlage derer, wie sie Varnhagen dann in preußischer
Prägnanz in seine Denkwürdigkeiten aufgenommen hat: »ein
schmutziges Nest, schwarz, klein, baufällig«. Manch einer, der
späterhin und gallig von Tübingen als dem »akademischen
Bierdorf« sprach, mag aus der Reihe derer gewesen sein, die
beim Examen einen »Schwanz gebaut« hatten und nicht mit
in der Kandidatenfuhre saßen. Oder man war gleich gar nicht
in die schwäbische Landesuniversität gekommen. Denn »in

Jene studierte sich »bene«. »In Tübungen macht man Übungen.«

Wie immer auch: In jeden Winkel der Stadt, in jede Gasse
hat sich die wache Geistigkeit eines immer wieder von neuem
zuströmenden ermunterten akademischen Bürgertums ge-
senkt, das dann irgendwann einmal den locker-ironischen
Studententon verlor und sich vor dem Abschiedsschmerz, vor
dem Erinnerungsschmerz, in dem alles, Jugend, Glück und
Hoffen, zusammenfloß, gar nicht mehr verschließen konnte.

> »Und wie sollt ich dein vergessen,
> Du getreue Musenstadt,
> Die mein ganzes Herz besessen,
> Und mich wohl gepfleget hat!«

So hat das Gustav Schwab gereimt, in scheinbarem Gleichmut,
trotz seiner Tübinger Romantika-Gründung, alles das in klassische Kürze und Gültigkeit bringend, was Generationen vor
ihm und nach ihm ergriffen hat.

Freilich, nicht allen saß das Herz auf der Zunge. Es müßte
nicht die schwäbische Universitätsstadt sein, wenn nicht auch
Hölderlins heilige Nüchternheit mit im Spiele wäre: jener
schwäbische Lebensrealismus, der »pünktlich« und genau
und rechenhaft ist, der vielleicht ein wenig zu betont sich aufs
Gemütliche verlegt, aber zum Protzentum, zum »Reichsein«,
zur »Angabe« und zur »kessen Sohle« so gar keine Verbindung hat. Da geht's vergleichsweise einfach zu. Als gelegentlich des vierhundertfünfzigjährigen Universitätsjubiläums im
Jahre 1927 sich auch das Stift angeschickt hatte, seine (gen
Himmel stinkenden) sanitären Anlagen auf den Stand der
Zeit zu bringen, stand die besichtigende, jubiläumsgestimmte
Pfarrerrunde betroffen da. Jetzt müsse es mit der Landeskir-
che abwärtsgehen (meinten sie).

Und es ging »rauh, aber herzlich« zu. Man weiß, daß die
»Herren« (wie man in Tübingen die Studenten noch bis in
unser Jahrhundert hinein nannte) mit ihrem »Jockele

spearr!« die vorbeiziehenden Schwarzwaldflößer weidlich geärgert haben. Weniger bekannt ist die Rache des letzten Flö-
ßers im August 1890. Das schöne, weiß-barocke Haus des
Corps Suevia am Neckar wurde eben eingeweiht. Aber den
passierenden Flößer konnte auch die Anwesenheit der Damen nicht abhalten, zur Erwiderung der Schmähungen einen
gewissen Körperteil in aller Blöße hinzustrecken und seine
Vertrautheit mit Goethes Götz in Offenheit zu beweisen.

Ein dünkelhaftes, in esoterischer Distanz sich gefallendes
Tübinger Studententum: Solche Stillosigkeiten erlaubt die
Geschichte nicht. Da war eine der alten Tübinger Verbindungen, die Schmidtei-Gesellschaft, jählings auseinandergefallen
in zwei scheinbar heterogene Elemente, in das »Geniekorps«
und den »Bauernadel«. Das Geniekorps tagte in der Krone;
sein Führer war Karl Köstlin, der hernach als Tübinger Ästhe-
tiker Wagners Gesamtkunstwerk analysiert hat. Ein Hauch
vornehmen Geistes umwehte diese Leute. Der Bauernadel
zog von Beize zu Beize und hielt nicht viel von Distinktion.
Man genoß die studentische Kameraderie und griff zum Glas.
Hier der Drang zur Wissenschaft, dort urwüchsig-freies Bekenntnis zum Leben. Es ist nicht lange eine Disharmonie geblieben, weder im geistigen Habitus noch irgendwie in soziologischer Perspektive. In einer neuen Verbindung »Nord-
land«, der heutigen »Normannia«, haben sich beide Arten wie
Wasser und Erde zusammengefunden, eigenwillig, unlösbar,
frohgemut, die materialistisch-atheistisch sich gebärdenden
Junghegelianer und die braven Pietisten, die Stiftler und Lust-
theologen (wie man die Stadt-Studierenden der Theologie
hämisch genannt hat). Zwei Ausprägungen eines Wesens.
Hinter der Tübinger, zwischen Geist und Humor sich tum-
melnden Studentenrhetorik guckte das unverwechselbar
Schwäbische hervor, das kluge Abwägen, der Sinn für das
Sachliche, die Fähigkeit, auch Haupt- und Staatsaktionen in
heiter-versöhnlichem Lichte zu sehen. Gesund und geistvoll.
Geniekorps und Bauernadel.

Und hätte sich je die Geschichte hier einen Fehler erlaubt und die Studenten und ihre Universität in klassenbewußter Reserviertheit belassen: die ›Gôgen‹ hätten dieses eitle Spiel verdorben. Was sie sind und wo sie herkommen, die Leute der Unterstadt, darüber ist abgrundtief gerätselt worden. Das schwäbische Sinnieren hat im Schutze der Alma mater ja mancherlei Systeme zu Tage gefördert. In Wirklichkeit ist es die Altbevölkerung der Stadt, die in diesem überaus lebendigen und reizvollen Wechselspiel zwischen sich und der Universität (und allem, was diese mit sich bringt) mehr markiert worden ist als die Wengerter in der Esslinger Beutau oder die »Räsen« im Ulmer Fischerviertel. Freilich, die Tübinger »Raupen« – wie sie sich selbst nennen und nennen lassen – sind nun ganz ein Völklein sui generis, so daß, wie vor hundert Jahren amtlicherseits vermerkt wird, »man oft glauben möchte, es sei zwischen seinem Wohnsitz, der unteren Stadt, und dem Musensitz in der oberen nicht etwa eine Chinesische Mauer, sondern ein breites Hochgebirge herübergepflanzt«. Man hört auf der Alb droben in manchen Dörfern ein wundersam melodiöses Schwäbisch. Bei den »Gôgen« ist fast etwas wie Singen daraus geworden. Was der Raup sagt, kann derb, sehr derb sein; oft mutet es an, als sei's der altwürttembergisch-schwäbische Ansturm gegen das »Städtische«, das Künstlichem, Verbildetem gleichgesetzt wird. »Där hot au nemme weit hoim«, sagt der Raup von einem Sterbenden. Der Lakonismus, die Schlagfertigkeit und Bildhaftigkeit seiner Rede sind kaum zu überbieten. Und der Autofahrer: »Wenn ich hier runter fahre, dann ist doch da die Neckarbrücke?« Der Raup: »Dia isch au da, wenn Sie net na fahret!« Es gibt Dutzende gar treffliche solcher Beispiele. Daß sie in die Eigenheiten der Umgebung und des Landes hineingreifen, zeigt das Täfelein, das einst im winzigen Friedhof der Wurmlinger Kapelle hing:

> »Im Leben so rot wie Zinnober,
> Im Tode wie Wachs so bleich –

Sie starb am zehnten Oktober,
Am zwölften war ihre Leich . . .«

Wo wäre eine Stadt im Umkreis – von Reutlingen und Rotten-
burg vielleicht abgesehen –, die so sehr in uraltes Brauchtum
gebettet ist? Auf dem Rathaus gab's ein jährliches Aschermitt-
wochbankett, im Bürgerhaus die Schenk- und Zahlhochzei-
ten; die »Herren« zogen mit ihren Spuzwagen die Mühlstraße
hinunter, um das Uhlanddenkmal herum und dann in die
Weite, die Bürgerwehr marschierte auf, und die Schützenge-
sellschaft lud ein, die Pauper wanderten mit einem dünnen
»In dulci jubilo« durch die Gassen, und in den Besenwirt-
schaften wartete neuer Wein. Mancherlei von dieser breiten,
hausbackenen, aber nie dumpfen Tübinger Bürgerlichkeit
lebt heute noch. Auch die Tübinger »Stadtgarde zu Pferd«, zu
deren Jubiläum Christian Späth, weiland Ochsenmetzger zu
Tübingen, seinerzeit gereimt hat:

»Nehmt die Mädchen und Frauen zur Hand,
Sie werden die Freuden stets mehren
Und zieren, ja stärken unser Band,
Weil sie uns Reiter gebären.«

Die Stadt, in ihrer Physiognomie in diese merkwürdigen Gegensätze von Professoren und Raupen, von Sattel- und Tallage
gedrängt, hat eine imposante, eigenartig versteckte Geschichte. Der Herrenhof der alten dörflichen Siedlung muß
just in diesem »Jörgensattel« am Platz der Alten Aula gelegen
haben. Als die Nagoldgaugrafen ihren Herrschaftssitz nach
Tübingen verlegen und auf der Felsterrasse über diesem Platz
ihre Burg errichten (Vorbild aller nachbarlichen »Herren-
berge«), ist das Zeichen zum Aufstieg gegeben. Das eine bedingt das andere: der zentrale, in der Nähe großer Straßen
lockende Platz den Markt und die Münze, die wirtschaftliche,
von der klimatischen Gunst geförderte, großen Weinbaus sich
erfreuende Lage die Paßstraße und die Brücke. Tübingen,

1231 als Stadt genannt, ist die allerälteste der Pfalzgrafen-
städte. Arglos und großherzig, verwegen-tapfer und doch von
legendenhafter Frömmigkeit, können die Pfalzgrafen ihren
Besitz nicht halten. Die württembergischen Grafen, die, gut
schwäbisch, ihr »Sach« besser »zusammenhalten«, erwerben
1342 Stadt und Herrschaft Tübingen. Für den Weg zum württembergischen Amtsstädtlein sind die Umrisse dieser jetzt
volkreichsten Stadt des Territoriums indes zu großzügig. Tübingens Wein- und Getreidehandel florieren weiterhin. Ja, die
Vermögen der städtischen Ehrbarkeit erklimmen solche Hö-
hen, daß eine beachtenswert politische Eigenständigkeit sowohl in der Festigung des bürgerlich-altwürttembergischen
Standpunktes als auch der Ausmünzung habsburgisch-öster-
reichischer Sonderinteressen zugunsten des Stadtwesens
möglich wird. Handwerker und Weingärtner überwogen im
Wirtschaftsbild des neueren Tübingen bis in unser Jahrhundert hinein. Dazu kamen natürlich die Professoren und Studenten, die Richter (denn als Gerichtsstadt ist Tübingen seit
alters führend). Die Ehrbarkeit hat in der Stadt mehr und
mehr an Bedeutung verloren. Industrie hat sich erst sehr spät
und nur mit Mühe angesiedelt. Kurz: Eberhards Gründung
der Universität im Jahre 1477, Frucht jener eben im Nek-
karschwäbischen aufgeblühten Renaissance, blieb eine das
Schicksal der Stadt entscheidende Tat. Tübingen war Mittelpunkt des großen Pfalzgrafenterritoriums (und galt als zweite
württembergische Hauptstadt bis in die Neuzeit hinein). Tübingen hat unter der Prachtliebe der Pfalzgrafen Künstler der
Fremde angelockt und einheimische gefördert: Wo war besserer Boden?

Vor allem: schönerer, originellerer Boden? Ich steige, zum
wievielten Male, die Höhe vom Schloßberg hinab, von der
lichten, von Winden zerzausten Weite dort oben, bis in die
dämmrige Kellerkühle der Altstadt. Der Weg führt an Verbin-
dungshäusern, wunderlich verschnörkelten, und an Garten-
häuschen vorbei; in einem davon soll Goethe verweilt haben.

Dann bin ich, schon ein wenig an Höhe hinter mir, vor den
Bastionen des »Schlosses«, jenem Hauptakzent an Tübingens
beglückender Schönheit. Strenge Festungsarchitektur,
möchte man sagen, in dieser typischen Art, in der die württembergischen Renaissance-Schlösser, schlichte Rechteck-
bauten, sich der neuen »Fortifikation« bedienten. Aber wie
hat sich Hohentübingen, gleichsam als ein Organon höheren
Wesens, an den Absturz der Sandsteinterrasse geschmiegt, so
innig, daß man da und dort kaum zu unterscheiden wagt, wo
der Berg aufhört und das Mauerwerk beginnt! Stehe ich auf
der »Kalten Herberg« oder dem Schänzle vor dem Haspel-
turm, so sind die massiven Rundtürme fast schaubühnenartig
aneinandergefügt. Stehe ich im Innenhof, ruft allein der
Name »Rittersaal« lange Erinnerungen wach: Graf Eberhard
in der Runde seiner Gelehrten, mit ihnen die Aufgaben der
Alma mater diskutierend; Bibliotheksschätze, die man in diesem Raume gestapelt hat.

Die Verbundenheit Tübingens mit sich selbst und mit den
wie gezeichneten, wie von großer Malerhand hingeworfenen
Flächenbewegungen der Alb wird vor der Schloßaltan aus zur
seligen Gewißheit. Von der ragenden Höhe aus spürt man,
riecht man förmlich das Eigene der Stadt. Nicht, daß alles vor
einem ausgebreitet wäre; ich habe nurmehr ein oder zwei
oder drei der alten Straßenzüge im Auge. Aber das andere
wird in seiner Vielfalt mit einem Male lebendig, und ich ahne,
mit welch wahrhaft schöpferischer Nachgiebigkeit das Bauen
der reichen Modellierung des Bodens gefolgt ist: klamme Gassen, die in das Dämmerlicht der Unterstadt hinunterführen,
die wie Pässe zwischen grün und blühend überhangenen Gar-
tenmauern hingehen; Orientierungen, die sich wenden und
wechseln, je mehr sie dem Gelände gehorchen: Der Verzicht
auf alles Nivellierend-Mechanische hat der Stadt eine hundertfältige Lebendigkeit geschenkt und alle die Gegensätze,
die ich in den Falten ihrer Vergangenheit erkennen zu müssen glaubte, in eine große Einheit gebracht. Tübingen bietet

sich, von der Schaubühne seines Schlosses aus, in seinem Auf und Ab als ein einziger atmender Leib dar.

Unten am Fuß der Burgsteige, am »Faulen Eck«, an dem die Studenten gerne herumstanden, wird die Wahl schwer. Die »Staffeln« vollends zum Stift hinunter, zum alten Augustinerkloster, in dem noch immer ein Stück Abgeschiedenheit wohnt und freilich auch immer ein Stück schwäbisch-deutschen Geistes? Oder die Münzgasse, die alte Patriziergasse entlang, deren Häuser die Professorenschaft bis auf unsere Tage bewohnte, zur Stiftskirche hin? Soll ich wieder das Innere betreten und das beglückende Gleichgewicht der dreischiffigen Langhaushalle entgegennehmen, die pfeilhafte, schlanke, geschmeidige Grazie der Pilgram-Kanzel, den vollkommenen Zusammenklang des Chors, dessen Farbfenster Goethe zu einem Aufsatz darüber inspirierten?

Ach, die Stadt ist voller Liebenswürdigkeiten. Alles ist ihr wie aus einer einzigen Hand leibhaftig gegeben, die stolze, aufgeteilte Würde des Chors der Stiftskirche, die sich dem die Neckargasse Heraufkommenden wie eine aufgebrochen-gebogene Schildmauer entgegenstellt, die Wohlabgeschlossenheit des Marktplatzes, dessen Niveau-Unterschiede das Forensisch-Theatralische wie von selbst heraufbeschwören und dessen Rathauswand im 17. Jahrhundert Malereien erhielt, dergestalt, daß Platz und Brunnen mehr an Oberschwäbisch-Vorderösterreichisches gemahnen als an Altwürttemberg.

Allein der Gang vom Schloßberg herab hat müde gemacht. Man muß sie kennenlernen wollen und ihr mit Geduld begegnen: sie entschädigt's hundertfältig, die alte Stadt. Und wohl auch, in ihrer selbstsicheren Breite, die neuere klassizistische, die sich um die Wilhelm- und Karlsstraße, um die Neue Aula gruppiert hat. Du wirst freilich immer wieder zur Neckarhalde zurückkehren oder zum Nonnengäßle oder zur Kronengasse, deren Häuser mit verbundenen Augen nach ihren Gerüchen zu erkennen Theodor Haering, der unvergessene Kommentator des Tübinger Genius, dereinst gewettet (und diese Wette

gewonnen) hat. Und du wirst dich verlieren, von der Eber-
hardsgasse aus, im Blick auf diese wieder und wieder gemalte
»Neckarfront«, die bei allen Romantizismen und Sentimenta-
litäten als Verkörperlichung schwäbischer Stadtbaukunst, gegliedert und getreppt, vereinheitlicht und verschönt, gar
nicht totzumachen ist: Sie ist um so großartiger, je liebenswerter und je selbstverständlicher sie sich gibt. Es ist nichts, was
hier stören könnte: So stark ist die Einheit dieser Stadt, daß sie
aus der zaubernden Übereinstimmung mit sich selbst gar
nicht herauszutreten vermöchte.

Und dann wirst du vielleicht selbst unter denen sein, für die
Tübingen, das alte und das neue, auf den Ammerhöhen bis
zur Wanne und bis Waldhausen hinauf, die Südstadt mit De-
rendingen und der Gartenstadt: denen Tübingen ein tief ver-
trautes Gehäuse geworden ist, worein sich die Schicksale von
Generationen gekerbt haben, von Gelehrten, die das Geschehen der Epochen mitbestimmten, und von Studenten, in deren Buden Glück und Leid innig beieinanderlagen.

Aber Studieren (und Lehren) ist ein Unternehmen auf
Zeit. Es ist keine Fabrik, die nichts als überleben will, es ist
keine Behörde, die sich als unbefristet versteht und alle Re-
gimes überdauert. Wer als Student oder Studentin nach Tübingen kommt, weiß, daß man wieder gehen muß. Irgendwann
einmal. Der Abschied lugt aus allen Ecken der Stadt. Doch die
Statistiker sagen, daß unter den deutschen Universitäten die
Quote derer, die nach dem Examen sitzen bleiben und sich
auf Dauer einrichten wollen, in Tübingen am höchsten ist.

Ich wehre mich, ich sträube mich gegen den Abschied. Und
dann ist er doch da. Nicht mehr mit Mütze und Band und
einer flott aufgemachten Kutsche, die einen mit Gepränge
zum Bahnhof fährt. Er ist einfach da. Ich weiß, daß es das
letzte Mal war. Das Studentenzeug ist schnell verpackt. Der ge-
liehene Kleintransporter ist zur Stelle. Ich drehe den Zünd-
schlüssel herum. Die Karre fährt. Sie winken. Mir dreht es
schier das Herz im Leib herum.

STATT EINER BIBLIOGRAPHIE

»Von Venedig ist schon viel erzählt und gedruckt«, notiert Goethe unterwegs nach Italien am 29. September 1786, »daß ich mit Beschreibung nicht umständlich sein will, ich sage nur, was mir entgegenkömmt.« Auch im Blick auf die schwäbische Stadtwelt hätte so verfahren werden können. Indessen ging ich hier den umgekehrten Weg: zuerst die »Literatur«, und zwar in ihrer ganzen Breite und Vielfalt, und dann die persönliche Begegnung mit der einzelnen Stadt. Zuerst das Ausleuchten des stadtgeschichtlichen Hintergrunds – der freilich im Falle Venedigs und zu Goethes Zeiten schon hundertmal aufgezeigt wurde –, und dann das, was mir an Ort und Stelle entgegenkam. Neben der Gasse und der Kirche und der Brücke und so weiter waren Bücher, Abhandlungen, Sammelbände, Zeitungen, Briefe, Romane, Bilder aller Art »Quelle«.

Wer eine Stadt beschreiben, wer sie verstehen will, dem ist alles »Quelle«. Viel von diesem Material und diesen Titeln findet der Interessierte im umfänglichen Ortsteil der ganz vorzüglichen, von *Wilhelm Heyd* begründeten »Bibliographie der Württembergischen Geschichte« (Bd. 1: 1895, Bd. 11: 1974). Sie ist fortgeführt worden durch die »Landesbibliographie von Baden-Württemberg« (Bd. 1: 1973/74, Bd. 10: 1989). Außerdem unterhält nahezu jede der hier beschriebenen Städte – auch Ruit, Stetten, Strümpfelbach oder Unterriexingen sind mittlerweile wenigstens zu Stadtteilen avanciert – ein Stadtarchiv, das in den speziellsten Lokalfragen zu helfen oder auf den besonderen Kenner der Materie zu verweisen weiß.

Der Ortsgeschichten, der textlichen und bildlichen Materialien, aber auch, wenn ich so sagen darf, der Leute habe ich mich bedient. Dabei ist mir immer wieder eingefallen, was Fontane am 2. Juni 1881 an Hermann Wichmann schrieb: »Dies vornehme Herunterblicken auf alles, was nicht in Akten und Staatspapieren steht, ist in meinen Augen lächerlich – die wahre Kenntnis einer Epoche und ihrer Menschen, worauf es doch schließlich ankommt, entnimmt man aus ganz anderen Dingen. In sechs altenfritzschen Anekdoten steckt mehr vom Alten Fritz als in den Staatspapieren seiner Zeit.«

Die Stadt, auch die kleinste, ist so etwas wie ein Mikrokosmos. Um seiner habhaft werden zu können, bedarf es der sozialgeschichtlichen Aufhellung ebenso wie der mentalitätsgeschichtlichen, der kunstgeschichtlichen ebenso wie der geistes- oder wirtschaftsgeschichtlichen. Die schönsten Stunden innerhalb der jahrelangen, auch auf eigenes Erleben sich stützenden Arbeit an diesem Buch, genauer gesagt an den hier versammelten Texten, waren die, die ich mit einer Handvoll Altbürger und Altbürgerinnen der einzelnen Stadt verbringen durfte. Sie haben mir, dem immerhin jetzt auch Siebzigjährigen, von einer Welt erzählt, die in der Geschichtsschreibung auch einen Platz haben darf. Um noch einmal Fontane zu zitieren, den Autor der »Wanderungen durch die Mark Brandenburg«: »Ich behandle das Kleine mit derselben Liebe wie das Große, weil ich den Unterschied zwischen klein und groß nicht recht gelten lasse.«

O. B.

BAROCK IN SÜDDEUTSCHLAND

Dieser opulente Bildband mit beeindruckenden Fotos ist ein Augenschmaus. Kenntnisreich werden alle wichtigen barocken Bauwerke von Baden, Württemberg, Oberschwaben bis nach Franken, Ober- und Niederbayern vorgestellt. Der Autor beleuchtet das Wesen jener Zeit und erklärt über den historischen und baugeschichtlichen Hintergrund hinaus fundiert die Prinzipien, die der barocken Baukunst zugrunde liegen. Von Hubert Krins. Fotos von Joachim Feist. 160 Seiten mit 200 farbigen Abbildungen.

BADEN-WÜRTTEMBERG

Kultur und Geschichte in Bildern

Die Autoren präsentieren neben eindrucksvollen Zeugnissen einer hochstehenden Kultur bewusst auch die Alltagsgeschichte der kleinen Leute. So entsteht ein anschaulicher Überblick von der Steinzeit bis zur Gegenwart, in Bildern »lesbar« gemacht. Hier ist ein Buch entstanden, das nicht nur die Vergangenheit Badens und Württembergs auf unterhaltsame Weise näherbringt, sondern im ganzen heutigen Bundesland nach Spuren sucht. Von Wolfgang Alber u.a 160 Seiten mit 200 farbigen Abbildungen.

THEISS

WÜRTTEMBERG – MALER ENTDECKEN LAND UND LEUTE

1750 – 1900

Anlässlich des Landesjubiläums präsentiert der Band in einer einzigartigen Zusammenstellung 75 Werke von 45 Malern in sechs Themenkreisen, die alle das Thema Württemberg berühren. In essayistischen Beiträgen stellen die Autoren die Künstler in den Zusammenhang zu Land und Leuten, aber auch zu den Kunstströmungen und der Literatur ihrer Zeit. Von Wolf Eiermann. 160 Seiten mit 120 farbigen Abb.

KLEINE GESCHICHTE BADEN-WÜRTTEMBERGS

Der Südweststaat wird fünfzig. Aus Anlass des Jubiläums bietet dieses Buch einen Überblick zur Geschichte des deutschen Südwestens – informativ und auf das Wesentliche beschränkt. Von der Steinzeit bis zur Gegenwart stellt Manfred Waßner in zwölf Kapiteln die wesentlichen historischen Entwicklungen im Gebiet des heutigen Bundeslandes mit leicht verständlichen Texten und anschaulichen Karten dar. Von Manfred Waßner. 176 Seiten mit 10 Karten.

THEISS